U0943514

面向可持续发展的
马克思主义经济科学研究

刘正刚　李　晓　田　军　著

国家自然科学基金重大项目（71390331）
教育部人文社会科学研究青年基金项目（14YJC630088）
浙江省高校重大人文社科项目攻关计划项目（2016QN015）　　资助出版
浙江省自然科学基金一般项目（LY18G010008）
浙江省哲学社会科学规划课题（15NDJC033YB）

科学出版社
北　京

内 容 简 介

为破解偏主观效用的罗宾斯经济科学和西方哲学“事实/价值两分法”对可持续发展事业的阻碍，本书挖掘使用价值的客观一面及其对交换价值的引导，创建以物质稀缺性为核心，聚焦“自然简单/社会复杂劳动—使用价值—价值”关系，立足可一致性贯穿生态经济系统的资源生产力和熵视角分析方法，面向可持续发展且人与自然价值中立的马克思主义经济科学。其中，哲学的基础篇包括立足马克思主义经济科学的满足合理需要论和自然哲学；经济科学的原理篇包括使用价值与交换价值的耦合机理，以及与能量科学相关价值评估紧密耦合的新型自然价格研究；面向信息社会的应用展望篇包括基于区块链和西蒙“满意化”的供应链治理机制研究，以及立足分形方法揭示规模/结构规律的企业矛盾结构分析及其耦合协调管理。

本书可供有志于可持续发展的经济、管理和哲学领域的本科生、研究生及科研教学人员参考。

图书在版编目（CIP）数据

面向可持续发展的马克思主义经济科学研究 / 刘正刚，李晓，田军著. —北京：科学出版社，2019.8

ISBN 978-7-03-059726-7

Ⅰ. ①面… Ⅱ. ①刘… ②李… ③田… Ⅲ. ①马克思主义政治经济学-研究 Ⅳ. ①F0-0

中国版本图书馆 CIP 数据核字（2018）第 273733 号

责任编辑：王丹妮 / 责任校对：陶　璇

责任印制：张　伟 / 封面设计：无极书装

科 学 出 版 社 出版

北京东黄城根北街 16 号

邮政编码：100717

http://www.sciencep.com

北京虎彩文化传播有限公司印刷

科学出版社发行　各地新华书店经销

*

2019 年 8 月第　一　版　开本：720×1000　1/16

2019 年 8 月第一次印刷　印张：19 1/2

字数：380 000

定价：156.00 元

（如有印装质量问题，我社负责调换）

前　言

本书紧紧围绕习近平新时代中国特色社会主义思想中的建设现代化经济体系和建设美丽中国两个时代主题，以面向可持续发展的马克思主义经济科学研究来探索两个主题的有机集成。本书针对可持续发展研究中复杂纠缠的生态、经济和社会议题有效集成的难题，遵循以下拓展马克思主义经济学的建议，针对知识经济阐明"复杂劳动—使用价值—价值—剩余价值"的关系（即必要时要通过分析使用价值开发出新的劳动价值理论和剩余价值理论）并为发展绿色经济创建一种能阐明"使用价值—熵—生态系统"关系的方法，基于可一致贯穿生态经济系统的使用价值、客观的物质稀缺性和资源生产力，以及价值中立的熵视角研究方法，将马克思聚焦人类劳动的劳动价值论拓展为兼容自然界物质生产的广义劳动价值论，聚焦于"自然简单/社会复杂劳动—使用价值—价值"阐明面向可持续发展的马克思主义经济科学，并借助于可以用熵视角贯穿生态经济系统的研究矛盾系统自相似规律及相关结构演化的分形科学方法，以及研究非线性相关与耦合程度的互信息（mutual information）方法等，进行微观企业运作案例和宏观生态经济系统的定量研究与验证。

本书第一篇是"面向可持续发展的经济科学研究困境与出路"，包含两章。第一章首先回顾国内外经济科学的简要研究历程，并聚焦可持续发展来辨析经济科学中的关键争论。随后介绍面向可持续发展的非主流经济学的发展及其困境，涉及新古典主义范式的非主流经济学（包括环境经济学、资源经济学及可持续发展经济学）、马克思主义范式的经济学和生态经济学、系统科学指引下面向可持续发展的宏观经济学、系统科学视角隐喻能量科学实践可持续发展的生态经济学。为衔接并强化可持续发展研究的微观基础，该章还分析了面向可持续发展的企业客观运作管理理论的发展及其困境，涉及面向物质减量化的产品服务系统管理、面向可持续发展的不同市场环境中主流客观运作管理理论、系统科学视角面向可持续发展的客观运作管理理论，以及系统科学视角隐喻能量科学实践可持续发展的企业产品服务系统管理理论。在第一章对可持续发展研究困境的充分辨析的基础上，第二章首先阐明面向可持续发展的经济科学根基是使用价值和物质稀缺性的再聚焦，这种再聚焦涉及新古典主义范式的环境与自然资源经济学、马克思主义范式的可持续发展经济学和生态经济学、系统科学视角的可持续经济学和生态经济学及企业客观运作管理理论。随后阐明在此根基上的面向可持续发展的经济科学的出路是价值中立的马克思主义经济科学，一种立足使用价值和物质稀缺性进而聚焦资源生产力、广义劳动和分工及其规模/结构的经济科学。最后鉴于马克思主义经济科学应聚焦多目标尤其冲突目标间的协调与优化，介绍研究矛盾系统的自相似规律及相关结构持续演化的分形科学方法，以及与可持续发展相关的研究非线性协调/耦合及其因果的定量科学方法，以便作为可贯穿自然和社会（亦即生态经济系统）考察可持续发展议题的定量数学方法/科学方法的支撑。

本书第二篇是“马克思主义经济科学的哲学（基础篇）”，包含两章。第三章鉴于实践可持续发展的根本障碍在于西方哲学“事实/价值两分法”的哲学基础命题，在阐明科学事实与价值再融合趋势以及经济学与哲学再融合趋势的基础上，针对价值哲学中满足合理需要论缺失这一突显科学事实与价值、经济学与哲学再融合难题的焦点问题，将过于偏重主观需要而不易实践可持续发展的“满足需要论”拓展为尊重客观规律而实践可持续发展的“满足合理需要论”。该拓展的关键在于依次阐明“使用价值的客观一面是人类寻求可持续发展的关键”、“使用价值的客观一面和客观价值皆因客观规律可为价值客体尺度”，以及“主体与客体之间使用价值与价值的互动可满足‘合理’需要”。第四章进一步结合有机哲学来阐明马克思主义经济科学对马克思主义自然哲学的发展，其关键是阐明“马克思主义经济科学是《资本论》的补充和生态马克思主义经济学的拓展”、“马克思主义经济科学为生态经济学研究提供隐喻新视角”，以及马克思主义经济科学在有机哲学指导下的研究发展。

本书第三篇是“马克思主义经济科学的耦合（原理篇）”，包含两章。第五章首先鉴于李嘉图转向国民收入分配比例（即市场价值结构）的相对性研究是对亚当·斯密全面价值理论和可持续发展实践的巨大损害，阐明立足使用价值和物质稀缺性的重新聚焦是亚当·斯密全面价值理论在合理扬弃后的回归与升华，在信息经济时代实践智慧化和可持续发展的升华。随后针对李嘉图不相信能找到国民收入总量（即市场整体规模）规律的难题，在阐明聚焦分工所致系统整体规模/结构的使用价值与交换价值互动的基础上，论述融合规模/结构相关多个经济学派的分工适当整体规模及合理结构研究，它包括融合凯恩斯经济学及其新/后流派的分工适当整体规模及其合理结构研究、融合运作管理和新兴古典经济学的分工适当整体规模及其合理结构研究，以及融合运作管理和新结构经济学的分工适当整体规模及其合理结构研究。最后，提出了如何探索市场整体规模/结构之规律以实践可持续发展的马克思主义经济科学耦合框架，一种以物流稀缺性为核心枢纽的物流、能量流和价值流有机衔接的自然科学与经济科学的耦合框架，一种立足于有效配置、可持续规模/结构和公平分配三大目标两两组合而成的分层次的耦合/解耦框架。第六章针对本质是能量流和物质流研究的能值理论和“生态承载力”与“生态足迹”等研究根本无法改变主流新古典经济学家之价值信仰的难题，提出价值中立的马克思主义经济科学新型“自然价格”；通过能量科学相关价值评估与新型自然价格的紧密耦合及其与市场价格的适当解耦，深化以物质稀缺性为中枢、聚焦规模/结构的质与量的经济科学与能量科学的耦合框架。最后以立足概率论、熵视角的互信息方法，通过验证能源使用量与 GDP[①]（不变价本币单位）的互信息值应该大于能源使用量与自然资源租金的互信息值，支持新型自然价格解耦效果的存在。

本书第四篇是“面向信息社会的马克思主义经济科学应用（展望篇）”，包含两章。第七章针对供应链治理难题，应用区块链相关互联网治理的新机制，并基于西蒙的“满意化”研究将是信息时代发展智慧型经济的关键一环，阐明基于区块链和西蒙“满意化”的供应链治理机制及其智能治理展望；其关键是以基于西蒙“满意化”和“适应性”视角中的耦合机制研究，发展基于区块链技术的供应链治理机制及智能治理的耦合框架。第八章为反驳罗宾斯经济科学认为规模/结构研究无规律且无意义的观点及其严重贬低生产理论至需求理论附属部分的错误，基于企业产品服务系统管理是云制造对应的严谨价值管理研究议题的分析，发展了面向云制造立足“满意化”的企业产品服务系统开发设计研究，并且展开面向云制造的企业产品服务系统运作矛盾结构的定量分析；通过产品服务系统层次和企业层次的运作矛盾系统相关结构的分形定量分析，以其中熵视角的统计自相似结构规律、周期规律以及赫斯特指数结果等成功反驳了罗宾斯经济科学认为规模/结构研究无规律且无意义的观点，重新树立了生产理论与需求理论同等重要的地位，进而构建立足供、需矛盾分析及其力求耦合协调而实践可持续发展的马克思主义经济科学。

本书主要观点有以下十点：①“实践是检验真理的唯一标准”还需要以可持续发展为准绳，以客观规律为根基，并以合理需要为目标，而客观使用价值和客观价值（含货币形态）均因为客观规律（含自然规律和货币价值规律）和客观资源生产力的纽带，可成为价值的客体尺度，而人的主体与客体双方在客观使用价值、客观价值、主观使用价值与主观价值四者之间的两两匹配有机衔接了满意、满足/快乐、经济和自由议题，通过将真理根基引入成为价值根基之一，破除科学事实与价值二分法并促成经济学与哲学的再融合。②使用价值进入市场时与交换双方所处的稀缺性情境关联起来有助于确定合适的交换价值，以客观的绝对量性质的物质稀缺性为核心并以相较于人主观效用的相对稀缺性

① GDP：gross domestic product，国内生产总值。

为辅助，可以将偏主观的罗宾斯经济科学拓展为价值中立且全面的面向可持续发展的马克思主义经济科学。③实体经济与虚拟经济协调发展的关键就在于使用价值与交换价值之间的耦合匹配，而马克思主义经济科学实践可持续发展的关键在于以使用价值为主导引领与交换价值的耦合匹配。④将资源生产力提升至与劳动生产力同属同一战略层级是发展马克思主义经济科学的必然要求，资源生产力侧重于生态经济系统之客观生产力侧面，原有劳动生产力侧重于生态经济系统之生产关系/社会关系侧面，该资源生产力可兼容自然生产力的客观性和无能动性，进而便于与自然界的生产和物流对接，尤其是在自然界有许多劳动暂未进入人类市场，进而只能考察相关使用价值以便实践共同可持续发展时。⑤以资源生产力和结构复杂性优化并重的运作管理理论扬弃“规模/结构”相关众多经济学派，其有机整合路径是以物质稀缺性衔接的系统整体规模与结构规律研究，探索使用价值与交换价值的互动耦合机理。⑥马克思主义经济科学立足严格隐喻能量规律及通用能量流模型的货币价值规律及通用供、需视角货币价值流模型，发展以物质稀缺性为中枢并聚焦规模/结构之质与量的经济科学与能量科学耦合框架，通过将尊重自然客观规律及其所致耦合匹配结构的可持续规模/结构目标附加在价值无涉、客观生产力视角的资源有效配置目标上，可以实现能量科学与客观生产力层面马克思主义经济科学的紧密耦合，及其与其他价值相涉经济学、管理学研究内容的解耦，从而为能量相关价值评估与经济科学之使用价值的耦合以及与交换价值的适度解耦奠定基础，而通过能量科学相关能值/㶲的价值评估与新型自然价格的紧密耦合及其与市场价格的适当解耦，有望解决人与自然之间面向可持续发展的价值互动难题，亦即生态经济系统相关能量规模/结构与货币价值规模/结构之间的匹配程度有望甄别出人类的合理需要。⑦相对于原罗宾斯经济科学过于偏重主观效用及相关最优化方法，面向可持续发展的马克思经济科学借助通过考察客观的规模/结构而发掘矛盾对立因素协调共存的分形科学等方法，拓展适用信息社会及网络化智能运作的易于协调矛盾冲突的满意化方法。⑧注重多利益主体间协调的供应链治理和企业产品服务系统管理研究及其相关面向云环境的智能化治理与管理，需分层次（即客观运作层和主观治理/管理层）与分视角（即效率视角、公平视角和可持续发展视角）地研究使用价值与交换价值之间的协调，以及可持续规模/结构、效率和公平之间两两或三方矛盾的耦合协调。⑨平衡仅仅存在于企业产品服务系统层次，并且定量的动态演化平衡只应由定量的动态货币价值流及其网络来度量，而产品服务系统层次只有满意的折中与妥协，其中企业与顾客/供应商之间的价值差距是普遍的、长存的、绝对的，其弥合是有条件的、暂时的、相对的。⑩借助于熵视角的分形分析和时间序列分析等方法，可发现企业层和产品服务系统层运作的矛盾系统常有平衡或非平衡的自相似结构、周期性结构及长程相关性规律，规模和结构规律是探索价值中立的马克思主义经济科学实践可持续发展的根本依据。

本书有机融合面向可持续发展的哲学、经济学、管理学和数学研究，构建涵盖微观、中观、宏观生态经济系统的研究内容并发展贯穿微观、中观、宏观的价值中立的熵视角矛盾协调匹配方法，创建微观、中观和宏观有机衔接的价值中立的面向可持续发展的马克思主义经济科学研究体系；既探索了生态子系统与经济子系统的使用价值耦合，又实现了规模/结构相关多种经济学、管理学现有理论的有机集成，最后面向信息社会的可智能化的供应链治理和企业运作管理的研究与展望，不仅证实了相关研究的规律基础，而且指明了未来研究的深化方向；在一定程度上有效地完善了马克思主义经济学体系的经济科学内核，并据此纠正了原罗宾斯经济科学的偏颇。

本书的顺利完成得到多位教授的指导和多位同志的协作。在此衷心感谢诸大建、顾新建、陈畴镛、段显明、高剑波、钱昇、王颖、程少川等教授的指导与有益辩论，感谢刘飞燕、叶剑豪、祝定权、何炳炯和俞益翔等同志的协助。感谢科学出版社的大力支持和辛勤工作！本书的研究得益于国内外诸多学者的研究成果，在此一并表示由衷的敬意和感谢！

本书是国家自然科学基金重大项目“促进经济、社会和环境协调发展的物流创新”（71390331）、教育部人文社会科学研究青年基金项目“基于企业产品服务系统共生结构演化的企业规模边界研究”（14YJC630088）、浙江省高校重大人文社科项目攻关计划项目“产品服务系统—企业—商业生态系统的商业模式耦合机制研究”（2016QN015）、浙江省自然科学基金一般项目“基于 CAS 视角的产品服务系统—企业—商业生态系统的商业模式耦合机制研究”（LY18G010008）和浙江省哲学社会科学规划课题“面向 O2O 的零售商主导型供应链的产品服务系统共生机制研究”（15NDJC033YB）的研究成果，受相关项目资助出版。

本书由杭州电子科技大学刘正刚和李晓以及西安交通大学田军老师合作完成。书中任何观点的责任在于作者。限于作者水平有限，不足之处在所难免，敬请读者批评指正！

谨以此书献给马克思诞辰 200 周年！

刘正刚　李　晓　田　军

2018 年 12 月

目　　录

第一篇　面向可持续发展的经济科学研究困境与出路

第二篇　马克思主义经济科学的哲学（基础篇）

第三篇　马克思主义经济科学的耦合（原理篇）

第四篇　面向信息社会的马克思主义经济科学应用（展望篇）

第一篇　面向可持续发展的经济科学研究困境与出路

第一章 经济科学的发展历程及其可持续发展困境

马克斯·韦伯1949年在《社会科学方法论》一书中指明：“我们都知道，我们自己的学科……和所有将社会组织和文化活动作为它们的研究对象的学科，都是在一定的历史条件下为了解决实际的社会问题而产生的。发展对政治经济状况进行可靠测量的价值判断是我们学科目前的目标，而这也是我们的学科最初的和唯一的目标。”（布罗西耶，1997）

提笔写下这章标题时，笔者的内心是战战兢兢的。因为经济科学的发展历程若是从罗宾斯1932年正式提出经济科学（economic science）以来算起（罗宾斯，2000），貌似历史还不到百年；实际上研究经济科学的发展历程需要从整个经济学发展历史中重新进行审视；而这需要深厚的经济学或经济史学的研究基础才行，绝非笔者这样经济学研究的新进者可为之事。然而，写下标题的后半段时，笔者内心又很焦虑，但又必须勇敢。焦虑的是当前全球自然生态系统有逐渐逼近崩溃的趋势；但作为主流的新古典经济学最坚硬内核的罗宾斯经济科学，因为拒绝对环境议题的严谨思考，进而对当前全球可持续发展面临的困境负有不可推卸的责任。必须勇敢则是因为作为入门的生态经济学研究者和企业可持续发展运作管理方向的研究者，以可持续发展思维重新审视并且纠正经济科学的偏颇的发展方向是责无旁贷的。鉴于不同领域的特殊认识论问题只能由那些充分了解该领域知识的人来探究，笔者结合面向可持续发展的生态经济学研究和微观的企业运作管理研究，努力尝试研究面向可持续发展的经济科学。

真正理解可持续发展需充分理解自然科学和社会科学，涉及生态学、经济学、政治科学及伦理学等，故而需将“人类-自然”关系纳入经济学范围（戴利和法利，2013；康芒和斯塔格尔，2012）。米塞斯（2015）在研究有关方法论的经济科学的最终基础时曾经强调一个事实：“宇宙间有些事物是自然科学不能加以描述和分析的。在自然科学的方法适合观察和描述的事物之外，还有别的事物，那就是人的行动。自然事件层出不穷，但科学却找不出其最终目的，而人们的自觉行动，却总是瞄准明确的目的。这两者之间横亘着一条鸿沟，实际上迄今在其之上都还未架设一座桥梁。”然而，当今系统科学尤其是复杂性系统科学的研究指明：许多学科之间有一些共性的特征，如物理学中的混沌现象（刘式达和刘式适，2014）和经济学/管理学中的混沌现象（科特勒和卡斯林，2009；席酉民，2005）；并且已经发展出一些工具探索其中共同的规律，如创建分形理论的曼德尔布罗特和赫德森（2017）有效应用分形数学研究股票市场并且发现同样的分形结构。由此可见，自然科学与立足人的行动的经济学研究之间的桥梁正在架设中。我们知道，在过去漫长的一段宇宙史上，没有我们现在称作人类的那种生物，同时我们可以自由设想，在未来很长一段宇宙史上，人类也将不复存在（米塞斯，2015）。但无论个人行动的目的如何千变万化，人类总体的目的是追求尽可能长远的生存，这点任何人都难以否定。这种长远生存必然要求人类社会必须努力寻求与自然界协调的可持续发展，哪怕是未来人类跳出了地球，也必须是与未来所在星球的环境达成良好共生。这就要求人们必须在人和人类的行动与自然界及相关自然规律之间架起一座面向可持续发展的桥梁。

为更好地架设这座面向可持续发展的桥梁，本章从尽快找出现有经济科学造成可持续发展困境之根源的角度，结合主要相关的经济学及管理科学发展历史的简要回顾，重新审视经济科学的发展历程。

第一节　经济科学的发展历程与关键争论

一、国外经济科学的简要研究历程

（一）1932 年莱昂内尔·罗宾斯的《经济科学的性质和意义》

在经济学之父亚当·斯密 1776 年发表《国富论》（斯密，2014）正式树立经济学研究 156 年后，英国著名经济学家罗宾斯 1932 年首次明确提出经济科学研究：“经济学是把人类行为当作目的与具有各种不同用途的稀缺手段之间的一种关系来研究的科学”（罗宾斯，2000）。在《经济科学的性质和意义》专著中，罗宾斯批判了经济学的“唯物主义”定义并只突出其“稀缺”定义；批判了经济“量”的绝对性并只突出其相对性的研究；批判了供给方面的生产相关规律并只突出需求方面的效用相关规律；批判了比较个人之间效用的研究并只突出同一个人偏好排列顺序之间的比较研究（罗宾斯，2000）。罗宾斯强调："汇总或比较不同个人的不同满足，涉及的是对价值的判断，而不是对事实的判断，我还认为，价值判断超出了实证科学的研究范围"，并且依托均衡理论的中立性分析等，强调经济科学必须坚持"价值中立"性以保证经济研究的科学性（罗宾斯，2000）。罗宾斯关于经济科学的分析对经济学的发展走向起到了一定的决定性作用，至今最主流经济学研究的定义几乎都聚焦稀缺性、人的主观效用，以及相对性的量的研究。例如，萨缪尔森的《经济学》这一主流教材中对经济学的定义是："经济学研究的是一个社会如何利用稀缺的资源生产有价值的商品，并将它们在不同的人中间进行分配"（萨缪尔森和诺德豪斯，2008）。曼昆的《经济学原理》中定义经济学是"研究社会如何管理自己的稀缺资源"，其列举的经济学十大原理中的原理三是"理性人考虑边际量"，该理性人是"系统而有目的地尽最大努力实现其目标的人"（曼昆，2015）。

（二）1957 年佳林·库普曼斯的《关于经济科学现状的三篇论文》

1957 年诺贝尔经济学奖获得者库普曼斯出版《关于经济科学现状的三篇论文》一书，分别从研究内容、方法和工具三个方面深化经济科学研究；三个视角研究的共同主线是强调数理经济学范畴中的明确、规范的模型构建对理论和实证研究都有重要作用（库普曼斯，2010）。其第一篇文章《资源分配与价格体系》力求为活动分析、线性规划这种新的经济分析理论构造一个完整而严谨的公理化体系，其中的活动分析法是源自于其主编的《生产和调度的活动分析》一书中融合了里昂惕夫的投入产出法、线性规划和瓦尔拉斯的一般均衡论的更具有普遍意义的新分析工具；这个公理化体系的核心是证明在既定约束下使线性函数达到极值的一系列定理，即证明在分散决策的经济制度中能利用效率价格进行调节，以便使所有的资源得到最优分配和利用。第二篇文章《经济学知识的构建》从方法角度建议：把公设方法作为重要工具以便区分出推理和对事实的认识；为了更好地认识现实世界，经济理论的公设可以在各个方面进行调整和改进；当然推理在先和观察在先都是可取的。第三篇文章《经济学研究工具与问题之间的相互作用》指明：在经济学研究中应用了大量的数学上的定理、证明定理的方法及统计推断方法；数学的应用一方面便于把经济学文章改写成数学论文形式进而方便交流，另一方面便于把不同的数学定理及观念引入经济学，如计量经济学的发展大量应用统计假设检验与估计理论，以及统计推断理论。

（三）1962 年路德维希·冯·米塞斯的《经济科学的最终基础：一篇关于方法的论文》

被誉为“奥地利经济学派的院长”的经济学家米塞斯在 1962 年出版的《经济科学的最终基础：一篇关于方法的论文》中为区分自然科学和经济科学并且阐明经济学研究因聚焦于人类行动进而不必仿照其他科学的模式，着重揭露实证主义（米塞斯视其本质为泛物理主义并且主要指逻辑实证主义或经验实证主义及波普修正后的可证实性）一个基本论点的荒谬性并指明它带来的灾难性后果；这一基本论点是指实证主义认为实验自然性的自然科学方法之外的其他所有使用理性话语的方法都是形而上学（实指胡说八道）的方法（米塞斯，2015）。米塞斯（2015）认为：就认识论/人类知识理论而言，必须把某种东西看作不变的，这种不变的东西（亦即所有人的相同本性/本质）就是人类心灵的逻辑结构和行为学结构，以及人类感官能力；而心灵是人能够思考、能够运用意志力和能够行动的能力。米塞斯（2015）阐明：泛物理主义者解决归纳问题的概率方法若不借助于规律性这一范畴也会失败，即逻辑实证主义以概率律取代规律性范畴和因果关系范畴的建议（基于宏观物理学中的规律实质是统计规律而提出的）是错误的。然而，在批判概率经验主义自相矛盾的同时，米塞斯（2015）批判了唯物主义及唯物主义哲学，因为他认为概率经验主义和唯物主义都需要把一个没有生命的因素（如分子或物质生产力）转变为一个类似人的东西，并能够做出价值判断、选择目的以及运用手段达到所选目的。自然科学的方法和认识论原则之所以不能运用于人类行动问题，是因为这些科学没有处理价值判断的工具。这点不完全错误。然而，他否定创建经验社会学的奥古斯特·孔德研究社会规律和社会事实的企图及逻辑实证主义、泛物理主义和经验主义企图统一自然科学和社会科学的努力，因为他认为人的行为缺少自然科学领域中那些事件所具有的规律性特点（米塞斯，2015）。这是令人极其困惑的，如果不探索人的行为的规律性，那经济科学研究什么呢？仅仅研究人的心灵的逻辑结构和行为学结构这些行动的基础吗？这不是另一种的自相矛盾吗？米塞斯否定用有意识的社会行动取代个人主义的无政府状态，否认统计的规律性，进而否定计算所统计数据之间相关性和函数关系的计量经济学，并且仅坚持方法论上的个人主义而否定方法论上的拟人式的集体主义，进而否定注重考察整体的宏观经济学（米塞斯，2015）。这实际是其固守个人自由主义的局限造成的，亦是只见局部不见整体，以及只见微观不见宏观（尤其是宏观系统结构对其中微观个体行动的限制）的视野局限造成的。

（四）1983 年阿尔弗雷德 · S. 艾克纳主编的《经济学为什么还不是一门科学》

1983 年著名经济学家艾克纳集结多位经济学家的论文出版《经济学为什么还不是一门科学》一书，从多个角度批判了占主导地位的西方主流的新古典经济学派为什么还不够科学（艾克纳，1990）。

瓦西里 · 里昂惕夫将发表于《科学》杂志的文章转录书中作为绪言，他认为经济学作为一门经验科学是从研究一般经济现象（如生产和消费、商品、买和卖、获得收入和支出）开始的；当日常经验事实不够时可以通过统计资料来获得更专门的信息（虽然这些信息缺乏更具体和详细了解一种现代经济系统的结构和功能所需要的东西）；然而一些过于偏好演绎推理的经济学家抛弃系统性寻找事实的原则，不去建立分析现代经济必需的含有大量变量的模型，却从详细的原始资料中归纳出相对很少数的“总量”（如资本、劳动、原材料、中间产品和总价格水平等），仅用含这些少数“总量”型变量的方程并以“最小平方方法”或“曲线配合法”描述和分析整个经济小系统（如企业的“生产函数”）；这种与企业实际生产脱节的总量方程式的简化/改造是不切实际的；相应发展起来的计量经济学方法如果侧重于把所有可能的代数函数式用于基本上是同样的一些粗略资料，显然无助于进一步深入理解一个现实经济系统的结构和运行。

艾特伯瑞和伯克哈德的文章《从何种意义上谈经济学是否是一门科学》阐明，科学有两种完全不同的场合：一种是库恩-拉卡托斯所说的具有一个硬核的总体范式，该硬核是一个学科中大多数人赞同的也是他们追求“标准科学”的基础；另一种是逻辑实证主义者所谈的科学，即知识要经受经验检验，各种尚未被推翻的命题构成一个逻辑上一致的整体，理论的解释力要不断增长。尽管经济学现在是库恩-拉卡托斯观念上的科学，但远不是逻辑实证主义意义上的科学，因为居于支配地位的新古典经济理论的关键性命题（如最大化假说、理性的经济人、收益递减等）从未进行过严格的验证。此外，经济学虽然在主流的新古典范式内部有发展，但这并不符合库恩正统的范式发展定义（即范式整体转变）。

詹姆斯 · A. 斯旺内和罗伯特 · 普雷缪斯的文章《现代经验主义经济学与数量跨跃推理》指明，经济学家在开始时和关键的理论形成阶段没能遵循科学方法，却仅根据一些偶然的经验、直觉和不现实的假设，用数学和其他演绎推理分析手段来建立模型。经济学，主要是新古典经济学，过分强调完全公式化理论体系的发展，而缺乏足够的行为假设和前提条件等的经验基础。逻辑实证主义的失败也是因为经济学实际上没能在逻辑实证主义适用的地方遵循它的方法。在自然科学理论从较低层次（如描述性）向较高层次（如理论性）发展的过程中，鉴于规范科学家也面临简化与现实性的矛盾选择，同样存在着现实与抽象之间有意识的相互影响。通过理论与事实间“不断交换”而产生的更高级理论不仅简单，而且更为概括，因为边缘元素已经被舍弃了。如果舍弃过程出错了，如重要元素被遗漏了，那么把这种理论运用于更为广泛的现象领域时将面临失败；并且科学家要回到一个较低的理论层次来重新检验一般的和基本的元素。基于对迁移经济学和货币经济学的分析，经济学中的抽象可以最贴切地被描述为从实际范畴到理论范畴的“数量跨跃”，而不是像在自然科学中经常出现的一种与现实有限的偏离。鉴于大多数经济学家没有认识到理论形成和资料收集之间的内在联系，进而过于运用推理的方法（相应的模型验证通常是一种高度主观的试错过程）必然导致政策建议基本上是无效的和无结果的。当前经济学中方法步骤的特殊运用，已经使得经济学不合理地一分为三：纯理论、应用理论和制度分析；经济理论中本应对社会和制度的因素进行更为系统的探讨。总结起来，经济学作为一门学科不满足逻辑实证主义为科学确定的标准；如果经济学家能够更加注重在一个结构内建立各种变量间的经验联系，那么逻辑实证主义的方法就会更有效，就能产生合理的抽象模型和可行的政策内容；这一结构要包含制度性障碍、技术方面的变化、个人及社会的准则和目标。

彼得·怀尔斯的文章《意识形态、方法论和新古典经济学》将意识形态定义为一种总的和前后一致的世界观，并且包含某种确定的神圣命题；完全反对那种认为社会科学需要一种不同于自然科学的方法的观点。他指出新古典经济学既是世界观也是相应的方法论，但新古典经济学的方法论是严格限制和封闭式的，是一种不完全的科学方法（因为没有相对应的意识形态）；一个没有经过充分阐述的、含义不清的世界观就与一种公理式的方法论风马牛不相及地结合在一起了。怀尔斯虽然承认冈纳·缪尔达尔关于经济学错在何处的事实陈述，但不认同冈纳·缪尔达尔对经济学错误根源的分析，即不完全赞同“这是由于社会科学不可能回避价值判断，而经济学又拒绝承认这一点的缘故”。他认为抽象、过度省略、公理（亦即“神圣命题”的一种典雅的同义词）和经济决定论，都是“李嘉图恶习”；每个人都会使自己的利润最大化以及资源配置是经济的唯一问题都是难以置信的公理。斯蒂格勒的一个关于X效率理论的结论——“如果经济动因不是出于利润最大化行为，那么由于缺乏不确定性，也会产生浪费。除非人们准备在方法论方面做出巨大改变来选择一个非利润最大化理论所要求的尚未知悉的方法论，否则浪费就是一个无用的经济概念，在现代经济分析的结构中，浪费是错误行为。但在我们建立一种有关谬误的理论之前，浪费不会成为有用的概念”，是摧毁而不是维护正统经济学，因为浪费的事实已经驳倒了经济决定论这一公理。而在边际革命和凯恩斯革命内部，也存在着由公理式的方法论引起的很多新谬误，如杰文斯和门格尔否认供给曲线和成本对价格的影响，这两种情况都是由于只考虑市场因素而拒不承认生产因素。彼得·怀尔斯最终认为：现在支配大众经济思想的新古典经济理论不是一种思想意识，虽然其中也有一种世界观（即认为社会是由理性的人组成的并且这些人在市场上独立地进行竞争），但它没有神圣命题，更主要的是没有总的和前后一致的世界观。

彼得·E. 厄尔在《经济学家行为论》中指明：采取行为科学的假设，即经济学家的主要兴趣在于职业和其他个人目标，由于要通过学术团体来晋升，所以新经济学家被迫在新古典的传统内进行研究，尽管这会极大地限制他们对经济知识的贡献。他不仅说明为什么居支配地位的新古典理论能保持其在学术界内的优势地位，而且也表明与经济较为密切但避开了公理推理的行为科学方法为什么一直被经济学家所忽视。

理查德·X. 蔡斯在《当代主流宏观经济学的发展：经济世界图象、意识形态和理论》中通过仔细分析凯恩斯革命及其理论与前任理论之间的区别，检查经济学的科学发展。第一，凯恩斯深感两分法的经济学（即一极是货币理论，而另一极是价值理论和物质资源的分配理论）不宜用作分析市场经济的结构和机能，通过结合物质和货币理论的开创性工作，以及新的微观与宏观分类方法（一部分为工厂或厂商理论、报酬理论及既定资源在各种用途之间配置的理论，另一部分为产出和就业理论），建立了总量或宏观的基本概念。第二，詹姆士·米德指明凯恩斯革命是倒因为果（即颠倒投资至储蓄顺序）；而琼·罗宾逊指明凯恩斯革命是从均衡概念转向历史概念并由研究理性选择原理转向研究以推测或习惯做出决策的问题（涉及未来不确定性）。第三，希克斯提出的 IS-LM 分析［IS（investment-saving）分析对应产品市场，而 LM（liquidity preference-money supply）分析对应货币市场）］虽然解决了凯恩斯理论在内在不一致性方面的逻辑问题并据此融合凯恩斯经济学和古典经济学为一体，但是凯恩斯对市场相互作用进行的（马歇尔式的）分析过程与瓦尔拉斯的一种商品之价格与其他商品之价格联合决定的理论是水火不容的。因为两者在交换的逻辑方面根本不同，前者的交换是连续不断进行的，而后者的交换是通过中心协调人/拍卖人的安排一次又一次地进行。在凯恩斯的宏观经济学体系中，物质和金融部门相互交错地紧密结合在一起，并与现实世界的不确定性融为一体，但在希克斯的理论中，货币理论（LM）和物质理论（IS）是相互独立的，且利息率更多是一种均衡性质的因变量，而不是非均衡性质的自变量。第四，哈罗德–多马模型和乘数–加速数模型将凯恩斯的静态总量模型发展为关于经济周期的动态理论；这一理论明确显示资本主义制度的不稳定性，即在其体系中只有运行于持续增长和“平衡”增长之间的“刃峰”上，经济才能免于陷入自发的周期中。但经济现实未必如此动荡，故哈罗德–多马模型仍需完善。然而，建立“可变比率”模型的完善方法将导致对凯恩斯革命和名噪一时的“大新古典综合派”（亦即“新古典综合派”）的彻底否定，并导致与后者有关的新古典增长理论的破产。第五，新古典综合的混合理论，包括侧重研究周期稳定问题的短期理论和侧重研究经济增长长期途径的长期理论，力图解决凯恩斯理论体系的动态化问题。但与凯恩斯由不确定的、易变的需求方面出发并注重宏观经济的收入效应和数量调整相反，新古典综合派重新把可自觉和理智操纵的价格和替代效应推上首要地位，即偷偷地重新强调市场价格变动对整个系统产生的均衡效应，这与其相对价格的变化导致替代效应的核心思想是一致的。该短期模型被琼·罗宾逊斥为"冒牌凯恩斯主义"。基于"一系列短经济周期的连续统一体实际上与长期经济增长是一回事"的理论推演，成功的短期总量管理实质上意味着消除了易变的和不确定的宏观需求问题，与长期经济增长趋势有关的调节因素只能来自供给方面。故新古典综合模型湮没了凯恩斯"将来是未知的和不可知的"思想的内容和用意，于是凯恩斯经济学被拉回到"古典经济学"，即回归到"边沁主义计算法"的概率性世界，而立足新古典综合模型的主流"凯恩斯经济学"（实质是指新凯恩斯主义经济学）与凯恩斯及其革命几乎没有什么联系。其实，真正决定经济增长的因素远在新古典模型及其对增长因素和技术变革所作的种种假设之外，新古典增长理论的长期与短期两个研究部分之间也是互不关联的；"宏观经济学与微观经济学之间的巨大鸿沟"远没有被填平。第六，尽管主流经济学的分析在技术上和逻辑上有种种缺陷，据此理论实施的政策也有种种问题，但它关于混合经济的学说至今仍未被推翻，这是"理论的韧性"，摒弃旧范式后留下的真空如果不能为另一种更加令人信服的范式所填补，那么韧性是合理的。正如最著名的两个剑桥（英国剑桥和美国剑桥）的资本论战虽然给新古典学派以"致命性的打击"，但英国的新剑桥学派未成功建立新范式，故而新古典学派仍以韧性而占据西方经济学的主流地位。第七，英国剑桥首先成功攻击了"总生产函数"这一美国剑桥生死攸关的重要概念；随后聚焦于"竞争性定价是否存在"、"生产要素是否会根据边际生产率论的逻辑相互替代"及"微观的生产函数如何加总得出宏观的总生产函数"等关键问题，有效攻击了"资本"这一新古典学派的要害。由于精心设立的（数学形式的）生产函数无法加总，布劳格只能以资本存量的价值作为（更严格限定了的）流量的替代，结果犯了更加致命的错误。萨缪尔森曾经说过："只要热力学定律没有被推翻，我将继续联系产出和投入，继续对（总）生产函数深信不疑。"但新剑桥学派提出的生产过程中的再转换现象/二次转换现象，再次一举刺中新古典经济学关于市场系统中生产如何组织和如何协调的理论的要害。第八，罗宾斯认为市场是资源在各种可供选择的用途之间进行配置的一种机制的看法是不全面的，市场也是实现再分配目标的手段，未来的经济理论必定要考虑政治和经济权力，以及在政治、经济斗争中必然会遇到的消除冲突的是非和的问题。传统微观市场理论的（罗宾斯式的）分析方法先分析原因和由它招致的结果的相互关系，然后再"顺向”解释或预测可能的结果，形成一种原因→结果的分析法。但阿道夫·劳主张“政治经济学”的结果→手段的回归分析法，即先有意识地定好目标（考虑政治因素），即希望或“计划”实现的（具有内在相容性和可行性的）最终状态，然后用“效率”或“稀缺”分析法找出和修正实现目标的最佳途径或其他可行途径。蔡斯认为：“这种分析方法的改变意味着另一种‘革命性’的转变——由（混合的）‘资本主义’模式转向（实用主义的）‘社会主义’模式。”

约翰·布拉特在《经济学家是怎样滥用数学的》文章中对经济学家滥用数学提出严厉警告。第一，最优控制论在罗宾斯的纯粹经济理论中被滥用。与线性规划大多涉及的是一个边界最大值不同，纯粹经济理论中希望最大化的函数是在一个函数域内某一点达到，这是因为通常假定函数是凹函数或宛如凹函数（这个假定是为了得到人们想要得到的结果而设的，并没有客观理论依据使人相信这个假设是真的）。但是因为问题本身并未得到适当的说明，甚至涉及只提一半问题的独特方法，进而不支持实际的结论。例如，新古典经济学中的效用函数 $U(C)$ 和生产函数 $f(x)$ 都不是数学意义上的函数，并没有提供这样的法则以使得通过这些法则给定 C 或 x 就能计算出 $U(C)$ 或 $f(x)$。经济学家使问题最优化的定义忽视了所有的经济冲突问题，从而忽视了现实世界中一些无疑具有极其重要影响的因素。当不确定性实际上是现实生活中唯一重要因素时，在确定性假设下的极大化计算的用处极其有限。第二，最优控制论在经济政策和经济计量模型方面也被滥用。决定一个最优的数量化的经济政策之前，一个至关重要的问题是不可能给出始终如一的“社会效用”定义，亦无法说出经济政策领域里“最优”的准确意思是什么。除此对目标本身的批评，还包括对目标实现程度的批评。经济计量理论的绝大部分是对线性模型的研究，而线性模型的初始约束条件就排除了所有动态经济模型，故本性上不能产生一个真正的内生的经济周期。只有极少数不是最大的、最复杂的经济计量模型具有和“时间序列”法相同的预测水平，而时间序列法的特点/优点在于它避免了经济学内容的矫揉造作。经济计量学对“随机扰动事件”的处理值得怀疑；即使是有限的随机，用正态高斯分布进行的传统处理在经济学中也是不能接受的。决定它的（没有扰动项）方程和实际运动间的不一致却不能归因于随机事件，相反它们起因于不可避免的简化和近似，这些差异基本上是系统的、非随机的（亦是描述性误差）。更为重要的是，模型中一个微小变化就会导致“最优”控制政策中一个极大的变化，亦即政策对描述性误差极其敏感。当怀疑存在描述性误差时，更保守和非“最优”的控制方法实际上更可能有更大优越性。第三，一般数学方法在纯理论中存在滥用。随着时间的流逝，纯经济理论不但没有变得更加现实，却反而正在进一步脱离丰富多彩的现实世界。数理经济学在它自己的世界里生存、运转，这个世界同经济现实极少或没有联系。后凯恩斯主义者应该赶紧运用数学工具来为自己的目标服务并挑战滥用数学的主流经济学家。在后凯恩斯主义者以应该和能够应用的方式运用数学来理解现实世界之前，经济学不可能成为一门科学。

J. 罗恩·斯坦费尔德在《制度分析：经济学中即将到来的发展》中针对经济分析的形式主义理论和实证主义理论及价值标准的比较三方面展望制度分析的前景。第一，在形式主义理论方面，正统经济学——新古典综合派已进入不结果实的形式主义阶段，其与现实的强烈矛盾源于其基本的认识论，这是自从罗宾斯告诫理性选择或者资源最佳配置是经济学中心问题以来一直存在的。主流经济学把经济过程定义为面对稀少进行选择之后，整个核心都依赖于对经济的逻辑演绎分析，忽视了对在历史上同生产和消费联系在一起的现实的社会制度和行为的分析。交易过程能有效地控制个人价值的信念已经导致市场价格和社会价值的实质差别，而这种差别又导致失真的政策建议和政策评估。注意力集中于理性选择这样的问题酿成了数学形式主义，这犯了“经济主义谬误”的错误；该谬误是把市场资本主义体制中具体的经济理论提高为人类历史中普遍的不变的理论。该谬误亦犯了错置综合的错误，错在等同现实和抽象模型，认为经验行为不会超出与形式主义模型的前提条件相符的行为范围。而这正是熊彼特批判李嘉图的缺陷时指明的“从高度抽象的、非常烦琐的理论一下子跳到政策结论”。该经济主义谬误的关键是在经济分析中缺乏制度分析，而缺乏制度分析实际上使任何个人的实际需要、需求、动机和兴趣难以描述、不能分析。形式主义的观点把经济分析降低为研究交换的科学，其中心总是由偏好、能力、习惯和技术的既定结构所引起的交换过程。对这种结构的经验分析特别是对其不断变化的特点的经验分析没有受到足够重视。交换中心论严重限制了正统经济学思想的范围和方法，是对经济体系的实际结构和运转的严重误解。第二，经济过程的实证主义观点是以技术的或物质的术语给经济学下定义的：经济是被制度化的过程或文化上的现存秩序。经济的中心在于维持社会再生产，在于与生活过程相对的经济活动的手段。事实上，经济学家应当去研究不同社会如何提供物质需求和成功地解决经济问题的各种方法；这也是制度主义经济学家所倡导的，它能导致一种比较分析方法和一种社会价值而不仅仅是市场价值。第三，在价值标准的比较方面，制度主义首先坚持认为研究的最终正确性是其有用性，亦即必须经过实践和政策领域的检验。制度主义者关于经济过程的不同概念不仅会产生不同的方法，而且会产生根本不同的价值标准。正统经济学的价值标准是“越多越好”，这是从“稀缺”这一正统理论的公理的中心所逻辑推导出来的。这种价值论虽然促进了非农经济的发展及聚焦市场交换过程的经济计量学的发展，却破坏了生活，并以效率之名阻碍了个人的发展。制度经济学的价值标准是社会再生产和人类生活过程的充分展现，此时权力和强制是必要的（因为个人之间达成与社会再生产一致的最低程度的合作是绝对必要的），故超出效率的满足是这种价值标准的特点。除非取得足够的收入以解决生计问题，否则生活就不能维持，进而再生产的价值标准暗示了分配是经济功能的必要组成部分，不能排除在经济研究之外。这样才能不为手段牺牲目的，不为效率牺牲分配。市场作为一个具体的、历史的过程，在其运营中不能保证价格和收入流量与社会再生产达成一致；市场能够通过自动地改变刺激进而在结构上实现自我调节是一种神话，相对价格的某种最大均衡也是一种神话；故而需要国家组织来进行分配的调节与调整。

艾克纳在《经济学为什么还不是一门科学》的总结文章中指出：第一，失败的根源在于经济学家拒绝接受对他们的工作适用并能避免误入歧途的、科学家通常所遵从的认识规律，尤其拒绝严格的经验检验；包括经验性范畴的相符性检验、普解性检验和精炼性检验。新古典经济理论的四个基本因素或理论构件，一组无差异曲线、一组连续的或光滑的等产量线、所有不同厂商和行业的一组斜率为正的供给曲线，以及生产过程中所用的全部投入的一组边际产量曲线，都还没有得到经验确证；其中每一个都是经济学根本性错误的根源，根本不能作为经济学进一步发展的基础。但新古典学派的经济学家所做的任何微观经济论证通常都以这四个因素中的一个或几个作为基础（虽然有时并不明显），如任何以作为消费者的居民采用“最大化其效用”为基础的论证很可能是根据一组假定的无差异曲线而做出断言的，而以任何的投入和所有的投入都容易是相互替代的为基础的论文很可能是根据一组假定的连续等产量线而做出预示的。虽然凯恩斯创建注重经验验证的宏观经济理论，但不久就被希克斯和萨缪尔森领导的新瓦尔拉斯反革命否定了，进而新增了两个未经受验证（即经不起相符性检验更不用说实践检验）的理论构件：希克斯-汉森的 LM-IS 模型和菲利普曲线；前者使国民收入水平取决于利息率与实物部门和货币均衡的同时一致，后者把货币工资进而价格水平的增长率当作失业率的函数。第二，最有望取代正统新古典理论的新范式是后凯恩斯主义，它在凯恩斯《通论》的有效需求原理和货币作用基础上，再加上罗伊·哈罗德和约翰·冯·纽曼的增长动态学、瓦西里·里昂惕夫的生产理论、彼罗·斯拉法的价值理论和米凯尔·卡莱基的分配和定价模型，这些成果初步综合于琼·罗宾逊的《资本结果论》（亦即《资本积累论》）并进一步综合于卢基·帕西内蒂的《结构转变与经济增长》中。整体来看，后凯恩斯主义理论不仅为构成新古典微观经济理论核心的四个因素中的每一种提供具体的替代看法，并且不必假定一组混乱的 LM-IS 和菲利普曲线就能解释通货膨胀。第三，导致经济学自拒于科学大门之外的是其学术金字塔结构和它所行使的常常支持并强化与科学背道而驰的社会思潮（如市场是一种自我调节的机制这种近乎神话的思潮）的权力，错误地以为这种神话才能保证一个社会中政府权力不致过大。第四，必须给所有可供选择的论证以平等经受各种检验的机会，直至选出唯一一种可保留的解释，哪怕它意味着经济学最终将不得不抛弃其理论的新古典核心（即市场神话），如此才有望成为科学。

（五）1997 年安托万·多迪默和让·卡尔特里耶主编的《经济学正在成为硬科学吗》

与上述艾克纳在《经济学为什么还不是一门科学》书中收集的文章都是批判视角不同，1997 年多迪默和卡尔特里耶主编的《经济学正在成为硬科学吗》中既有赞同的声音亦有反对的声音；无论支持还是批判，其目标都是促进经济学的科学性建设，即使这些经济学家对经济学的硬科学性的理解存在诸多差异（多迪默和卡尔特里耶，1997）。

第一部分四篇文章阐述“能把政治经济学当成科学吗”。第一，埃德蒙·马兰沃在《经济学与硬科学的攀亲：一种不可避免的、达到终点的尝试》一文中阐明：过去的半个世纪中经济学与硬科学越来越接近了，但由于根本的原因，两者之间的差别将不会消失；这就是为什么将经济学变成一种硬科学（以将模型与观察实验结合在一起作为研究方法的物理科学和生命科学为代表）的尝试注定是一种无法挽回的失败；当然盼望经济学远离硬科学也不会有任何益处。马兰沃讨论的是经济学作为一门学科，而不是讨论经济学与社会的关系；亦即讨论的是经济学科声称要解释（explain）的，而不是它要去解释（interpret）的部分；但后者的解释（interpretation）往往涉及意识形态。在经济学中，解释性工作（interpretive activity）的价值既不应被嘲笑也不应被忽略；但是这种解释的确不属于自然科学的研究目标那样追求客观的解释，并使得相关科学研究复杂化进而削弱工作的客观性。经济学与自然科学保持相当大距离的根源在于：一方面在经济学中经济现象的表述不可能像自然科学中的现象那样精确，另一方面两个学科采用的方法有相当大的区别；故经济科学（economic science）将继续保持在文理两大学科群的中间地带。第二，罗伯特·克洛尔和彼得·豪伊特在《经济学的基础》一文中阐明：经济学是一门经验科学，应该指导人们解决实际问题而不是集中在纯粹的智力游戏；如果再像新瓦尔拉斯分析那样集中于脱离实际的智力游戏，如研究思维中的状态而不是代理人的可观察的行为，又如虚构一个与物理学中麦克斯韦妖有相似功能的“拍卖者”/“调停者”，经济学研究将会本末倒置。第三，休伯特·布罗西耶在《经济学作为一门具有实证性和规范性的科学》一文中阐明：没有任何运算规则和简单的方法论原则允许我们去建立一种标准来区分实证性和规范性，因为建立这样的标准必须引入另外的内容，而这些内容的引入使得价值判断登上经济学研究舞台，从而使研究具有伦理或政治色彩。另外，经济学既没有物理学或天文学的认识论结构又没有硬科学的实验标准，经济学融合实证性和规范性的特点有助于破除将其归属于“硬科学”的伪装。第四，罗兰·朗达内在《科学的多元论：经济学与理论物理学比较》一文中以各种科学性标准为基础，比较经济学和理论物理学的现实主义态度、终极理论的创立、决定论、数学模型化、步骤、表达和方法中的多元论思想；其结论是既有实证性又有规范性的经济学是一门正在发展而非成熟的学科，未来可以发展成为一门硬科学。

第二部分五篇文章阐述“经济学家的模型”。第一，伯纳德·瓦利泽尔在《经济学作为一门理想的普遍的学科》一文分析了以下几点：关于解释存在的问题方面，理想化和普遍性的各自作用；关于经验证实问题方面，理想化和普遍性的各自操作；关于理论的演变问题方面，理想化和普遍性相关的具体化。其结论是经济学寻求对所观察的复杂现象给出深刻的解释但又不能直接认识到这些现象背后不变的基本规律方面，从这种意义来说经济学被指责为研究理想的、普遍的模型；它必须发展一种对模型进行近似分析的认识论方法。第二，罗歇·盖内里在《模型化与经济理论：演变与问题》一文中集中讨论理性假说的角色和数学工具的地位，其结论是理性假说是一个至关重要的模型；而在经济学中数学工具的使用很可能是不可避免的并且也是确实必要的（尤其是借助货币）。第三，阿朗·基尔曼在《经济理论的演变》一文中检验在经济理论数学化方面（涉及规范经济学和实证经济学）已做的工作，既肯定主流的瓦尔拉斯学派及其均衡模型在形式化/数学化方面的发展，又指明均衡模型的巨大局限性（尤其是涉及过程的稳定性与静态点之间的不协调）。他进一步建议：为了结合经验而非“闭门造车”式地发展经济学模型，需扬弃新古典经济学范式，扬弃的关键在于应用复杂理论或适应于复杂系统的理论来研究经济系统，因为代理人有学习能力并与环境互动。第四，阿尔·瓦里安在《经济理论有什么用》一文中指明：经济学是一门政策科学，而经济理论对经济学的贡献应根据经济理论对经济政策的理解和指导的贡献大小来衡量。然而，许多发表经济学方法论方面论著的经济学家和哲学家没有对大多数经济研究中的政策性定位予以足够重视，其原因之一是缺乏一个供人遵循的方法论模型。强调经济理论的可操作的应用（如依一般均衡理论发展出一般均衡分析）对政策性学科的经济学的发展至关重要。第五，奥利弗·法夫罗在《经济学及其模型》一文中详细解析模型对于经济学成为“硬科学”的影响：数学模型这一使得经济学与硬科学最为相似的东西，也是明显妨碍它成为硬科学的因素。模型作为实验替代品的观点产生一种幻觉，即这是唯一理解经济现实的方式。模型的这种性质来自模型技术上的二元论——最大化选择符合个体理性，但市场均衡的固定点符合个体间的协调；最大化选择与均衡是矛盾的。个体理性与个体间的协调的相互重叠是人类组织机构的具体特征，虽然纳什均衡将个体理性扩展到包括个体间协调的范围内，但亦导致在产生均衡状态的过程方面缺乏研究，这与在个体理性占主导地位的传统研究中程序问题方面研究的匮乏是相对应的。把个体间协调问题整合到个体理性中，恰恰是因为经济代理人只能生活在一个只有有限的理性和有缺陷的协调的世界中，应该把协调的含义而不是最大化理性的含义赋予有限理性的范围。面对现实与模型之间的差距，这门学科通过使得理性和均衡的概念越来越复杂，越来越远离了经济代理人理解他们行为的方式。只要经济学拒绝弱化它的基本原理，拒绝向着导致与协调相关的决策过程发展，它将会继续陷在它自己的模型陷阱中。

第三部分三篇文章阐述相关“理论与经验”。赫拉克利斯·泡勒马尔凯科斯在《经济学中的个体理性与均衡》文中指明：硬科学研究的目标是物质的性质，而经济学研究生产与交换中的个体与组织的决策问题；即使在理想的经验或实验条件下，个体理性与均衡不具有可观察的含义，同样也是无法证伪的；若认为它们应服务于解释和预言经济现象的规律，将危及经济学的学科地位。维纳·希尔顿布兰德在《关于微观经济学需求理论的经验证据》文中研究市场需求理论而非个体需求理论，有条件的需求不断扩展的假说得到经验证据的支持，但这种性质不能通过考虑商品和代理人的个体性质这一微观经济学的传统定义来得到。戴维·亨德里在《经济计量学在科学经济学中的角色》文中指明：经济计量学既不寻求价值判断也不具有做这件事的能力；鉴于科学进步来自于理论、经验证据和工具/测量手段之间的三维相互作用，经济计量学可以为经济学提供一种科学的研究方法。

第四部分三篇文章阐述“均衡与协调：讨论”相关议题。罗伯特·克洛尔和彼得·豪伊特在《货币、市场与科斯》文中论证了瓦尔拉斯理论与日常生活中“货币”之间的矛盾是与这个理论的另外一个缺点（即它与日常生活中企业之间的矛盾）不可分离的；而其对摸索性理论的货币解释的批评构成了对科斯公司观的根本反对，即应把公司看成是市场的补充而不是对市场的取代；其研究力求把当代经济学理论中两个著名矛盾（货币分析和公司研究）调和起来。卡洛·贝内蒂和让·卡尔特里耶在《经济学作为一门精确的学科：对一种有害的共同信念的坚持》文中指明：以价格和价值理论为基础的政治经济学表明其对科学地位的渴望，亦有助于解释整个经济学发展史上的种种挑战；以价值理论为特征的方法本质成为经济学数学化的根源，促进政治经济学成为一门精确的学科；但价值理论争论与政治或社会利益的冲突密不可分，阻碍其成为一门硬学科。邓肯·福莱在《从统计的观点看经济学的理论与观察事实》文中分析经济学中理论与测量之间联系薄弱的历史根源和意识形态上的原因；区分物理学和经济学中的统计方法；阐明市场均衡的统计定义；并指明经济学中统计方法在方法论上的优越性。他指明市场的统计平衡不同于瓦尔拉斯均衡，它可借助于一种叫作熵影子价格（区别于实际价格的价格并受法定价格的上、下限影响）展开研究，并且要求对瓦尔拉斯理论暗示的关于经济生活中的市场效率、市场分布的影响，以及合理性和最大化的地位等结论进行修正。此时，经济学知识的目标也有转换，从观察数据中需要统计推论的东西是代理人本身的报价集合，以及在这些报价集合中的任何可重复的和可预测的变化模式，这比瓦尔拉斯要求预测代理人在参变量所表达的特定价格下面临所有可以想象到的变化时将会做什么，需要的信息少得多。

第五部分三篇文章阐述“宏观经济学的模糊性质”。安托万·多迪默在《留给宏观经济学的发展空间是什么》文中指明：应以硬科学为参照标准研究宏观经济学的均衡基本思想，分析其理论研究和应用研究的功能以及相应研究方法的检验。当把明确的微观基础赋予所有的宏观经济学关系时，宏观经济学的发展是喜欢内部一致性标准，至少这意味着在一个明确的均衡观念框架内所有的行为关系都必须被解释为理性最大化行为；相应基础研究提供了检验必备的偏微分模型的方法。当然，为将理论联系经济实践，必须同时采用宏观经济学中不同的有时互补的观点。布鲁诺·阿玛贝尔、罗伯特·博耶和费里德里克·劳尔顿在《经济学中的特设：五十步笑百步》文中分析指出：新古典研究本身就坚持以“特设”为基础；特设这种假设为经济学提供了一种新形式的科学性，一种谦虚的或中间层次的科学性。与波普尔一般认识论中的特设含义不同，经济学家的一个特设性假设是一个不能充分从公理中推导出来的假设，大多情况下是一个明显地被希望得出建模者所预见结果的假设。文中介绍了新古典研究纲领已变得更具特设性，如从一般均衡论到博弈论特设是在增强，又如从原教旨主义的新古典主义到方法论上的新古典主义，以及在“新”增长理论中特设的作用。方法论新古典主义包括受约束的理性和最大化、局部假设和部分均衡的采用、依赖于信息（和组织）环境的均衡、市场有可能效率低等；相应地，许多新研究沿着统计物理学的思路而不再追随经典力学模型。热拉尔·迪梅尼和多米尼克·莱维在《经济学应该是一门硬科学吗》文中指明：他们既反对认为经济学根本上不同于物理学的说法，又反对认为两者之间的差别并不排除它们的科学性质的论点。新正统学派在努力加强经济学的严密性的过程中在很大程度上限制和缩小了经济理论的视野；但被遗弃的领域却蓬勃发展并孕育出许多非主流的研究成果，如马克思主义学派、新李嘉图学派、制度学派、进化学派、广义历史综合学派（法国的控制学派和美国的积累社会结构学派）、新熊彼特学派。热拉尔·迪梅尼和多米尼克·莱维指出：以亚当·斯密、李嘉图和马克思为代表的古典经济学家的基本特点是在他们的全部研究中把对各个方面的解释能力联系起来形成一个博大的理论体系，亦即古典分析带有普遍性质，而评价古典经济学的“科学”性质不能离开这个体系的总体性质。然而，以振兴和继承古典主义思想的形式发展起来的边际主义或新古典主义的正统理论，利用价格上的短期均衡代替了资本流动性方面的长期均衡（对斯密、李嘉图和马克思来说是共同的）；而瓦尔拉斯试图把这两个理论体系综合起来的努力没有成功。“瞬间”或“短暂”均衡的思想在正统理论中开始占据主导地位；即使凯恩斯理论强调经济不一定总是处于均衡状态，其所有注意力都聚焦于短期的现象，实质也不是重复古典经济学家的方法论思想。总之，多种正统思想都反对古典学派的全局观念。他们还指出：与物理学发展是不断证伪过程不同，经济理论的发展是随着社会动荡、大范围经济或政治危机（而非证伪过程）而发展的。为解决经济学的统一问题或者说发展全局性观念，非结构性联系将起着关键作用；该非结构性联系的思想把经济学中具有普遍性的以下两个方面的贡献结合起来：各种基本理论或方法必须能够密切联系起来，并且它们必须是不相互矛盾的且具有互补性。非结构性联系必须能够结合形式化的与非形式化的、正统的与非正统的、理论的与经验的，或者从不同研究框架中借来的方法（如制度主义的、进化论的、马克思主义的方法等）。鉴于调节与主流经济学中最忌讳的“非均衡”一词紧密联系在一起，现在的微观经济学需要解决的调节问题（协调的成功或失败，以及影响这种调节成功的条件的研究）在根本上不同于传统的微观经济学。通过在短暂时期的最大化模型的基础上建立一个最大化的调整理论，有可能将最大化和调节关联起来。对调节进行单独考虑导致三种显著结果：对稳定条件的限定；比例与规模之间的区别；比例上稳定和规模上不稳定的一种新资本主义经济稳定观点。而调节与最大化联系起来可以得到另外两个结果：稳定条件可通过公司可以承受的各种成本的函数来表达出来（进而可研究利润率的影响）；经济比例上稳定和规模上不稳定观点在涉及公司行为的（可能受限制的）理性方面时可以被证明。他们最后又基于研究领域和方法的非结构式结合，提出了倾向不稳定的观点。它包括三个命题：①秘密的企业管理过程对于趋向某种更大范围的宏观经济不稳定负有责任；②在任何时候只要这种不断增加的不稳定性在实际中以更强的商业波动（过热或不景气）的形式显现出来，负责社会稳定的中央机构就必须被改组或调整来阻止这种日益增长的不稳定；③作为企业管理和公共管理双重演变的结果，经济总是维持在稳定与不稳定的分界线附近（亦即“稳定的边缘”）。上述第一点关系到微观和宏观经济的结合，即需要把公司管理决策纳入非均衡的微观经济学中；而把微观经济学与宏观经济学联系起来的趋势允许对具有最重要意义的结论进行说明，即在规模上的更稳定（宏观经济波动更小、危机更少）与比例上的更稳定（资源配置更有效）之间存在着一个平衡位置。强调私营管理与社会管理/协调的进步之间互动关系的倾向不稳定的论点表明：个体分散的进步需要在中心层次上有一个相似的进步——一种相当矛盾的论点，这与自由市场经济中占主导地位的观念不一致。

（六）2018 年罗杰·E. 巴克豪斯《经济学是科学吗？现代经济学的成效、历史与方法》

巴克豪斯在《经济学是科学吗？现代经济学的成效、历史与方法》书中从三个角度回顾了第二次世界大战以来的经济学发展史（巴克豪斯，2018）。首先，经济学科学化的努力塑造了现代经济学。这会涉及什么是经济学，以及什么是“合法的”经济学等问题。其次，经济学的面貌还受到意识形态的影响。冷战时期，美国政府更直接地参与科学基金的资助，而数学化的理论模型和倡导市场化的经济学家更受到金主的青睐。最后，在主流经济学之外，还存在着“异端”或者非正统经济学。我们无法通过经验证据在正统与非正统之间一劳永逸地做出裁决，而这又为意识形态的入侵，以及“合法的”经济学应该如何的先入之见，留出了空间。

二、国内经济科学的简要研究历程

近年来，国内对经济科学的研究与争论日益丰富。然而，鉴于专著或教材对经济科学研究的介绍更为系统而成体系，此处仅简要回顾国内主要相关专著与教材，相关论文的解析将在后续章节中陆续展开。

（一）中国学者的经济科学研究探索

在价值及价值基础视角的研究方面，王思隽在《经济科学探索的现代解读：经济价值论建构的历程、方法和取向》书中阐明：经济价值论的探索大致有三条发展脉络，从劳动价值论到剩余价值论、从效用理论到边际效用理论，以及“凯恩斯革命”后的多样化发展新趋势；相关经济价值论建构的独特方法包括李嘉图的合理性与不完备性并存的抽象方法、马克思的辩证法和实证方法有机结合的建构方法，以及塞维亚的通过主观价值达到客观交换价值的建构方法（王思隽，2002）。孙剑平在《经济学：从浪漫到科学——可持续发展议题的经济学沉思》书中立足经济能量三模式间转换的分析和资源稀缺三前景分析，清晰对比分析三大经济学研究纲领（即浪漫经济学、资源稀缺经济学和资源枯竭经济学），尤其是逻辑起点、财富观、理论硬核和规律体系等构件的联系与区别（孙剑平，2002）。浪漫经济学立足经济能量第一模式（以再生资源为基本内容的模式），其经济学逻辑起点是元素性资源的非稀缺假设；资源稀缺经济学立足经济能量第二模式（以再生资源为主要内容、非再生资源具有重要比重的模式），其经济学逻辑起点是元素性资源稀缺且强度不变假设；资源枯竭经济学立足经济能量第三模式（以非再生资源为战略性资源的模式），其经济学逻辑起点是元素性资源稀缺且强度可能增大假设（孙剑平，2002）。

在结合经济学与哲学视角方面，雷晓明（2007）在《论经济理论科学性的判定条件》书中从经济哲学科学论的研究视角出发，借鉴现代横向学科（系统论、信息论和控制论等）的结构功能分析方法，建立经济理论科学性的判定条件，包括经济理论结构的完整性，经济理论逻辑的完备性，经济理论陈述和结论的可认证性，经济理论的定题性、释题性和解题性，以及经济理论应用和检验的可操作性。刘伟（2015）在《论科学的经济学》书中从经济思想史角度出发，借助经济学与哲学的有机结合，辨析价值理论和价格理论两大流派，最终阐明从属社会历史科学的经济学是一门科学；新的经济学（亦即经济学中的科学革命）必定是经济学与历史科学的双重革命。

从系统科学尤其是复杂性系统科学视角出发，陈禹和方美琪在《复杂性研究视角中的经济系统》书中辨析了分工合作、个体和整体、层次和博弈、周期与均衡、需求和供给、信息和马太效应以及价值理论（陈禹和方美琪，2015）。他们指出：信息时代需要新的经济科学理念，而传统的经济理论困于简单化、绝对化的思维框架，难以走出种种人为的两难悖论，无法适应时代要求，脱离信息化进程的实际越来越远；而忽视对复杂系统和复杂性的研究是这种理论困境的认识论的根源所在（陈禹和方美琪，2015）。

在方法论方面，杨渝玲（2011）在《情境分析：经济学的科学逻辑》书中运用马克思主义哲学的基本观点与方法，对经济学方法论的争论进行系统的梳理与批判性分析，得出“情境分析”是当代西方经济学方法论走出其研究困境的必由之路，同时也是马克思主义研究传统与非马克思主义研究传统之间展开建设性对话之重要平台的基本结论。汪毅霖（2016）在《经济学能够成为硬科学吗？——方法论视角的研究》一书中立足经济学的理论前沿，尤其是福利经济学、复杂经济学、行为经济学和实验经济学等领域中的新进展，以科学哲学理论为工具箱，从方法论视角反思经济学的学科性质，指出经济学尚不是也不会成为如自然科学一样的硬科学。其主要结论有：①经济学研究对象在本体论上是复杂现象，其复杂性源于主体间性，该主体间性表明在社会科学的两个维度中价值维度比事实维度更具主导性；②主流经济学采用的情境分析方法的危机根源在于误解了经济现象本质，导致过分强调社会科学与自然科学研究方法上的类似性，然而直面真实的复杂现象可以成为经济学范式转换的一种思路；③经验检验不应被视为经济学中压倒性的科学准则，应注意经济理论的适用边界问题；④研究对象的复杂性意味着经济学只能做出模式预测而非精确的预测，即使在大数据时代仍然如此；⑤实验经济学为在哲学层面回复“迪昂-奎因论题”的挑战提供了实践基础，但实验方法无法适用于全部经济学领域；⑥大量实验确证了亲社会偏好的存在，为经济学中事实与价值的整合提供了新的可能，经济学家可以将工程学和伦理学结合在作为博弈规则的制度层面，从而实现从微观到宏观、从个体选择到集体绩效的有机连接（汪毅霖，2016）。以下在何全胜和郭泽德主编的《科学思维：关于经济学方法论的对话与碰撞》一书中，更多的经济学名家阐述了各自思考。

（二）何全胜和郭泽德主编的《科学思维：关于经济学方法论的对话与碰撞》

何全胜和郭泽德主编的《科学思维：关于经济学方法论的对话与碰撞》收录了中国多位著名经济学家对经济科学方法论的思考，尤其是创新思考，分别包括范式之争、研究方法和专题论文（何全胜和郭泽德，2017）。

在范式之争部分，黄有光在《如何对待经济学不同学派》文中强调：正统经济理论虽有不现实的假设，但应该避免全盘否定；正统与非正统学派可以做到互补发展。田国强在《现代经济学的本质及其发展和创新的中国贡献》文中从基本分类、主要作用及其视野下的市场制度等对现代经济学的本质做了详细的分析，也对一些常见误区进行了厘清；强调一个成熟的现代市场制度和好的治理只有在政府、市场和社会三位一体、互动互促的综合治理框架下才能运作有效，建立长治久安的包容性制度。陈平在《经济思维范式的对话和经济学理论的检验》文中强调需要不同经济学范式之间的对话，包括均衡、失衡与非均衡的思维范式的对话，以及简单与复杂逻辑推理的对话，数理模型中简单性与复杂性之间的权衡以及合理性与适用性之间的权衡，经济学理论多类检验方法的对话；并指出违背物理学定律的经济学假设和违背生物学原理的经济学理论需改进；现代经济学正从炼金术走向经验科学，还需加强对话。

在研究方法部分，张五常在《经济学的哲学性》文中指出人类的行为有规律，故而经济学有公理性；但这个公理性需要经过自然淘汰的历练。黄有光在《不现实的假设是否可以接受——理论创新中的一个方法论问题》文中指出同一个假设有些情形可以接受有些情形不可接受，随后介绍了一些经济学内可以接受的不现实假设和经济学内不可以接受的假设。林毅夫在《关于经济学方法论的对话》文中指出理论贡献的大小取决于所要解释的现象的重要性；一定要从研究现象中提炼理论。

三、从可持续发展视角看经济科学中的关键争论

从上述经济科学研究简要发展历程的介绍来看，相关研究对相同议题的分析充满了争论。而消解/化解这些争论是人类寻求更好的可持续发展必须面对的议题。从可持续发展的视角分析和考察其中关键争论，是开始消解/化解这些争论的首要工作。当然，经济科学中充满争论的议题太多，笔者无力进行全面的分析，只选择三个关键争论展开分析，进而为后续的研究奠定必要的基础。

（一）经济及经济研究是面向冲突矛盾的还是面向和谐的

亨特在《经济思想史：一种批判性的视角》书中指出：经济思想史中一个反复出现的主题（亦即书的中心）是资本主义究竟是导致和谐还是导致冲突的一种社会制度，这一个关于经济思想史的主题实质，也是经济研究的发展主线（亨特，2007）。他从经济理论路线视角出发，将西方经济思想史上一条和谐与冲突理论主线归结为劳动价值论与效用价值论的对立、生产优先论与交换优先论的对立；从阶级分析视角出发，归结为富人经济学与穷人经济学的对立；并从经济学流派视角出发，归结为冲突学派与和谐学派的对立（亨特，2007）。西方经济学开山鼻祖亚当·斯密即使不算是和谐学派或冲突学派的创立者，也是上述诸多对立的孕育者。因为斯密一方面强调劳动价值论和阶级冲突，另一方面又强调效用价值论以及社会和谐及其相关“看不见的手”；最终建立一个较完整的古典经济学逻辑体系，即在竞争、自由放任的资本主义经济中，自由市场会把所有利己主义的、营利性的和唯利是图的行为纳入一个和谐占主导的互惠互利的“最明白单纯的自然自由制度”（斯密，2014）。这使得对立的冲突学派与和谐学派都能从亚当·斯密这里获取支持的源泉（亨特，2007；多迪默和卡尔特里耶，1997）。与亚当·斯密一样，大卫·李嘉图既分析社会和谐也分析阶级冲突；作为生产力经济学家，他以发展生产力的要求作为评价经济现象的基本原则，并且公开承认资本主义是有利于生产力发展和社会发展的一种生产方式，尽管它和构成整个这一发展基础的工人群众的利益相矛盾并以牺牲后者的利益为代价（李嘉图，2014）。而作为西方经济学第一次大综合完成者的穆勒，将李嘉图的上述观点作为一种“生产规律”和“分配规律”纳入其折中主义的政治经济学体系（穆勒，2005）。“斯密-李嘉图-穆勒定律”（有时被简称为“李嘉图定律”）是和谐抑或冲突这两条理论路线分歧的一个起点或分水岭；此后，大多数经济学家要么认为资本主义是根本和谐的，要么认为是根本冲突的；其和谐理论路线历经马尔萨斯的供给过剩理论和第三者理论—巴斯夏的经济和谐论—凯里的利益调和论—瓦尔拉斯的一般均衡论—帕累托的最优原理—克拉克的边际生产力分配论—马歇尔的“四位一体”公式，力图论证资本主义社会和谐性及分配的公正性；而始于霍布森与庇古的福利经济学、新福利经济学、新新福利经济学、福利国家政策和后福利国家理论，是现代经济学和谐路线的终点；相对应的冲突理论路线主要来自广义的激进经济学派和西方马克思主义学派等（亨特，2007）。

从可持续发展视角来看，经济及经济研究始终是面向冲突矛盾的，矛盾冲突始终是其中的永恒主题；而相对立的和谐是暂时的、局部的，并且是应该力求的但同时需要精心维护才可得的。与亚当·斯密研究经济学时关注究竟是什么使得一个国家比另一个国家更加富裕（尤其是关心分工如何能够减少资源的稀缺性进而使一个社会变得更加丰裕）（斯密，2014）不同，罗宾斯在定义经济科学研究为“经济学是把人类行为当作目的与具有各种不同用途的稀缺手段之间的一种关系来研究的科学”时（罗宾斯，2000），经济科学就成为一门研究选择的科学。毫无疑问，对于某人某个目的来说，备选的且只能选择其中一个的各种手段之间必然是冲突的。正是在罗宾斯经济科学研究的引导下，当今西方主流的新古典经济学大多数定义经济学为：“经济学是研究稀缺资源如何在人们的需求之间进行分配的学问”（杨小凯，2003）。曼昆指出新古典经济学的十大原理之首要原理是“人们面临权衡取舍”，它是指个人做出决策就是要求他在一个目标与另一个目标之间进行权衡取舍，而社会面临的一个重要的经济相关权衡取舍则发生在效率（亦即社会能从其稀缺资源中得到最大利益的特性）与平等（亦即经济成果在社会成员中平均分配的特性）之间（曼昆，2015）。新兴古典经济学创立者杨小凯在同时包容新古典的给定稀缺程度下的资源分配问题和古典经济学的分工问题的基础上，提出一个更加一般的经济学定义：“经济学是研究经济活动之间两难冲突的学问”；与新古典经济学中有几个同资源分配问题相关的两难冲突类似，在个人/企业的生产中也有类似两难冲突；而市场上的两难冲突比单个个体决策中的两难冲突复杂得多；此外，与管理学聚焦决策的两难冲突不同，经济学研究上述所有类型的两难冲突，包括相互冲突的自利行为之间的交互作用及其结果（这一定是个体自利行为之间折中的结果）（杨小凯，2003）。我国社会主义四个现代化建设事业取得重大成就，正是得益于在聚焦于解决社会主要矛盾的马克思唯物主义理论领导下，进一步扬弃众多西方经济学研究成果而形成的社会主义市场经济理论的成功应用。然而，上述经济科学/经济学的矛盾立场/视角与立足于罗宾斯经济科学基础上的实质属于和谐学派的西方主流新古典经济学，是相互矛盾的。造成这种不一致现状的根源其实与罗宾斯力推的经济科学研究必须为经济学的科学性而保持“价值中立”的性质关联很强。与德国历史学派的研究目的在于为解决实际问题而向国家提出政策建议（必然要涉及价值判断）不同，马克斯·韦伯强调经济研究必须保持价值中立，即鉴于经济学是一门经验科学而区分了价值判断与事实判断，其目的在于为进行纯粹的经济研究必须要保证经济学和政策研究的客观性（胡明，2016；胡明和方敏，2009）。罗宾斯通过隔离了与人的价值判断相关的政治经济学、福利经济学和伦理学等，树立了与其他社会科学或道德科学等明显分离的“价值中立”的经济科学研究，这在当时对于深化和细化经济学的研究具有明显的促进作用。然而，所有经济学家的作品既有认知和科学成分，同时也有感情、伦理道德或意识形态成分；即使能够部分地将社会理论的科学与意识形态成分区分开来，但这种区分绝对不可能是完全的（亨特，2007）。近年来全球范围内时常爆发的各地甚至全球经济危机，再次彰显了各国经济和全球经济不断面临矛盾的境况。而矛盾冲突视角的马克思主义经济学关于资本主义经济危机的预言不断得到印证，彰显了经济研究面向冲突矛盾是科学的。当然，从可持续发展本意来看，科学地研究经济学是应该力求实现人与自然的和谐以及人与人的和谐，即使这种和谐是暂时的、局部的，也需要精心维护来之不易的和谐。在著名的《关于经济科学现状的三篇论文》中，库普曼斯在研究最优经济增长理论（亦即效用最大化和超时最优资源配置理论）时指出："确保经济增长的稳定问题仍是研究资源配置的一个重要标准……稳定问题基本上是许多种决策间的一种平衡"（库普曼斯，2010）。我国改革开放四十余年都是紧紧抓住当时的主要矛盾，做好矛盾对立因素之间的协调以便力求匹配、平衡与和谐。其间，虽然多次经受外部经济危机的冲击和内部经济矛盾引发的泡沫，但都通过精心的符合经济规律的调控保持了协调与平衡而化解了危机，在矛盾不断演化过程中保持了局部的、暂时的平衡与和谐。当前，中国特色社会主义进入了新时代，我国社会主要矛盾已经转化为人民日益增长的美好生活需要和不平衡不充分的发展之间的矛盾。面对矛盾冲突的永恒主题，精心维护矛盾因素之间必要的、局部的和谐乃是实践可持续发展的根本所在。因此，矛盾冲突理论路线中的经济学派，包括古典经济学、马克思主义经济学、新兴古典经济学等，都是构建面向可持续发展的经济科学的主要养料；而和谐路线的经济学派也必将成为经济科学研究的次要养料。

（二）经济及经济研究是立足完全理性的经济人还是有限理性的经济人

从可持续发展视角来看，有限理性的经济人是比完全理性的经济人更为科学的研究对象。赫拉克利斯·泡勒马尔凯科斯在《经济学中的个体理性与均衡》文中指明：新古典学派方法的显著特征是个体理性，从这个概念出发，产生了最大化这个概念，均衡代表了这两者之间的相互作用；但是即使在理想的经验或实验条件下，个体理性和均衡也是不具有证伪性的；若认为它们应服务于解释和预言经济现象的规律，将危及经济学的学科地位（多迪默和卡尔特里耶，1997）。理性主义自来是经济学家的信条，"经济人"假设正是以理性算计为基础的；但是这一信条越来越受到人类社会实践的挑战。经济学"理性"的第一个含义是"人的自利性"假设，这只是一个工具主义的假设；其第二个含义是"极大化原则"（也可表示为"极小化原则"）；其第三个含义是每一个人的自利行为与群体内其他人的自利行为之间的一致性假设，这导致了"社会博弈"的现代看法（汪丁丁，1998）。在亚当·斯密那里，人的双重本性包括自利性和社会性，因此在古典经济学里面原本没有社会学与经济学的对立，这种情形延续到熊彼特和经济社会学家马克斯·韦伯；但亚当·斯密对人性所持的双重态度在现代经济学家看来是不能接受的，因为对立假设之间的争论最终会把对立面推到极端（汪丁丁，1998）。然而，如果从上一段经济及经济研究主要是面向冲突矛盾而言，面向可持续发展的经济科学研究可以接受亚当·斯密对人性所持的双重态度。当前结合博弈论的研究成果，经济学家必须放弃"作为价值最大化"的理性而仅把"理性"理解为"作为内在一致性的理性"（指个体决策过程在逻辑上的无矛盾）（汪丁丁，1998）。为找到对上述理性（亦指完全理性）的可替代的、更富现实感的、更强解释力的理性工具，赫伯特·A. 西蒙 1947 年在《管理行为》著作中系统地提出有限理性概念："人在主观上追求理性，但只能在有限的程度上做到这一点"；"有限理性是指那种把决策者在认识方面的局限性考虑在内的合理选择——包括知识和计算能力两方面的局限性，它非常关心的是实际的决策过程怎样最终影响所做出的决策"（西蒙，2004）。在西蒙看来，由于信息的不完全性和处理信息费用的存在，经济主体不可能完全理性地追求最大化的收益和效用；经济主体是有限的理性，他们只能在一个小概率上集中做出一个"理性"的决策，即在不可能大量处理为达到最优决策所需全部信息的情况下，经济主体并不追求最优化，而是追求"满意化（satisfice）"，一个特意区别于通常意义上"满意（satisfy）"的概念（霍奇逊，1993；戴正农，2011；西蒙，2004）。西蒙立足于有限理性和满意化的决策过程以及组织管理的研究，为管理科学的发展与实践提供了重要基础（西蒙，2004）。博弈论专家阿里尔·鲁宾斯坦在《有限理性建模》一书中采用贝叶斯概率描述和演进博弈的方法来分析"有限理性"假设下的经济行为（鲁宾斯坦，2005）；从而使博弈论基础研究中最难处理的"共享知识"的性质有了进一步界定，变得更接近"演进认识论"的知识传统，而不再是新古典的静态的"理性建构主义"传统（博伊兰和奥戈尔曼，2002）。除了"满意化"之外，"适应性"是西蒙的有限理性思想不可或缺的另一方面（虽然常被学术界忽视）（戴正农，2011）。毫无疑问，与适应性相关的人的不完美，更加符合人类社会的真实状况；而与适应性紧密相关的动态演化思想，更加契合可持续发展思想。

（三）经济学及经济科学研究是应用实证方法论还是规范方法论

从前文关于经济学是否是科学或具有硬科学性质的论述可以看出，主流经济学与非主流经济学在相关的方法论上具有较大争论，在实证方法和规范方法之间左右游移。在经济学方法论界，对方法论的理解有两种：一种是把涉及具体的经济学方法的研究称为 economic methodology（小写的 em），即日常经济研究中经济学者经常使用的研究技术；另一种是把涉及经济学的学科性质、对象和范围等一般性问题的探讨称为 Economic Methodology（大写的 EM），即经济学的科学哲学，亦即对经济学的概念、理论和基本推理原则的研究（Blaug，1992；胡明，2016）。科学哲学所倡导的科学研究的可接受标准对经常受“经济学是不是一门科学”问题困扰的经济学者常有启发和借鉴作用；但经济学不能完全受制于科学哲学，其创新与革命都主要是由经济学家推动的（胡明，2016）。尽管自然科学与精神科学不同，但两者在结构和方法论上是相似的；真正科学的真理不是那些经验规律，而是用以说明它们的因果律；为发现经验规律背后的因果关系，穆勒将科学区分为演绎科学和实验科学，区分的关键在于是否遵守原因合成定律；穆勒还对政治经济学做出了“科学”和“艺术”的区分，前者指一系列有关现实经济的真理性命题，后者则是一组规范性的经济准则（密尔，2009）。为解答后危机时代经济科学的方法论困境，尤其是捍卫被严重冲击的主流新古典经济学，胡明指明：穆勒传统的方法论仍是能够为当前主流经济学提供最佳辩护的方法策略，即将其理解为与规范分析相对应的分析方法，即经济学只研究追求财富的动机所导致的后果，从而将社会、文化、伦理等视角留给经济学的实践或应用领域，最终穆勒传统能以其开放性与包容性（包容演绎主义和经验主义方法并包容历史学派等非主流经济学）为主流经济学辩护（胡明，2016）。通过推出因果关系整体论可以整合并超越唯名论和唯实论（博伊兰和奥戈尔曼，2002）。总体而言，经济学研究越来越注重有效衔接实证方法论和规范方法论。

相对于经济学研究已经注重整合实证方法论和规范方法论，侧重于理论研究层面的经济科学是否同样如此呢？答案是面向可持续发展的经济科学也是如此。经济理论分为抽象理论和具体理论，其中抽象理论研究的是经济学的基本概念，其方法几乎完全是推理和假说的，主要使用演绎法；具体理论的构建目的在于指导和运用于实践，强调经验的可证实，更强调运用归纳法（凯恩斯，2017）。胡明（2016）指出：实证经济学的科学性或客观性主要体现在韦伯的科学研究的价值中立原则；该价值中立原则不意味着经济学不涉及价值问题，而是要求经济研究者不对这种价值做出判断（即不能将自己的价值观带入研究）。研究可持续发展需要同时考察自然科学和社会科学，涉及生态学、经济学、政治科学及伦理学等，需要将“人类-自然”关系纳入经济学范围（戴利和法利，2013；康芒和斯塔格尔，2012）。这无疑需要将韦伯仅做事实判断的价值中立扩展至考察“人类-自然”关系，即在注重事实判断基础上，需进一步拒绝人类中心主义而保持价值中立。另外，罗宾斯借助“价值中立”的科学性，将规范分析方法排除出经济科学这一经济学内核层面；罗宾斯还借助于“价值中立”科学性的光环，强化自己拒绝“唯物主义”定义、唯物史观、“绝对量”研究和生产规律研究的经济科学研究。事实上，鉴于面向可持续发展的经济学必然需要考察与自然界交互的物流与能流，而且自然界有自己的生产规律，故而面向可持续发展的价值中立的性质又必须与拒绝“绝对量”研究和生产规律研究的罗宾斯的“价值中立”保持区分。为深化可持续发展研究，相关实践研究是必须融合进经济科学层面研究的，这离不开规范视角研究，离不开“应该是什么”的规范判断。综上所述，面向可持续发展的经济科学研究同样需要整合实证方法论和规范方法论。

第二节　面向可持续发展的非主流经济学的发展及其困境

一、面向可持续发展的新古典主义范式的非主流经济学的发展及其困境

（一）资源经济学和环境经济学的发展与困境

从18世纪60年代的第一次工业革命开始到19世纪30年代的70年中，世界人口由十几亿猛增到二十亿，导致对资源需求的大幅增长。结束于20世纪初的第二次工业革命，开辟了人类电气化的新纪元，使全球的生产力得到更加高速的发展，使得大规模地开发利用偏远地区的自然资源尤其是地下矿产资源成为现实，从而大大促进了资源产业的形成和发展，也同时导致资源短缺、环境污染和生态破坏等问题进一步加剧。于是人们从发展资源部门（产业）经济和解决世界性的资源及环境问题两个方面，提出了对建立资源经济学的需要，资源经济学也于20世纪二三十年代应运而生。这个阶段国内外建立的资源经济学还主要限于单种资源（如土地）和单门类资源（如可耗竭性资源）的经济学。20世纪50年代至80年代初，资源经济学所关注和研究的重心是资源短缺或危机问题，80年代初期之后是重心转向可持续性问题。当今，资源经济学研究具有如下特点：从侧重于单种自然资源与经济发展关系的研究转向侧重于整个自然资源系统与经济发展关系的研究；从侧重于本国资源经济问题研究转向注重国际合作和全球性资源经济问题研究；研究重心从资源最优配置和开发利用转向可持续性（包括资源利用的可持续性和生态环境的可持续性）；资源经济学的研究与其他相关学科（如环境经济学、生态经济学、人口经济学等）的研究相互交叉、相互渗透。总之，资源经济学是以经济学理论为基础，通过经济分析来研究资源的合理配置与最优使用及

其与人口、环境的协调和可持续发展等资源经济问题的学科，其内容基本上都是由三大主题和四个方面构成；三大主题是效率、最优和可持续性，四个方面内容是生产、分配、利用和保护与管理（伯格斯特罗姆和兰多尔，2015）。

长期以来，人们在发展经济时会将水和空气等环境资源看成是取之不尽、用之不竭的无偿资源，并把大自然当作净化废弃物的场所，人类自己不必为此付出任何代价和劳动。然而，到 20 世纪 50 年代，社会生产规模急剧扩大，人口迅速增加，经济密度不断提高，从自然界获取的资源大大超过自然界的再生增殖能力，排入环境的废弃物大大超过环境容量，出现了全球性的资源耗竭和严重的环境污染及破坏问题。许多经济学家和自然科学家一起筹商防治污染和保护环境的对策，估量污染造成的经济损失，比较防治污染的费用和效益，从经济角度选择防治污染的途径和方案，有的还把控制污染也纳入投入–产出经济分析表中进行研究。这样，在 70 年代初出现了污染经济学或称为公害经济学的著作，阐述防治环境污染的经济问题。当前，环境经济学作为一门环境科学和经济学之间交叉的边缘学科，主要讨论环境资源的可持续利用和环境保护的经济手段，并且以基本的环境经济学原理为环境保护政策和环境管理提供理论支持（科尔斯塔德，2016）。因环境经济学的研究方法与资源经济学相似，而且两者研究领域又有很大的一致性和相关性，常常将二者合并称为环境与自然资源经济学（蒂坦伯格和刘易斯，2011）。当然，有些学者在承认两者之间具有很多重叠部分之外，指明两者的区别：环境经济学聚焦由市场失灵造成的市场上污染的过量生产或自然世界的不充分保护等问题（本质上更多属于静态问题），资源经济学聚焦可再生和不可再生自然资源的生产和使用问题（本质上属于动态问题）（科尔斯塔德，2016）。

然而，著名生态经济学家戴利（2006）指明：环境经济学是一种完全意义上的微观经济学：其理论集中在价格上，相应最主要问题就是如何将外部的环境成本内化成为一种能完全反映社会边际成本的价格；一旦价格被正确的估计，环境问题就能得到“解决”——这里不存在任何宏观的维度；而新古典经济学的宏观经济学方面并未指出环境、自然资源、污染与耗费之间有任何通衢。虽然在生态经济学等的影响下，环境与资源经济学开始接受经济发展必须依存于生态系统的观念，其视野从一般微观分析逐步扩展到宏观分析乃至国际维度的分析，如环境经济学开始注重全球气候变暖的经济分析和全球环境污染问题的共同治理等，又如资源经济学对可再生资源研究开始探讨生物多样性保护问题；然而，建立在新古典经济学基础上的环境与资源经济学有两大重大缺陷：①过于迷信市场机制和科技进步的作用，不关心经济发展所面临的生态与环境约束；②将现行经济模式视为既定的，从不考虑其是否合理和科学，这导致其相应药方无论是根植于外部效应理论还是产权理论，都无法根除人类经济活动对生态系统的损害（任群罗，

2009）。至今，研究经济和环境的学者仍然分列于环境经济学和生态经济学阵营，相对于生态经济学在方法论方面更加多元化，环境经济学的根基还是扎实地建立在新古典经济学的标准范式之上（蒂坦伯格和刘易斯，2011）。虽然新古典范式中的环境与自然资源经济学借助条件价值评估法，通过直接调查人们的最大支付意愿或最小接受赔偿意愿得到人们对环境物品或服务的偏好程度，但这种基于个人偏好建立的价值论太过于武断，不能得到环境物品或服务的真正价值并可能有误导作用（李玲和徐中民，2008）。传统商品经济的价值（增值）规律，因为过分强调人类劳动在商品价值形成过程中的作用，从而不利于生态系统服务功能的价值研究（李文华，2008）。

（二）新古典主义范式的可持续发展经济学的发展与困境

钟茂初（2006）在《可持续发展经济学》一书中以融入主流的新古典经济学为目标，从微、中、宏观视角阐明可持续发展经济学的新阐释范式、分析方法，以及理论与实践的新认知；其中，新阐释范式之一是人类活动的价值追求为物质需求、人文需求和生态需求，新阐释范式之二是人类活动的行为者为物质需求者、人文需求者和生态需求者；相应的分析方法包括引入生态需求的消费者行为分析、引入生态投入的生产者行为分析、帕累托改进在可持续发展分析中的应用，以及可持续发展经济学中的行为关系博弈论/不确定性问题/公共品与外部性问题；最终通过引入整体论思想和适于协调的哲学方法并借助宏观之外的人类整体经济学，意图修正牛顿-笛卡儿哲学所形成的传统经济学思想方法。然而，钟茂初的研究基本遵循环境经济学的发展路径，同样具有上述环境经济学两大缺陷；并且新增的涉及规模议题的整体经济学研究部分与其微观研究基础衔接不清晰；故此类方式中拓展的可持续发展经济学研究至今未深至罗宾斯经济科学层面研究，故未能真正有效地修正新古典经济学的致命缺陷。

二、面向可持续发展的马克思主义范式的经济学/生态经济学的发展及其困境

除遵循主流新古典经济学范式的研究者在拓展可持续发展经济学之外，也有许多遵循马克思主义经济学范式的研究者在拓展可持续发展经济学。洪银兴（2000）主要从中、宏观角度论述可持续发展经济学及其理论史，可持续发展的战略、评价体系等及其与经济增长方式和因素（涉人口增长、自然资源、生态环境、技术进步、人力资源）的关联，相关产业/区域协调和文化/制度建设，亦从

微观角度分析可持续发展的价格调节机制和产权制度。马传栋在2001年从中观、宏观角度，论述可持续发展经济学的研究对象/内容/学科地位和复合的研究客体、相关的资源配置论及其综合效益论、阶段划分理论及各阶段资源配置条件、相关财富论，以及经济/社会/生态三大子系统的可持续发展概论和/或经济手段与条件（马传栋，2015）。杨文进（2005）在阐明可持续发展经济学内涵基础上，围绕“可持续经济发展”从中观、宏观角度介绍相关系统分析、内部运动、主要内容、基本原理、能力建设、指标体系、战略分析、过程分析，以及途径分析等。张静（2007）从中观、宏观角度阐明可持续发展基本内涵及其与循环经济、国民财富核算、环境资源产权和国际协调与合作的关联，并从微观至宏观角度阐述其与环境资源定价、环境影响经济评价、政府规制体系、人口/资源/生态环境管理和微观主体行为调整的关联。孔令锋（2008）鉴于可持续发展实践缓慢的症结在于没有建立一个可行的利益矛盾协调机制，立足市场与政府协调互动的视角，展开可持续发展的政治经济学分析；其核心是以马克思主义辩证方法和系统方法为指导，借鉴并吸收西方经济学、发展经济学、福利经济学和制度经济学的具体方法，运用实证分析、规范分析和比较研究、个案研究等，聚焦利益矛盾分析以及市场和政府两种利益矛盾协调工具，定性地构建中国可持续发展治理机制。然而，上述面向可持续发展的拓展集中于中观、宏观层次，微观层次的拓展比较薄弱，如缺乏数学形式的深入微观分析，尤其是未能充分体现马克思最核心的矛盾分析方法（即使关注矛盾分析的也仅停留在定性分析而暂无定量方法）；又如涉及产权制度的微观分析难以避免“价值中立”方面的质疑，更不用说政治经济学视角的研究。因此，马克思主义经济学范式的可持续发展经济学研究，在经济科学的微观层面对主流新古典经济学的修正非常有限。

刘思华于2006年深入挖掘和整理马克思理论体系中的生态经济思想，首创生态马克思主义经济学；相关创立的生态马克思主义经济学全面体系包括马克思生态经济思想的理论基础（包含哲学基础、社会学基础、经济学基础和生态学基础），马克思生态经济学说总体架构（包含二重性理论、物质变换理论、全面生产理论、广义生产力理论和物质循环理论），马克思发展理论的生态经济意蕴与当代新发展，并在最后阐明社会主义生态文明的若干基本理论问题（刘思华，2014）。然而，与上述马克思主义经济学范式的可持续发展经济学研究类似，生态马克思主义经济学的微观研究仍比较薄弱，缺乏数学形式的深入微观分析。虽然它借助生态思想实现的与自然界的更多集成可以避免“价值中立”方面的质疑，但是这种可能的优点还未成功转化为面向可持续发展的微观经济研究基础。金炯基（2013）指明：马克思主义经济学的创新议程在于需要强化微观经济基础研究并提出一个人与自然共生的替代发展模式，其核心是探索人与对象之间以使用价值计算的经济问题和人与自然的关系问题，相应方法论的创新需要深化发展以便克服片面性，并且广泛扩展以便弥补微观基础缺陷：前者需要由生产方式向生活方式、生产条件（涉生态马克思主义）扩展，后者需要由生产关系向制度、个体扩展；其中最关键的扩展是说明“复杂劳动-使用价值-价值-剩余价值”之间的关系（必要时需通过分析使用价值开发出新的劳动价值理论和剩余价值理论）并且创建一种能阐明“使用价值-熵-生态系统”关系的方法。事实上，与自然生态系统更为紧密衔接并且深入结合经济学发展史来修正新古典经济学偏颇发展方向的是以生态经济学为代表的绿色经济。生态马克思主义经济学若能与生态经济学更紧密融合，则有望从“价值中立”的经济科学核心层面修正新古典经济学的偏颇。

三、系统科学指引下面向可持续发展的宏观经济学研究的发展及其困境

国外研究者很早就在系统科学指引下展开面向可持续发展的经济学研究。1972 年德内拉·梅多斯等在应用系统动力学软件对世界经济与环境变化进行仿真建模分析的基础上，出版了经典著作《增长的极限》，其中心观点是“地球是有限的”，面对无止境的人口增长和物质需求，如果人类“放任自流”不加管控，两者的矛盾最终将把人类文明引向崩溃（梅多斯等，2013）。虽然该书面世以来便遭到各方的批判，并被视作是“末日悲观理论”的典型代表；但这是最经典的在系统科学思维指引下应用系统仿真软件而开展的面向可持续发展的经济学研究。国外后续采用类似于《增长的极限》研究路径进行仿真视角的面向可持续发展的经济学研究可谓是汗牛充栋。然而这部分系统科学指导下的经济仿真研究偏向宏观经济仿真，未对西方主流的罗宾斯经济科学内核展开更深入的辨析与批判，亦未与微观企业聚焦物流的且规模相关的运作管理研究紧密衔接，进而对面向可持续发展的经济科学研究暂无明显的深化作用。限于篇幅，此处不一一展开介绍这部分系统科学指导下面向可持续发展的经济仿真研究。

可持续经济学（sustainomics）是芒纳星河（Munasinghe）于1992年在巴西里约热内卢举行的联合国环境与发展大会上提出并于1994年正式阐明的一个汇聚发展（焦点在于人类福利）和可持续性（系统科学导向的）两大方面的框架，“一个跨学科的、整体的、综合的、平衡的、启发式的，以及有实践性的，旨在使得发展更加可持续的框架”；该框架主要借鉴和立足于以下基本原则和方法：①“使发展更可持续”的最基本原理。鉴于可持续发展被定义为一个过程而不是结果，必然强调“使发展更可持续”的循序渐进方法。②“可持续发展三角与平

衡”的核心原理。可持续发展要求从社会、经济和环境这三个主要的观点出发进行平衡与整合。③“超越传统界限促进更好整合”。超越学科、空间、时间、利益相关者观点及操作等方面的传统边界限制。④“实用与创新分析工具的全流程应用”。在从数据采集到政策执行和操作反馈的整个周期都全面应用实践性的分析工具和方法，建立在“最优性”和“持久性”基础上的两种方法可以在一个整合的评价模拟框架下做综合分析，包括行为影响矩阵、问题-执行对应图、政策路径、整合的环境-经济国民账户、可持续发展评价、扩展的费用-效益分析、整体评价模型等（芒纳星河，2008）。可持续经济学的几个核心观点是：①为避免继续对可持续发展的精确定义进行冗长的哲学争论，提出“使发展更可持续”这种增量（或渐进式）的方法显得更加实用；②传统经济评价常用的费用-效益分析是基于最优性的概念，这与可持续性的概念是有差异的，使发展更可持续的衡量标准需借用不同衡量单位的指标（货币、生物物理、社会等）以及相应的可持续性原则；③以可持续经济学为基础的、实质性的跨学科框架会促进平衡经济、社会和环境三个维度并使之和谐一致的可持续发展（图 1-1），应把可持续性置于传统发展之上，其重点在于和谐；④微观经济学严重依赖的边际分析总是假定细微的改变变量，这并不适于分析大的改变、不连续的现象以及多重均衡的剧烈变化，更应研究与系统脆弱性和自我恢复能力有关的大的、非线性的、动态的和无秩序系统的行为；⑤主流的新古典经济学的主要假设（如完全竞争、理性行为）和“一般均衡”等基本概念都是有疑问的，不仅错误地忽略了基本的物理限制并机械化地（和错误地）将古典热力动力学模型化，而且以严格的效率准则考量经济福利可能是不道德的、社会不公平的和政治上不可接受的（尤其是存在明显收入分配差距时），而以更弱的“准”帕累托条件为基础的二次分配的转移往往不太现实；⑥现代经济学 21 世纪初才承认需要通过谨慎的方式来管理稀缺的自然资源，环境方面对可持续性的解读侧重于生命体系整体的生存能力和健康——根据全面的、多尺度的、动态的、分层级的对自我恢复能力、活力和组织三者的考量来界定；⑦可持续系统具有多尺度空间和时间特性，大小系统之间有嵌套关系（子系统寿命比大系统寿命更短），“多尺度复杂系统”可表示生态系统的网状层级以及它们在不同规模之间的适应性循环；⑧社会发展常指个体福利和整体社会福祉的提高，它们来自于社会资本的提高，特别是来自于个体和人群共同协作以达成共有目标的能力的积累；⑨在一个整体的平衡可持续发展框架里整合和协调经济、社会及环境很重要，其关键是寻求最优性和持续性两种方法的互补与结合，最优化方法尤其要注意约束条件（关键的环境和社会指标方面的约束条件是代表安全阈值的条件），而且面对不确定性时人们更愿意选择安全而非经济最优性，故注重整体系统观的持续性优先于最优性，且西蒙的“满意”与持续性紧密关联（芒纳星河，2008）。

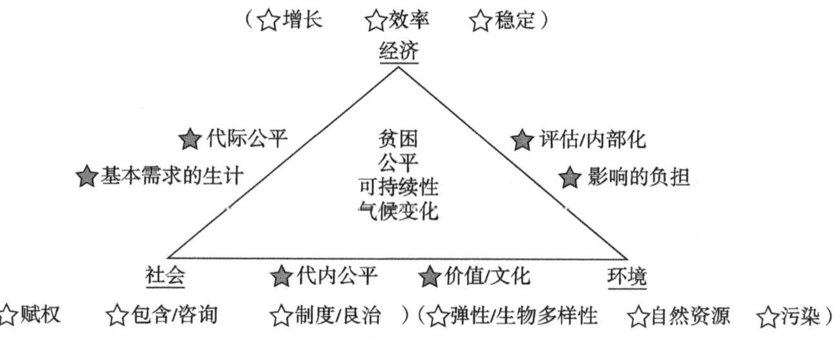

图 1-1　可持续三角——关键要素和相互关系（角、边线、中心）

☆表示每个角本身所代表的领域内探索的关键要素/议题；★表示两个角之间互动形成的边线上探索的主要关系议题

资料来源：芒纳星河（2008）

然而，芒纳星河（2008）强调保持学科中立的可持续经济学是一个实践性的、跨学科的框架以便建立一种内涵丰富的、全盘的设计框架来进行分析和政策指引，因此它未能在力求仅考察事实而与价值判断以及相应实践无关的经济科学层面修正罗宾斯的偏颇。他强调经济学开始管理稀缺的自然资源，但这种物质的稀缺性并未反映至仅聚焦人主观效用的相对稀缺性的经济科学中。此外，在非市场交易的领域，不确定性、不可逆转性及灾难性的衰退将带来价值化/价值评估的困难，相应地在经济科学研究层次缺乏非线性的、动态的复杂系统行为研究，亦缺乏"最优化"与"持续性"或"满意"方法更有效集成/协调的方法研究。

国内研究方面，牛文元（1994）首次提出可持续发展的系统学方向，主要介绍持续发展相关的系统优化与测度，空间/生命/基础/动力/容量/智力方面的支持系统以及相应的地理/生物/资源/经济/环境/决策模型。牛文元等（2016）继续在可持续发展的系统学方向上，聚焦两个主线（即人与自然之间的平衡以及人与人之间的和谐）和三大内涵（即发展度、协调度和持续度），研究可持续发展管理学之战略管理、区域管理、环境管理和社会管理。与此类似，诸大建等（2015）集成可持续发展与治理研究来发展可持续性科学，即立足于对象-过程-主体的研究框架，阐明可持续发展相关测度（尤其是生态福利绩效）及其与治理之规划/决策/执行/评估的关联，并且剖析两者集成的理论基础、制度选择和多中心自组织治理；最终实现从中、宏观治理角度研究可持续发展经济、环境、社会三重底线的协调。由此可见，国内面向可持续发展的经济研究在系统科学指引下向着管理研究和治理研究不断深化。然而，与国外系统科学指导下的面向可持续发展的经济学研究类似，国内的深化研究还需要从中观、宏观层面向更微观的企业经济层面细化，尤其要关注衔接微观企业系统与生态系统间互动的相关物流及其规模议题，亦即注重与微观企业运作管理更紧密的衔接，才有望更快、更好地以系统科学的优势来科学地改造主流的罗宾斯经济科学及其基础上的新古典经济学。

四、系统科学视角隐喻能量科学实践可持续发展的生态经济学研究的发展及其困境

生态经济、循环经济、绿色经济和低碳经济都是由传统的经济学理论和现代生态学理论碰撞、融合而产生的新型综合性学科，其理论涉及多个学科领域，包括生态学、系统学等自然学科和经济学、管理学、伦理学等社会学科，其中最主要指导原理是生态学和经济学；与传统经济学理论从劳动、土地和人造资本三种生产基本要素来分析问题相比，上述四者从包含人、自然资源和科学技术的更大系统来分析经济问题，强调将生态学和经济学有机结合起来，以生态学原理为基础、经济学理论为主导，科学运用自然规律和社会规律来协调人类社会经济活动和自然生态之间的相互关系（杨运星，2011）。生态经济学不是一般地研究生态系统和经济系统的相互关系，而是研究作为整体的生态系统和经济系统的统一有机体（亦即生态经济系统）运动发展的规律性；即研究社会物质资料生产和再生产运动过程中经济系统和生态系统之间物质循环、能量流动、信息传递、价值转移和增值以及四者内在联系的一般规律及其应用的科学（许涤新，1987；赵桂慎，2008）。广义绿色经济中有机融合生态经济、循环经济、低碳经济的理论内核必是生态经济学（李晓和刘正刚，2013）。

（一）经济学家的生态经济学研究的发展及其困境

价值理论是各个经济学派的核心内容。生态经济学与主流新古典经济学的巨大隔阂（即前者尊重自然的客观规律而后者过于以人为本），也集中体现在各自价值理论中。根据生物物理观点来透视当今经济学的生产理论对自然资源的处理以及对生产函数中有关物理因素的假设可以发现，早期的经济学，如重农主义以及 19 世纪初期的古典经济学，对经济行为的看法是包含物理观点的（Christensen，1989；Cleveland，1987；严茂超，2001）。古典经济学在生产理论中对物质加工与初始能量的分析，包括质量守恒原理（mass conservation principle）的应用；但因为受限于传统生产（和价格）理论中对物质/能量基础的理解不完整、不完美以及当时的能量规律仅表达为封闭系统中的能量守恒和耗散，古典经济学家未能将 18 世纪四五十年代发现的热力学定律用于扩展传统的生产视角，以便包括能量和能量规律或对质量守恒原理的更普遍应用

（Christensen，1989；严茂超，2001）。

20 世纪的生态经济学家更多是从系统科学视角出发，通过发展隐喻能量科学的价值研究，深化面向可持续发展的经济研究。数理经济学先驱尼古拉斯·杰奥尔杰斯库-勒根（N. Georgescu-Roegen）在其学术生涯后期出版著作《熵定律与经济过程》（Georgescu-Roegen，1971）。其学生赫尔曼·E. 戴利于 1996 年在《超越增长：可持续发展的经济学》书中第 13 章“尼古拉斯·杰奥尔杰斯库-勒根对经济学的贡献：一篇讣文”中指明：尼古拉斯·杰奥尔杰斯库-勒根对经济研究领域内的规范科学（当时属革命性的科学）的卓越贡献包括效用和消费者选择、可测性、期望值、生产理论、投入产出分析及经济发展等方面的基础工作；然而其后期最重要的《熵定律与经济过程》专著（1971 年出版）目前还没有取得胜利，至今仍看不出它们在标准原理教科书中的影响，其革命性意义在于它仍然面对着来自占统治地位的（新古典经济学）范式的反对，虽然这种范式正是杰奥尔杰斯库-勒根自己帮助巩固的（戴利，2006）。若在经济学基本原理中引入《熵定律与经济过程》范式，将根本性地推翻主流经济学的标准观点，主要包括：①改变经济的循环流程图，始于环境资源并经过厂商和家庭又回归到环境的物质/能量的熵流量比价值交换的循环流动更为基本；②改变标准经济学仅研究可逆性以及与性质无关的现象的机械论性质，熵流是不可逆和定性的（即资源和废物间有定性差异），进而需要研究经济与环境的共同进化，而这需要辩证观点而非机械论观点，并纠正目前排除辩证推理的数学形式分析思维；③纠正仅依托或者说支持热力学第一定律（物质/能量守恒定律）的循环视角的主流新古典经济学，重视熵定律（即热力学第二定律），进而需要关注可发挥效用的物质/能量的特性终会被用光并且不能循环利用；④原归入特殊章节的自然资源与环境话题将被融入经济学的中心；⑤新古典经济学循环流动范式中损耗和污染的增长被视为奇怪的外部效应，而新范式中它们是经济增长的必然结果，但在既定的熵流中产生更多福利（即更多的生活乐趣）的技术比经济增加流量的技术更有吸引力；⑥在代际分配领域，循环流动范式中两代人之间被认为是“看不见的手”的和睦共处，但在熵流动范式中实际为两代人“看不见的脚”的利益冲突；⑦在代内分配领域，增长永远不能取代重新分配和人口控制在摆脱贫困中的作用，新的发展概念着重考虑污染控制、对不平等分配的限制以及保证基本需要的生产；⑧对国民收入核算需增加一个熵流的测算指标——“总的国民流量”，它还需关注产生熵流的自然资本存量，而新古典主义范式相信资本可作为资源的近乎完美的替代并且认为可以通过资本代替资源来逃避熵流动的资源限制的观点，是主流经济学的最主要过错；⑨适宜的人口规模的概念需修正为多少人在多长时间内生活在何种人均资源使用水平上，怎样使人均资源使用标准处在足够的生活水平上的累计人年数最大化，而“足够”作为一种困难的辩证观念将与效率概念一样重要；⑩必须更多强调价格的暂时性和狭隘性本质，相对的价格反映了特定资源的相对稀缺性，但它们未能充分反映绝对的稀缺性程度以及作为一个整体的熵流的稀缺性（即环境源头和接受端的稀缺性）（戴利，2006）。

事实上，尼古拉斯·杰奥尔杰斯库-勒根的后期研究成果不被认可的关键既在于前文提及的新古典经济学范式顽固维持自我的韧劲，也在于《熵定律与经济过程》还有经济科学问题未解决，进而仍未能完成对新古典范式经济科学的批判与修正。自1870年以来，为分析古典经济学难以解释的价格与效用关系疑问，新古典经济学派提出边际原理，通过边际效用理论作为市场定价的依据，同时以边际产量探讨生产要素间的分配情况；其中，边际生产力理论假设各生产要素间的独立性，忽略生产过程所需各种投入因素间在物质、能量转换时的互补性；后续的新古典经济学的生产理论并非基于（生产）原则，而是在追求净产出效率性的前提下探讨生产要素间分配的理论，这就导致其偏重于投入因素间具有可相互替代性的看法而忽略生产行为的物理层面（如物质不可替代性）（严茂超，2001）。新古典经济学的研究重点由生产动态（production dynamics）转至注重效率和均衡之交换价值（exchange value）分析后，导致以物质与能量转换为基础的生产理论从此不被重视，取而代之的是以资源分配与定价为生产的主要因素（严茂超，2001）。马歇尔基于价值是由成本（从供给方面来看）和效用（从需求方面来看）两个方面共同决定的理解，以供求均衡价值决定论实现了主观价值论和客观价值论的结合，其一度成为广为接受的新古典价值论；但是其衡量交换价值的固有缺陷使得新古典价值理论对于没有进入市场的生态物品、服务及污染物等一直没有明确价格标签（李玲和徐中民，2008）。为了维护交换都是公平的和谐经济论，当前大多数主流的新古典经济学教材进一步贬低生产理论的重要性并且拒绝客观价值论，将生产理论完全降至附属于主观效用价值论的从属地位（仅是众多章节中的尾部一小章）（范里安，2014）。Pasinetti 早就指明新古典的生产理论并没有清楚地分析生产现象，而是解决了通过交换对初始的资源禀赋和分布予以最优配置的问题；因此新古典经济学的生产理论不是研究生产的理论，而更像是研究固定量的、给定生产投入分布的配置理论（张谊浩，2007）。即使21世纪初源于美国次贷危机的全球金融危机使得新古典经济学范式在发达国家也理所当然地受到很大质疑，新古典经济学范式仍然顽固维持着其韧劲，并未受到《熵定律与经济过程》巨大挑战。这其实是因为在杰奥尔杰斯库-勒根唤起的热力学定律类比研究中，能量和物质的使用与时间两者之间的关系（虽然这是他不断重复的主题）并未真正阐明，相应在有限时间内的生产过程研究暗示了可逆的（亦即近平衡态的）热力学是不适合用于评估真实生产过程的，而不可逆热力学的一个新分支——“有限时间热力学”（finite-time thermodynamics）可能对研究发展更有意义（Cleveland and Ruth，1997）。熵定律和复杂系统演化之间关系的现代重构对经济理论有重要的暗示，在涉及知识演化的关系中尤其如此：生物的、生态的和经济系统从未靠近过“经典”的热力学平衡（Raine et al., 2006）。这些系统是具有自组织式自动催化功能的耗散结构（Foster，1997；Raine et al.，2006；Witt，1997）。自组织提供一种结构，该结构生产的自由能抵抗了热力学梯度并且为维护、再生和结构的发展提供燃料（Raine et al., 2006）。杰奥尔杰斯库-勒根的开创性分析是基于传统热力学（普利高津称之为热力学的第二级发展），而不是基于非线性的、远离平衡态的热力学，后一种热力学之所以发展起来，是为了理解有序的动态耗散结构的（再）产生（Stahel, 2005）。基于现在的复杂动态系统理论，Stahel（2005）建议：为了理解有序耗散结构的连续（再）产生，普利高津的第三级热力学（即非线性的、远离平衡态的热力学）将非常有用。

赫尔曼·E. 戴利于 1996 年在《超越增长：可持续发展的经济学》书中立足熵定律与经济过程的相关性，从中观、宏观角度阐明可持续发展与经济理论、操作政策、国民账户、人口、国际贸易、伦理及宗教间的关联；力求以质量性改进（即注重发展）的经济范式代替数量性扩展（即注重增长）的经济范式，亦即力求发展一种稳态经济（戴利，2006）。戴利（2006）强调在生态经济学与主流新古典经济学关于可持续发展的争论中，真正主要的问题涉及经济学家熊彼特所说的“前分析观点”（preanalytic vision）：生态经济学的前分析观点是将经济系统看作生态系统中的一个子系统，这个更大的生态系统的限制和能力必须得到尊重；而新古典经济学的前分析观点把经济看作一个无限的空间中漂浮的箱子（即没有任何更大系统作为限制）；没有什么比这两种观点的差异更为重要、更为基本或者更为不相容的。图 1-2 展示了现代主流经济视野中作为孤立系统的经济系统和生态经济学视野中作为生态系统之开放子系统的经济系统，这两张子图是两种对立前分析观点的直观注释。“生态经济学将经济看作一个子系统的前分析观点直接导致这样的问题：子系统相对于整个系统为多大？如果不扰乱整个系统的功能它可以是多大？它应该多大？什么是它的最优规模，而超越这个规模的进一步增长将是反经济的，或增长的成本大于所值？”（戴利，2006）然而，主流的新古典经济学拒绝考虑这些具有颠覆性的问题，不承认增长有极限；在其微观经济学中每个企业都存在最佳规模，超过这个规模它就不应该增长；但当把所有微观经济单位都整合入宏观经济，最佳规模的概念，超过最佳规模的进一步增长是反经济的，却彻底地在新古典经济学的宏观经济学中消失了（戴利，2006）。生态经济学认为宏观经济是生态系统的一个子系统并在两方面上完全依赖于它，即低熵物质/能量的投入和对高熵物质/能量的排放接受，相应生态系统与经济子系统间的物质交换（涉及自然资源和污染等）构成了宏观环境经济学的主要内容（戴利，2006）。经济中既定资源流程的最佳配置是一回事（一个微观经济问题），整个经济相对于生态系统的最佳规模则又是另外完全不同的问题（一个宏观问题），亦即这种流程是根据它们的规模或是相对于生态系统的总量关系来进行考虑，而不是从相对于其他元素的价格来进行考虑的（戴利，2006）。与主流的新古典经济学仅仅考虑配置（效率）与分配（公平）以及两者价值冲突不同，生态经济学考虑配置（效率）、分配（公平）和规模（可持续性）以及三者间价值冲突；其中，宏观环境经济学的主要任务是设计出一个与船体装载线相类似的制度，用以确定“重量”（即经济的绝对规模）而使经济之船不在生物圈中沉没（戴利，2006）。因此，生态经济学要用质量性改进（即发展）的经济范式来代替主流经济学数量性扩展（即增长）的经济范式，相应的中心原则是应该为足够的人均福利而奋斗（戴利，2006）。

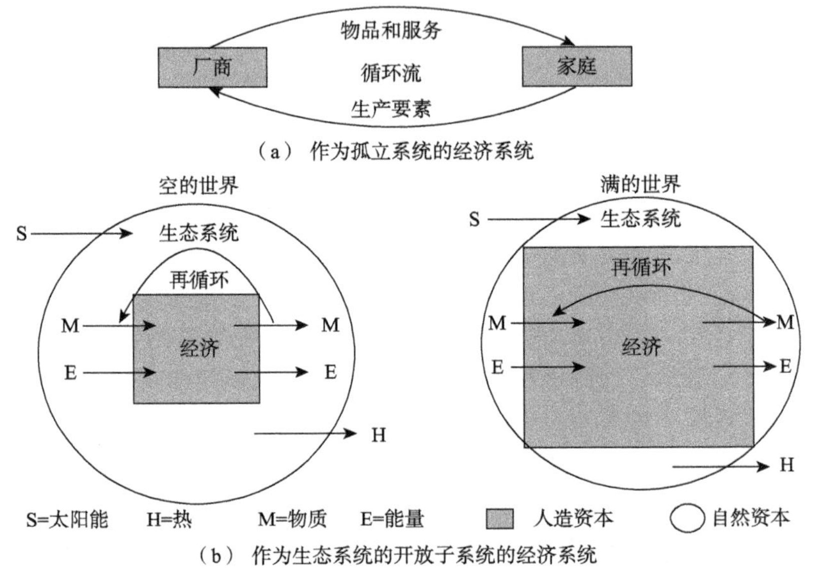

图 1-2 作为孤立系统的经济系统和作为生态系统的开放子系统的经济系统

由于生态系统随经济系统的增长其规模保持不变，因此经济系统在一段时间后相对于其被包含的生态系统就必然要变大。本图表示了从“空的世界”到“满的世界”的转变。关键是人类经济系统的演化，已经从人造资本是经济发展限制因素的时代演进到了剩余的自然资本是限制因素的时代

资料来源：戴利（2006）

然而，戴利的生态经济学研究在经济科学层面亦有一些不足，同样未能完成对经济科学的改造。首先，虽然赫尔曼·E. 戴利从生态经济学角度严谨地提出了宏观环境经济学的一个与可持续性紧密相关的规模研究议题，但它与亚当·斯密的分工相关微观规模研究衔接不清晰，亦即这个宏观议题与微观经济学如何衔接至今还没有明确方案，这显著阻碍了其倡议的稳态经济学研究的深化进度。其次，他们在研究经济可持续规模这个公平分配和有效配置之外的经济学第三主要

目标时，仅将其归入政策研究范畴并仍沿用主流经济学范式（戴利和法利，2013），未深入至对经济科学这一内核的改造。再次，从字面意思看，稳态经济学又与可持续发展是有一定矛盾的，它未阐明与主流经济学数量性扩展（增长）经济范式研究的有效衔接，同样亦缺乏足够的动态生命周期视角或演化视角。最后，与杰奥尔杰斯库-勒根的研究类似，稳态经济学更趋近于类比“经典”的热力学平衡，而非有助于理解动态有序耗散结构的非线性的、远离平衡态的第三级热力学。总之，戴利等思考宏观规模议题的生态经济学研究因经济科学层面的研究缺陷，未能完成对新古典经济学的改造。

（二）自然科学家的生态经济学研究的发展及其困境

生态经济学为寻求可持续发展，坚持合理的价值评估系统应该是基于能量和物流的系统，而非新古典经济学所用的针对交换价值的系统；相应地有诸多自然科学家尤其是生态学家深化生态经济学研究。例如，1921 年的诺贝尔化学奖得主弗雷德里克·索迪（1877—1956）认识到世界上真正的问题是不完善的经济学（尤其经济思想和制度某些方面的根本性错误可能激发原子能的潜在毁灭性打击），故在其后半生 40 余年逐渐转入对主流经济学的激烈批判（尤其是批判经济永动机思想）的研究中：经济学的基本错误是混淆财富（一个自然属性上不能削减的数量）和债务（一个纯粹的数学上或想象的数量）；债务服从的是数学而不是物理学规律，但财富（即“以对人类有用的形式存在的物质和能量”）服从热力学定律；不能一直陷在荒唐的人类习俗中，如以债务的（复利式）自然增长同财富的自发衰减的自然规律（熵规律）相抗衡，实际上自然科学决定国家基础（戴利，2006）。索迪用于经济学的基本哲学方法为未经简化的“唯物主义”（反对极端唯物主义），在承认物质与精神二元论基础上，认为经济学占据物质与精神、电子与灵魂的中间地带；“人类法律和习俗的道德规范和原则不能违背热力学定律”（戴利，2006）。又如，物理学家 Ayres（1978）使用物质-能量平衡模型阐明了标准经济学封闭、循环的模型与热力学第一定律之间的不一致性，并借助热力学第二定律以物理学术语描述了自然资源的质量。20 世纪 80 年代更涌现两种内含能量（embodied energy）价值学派：著名系统生态学家奥德姆（H. T. Odum）描述商品能量内容的能值（emergy）理论和其学生科斯坦扎（Costanza）的商品生产之能量成本学说；其中，能值被定义为“一流动或储存的能量所包含另一种类别能量的数量”；而环境、产品或劳务形成过程中直接或间接投入应用的一种有效能（available energy）的总量就是其所具有的能值；能值理论通过将生态经济系统中各种形式能量转换为同一标准（如太阳能）的能值来分析自然与经济活动的价值及其相互关系（Costanza，1980；Judson，1989；

蓝盛芳等，2002）。科斯坦扎在采用投入产出分析方法来衡量经济体系中各活动所需的总能量成本后（Costanza，1980），进一步参考自然科学方法对人类社会与生态系统关系进行物质流核算分析（material flow accounting and analysis，MFA），它可衔接“生态承载力（ecological carrying capacity）”这个生态系统服务的可供给能力以及“生态足迹（ecological footprint）”这个人类社会经济活动实际占用的生态系统服务量（任群罗，2009；严茂超，2001）。著名生态学家 E. P. 奥德姆（H. T. 奥德姆的兄弟）指明：“根据生态系统水平上的热力学，承载力（carrying capacity）就是所有可用的输入能量用以维持所有基础结构和功能所达到的状态——也就是说，P（生产量）与 R（呼吸消耗）相等。在这些条件下所能支持的总生物量被称为最大承载力，……最适承载力（optimum carrying capacity）（在面对环境的不确定性时能长时间维持生态系统稳定）要低于最大承载力。……承载力（或者阈值）的概念也能用于经济学。”（奥德姆和巴雷特，2009）。生态承载力常被视为“在一定区域内，在不损害该区域环境的情况下，所能承载的人类最大负荷量”；而加拿大生态经济学家 William 和 Wackernagel 提出的“生态足迹”概念使承载力研究从生态系统中的单一要素转向整个生态系统，该“生态足迹”指任何已知人口的生态足迹是生产这些人口所消费的所有资源和吸纳这些人口所产生的所有废弃物所需要的生物生产土地的总面积和水资源量（高鹭和张宏业，2007）。生态足迹分析法的设计思路是：人类要维持生存必须消费各种产品、资源和服务，人类的每一项最终消费的量都追溯到提供生产该消费所需的原始物质与能量的生态生产性土地的面积；故生态足迹分析法从需求面计算生态足迹的大小，从供给面计算生态承载力的大小，经对二者的比较，评价研究对象的可持续发展状况；一个地区的生态承载力小于生态足迹时出现生态赤字（大小等于两者差值的绝对值，表明不可持续的程度），表明该地区的人类负荷超过了其生态容量，该地区要么从地区之外进口欠缺的资源以平衡生态足迹，要么通过消耗自然资本来弥补收入供给流量的不足，这两种情况都说明地区发展模式处于相对不可持续状态；生态承载力大于生态足迹时则产生生态盈余（大小等于两者差值的绝对值，表明可持续程度）；由于考虑了人均消费水平和技术水平，生态足迹涵盖了人口规模与人均对环境的影响力（杨开忠等，2000）。李玉海（2004）同样基于热力学第一和第二定律以及耗散结构理论，发展价值的第一定律（即价值守恒定律）、第二定律［即等价（值）交换定律］以及第三定律（个体生产的价值最大化理论），并应用“能量”观点定义经济学中价值概念，即定义价值的客观性，一种相对于价值主观性而言的客观的价能；在此基础上阐述其价值动力学，包括价格与价值的互动及其变化规律等，最后以平衡为美介绍经济发展动力学。总之，系统科学视角隐喻能量科学的价值理论，延伸了古典经济学生产理论，并扩充涵括了自然环境对经济系统的输入以及经济系统对自然环境的输入，强调以物质、能量转换为客观分析环境价值的工具，其实质是尊重自然界的已有客观规律。

然而，生态经济学家帕特森（M. Patterson）指明：尊重物流及其守恒的存在就难以建立严格的能量价值学说。曾被寄予希望的斯拉法（Sraffa）的价值理论（亦即新李嘉图派）因与生物物理特征（如能量和物质守恒、开放系统、有反馈的线性流、清晰的生态流、联合生产、相互依赖和复杂系统）存在不一致而无法适用于生态经济学（Patterson，1998）。Patterson（1998）承认其同时考虑物流与能流的生物物理价值理论，同样因为物质的不可替代性而有评价能量/物质混合流时的“混合单位”问题。此外，新古典学派的经济学家们质疑这些基于能量的价值学说仅侧重供应方却忽视人的偏好与需求，怀疑其捕获自然界给人类产品之价值的能力（Hau and Bakshi，2004）。相比宏观层面广泛应用的综合法和投入产出分析法，生态足迹在微观层面的成分法分析还不成熟（李周，2015）。因为生态足迹研究所用还原论式线性计算中的权重因子既不反映动态的相对稀缺性增减，又不反映地理上的区别，并且缺乏类似市场价格这类反映当前社会属性影响的权重，故而一些新古典学派的学者不认同生态足迹方法是分析可持续发展的合适的经济学方法（van den Bergh and Verbruggen，1999）。事实上，生态足迹超过生态承载力所得的生态足迹赤字在一定程度上描述了某种或多种自然资源及生态系统服务的稀缺程度，因此，还原其物流及其稀缺性研究的本来面目更为科学。根据能量规律提出的能值理论以及参考物质流核算分析所计算的“生态承载力”与“生态足迹”等研究，实质是与价值研究关联的能量流和物质流研究，根本无法改变主流的新古典经济学家的价值信仰。

第三节　面向可持续发展的企业客观运作管理理论的发展及其困境

纵观第二节面向可持续发展的非主流经济学的发展及其困境，相关研究集中在中观、宏观层面，极少聚焦在微观经济层面，无力对从微观层面出发的经济科学内核做出必要的纠偏。若要修正罗宾斯经济科学的偏颇，一方面必须回到微观企业层面，回到亚当·斯密的经济学源头正本清源；另一方面，必须结合最新的企业运作实践，解决主流的新古典经济学无力解决的难题或无法解释的现象。

斯密（2014）早已指明：企业的分工运作是国家财富的来源。诺贝尔经济学奖得主、新制度经济学的鼻祖罗纳德·科斯在给中国的十大忠告中指明："我相信经济增长的秘诀是分工，研究分工就必须考察真实世界；过去半个世纪以来，我一直在呼吁我的同行们从黑板经济学回到真实世界，不过没有什么效果；中国有那么多优秀的年轻人，那么多优秀的经济学者，哪怕只有一少部分人去关心真实世界，去研究分工和生产的制度结构，就一定会改变经济学"（科斯，2018）。此外，马克思的《资本论》早已形成关于企业的起源、本质、规模和治理结构等一整套较为系统的学说：将资本主义工厂制度或企业理解为一种生产方式，既是一个技术分析范式（即从生产力和技术关系看待的内部具有分工协作关系的团队生产），也是一个经济分析范式（即从生产关系和经济关系看待的在历史中逐渐形成的以不对称所有制关系为基础的进行商品生产和交换的经济组织）（许光伟和张威，2007）。然而，马克思的企业理论研究实际上均是在马克思主义传统分析视角下以及狭义（政治经济学）体系之内进行的研究，具备四个特点：以剩余价值理论作为分析本体、立足《资本论》进行解读、重方法论批判而轻内容构建、重经济哲学分析而轻经济学分析（许光伟和张威，2007）。鉴于上述企业研究大多偏重于政治经济学层面而并未触及价值中立的罗宾斯经济科学内核，本节需要从亚当·斯密之后的分工相关但价值中立的企业客观运作管理的层次及其视角，阐明面向可持续发展的企业客观运作管理理论的发展及其困境。

在企业客观运作管理层次，传统商业活动对地球资源大量吞噬所导致的生态环境恶化使人类生存的可持续性面临空前的挑战，而环保主义者和支持环保的企业的种种措施也未能触及问题的要害，创造一个可持续发展的商业模式才是我们唯一的真正出路（霍肯，2007）。

一、面向物质减量化的产品服务系统管理的发展及其困境

鉴于商业和可持续发展的对立源于设计而非本意，在可持续发展成为人类社会发展根本指导原则的背景下，联合国环境规划署于 20 世纪 90 年代中后期提出了产品服务系统（product service system，PSS）理念，其关键思想是：企业提供给消费者的是产品的功能或结果，用户可以不拥有或购买物质形态的产品（Stoughton and Votta，2003；江平宇和朱琦琦，2008）。产品服务系统关键特性是注重转变传统商业模式中生产者与消费者之间在材料使用上的冲突，借助以无形服务代替有形产品使两者保持一致的物质减量化激励（图 1-3）（Stoughton and Votta，2003）。鉴于商业成功与物质消耗量的脱钩可以减少经济活动对环境

的影响，产品服务系统有潜力协同利润、竞争和环境效益（Mont，2002）。

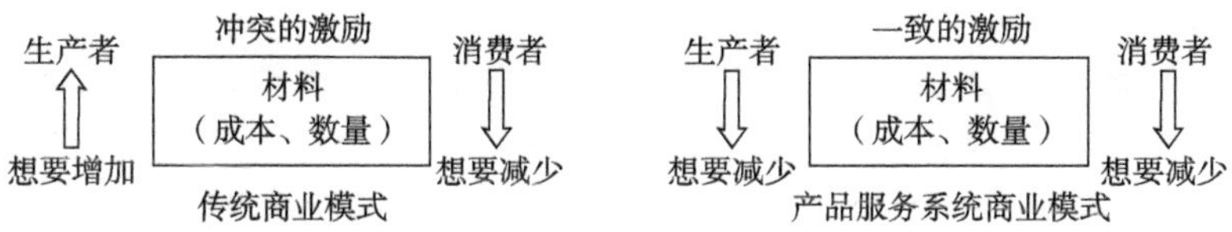

图 1-3　产品服务系统商业模式与传统商业模式的比较

资料来源：Stoughton 和 Votta（2003）

产品服务系统也是一种商业创新战略，它将商业焦点从仅设计和销售物质产品转为设计和销售由产品和服务组成的系统以满足特定顾客需求（Manzini and Vezzoli，2003）。其实质是"产品服务化"与"服务产品化"趋势的融合（Baines et al.，2007）。然而，从与商业管理融合的角度来看，产品服务系统近几年发展不尽如人意。Mont 指出：实施该产品服务系统新商业模式的潜在障碍是需要在产品设计和供应链运作方面做出改变，但现在缺乏对现有系统和未来产品服务系统进行经济效益对比的定量研究，也缺乏对产品服务系统新商业模式深入的财务描述（Mont et al.，2006）。Williams 提出未来产品服务系统研究关键领域包括：①企业需要将产品链延伸为广阔的产品服务系统（即需要包括提供支持功能的企业），而这需要将原本离散的产品和服务统一为单一系统（这可导致纵向一体化或外包）；②企业重构与供应链外部利益相关集团关系（Williams，2007）。Tukker 和 Tischner 在《古老欧洲的新商业》一书中和相关综述中指出，因缺乏学术严格性，当前缺乏具有解释和预测能力的产品服务系统理论；更糟糕的是，尽管产品服务系统本质上形成了一个特别的价值议题，但产品服务系统研究群体仍然对商业管理文献关注太少；未来开拓产品服务系统研究的首要任务是借鉴现有商业管理文献成果发展产品服务系统价值议题研究，这时需要超越价值链中商业-消费者互动之外的更广阔的系统思维/模式（Tukker and Tischner，2006a，2006b）。

事实上，为应对环境变化而进行的创新可以分成两大类：第一类是在污染发生后把污染处理费用降到最低的新技术和新方法；第二类的创新更为重要，它首先通过提高资源生产率来解决污染的源头问题。正如波特和林德在《绿色竞争力》一文中批驳了生态与经济之间必然存在对立、必须有所取舍的观点：基于污染等于无效率的理解及通过创新提升资源生产力的大量案例，论证了资源生产力模式而非污染控制模式才应是环保决策的主导角色，只有发挥资源生产力才能够形成竞争力（波特和林德，2003）。产品服务化通过商业模式的创新解决资源生产力低下问题并且通过将价值评价聚焦于功能来实现买卖双方目标一致（宋高歌等，2005），其目标与产品服务系统追求交易双方一致激励相同。鉴于现有管理文献已发展许多有关资源生产力和产品/制造服务化的良好理论，应该深入借鉴企业管理研究成果发展面向可持续发展的价值管理研究。

聚焦（资源）生产力或资源节约的各种价值运作管理，贯穿于现代管理的整个发展历史。只有将这些不同历史时期/商业环境中发展起来的面向更高生产率/资源节约的各种价值管理理论分析清楚，并将之合理地集成在一个面向可持续发展的绿色管理框架之中，才有可能跳出现有“绿色管理”过于注重物质减量化的狭隘视角，真正迎来更全面、更定量、更清晰的面向可持续发展的经济科学研究。

二、面向可持续发展的不同市场环境中主流客观运作管理理论的发展及其困境

（一）卖方市场环境中面向资源节约和更高生产率的大规模生产理论的发展及其困境

大规模生产（mass production）管理理论，立足亚当·斯密的劳动分工思想，以泰勒的科学管理方法为基础，以生产过程分解、流水线组装、标准化零部件、大批量生产和机械式重复劳动等为主要特征，成为20世纪上半叶最有效率、最具竞争力的主流生产方式（陈荣秋和马士华，2009）。大规模生产在当时获得巨大成功的根源，主要来自劳动分工和大批量生产等带来的更高生产率和资源节约，如专用技能/工具与标准化零部件的发展导致的更高生产率和更少废品/废料。当然，大规模生产的成功，离不开产品供不应求的卖方市场整体环境。这种环境使得统一客户市场的简化策略可以生效，而企业只需聚焦于节约自身制造成本即可获得高效益。泰勒的科学管理本质上认同“局部最优之和等于整体最优”以及“经营资源的最大运转等于最高生产效率并进而等于最多经营收益”，由此形成以“资源的最大运转”为命题的生产范例（河田信，2008）。大规模生产理论就是以“资源的最大运转”来实现更高生产率和资源节约的。

然而，当 20 世纪下半叶世界逐渐进入产品供大于求的买方市场整体环境时，因为顾客需求向个性化、多样化发展，大规模生产成功所依托的统一市场的简化策略不再有效。此时，没有大量消费需求的支撑，大规模生产的弱点逐渐显现，如大量积压的成品、在制品和原料。呆滞的库存提升了制造成本，而需求和销量的降低加速了利润下滑，这导致企业难以及时收回专用化设备的投资，逐渐丧失技术优势与创新能力，并最终丧失高效益优势。此时，大规模生产的高效率只会加速制造企

业上述恶性循环，而原本的各种资源节约也转变为资源浪费。因此，在 20 世纪 70 年代开始逐渐形成的买方市场大环境中，涌现了多种在满足客户需求导向指引下注重资源节约并开始融合制造/产品服务化的价值流管理方式，典型的如准时制生产/精益制造和同步制造/约束理论。这些新型的企业价值管理模式，抛弃了卖方市场中曾获得成功并广为流行的“成本主义”经营思想（即“价格=成本+利润”思路），开始遵循买方市场中更易获得成功的“市场需求/客户利益导向”经营思想（即“利润=价格−成本”思路）（陈荣秋和马士华，2009）。

（二）买方市场中面向资源节约并关注服务的精益理论价值流管理的发展及其困境

丰田汽车公司开创的准时制生产（just in time，JIT）又称零库存或一个流，它是“有计划地消除浪费和持续改善生产率的制造哲理”，其核心是准时生产、消除浪费和持续改善。准时制生产中的浪费内涵比人们通常的理解要广泛得多、深刻得多，专指消耗了资源而不创造价值的一切活动，即凡是超过生产市场所需产品所绝对必要的最少量的设备、材料、零件和工作时间的部分都是浪费（贝赞可，2006）。精益制造（lean production，LP）则是“国际汽车计划”专家对丰田生产方式的总结与提炼：用“lean”一词是因为与大规模生产相比，精益制造只需一半的人员、一半的场地、一半的投资、一半的新产品开发时间和少得多的库存就能生产质量更高、品种更多的产品；而中文翻译为精益是源自“精”，即少而精，不投入多余的生产要素，只是在适当的时间生产必要数量的市场急需的产品，而“益”是指所有经营活动都要具有经济效益（刘正刚和田军，2013）。精益制造比 JIT 在理论上更深入、内容上更广泛，其精益从内部生产领域向外扩展至市场预测、产品开发、销售服务、财务管理等服务领域和供应链管理领域，贯穿企业管理全过程（沃麦克等，2008）。除 JIT 外，精益制造另两大支柱是并行工程的开发设计和稳定快捷的供应链，其精髓仍然是 JIT 减量/简化；为使整个供应链达到稳定快捷的要求，丰田公司实施了与供应商共享需求及计划信息、就近采购、连续小批量补货、补货至生产线而非仓库等系列革新措施（刘正刚和田军，2013）。精益制造种种革新最终形成以“物流迅速化”（聚焦于对满足顾客需求的产品的快速交付）为命题的新生产范例（河田信，2008）。因此，精益制造是一种在买方市场环境中实现更高生产率和资源节约的生产范例，是“市场需求/客户利益导向”经营思想的具体化实践。

在将精益思考扩大到制造业以外服务业等领域后，沃麦克和琼斯将精益制造升华为精益思想（lean thinking）理论，其宗旨仍是消灭浪费、创造价值。精益思想的五项原则是：①根据客户需求，重新定义价值；②识别价值流，重新制定企业活动；③使价值流动起来；④依靠客户需求拉动价值流；⑤不断改善，追求尽善尽美。其中最关键的价值流是使特定产品（商品、服务或两者结合）通过商务活动 3 个关键管理任务时所需的一组特定活动（沃麦克和琼斯，2008）。沃麦克等最新又发展出集成"精益供应"和"精益消费"的精益解决方案，即集成了供应过程中的价值流管理方案和消费过程中的价值流（后者指那些为解决消费者问题确实必要的、顾客心甘情愿为之付费的活动）管理方案，力求实现从"生产更好的产品"向"提供更满意的消费"的转变（沃麦克和琼斯，2006）。价值流在制造业和服务业中无区别且须超出企业范畴贯穿于所有各方组成的"精益企业"中，故精益思想指导下面向供应链的企业运作称为价值流管理（value stream management），之所以用"stream"，是取其溪流汇聚之意，究其根源在于精益理论是依托"产品/服务"运作层次价值优化实现企业整体层次价值优化的"由下往上"优化的价值管理模式（李晓和刘正刚，2013）。精益理论价值流管理一方面以满足客户主观价值为根本目标，另一方面又立足于消除产品/服务相关物流/服务流中各种浪费，得以实现买方市场中的资源节约和更高生产率；前者符合主流经济学的人类价值聚焦，而后者恢复了对生产行为物理层面/物质特性的尊重。因此，精益理论价值流管理是以绿色管理来实践绿色经济的先锋与典范。

然而，精益理论在对接企业可持续发展研究方面仍有许多有待发展之处。精益制造的最大优点——由客户需求主导并聚焦产品运作管理层次（河田信，2008），同时是其最大缺点。这使得精益理论的价值流管理缺乏企业整体系统的价值优化思考，尤其货币价值层面的定量优化思考。此外，2009 年丰田汽车"刹车门"危机清晰体现了丰田公司这一精益理论的领导者难以在节约自身成本与满足顾客安全需求之间寻求恰当的平衡，难以在矛盾的"产品/服务"质量与企业发展速度之间取得良好协同；而后续的精益思想理论和精益解决方案对上述精益制造缺点的改善并不显著（李晓和刘正刚，2013）。因此，精益理论对企业供应价值流与客户需求价值流的矛盾互动思考不足，缺乏相应的定量平衡/协调以及优化解决方案的思考（李晓和刘正刚，2013）。

三、系统科学视角面向可持续发展的客观运作管理理论的发展及其困境

（一）系统科学视角的约束理论的发展及其困境

最优生产技术/同步制造基于系统科学原理而以资源的最合理有效利用来最大

程度地满足客户的需求，同样是买方市场环境中实现更高生产率和资源节约的典型生产范例。与精益制造追求零库存和无浪费不同，高德拉特和科克斯在《目标》一书中创立的最优生产技术/同步制造，基于依存关系和统计波动（有时意味缺陷/浪费）的必然性，在系统科学原理基础上追求必要的合理库存（即仅在系统瓶颈或次瓶颈前保留必要的合理库存）（高德拉特和科克斯，2006）。鉴于瓶颈制约系统的有效产出（明确指向售出的商品而非库存产品以防止产品滞销时仍旧持续生产），该必要的合理库存通过保证瓶颈的满负荷运作来保证企业的最大有效产出，而其他非瓶颈资源的运作完全由瓶颈决定（高德拉特和科克斯，2006）。最优生产技术/同步制造的首要原则就是平衡物流而不要平衡生产能力（高德拉特和科克斯，2006），与准时制生产同属于以“物流迅速化”为命题的生产范例（河田信，2008），同样聚焦于买方市场环境中实现更高生产率和资源节约。

与精益理论以“产品/服务”相关物流/服务流的价值优化来实现企业整体价值提升的“由下往上”优化路径不同，最优生产技术通过对制造企业目标的深刻认知及对企业绩效评价系统（分财务和运作评价体系）的创新发展，创立了以企业整体的货币价值流优化来指导企业及下层“产品/服务”运作优化的“由上往下”价值提升路径。最初基于任何制造企业真正目标只有“现在和将来都能赚钱”的认知，以及衡量企业赚钱的净利润（赚钱绝对量）、投资收益率（赚钱相对量）和现金流量（体现当前生存状况）三个财务评价指标不能直接用于指导生产的真知灼见，高德拉特和科克斯在最优生产技术中提出三个以货币价值表示的运作指标来指导生产：①有效产出（throughput，T），通过销售获取资金的速率（衡量进入系统的钱）；②存货（inventory，I），投资在采购上的金钱（衡量停留于系统的钱）；③营运费用（operating expenses，OE），为把存货转为有效产出而花费的钱（衡量为将 I 变成 T 而付出的钱）（高德拉特和科克斯，2006）。从运作角度来看，制造企业的真正目标就是在降低存货和营运费用的同时又提高有效产出，只有如此，运作制造企业才能在买方市场中获得生存与发展（高德拉特和科克斯，2006）。因此，最优生产技术属于货币价值流管理（monetary value flow management）技术，一种与精益理论的价值流管理不同的技术。

在《目标》之后的《绝不是靠运气》一书中，高德拉特基于制造企业目标从唯一的赚钱目标扩展为冲突的三个目标（赚钱、为员工提供安稳及满足的工作环境、同时满足市场需求）的新认知，将最优生产技术/同步制造发展为约束理论。约束理论的关键发展为：①在将瓶颈考察范围从最优生产技术聚焦的企业内部生产环节扩展至企业对客户的销售环节后，聚焦买方市场环境中的销售瓶颈，创建产品服务化的价值冲突解决方案；②鉴于企业和市场客户对产品价值的认知存在冲突（两者或多者间冲突是问题存在的必然条件），有效利用“市场区隔”理念并创建冲突价值流管理工具（如冲突图、逻辑树状图、现状图和未来图），深化货币价值流管理（高德拉特，2006）。这些发展将最优生产技术/同步制造的货币价值流管理发展为更全面、深入的价值流管理：一方面，约束理论价值流管理十分注重客户的主观价值，如满足市场需求为其核心目标之一，如核心运作围绕“有效产出”展开，又如利用“市场区隔”实现冲突目标共赢的基础就是市场客户对产品价值的不同主观理解；另一方面，约束理论价值流管理方案又立足企业和“产品/服务”层次物流/服务流相关各种现实客观约束的求解（李晓和刘正刚，2013）。前一方面符合主流经济学的人类价值聚焦；后一方面不仅恢复对生产行为物理层面/物质特性的尊重，而且有效衔接了客户/企业的主观价值与现实客观价值约束，衔接了货币价值流优化与非货币价值流优化。约束理论因基于系统科学原理，不仅适用于买方市场环境中的需求视角管理，而且适用于卖方市场环境中的供应视角管理；故而约束理论的价值流管理比精益理论的价值流管理在理论层面更为强健（李晓和刘正刚，2013）。

然而，约束理论在面向可持续发展的企业定量管理优化方面仍有待发展。面向可持续发展的企业通常是多个产品/服务系列的协调发展，而约束理论在该协调发展方面仍存在三点不足：①虽然约束理论强调从企业整体角度进行优化，但其成功案例企业（即使是多元化大企业）都针对只有一个（系列）“产品/服务”的企业，其案例实质是面向产品服务系统而非企业；②约束理论是从约束视角而非（协调）发展视角研究各个“产品/服务”系统（实质即产品服务系统）和企业；③约束理论未能对企业三大关键矛盾目标之间的动态平衡给出满意的定量解决方案（李晓和刘正刚，2013；刘正刚和田军，2013）。

（二）系统结构复杂性优化视角的系统复杂性价值流管理理论的发展及其困境

鉴于精益理论和约束理论等各种管理新理论都难以指导企业突破增长极限（亦即获得持久的可持续发展）的现实，乔治和威尔逊基于“企业输赢唯一决定因素在于是否驾驭复杂性”的新认知，以系统复杂性价值流管理来集成精益理论的价值流管理和约束理论的价值流管理；而这需要依据立特尔定律（Little's Law，亦称利特尔定律）量化复杂性对“产品/服务”的影响（即聚焦多个“产品/服务”管理复杂价值流），并依据企业管理优化的三大复杂性准则（即取消顾客不愿意为之支付的复杂性、利用顾客愿意为之支付的复杂性、使产品和服务当中的复杂性成本最小化）来创造顾客和股东价值（乔治和威尔逊，2006）。乔治和威尔逊（2006）针对有多个“产品/服务”系统的企业，以企业整体效益优化为目标进行工序或业务的外包或者集成决策，发展定量的流程周期效率与复杂性方程、复杂性价值流图和复杂性矩阵等关键定量分析与管理工具，进而依托企业制造系统结构复杂性的量化和优化，实现企业货币价值流和非货币价值流的协同优化。系统复杂性价值流管理，依据系统科学初步集成精益理论价值流管理和约束理论价值流管理，而其流程周期效率相关的定量分析与优化工具实际可合理集成大规模生产理论，从而为上述买方和卖方市场环境中各种面向资源节约、面向更高生产率、面向服务的企业“绿色”管理理论提供更科学的系统集成视角，为“绿色”管理理论的有机集成指明方向与道路。

然而，系统复杂性价值流管理理论在面向可持续发展的企业定量管理优化方面仍然有待发展。可持续发展是与生命周期以及共生息息相关的概念，而系统复杂性价值流管理研究在这些研究方面仍有四点不足：①研究缺乏生命周期的思考与集成，尤其定量集成，即该力求不断突破增长极限的系统复杂性价值流管理没有与产品/产业生命周期、企业生命周期、供应链生命周期、集群生命周期等各种生命周期（定量）思考相关联的定量研究；②企业定量优化目标仅仅是依据行业标杆，该目标的合理性缺乏深入的科学原理支持；③研究重点在于找出产品（群）或流程瓶颈并聚焦于瓶颈的优化，缺乏多个“产品/服务”系统（实质即产品服务系统）之间的共生思考；④企业及其“产品/服务”系统的复杂性与其所处局部供需链/网络的复杂性息息相关，但其研究缺乏“产品/服务”系统、企业和供需链/网三者结构复杂性之间的关联研究（李晓和刘正刚，2013）。

四、系统科学视角隐喻能量科学实践可持续发展的企业产品服务系统管理理论的发展及困境

应用系统科学视角内商业生态学方法，李晓和刘正刚以“更高资源生产力和系统结构复杂性优化并重”双重优化目标，有机整合现有的企业运作管理价值理论、面向物质减量化和/或资源生产力的产品服务系统研究、多企业互动的绿色供需链管理研究以及生态经济学，创建面向可持续发展的企业产品服务系统价值流管理理论（李晓和刘正刚，2013；李晓等，2011；刘正刚等，2012）。该理论的生态经济学研究基础就是隐喻普适的热力学第一、第二定律（亦即能量守恒定律和熵定律），提出商业系统中普适的货币价值借贷守恒定律和货币价值利用的熵定律；基于上述货币价值定律并分别结合源于大规模生产理论的传统成本会计和源于约束理论的有效产出会计，隐喻生态系统中通用的能量流模型（图 1-4），分别创建需求视角和供应视角中的通用货币价值流模型（图 1-5 和图 1-6）（Li et al.，2009；李晓和刘正刚，2013）。

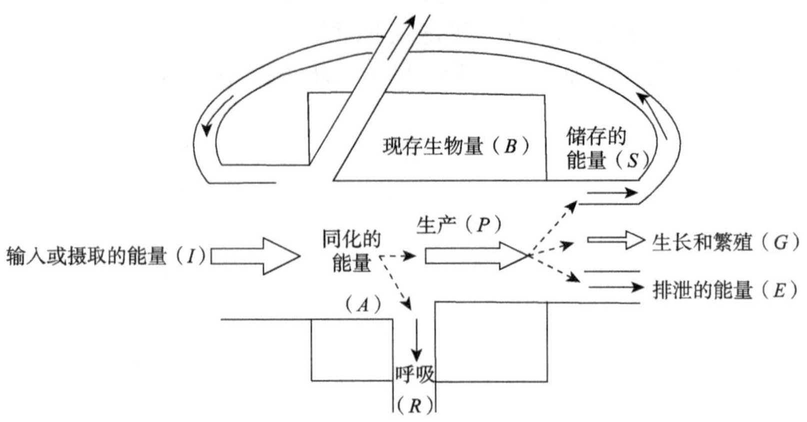

图 1-4　生态系统中普适的能量流模型

除现存生物量(B)为能量角度的存量外，其余变量都为能流相关的速率变量

资料来源：奥德姆和巴雷特（2009）

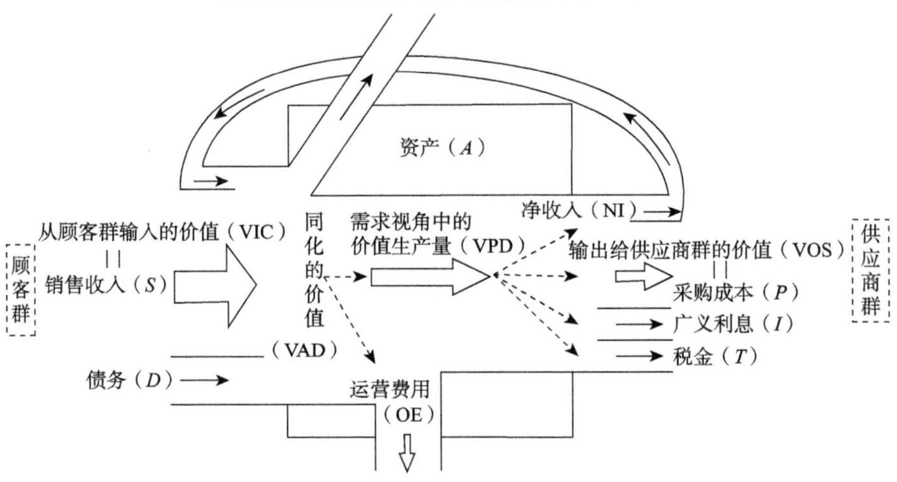

图 1-5　需求视角中通用货币价值流模型（以企业或产品服务系统为例）

从顾客群输入的价值(value input from consumers，VIC)；资产(asset，A)；债务(debt，D)；税金(tax，T)；输出给供应商群的价值(value output to suppliers，VOS)；运营费用(operational expense，OE)；需求视角中的价值生产量(value production in demand view，VPD)；销售收入(sales revenue，S)；采购成本(purchase cost，P)；顾客眼中企业(交货失职)的价值损失(value loss in consumers' opinion，VLC)；净收入(net income，NI)；同化的价值(value assimilated in demand view，VAD)；广义利息(broad interest，I)

除资产(A)为货币价值角度的存量外，其余变量都为货币价值流相关的速率变量

资料来源：Li 等（2009）；李晓和刘正刚（2013）

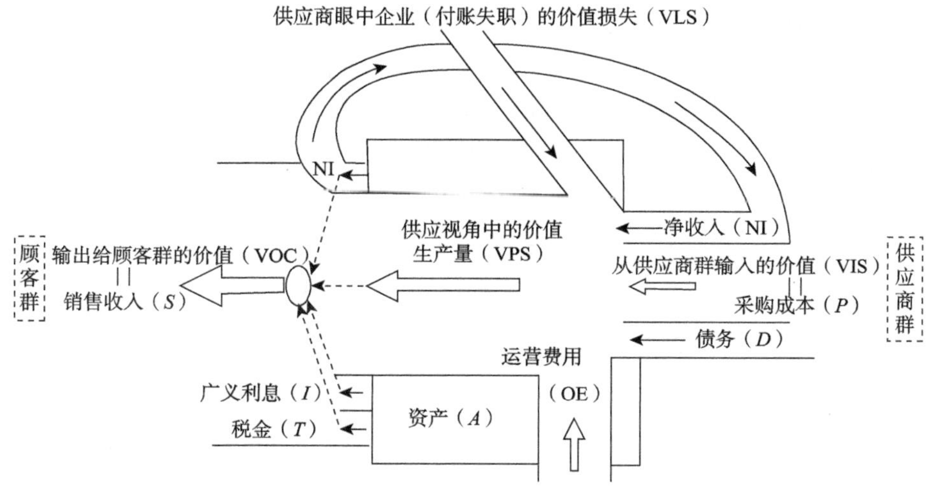

图 1-6　供应视角中通用货币价值流模型（以企业或产品服务系统为例）

输出给顾客群的价值(value output to consumers，VOC)；销售收入(sales revenue，S)；从供应商群输入的价值(value input from suppliers，VIS)；采购成本(purchase cost，P)；供应视角中的价值生产量(value production in supply view，VPS)；净收入(net income，NI)；运营费用(operational expense，OE)；债务(debt，D)；广义利息(broad interest，I)；税金(tax，T)；供应商眼中企业(付账失职)的价值损失(value loss in suppliers' opinion，VLS)；资产(asset，A)

除资产(A)为货币价值角度的存量外，其余变量都为货币价值流相关的速率变量

资料来源：Li 等（2009）；李晓和刘正刚（2013）

基于供、需视角的通用货币价值流模型并结合商业实践中多种面向物质减量化/资源生产力的产品服务系统研究（如管理费机制、租赁费机制和节约共享机制），刘正刚等（2012）、李晓和刘正刚（2013）发展了定量分析企业与外部客户和供应商之间复杂交易的企业产品服务系统外共生管理理论，其中企业产品服务系统外共生的通用结构（亦即外共生交易结构）见表 1-1、表 1-2、图 1-7 示例。与外共生相对应，李晓和刘正刚（2013）在微观管理研究中进一步结合研究结构复杂性优化等运作管理的研究成果，发展了定量商业生命周期动态演化视角内的企业产品服务系统内共生管理理论。此外，在新的产品服务系统粒度而非企业粒度的价值链/网结构基础上，结合跨供需链的企业战略绩效评价系统研究，Li 等（2009）及李晓和刘正刚（2013）构建了产品服务系统粒度的供需网络演化模型：①松散独立的供应链；②较紧密独立供应链；③较紧密独立供应需求耦合链；④松散关联供应需求耦合网；⑤紧密关联供应需求耦合网；⑥几近完美需求网络。在当今云网络和云服务理念不断发展的信息时代，李晓和刘正刚（2014）又构建了制造企业价值导向的云制造 ERP（enterprise resource planning，企业资源计划）系统方案：核心是有机集成企业战略绩效评价系统和企业产品服务系统的内、外共生管理及内外共生协调管理，发展相应注重企业内、外管理系统结构优化的多种决策支持系统。在系统科学尤其是复杂性系统科学指引下，李晓和刘正刚（2013）在中观经济领域发展了产品服务系统粒

度价值链/网结构优化这一中观产业绿色经济出路，并在宏观经济领域构思产品服务系统粒度的货币价值金字塔定量结构优化研究这一国家可持续发展出路。该系统科学指引下立足运作管理（注重物流运作分析）并且应用商业生态学范式的经济管理研究，不仅发展了一套有望有机衔接企业微观管理和中观、宏观经济研究的研究路径，而且借助于聚焦物流规模及其相应管理结构复杂性优化的企业产品服务系统内、外共生管理，有机整合了生产运作管理和交易理论；进而奠定系统科学视角基础，见图 1-8。

表 1-1　管理费机制狭义产品服务系统中共生关系的演化

管理费（MF）取值	共生关系
$<\left[\left(P_{\mathrm{F}}+C_{\mathrm{C}_i\mathrm{FA}}\right)F_{\mathrm{AC}_i}+\left(P_{\mathrm{S}}+C_{\mathrm{C}_i\mathrm{SA}}\right)\mathrm{SW}_{\mathrm{AC}_i}+\left(P_{\mathrm{N}}+C_{\mathrm{C}_i\mathrm{NA}}\right)\mathrm{NW}_{\mathrm{AC}_i}\right]$	对焦点企业有害的偏害共生
$=\left[\left(P_{\mathrm{F}}+C_{\mathrm{C}_i\mathrm{FA}}\right)F_{\mathrm{AC}_i}+\left(P_{\mathrm{S}}+C_{\mathrm{C}_i\mathrm{SA}}\right)\mathrm{SW}_{\mathrm{AC}_i}+\left(P_{\mathrm{N}}+C_{\mathrm{C}_i\mathrm{NA}}\right)\mathrm{NW}_{\mathrm{AC}_i}\right]$	对客户有利的偏利共生
$>\left[\left(P_{\mathrm{F}}+C_{\mathrm{C}_i\mathrm{FA}}\right)F_{\mathrm{AC}_i}+\left(P_{\mathrm{S}}+C_{\mathrm{C}_i\mathrm{SA}}\right)\mathrm{SW}_{\mathrm{AC}_i}+\left(P_{\mathrm{N}}+C_{\mathrm{C}_i\mathrm{NA}}\right)\mathrm{NW}_{\mathrm{AC}_i}\right]$ 且 $<\left[\left(P_{\mathrm{F}}+C_{\mathrm{C}_i\mathrm{F}}\right)\mathrm{F}_{\mathrm{AC}_i}+\left(P_{\mathrm{S}}+C_{\mathrm{C}_i\mathrm{S}}\right)\mathrm{SW}_{\mathrm{AC}_i}+\left(P_{\mathrm{N}}+C_{\mathrm{C}_i\mathrm{N}}\right)\mathrm{NW}_{\mathrm{AC}_i}\right]$	对双方都有利的互利共生
$=\left[\left(P_{\mathrm{F}}+C_{\mathrm{C}_i\mathrm{F}}\right)\mathrm{F}_{\mathrm{AC}_i}+\left(P_{\mathrm{S}}+C_{\mathrm{C}_i\mathrm{S}}\right)\mathrm{SW}_{\mathrm{AC}_i}+\left(P_{\mathrm{N}}+C_{\mathrm{C}_i\mathrm{N}}\right)\mathrm{NW}_{\mathrm{AC}_i}\right]$	对焦点企业有利的偏利共生
$>\left[\left(P_{\mathrm{F}}+C_{\mathrm{C}_i\mathrm{F}}\right)\mathrm{F}_{\mathrm{AC}_i}+\left(P_{\mathrm{S}}+C_{\mathrm{C}_i\mathrm{S}}\right)\mathrm{SW}_{\mathrm{AC}_i}+\left(P_{\mathrm{N}}+C_{\mathrm{C}_i\mathrm{N}}\right)\mathrm{NW}_{\mathrm{AC}_i}\right]$	对客户有害的偏害共生

注：P_{F}、P_{S} 和 P_{N} 分别为服务流 F_{AC_i}、顺向物流 $\mathrm{SW}_{\mathrm{AC}_i}$ 和逆向物流 $\mathrm{NW}_{\mathrm{AC}_i}$ 的成交单价；C_{C_iK} 为客户 C_i 在自身场所运作 K 类物流的成本系数；C_{C_iKA} 为焦点企业 A 在客户 C_i 处代替客户运作 K 类物流的成本系数

资料来源：刘正刚等（2012）；李晓和刘正刚（2013）

表 1-2　节约共享机制（下标 SS）狭义产品服务系统中对逆向物流的减量化努力的协同分析

P_{N} 取值	指示指标结果/内涵			
	$\dfrac{\partial\mathrm{NI}_{\mathrm{SS}}(\mathrm{A}/\mathrm{C}_i)}{\partial\mathrm{NW}_{\mathrm{AC}_i}}$	$\dfrac{\partial\mathrm{NI}_{\mathrm{SS}}(\mathrm{C}_i/\mathrm{A})}{\partial\mathrm{NW}_{\mathrm{AC}_i}}$	$\dfrac{\partial\mathrm{NI}_{\mathrm{SS}}(\mathrm{A},\mathrm{C}_i)}{\partial\mathrm{NW}_{\mathrm{AC}_i}}$	对逆向物流的减量化努力的协同程度
$<-\left(C_{\mathrm{AN}}+C_{\mathrm{C}_i\mathrm{NA}}\right)/\lambda$	为正	为正	为正	双方都不愿努力减量化，整体角度亦不倾向减量化
$=-\left(C_{\mathrm{AN}}+C_{\mathrm{C}_i\mathrm{NA}}\right)/\lambda$	为零	为正	为正	焦点企业对减量化无所谓，客户不愿努力减量化，整体角度亦不倾向减量化
$>-\left(C_{\mathrm{AN}}+C_{\mathrm{C}_i\mathrm{NA}}\right)/\lambda$ 且 $<-\left(C_{\mathrm{AN}}+C_{\mathrm{C}_i\mathrm{NA}}\right)$	为负	为正	为正	虽焦点企业愿努力减量化，但客户不愿努力减量化，整体角度亦不倾向减量化
$=-\left(C_{\mathrm{AN}}+C_{\mathrm{C}_i\mathrm{NA}}\right)$	为负	为正	为零	焦点企业愿努力减量化，但客户不愿努力减量化，最终整体角度无倾向
$>-\left(C_{\mathrm{AN}}+C_{\mathrm{C}_i\mathrm{NA}}\right)$ 且<0	为负	为正	为负	虽客户不愿努力减量化，但焦点企业愿努力减量化，整体角度亦倾向于减量化
=0	为负	为零	为负	焦点企业愿努力减量化，客户对减量化无所谓，整体角度亦倾向于减量化
>0	为负	为负	为负	交易双方都愿努力减量化，整体角度亦倾向于减量化

注：C_{AN} 为焦点企业 A 为从客户 C_i 处返回的逆向物流进行后续运作（在焦点企业 A 处）所需的成本系数；$C_{\mathrm{C}_i\mathrm{NA}}$ 为由焦点企业 A 代替客户 C_i 对为返回给 A 的逆向物流进行前期运作（在客户 C_i 处）所需的成本系数；NI（甲/乙）是甲方因与乙方交易获得的净利润速率，NI（甲，乙）是甲和乙交易获得的双方整体净利润速率

资料来源：李晓和刘正刚（2013）

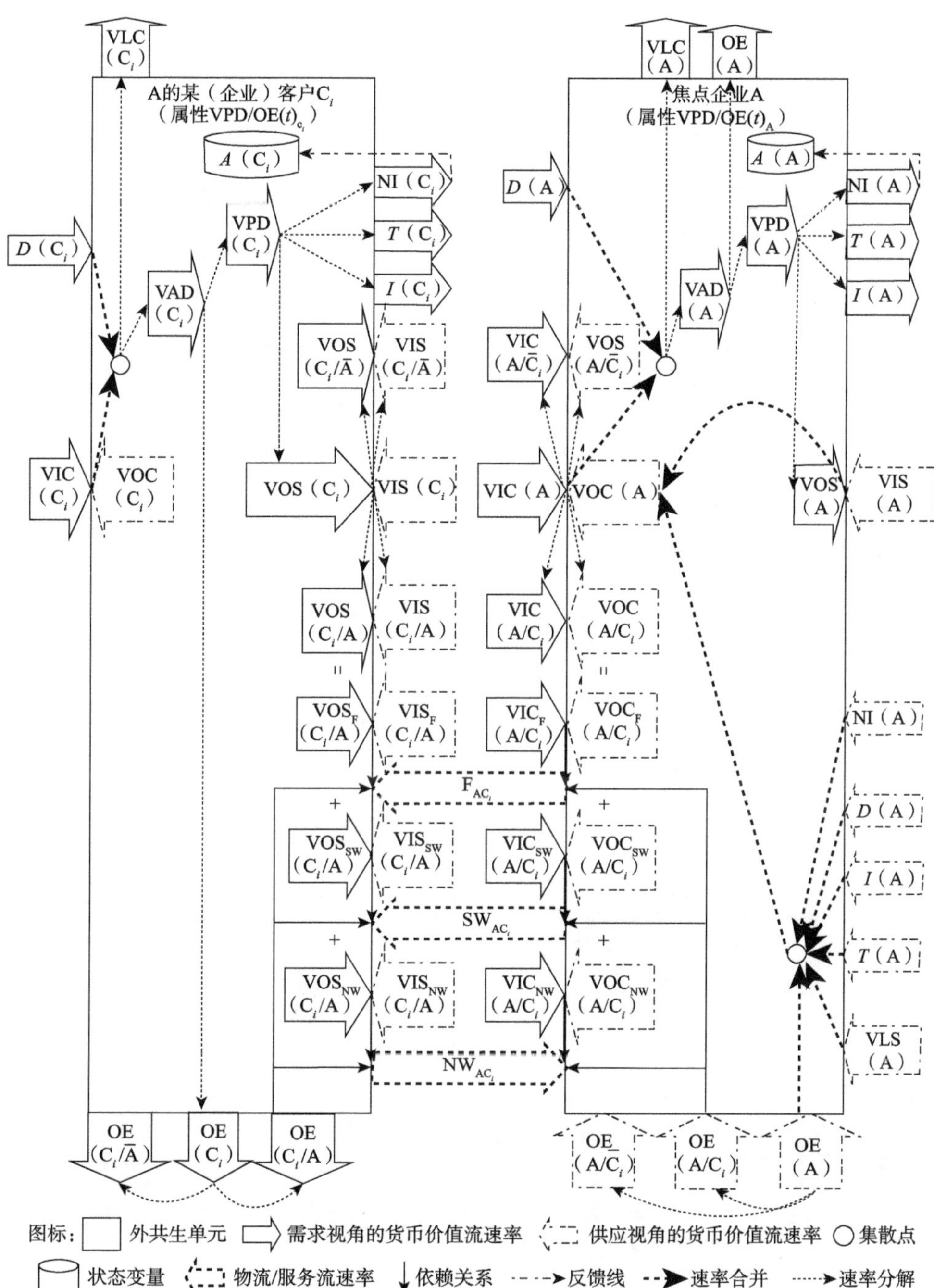

图 1-7　企业产品服务系统外共生通用结构（以企业 A 与客户 C_i 的共生结构为例）

某变量或变量下标中的“F”、“SW”或“NW”表示该变量对应于服务流、顺向物流或逆向物流

资料来源：刘正刚等（2012）；李晓和刘正刚（2013）

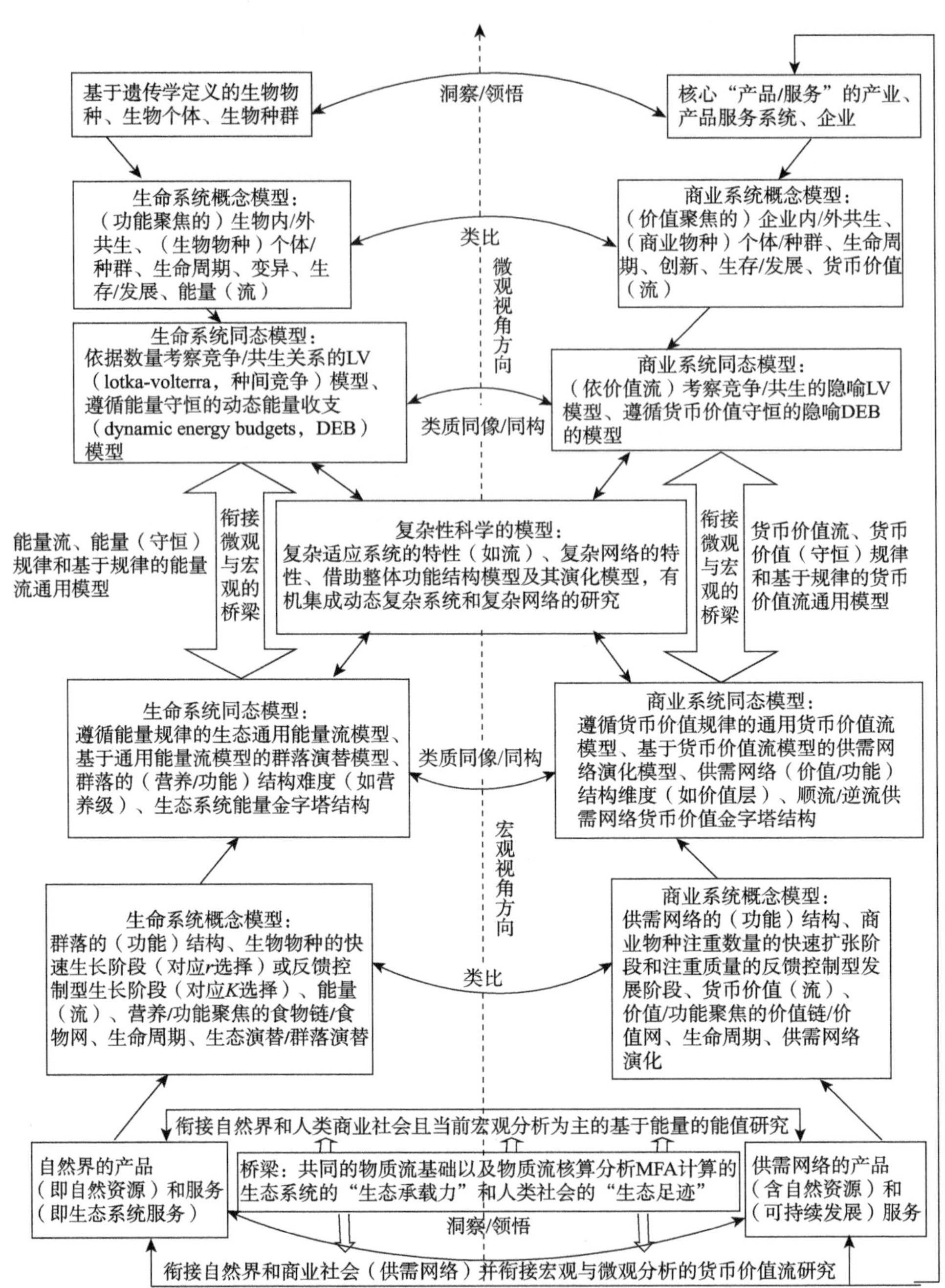

图 1-8　商业科学研究的生命科学隐喻研究路径

资料来源：李晓和刘正刚（2013）

然而，企业产品服务系统价值流管理理论在面向可持续发展的研究方面仍有待发展。可持续发展相关的共生是包含与自然界共生的全面共生，也是演化视角中注重上、下阈值范围内的动态共生，而企业产品服务系统价值流管理理论研究在这些研究方面仍有四点不足：①虽然这种理论依托系统科学视角内的商业生态学方法，通过物流和隐喻方式与自然生态系统的物流和能量流有一定的衔接，但是更详细且充分的与自然生态系统的物流和能量流有机衔接的研究亟待发展；②虽然这种理论通过整合多种主流客观运作管理理论而深入价值中立的经济科学层面，但其与注重人类主观效用/主观满意的经济学研究如何更充分衔接还有待深化；③虽然企业产品服务系统价值流管理运用了供、需矛盾分析方法，但矛盾如何协调（尤其是企业内共生中多个/多种产品服务系统之间的协调发展）还缺乏更深入的科学定量研究；④若赞同面向可持续发展的企业运作管理注重上、下限之内的走平衡木式的管理模式及其动态演化，那么企业产品服务系统价值流管理理论同样缺乏所需的上、下限阈值动态管理的研究，该上、下限阈值的演化亟待深入的经济科学研究。

第二章 面向可持续发展的经济科学出路：马克思主义经济科学

恩格斯在《致威纳尔·桑巴特》的信中说："马克思的整个世界观不是教义，而是方法。它提供的不是现成的教条，而是进一步研究的出发点和供这种研究使用的方法。"（马克思和恩格斯，1974a）

纵观第一章对经济科学的发展历程及其可持续发展困境的论述，西方主流新古典经济学内核的罗宾斯经济科学必须得到修正，才能更好地展开面向可持续发展的科学研究与实践，这种修正要达到科学标准必然要求在系统科学的指引下，更合理地有机集成并且发展与自然科学研究紧密结合的生态经济学等"绿色"经济学研究成果，更准确挖掘并且发展与经济学历史和商业实践现实紧密相连的企业客观运作管理研究等微观管理科学的科学内涵。本书将拟修正之后的面向可持续发展的经济科学命名为马克思主义经济科学，既是因为这种新经济科学应以辩证思维解决可持续发展相关矛盾的本质与马克思辩证唯物主义的辩证本质相同，也是因为这种新经济科学应保持对自然科学规律的尊重与马克思历史唯物主义的唯物本质相同。从推动可持续发展的研究与实践来看，必须以满足最广大人民的利益为根本宗旨号召最广泛的科学研究者和人民群众参与到可持续发展的宏伟大业中来，而这与马克思主义中"布尔什维克"的"多数派"内涵一致。毋庸置疑，可持续发展研究的最终目标是追求最广大人民的根本利益/福利，一种与自然界协调的根本发展。因此，本章将论述面向可持续发展的经济科学出路是在马克思主义理论和系统科学指引下，融合面向可持续发展的以生态经济学为核心的各种"绿色"经济学和面向可持续发展的企业客观运作管理理论的马克思主义经济科学。

事实上，中国经济、社会与环境可持续健康发展的关键根基在于中国特色社会主义市场经济理论的健康发展。鉴于马克思主义经济学通过吸收市场经济理论中有益部分后引领中国改革开放取得巨大成功，与中国经济学界出现的被刘国光先生批评为“马克思主义严重边缘化”的现象形成对照，西方学界出现了“重回马克思”的状况（刘伟，2015）。虽然自主开创中国经济学独立研究与自主流派的努力一直都在并取得一些有益成果，如林毅夫教授的新结构经济学（林毅夫，2012），中国经济学仍出现过度西化。但正是西方主流的新古典经济学及其经济科学内核只见人类效用而无视自然约束，才造成当今全球环境/气候灾难，亦造成世界各地甚至全球不断重复的经济危机。虽然刘思华同志为批判资本主义生态文明论调，依托生态经济学发展马克思主义生态经济协调发展思想，创建了生态马克思主义经济学，但当前中国主流研究群体发展马克思主义经济学时，仍过于聚焦《资本论》进行拓展，相关生产力研究仍为仅关注人和社会的劳动生产力（程恩富等，2011；马克思主义政治经济学概论编写组，2011；马昀和卫兴华，2013）；却对马克思主义经济学的创新议程，即弥补使用价值思考的“复杂劳动-使用价值-价值-剩余价值”之间关系说明和阐明“使用价值-熵-生态系统”关系的方法（金炯基，2013）研究不足。奥康纳（2003）指出：社会主义国家一直批判在资本主义社会里使用价值从属于交换价值，但一个不可忽视的现象是社会主义国家暂未能导向“生产性正义”，却不时落入资本主义国家的“分配性正义”魔咒中（华章琳和柳敏，2012）。鉴于亚当·斯密始于劳动分工论研究以及企业客观运作管理研究同样聚焦于使用价值和交换价值的互动，本章聚焦对使用价值的重新思考，结合对可与自然界物流和能量流沟通的客观的物质稀缺性的思考，提出面向可持续发展的马克思主义经济科学议题。

金炯基阐明“复杂劳动-使用价值-价值-剩余价值”关系中的使用价值研究主要是针对立足复杂劳动的知识经济，其能够阐明“使用价值-熵-生态系统”关系方法中的使用价值研究主要是面向与自然的交互活动；而为了深化可持续发展研究，本书考察的马克思主义经济科学的使用价值是兼容复杂劳动和简单劳动的，并且这种劳动是包括自然界自身的物质和能量的生产与流转。为更好地以整体并且价值中立的视角研究人与自然共生的可持续发展，本书围绕人与自然互动的物流及其中关键的物质稀缺性，聚焦于阐明“自然简单/社会复杂劳动-使用价值-价值”关系并发展能够阐明“使用价值-熵-生态经济系统”关系的方法。前者舍弃“剩余价值”相关的关系既是面向可持续发展的经济科学侧重生产力而非生产关系层面研究的结果，又是价值中立要求（此处中立地对待人与自然）的结果。后者将立足于可贯穿生态经济系统的熵视角，介绍研究矛盾系统结构持续演化的分形科学方法等，以便深化面向可持续发展的定量研究方法。

第一节　面向可持续发展的经济科学根基：使用价值和物质稀缺性的再聚焦

一、新古典主义范式的环境与自然资源经济学的使用价值和资源物质稀缺性（再）聚焦

（一）面向可持续发展的环境与自然资源经济学的使用价值聚焦

面向可持续发展的环境与自然资源经济学是聚焦使用价值的。蒂坦伯格和刘易斯（2011）指出经济学家把资源的总经济价值分为三个主要组成部分：①使用价值，反映环境资源的直接使用，如从海洋中捕鱼（实指海洋鱼类可供人们食用），包括自然风景赋予的景观美感，而各种资源的污染会引起相关使用价值的损失；②选择价值，反映人们为未来能够使用的环境赋予的价值，它反映这样一个事实，即使当前没有人使用环境，人们也愿意保留在未来使用环境的选择权，故使用价值反映的是源自当前使用的价值，选择价值则反映了保留未来可能使用的一种潜在性的意愿；③非使用价值，反映了一种普遍观点，即人们非常愿意为改善或保护那些永不使用的资源付费，纯粹的非使用价值也被称作存在价值，因为这一价值并不能从直接或潜在的使用中获得，它反映了一种非常与众不同的价值类型。伯格斯特罗姆和兰多尔（2015）则将自然资源与环境商品和服务的总经济价值分为积极使用价值和消极使用价值两大类：①积极使用价值是来自于积极地使用自然资源或环境衍生出的商品和服务所产生的效用价值，它可以根据是否发生在现场或者相关活动是否是消费性的进行细分，如属于现场消费性积极使用价值的水库商业捕鱼/娱乐性休闲垂钓，又如属于现场非消费性积极使用价值的水库处的野生动物观察；②消极使用价值是来自于消极地利用资源所产生的效用价值，这类价值往往没有发生在现场并且都是非消费性的，其中有一种间接体验的消极使用价值是遗产价值（给同代其他人或后代的遗产），相对应的存在价值可以来自于一个人仅对一个自然生态系统中的自然资源的思考所获得的满意度，由于消极使用价值可以不通过直接接触到自然资源而体验到，故这些价值可能会聚焦到大量人群身上，导致相对较高的消极使用价值总量（尤其是对稀有自然资

源）。科尔斯塔德（2016）则将环境物品的完整价值体系分为使用价值和非使用价值两类：①使用价值是与产品消费价值相关的传统概念，包括现在使用、期望使用和可能使用的价值；②非使用价值是指一个人实际上不应用某个产品而获得的效用，其三种典型的非使用价值是存在价值、利他价值和遗产价值，存在价值可以补充任何与实际或潜在“使用”相联系的价值，利他价值不是产生于“我”自身的消费而是来自当别人获取效用时“我”获益这个事实，遗产价值也类似，但它是与继承者的效用改善相联系的。由此可见，新古典经济学范式的环境与自然资源经济学都是首先聚焦并且根本性地立足于使用价值：无论是诸如提供能量补给这类的客观的使用价值还是源自使用后的主观的效用价值；无论是积极的还是消极的；无论是当期直接的使用价值还是对应未来使用的选择价值与遗产价值；无论是源自自身使用而自身受益的效用价值还是源自通过自身使用经由他人受益后引发自身受益的利他价值。即使是存在价值，其也与实际或潜在的“使用”相联系，虽然它亦属于经由他人受益后引发的自身受益。

（二）面向可持续发展的环境与自然资源经济学的资源物质稀缺性的再聚焦

新古典经济学范式的环境与自然资源经济学同样再聚焦于资源物质稀缺性。主观效用价值论者对资源稀缺性一类现象作主观主义解释是不合理的，应该受到批判，但这不应导致否认资源稀缺及其对价值的制约和限制作用这个客观事实（晏智杰，2004）。伯格斯特罗姆和兰多尔（2015）指明：“稀缺（任何资源的稀缺）仅仅指相对于所需要的量而言所能获得的量是有限的。任何具有显性价格或隐性价格的资源一定是稀缺的：如果其可获得性相对于需求是无限的，那它就会是免费的。然而请注意，这一论据反过来并不亦然。有些稀缺自然资源是无法估价的，因为没有可运作的市场来交易它们。”由此可见，环境与自然资源经济学眼中的稀缺是关于资源物质性的量的稀缺，虽然该稀缺的前提是相对于人的所需要的量。自然资源的稀缺性主要体现在两个方面：一方面是人类从自然界获取可再生资源超过其再生能力，人类消耗不可再生资源的速率快于人类发现替代资源的速率，导致了自然资源的稀缺性；另一方面是人类排入环境的废弃物超过自然系统的净化能力，造成了环境污染的加重和生态的失衡，导致了自然资源的稀缺性。蒂坦伯格和刘易斯（2011）在《环境与自然资源经济学》一书中的多数章节都是围绕各种可耗竭的、可再生的、可回收的、可补充、可贮存的自然资源研究其稀缺/短缺的原因以及缓解的（经济）方法和措施。这么多种稀缺无疑都是聚焦于资源物质性的量的稀缺。伯格斯特罗姆和兰多尔（2015）继续指明：“（自然资源与环境商品和服务的）总经济价值的某些成分具有市场商品的性质，并且这些商品的价值可以用市场价格来衡量。通常，在衡量竞争性和排他性的商品与服务的总经济价值成分时，市场价格是最可行的和最适合使用的。……然而，总经济价值的许多成分具有非市场商品性质。……市场能否充分反映某些经济商品的价值，主要依赖于消费的竞争性程度和供给的排他性程度。当商品显示出来消费中的非竞争性和供给中的非排他性因素时，市场失灵产生了。”这指明即使是商品的交易，亦离不开供给方面的物质稀缺性考量。以上这些“稀缺”的物质性的绝对“量”的思考，与罗宾斯经济科学中为剔除经济学研究的“唯物主义”定义而独崇仅具相对性质（仅相对人的主观效用的）而无绝对性的“量”属性的“稀缺”定义并不一致。这亦可从各代经济学家对自然资源局限的看法的演变中得到印证。每一代经济学家都不得不考虑自然资源局限在何种程度上限制人类的发展前景：①古典经济学家把总生产函数表达为 $Y=f(D, K, L)$，其中 D 被广义地定义为土地和矿物资源（对应“自然资源”），并被认为从根本上讲是限制性的，其中极度悲观的“马尔萨斯学说”认为“我们正面临灾难性的资源短缺，对此我们基本没有办法”；②新古典经济学家把总生产函数表达为 $Y=g(K, L)$，甚至是“舒尔茨式”的 $Y=h(K)$，其中已没有了自然资源 D 而只有资本 K 和劳动力 L，或仅有现代意义的资本 K，K 被视为任何由于投资行为而产生的东西（包含物质设备、受过教育的人的思想和身体、依据投资和管理而做出相应反应的农场和森林，以及体现在所有这些生产设备中的技术），并被看作对人类人口支撑自己在这个地球上的容量的唯一的最根本的限制，其中极度乐观的新古典/人力资本理论认为自然资源局限根本就不重要，并隐含地推断环境有无限的能力去吸收和稀释废料，“人类创新和技术会解决问题”和“环境稀释是解决污染的好办法”是其根本总结；③更多当代经济学家对待资源稀缺问题采取了“物质平衡方法”，“热力学第一定律”向经济学家引入“物质平衡”概念（即物质并没有被“消耗”，而仅仅是在给人类提供需求的过程中转化了其他形式），故废料或残渣的管理需要资源合法化，相应稀缺的概念扩大到包括对环境系统的限制，“健康的环境和健康的经济都需要我们在从环境中拿走什么和在环境中放回什么维持一个适当的平衡”是其根本观点，而尼古拉斯·杰奥尔杰斯库-勒根和赫尔曼·E. 戴利进一步引入了热力学第二定律（熵定律），即一个系统内的能量物质势必会从更多的可获得状态转化成更少的可获得状态，这种从实物角度看的能量物质转化过程中的代价的残余在将来某个时候需偿还，那时候要修复已造成的损坏就来不及了，即“来不及修复损坏”的观点，总之持有物质平衡看法的新马尔萨斯派认为资源稀缺灾难可以避免，只要有足够的远见和在“无法挽回”之前有意识地采取行动（伯格斯特罗姆和兰多尔，2015）。事实上，伯格斯特罗姆和兰多尔（2015）进一步指出：“自然资源具有多种属性，因此具有数量、质量、时间和空间维度。……稀缺概念并不局限于数量方面，而是与资源的每个方面都相关。”这实质上对“稀缺”的概念赋予了更多的唯物主义属性。综上所述，与罗宾斯经济科学的过于唯心主义的“稀缺”观相比，新古典主义范式的当代环境与自然资源经济学是再次承认并聚焦于自然资源的物质稀缺性的。

二、马克思主义范式的可持续发展经济学和生态经济学的使用价值和资源物质稀缺性聚焦

（一）马克思主义范式的可持续发展经济学和生态经济学的使用价值聚焦

马克思和恩格斯的研究首先是非常关注使用价值的。马克思指出：价值这个词“最初无非是表示物对于人的使用价值，表示物的对人有用或使人愉快等等的属性。……使用价值表示物和人之间的自然关系，实际上是表示物为人而存在”（马克思和恩格斯，1974b）。在马克思的视域中，生产劳动过程就是在创造使用价值——社会财富的过程，即人和自然之间交换物质能量和信息的过程；而生产劳动的最初要素只有自然和人：“劳动过程，……是制造使用价值的有目的的活动，是为了人类的需要而对自然物的占有，是人和自然之间的物质变换的一般条件，是人类生活的永恒的自然条件，因此，……它为人类生活的一切社会形式所共有。因此，我们不必来叙述一个劳动者与其他劳动者的关系。一边是人及其劳动，另一边是自然及其物质，这就够了。”（马克思，2004）而且，劳动和自然一起创造社会财富，如马克思在《哥达纲领批判》一文中指出：“劳动不是一切财富的源泉。自然界同劳动一样也是使用价值（而物质财富就是由使用价值构成的！）的源泉，劳动本身不过是一种自然力即人的劳动力的表现。上面那句话在一切儿童识字课本里都可以找到，并且在劳动具备相应的对象和资料的前提下是正确的。”（马克思和恩格斯，2001）注意：马克思在此《哥达纲领批判》一文中批判的是资产阶级和德国拉萨尔派（即全德工人联合会），使用以上说法时回避那些唯一使这种说法具有意义的条件（即所有权议题），并不是批判这句话本身。马克思后续根据商品具有使用价值和价值属性，创造了劳动二重性学说：“一切劳动，一方面是人类劳动力在生理学意义上的耗费；就相同的或抽象的人类劳动这个属性来说，它形成商品价值。一切劳动，另一方面是人类劳动力在特殊的有一定目的的形式上的耗费；就具体的有用的劳动这个属性来说，它生产使用价值。”（马克思，2004）马克思批判了资本的唯一目的是以货币为形式的价值积累，并赞扬了工人阶级的目的是在人类需要的意义上追求使用价值和自身发

展；马克思和恩格斯还谈到：可持续生产必须采用不同于通过竞争性利润追求的市场交换和生产的交换和分配形式；这意味着在这种生产系统中使用价值而不是交换价值占支配地位（伯克特等，2014）。

马克思又批判了仅停留于使用价值而未区分使用价值与交换价值之间差别（尤其是自然资源相关的差别）的经济学派和相关研究。例如，马克思批判了重农学派，因为它把剩余价值等同于剩余产品；重农学派把价值仅仅作为使用价值，没有区分使用价值和交换价值，因而就没有考察资本主义条件下财富估价的特殊形式，亦即重农学派建构了剩余价值的自然基础，但最后它还是不能分析剩余价值的生产，因为它只停留在使用价值上（伯克特等，2014）。虽然马克思确实有自然力即自然（生态）产品没有价值的论述，如"一个物可以是使用价值而不是价值。在这个物不是以劳动为中介而对人有用的情况下就是这样"（马克思，2004），又如"瀑布和土地一样，和一切自然力一样，没有价值，因为它本身中没有任何物化劳动，因而也没有价格，价格通常不外是用货币来表现的价值。在没有价值的地方，也就没有什么东西可以用货币来表现"（马克思，1975）；但这都不是马克思不承认自然价值，而是因为其劳动价值论在本质上是对社会经济系统而言的，不涉及自然生态系统及其与社会经济系统的相互关系（白玮和郝晋珉，2005；刘思华，2014）。那些试图把自然本身看作价值的人没有对价值、交换价值和使用价值进行明确的区分，忽视了特定社会关系这一中介，通过这种社会关系，生产和交换得以进行；在这种特定社会关系中，交换价值支配生产是资本主义所特有的，因为资本主义以劳动力本身的市场交换为基础，这就会导致市场交换控制生产，不仅通过雇佣劳动交换，而且也通过更广泛的商品交换（伯克特等，2014）。而马克思的《资本论》在分析商品价值、使用价值这对矛盾运动时，把使用价值作为商品价值的物质承担者的地位，从而撇开商品使用价值多样性的研究，专心研究商品价值规律，从而揭示资本主义生产、交换、分配、消费的社会关系运动规律；在马克思的研究中商品价值居于矛盾的主导地位而商品使用价值居于从属地位，基于这一把握才得以完成资本运动规律的研究（黄新生，2009）。

当前，马克思主义范式的可持续发展经济学聚焦于使用价值。鉴于当前面向可持续发展的从工业经济向服务经济的历史性转折，刘诗白教授在《现代财富论》中通过成功丰富和发展马克思的商品理论和劳动价值理论，聚焦到使用价值，这表现并立足于以下几点：①现代财富的本质不仅是商品（或产品）的使用价值，而且是高附加值商品（或产品）的使用价值，从而满足以现代人需求变化为特征（的经济常态）；②亚当·斯密不曾把握住财富是使用价值，即满足主体需要的有用性这一基本点，只是强调使用价值的特殊形式——固定化和物质化的形式，而现代财富具有商品特征，也具有非商品特征，不但是具有实物形态、看得见、摸得着的有形商品（或产品），而且包括无实物形态、看不见、摸不着的精神产品、服务产品；③重新解释了生产商品的抽象劳动的“物化”概念含义，即针对马克思提出的将生产商品的抽象人类劳动物化为价值的重要论题，指明劳动“物化”概念本质是“对象化”而不等同于“物质形态化”和“实体化”，是商品生产中的抽象人类劳动这一商品关系的“对象化”；④在“物化”新理解的基础上，从广义上重新解释了商品范畴和商品使用价值范畴的内涵，如劳动能力是特殊商品且进入市场交换的服务也是商品，马克思将劳动者生产出来的满足各种类社会需要的多品类商品体的属性都作为使用价值，包含劳动力商品的使用价值、服务的使用价值、唱歌的使用价值等人类劳动活动的功能；⑤重新阐明生产商品劳动具体形式的多样性，劳动既可以在“有痕迹的”实物产品中对象化为价值，也可以在农业劳动生产的“无痕迹”的实物产品中对象化为价值；⑥把“自然财富”确立为经济学范畴，亦即需要确立可利用的自然是一个有限存量的命题和自然财富存量的界限或边界可扩展性的论题，而社会主义经济发展的客观要求是要实现一种理性的社会和自然协调的世世代代造福于人民的持续的扩大再生产（黄新生，2009；刘诗白，2005；袁文平，2005）。黄新生（2009）总结到：与马克思《资本论》研究中商品价值居于矛盾的主导地位而商品使用价值居于从属地位相反，刘诗白教授的《现代财富论》基于社会主义生产目的是满足人民日益增长的物质文化需要，把研究的视野集中在商品使用价值上，认为在当代社会中的商品价值、使用价值矛盾运动中，商品的使用价值居于矛盾主导地位，形成调动一切积极因素促使现代财富充分涌流的现代生产方式；这就进一步从驾驭市场的高度（而不是西方经济理论研究市场均衡价格的适应市场论或是商品效用价值的消费心理论）说明了完善我国市场经济制度的必要性，说明生产方式的变革仍然是当前社会经济中的主要矛盾；故而《现代财富论》是《资本论》的时代深化，立足于我国社会主义市场经济条件下先进生产方式如何促进多样性商品使用价值的生产，实现了当前高科技时代马克思主义劳动价值论的继承、发展与创新。

生态马克思主义经济学同样聚焦于使用价值。李金昌（1989）指出：“价值的本质是主体本质力量的对象化，是人的主体性对象化”的认知所揭示的只是人类创造的物质产品和精神产品对人类的价值的本质，而不是一切客体对人的价值的本质；本质上聚焦人与人之间关系的劳动价值理论只适用于处理生产关系方面的问题，而不适合用于处理人与物之间关系；凡是研究目的在于揭示生产力本身的规律，在于研究物质财富及其创造，在于研究人与自然的经济关系时，应该应用马克思主义的使用价值的概念或经过修正了的效用价值概念（是人们考虑到稀缺因素时对物的有用性的一种评价）。当前生态马克思主义经济学研究者注重从使用价值出发尝试融合马克思劳动价值论和西方边际效用价值论，如白玮和郝晋珉（2005）从价值哲学角度对边际效用价值论进行了修正，通过发掘客体具有的属性功能（即马克思劳动价值论所说的使用价值和修正的边际效用价值论所说的效用），研究自然资源价值；亦即马克思劳动价值论和修正后的边际效用价值论的结合完整地说明了自然资源本身效用和人类的劳动投入都是自然资源的价值基础，合理地解释了自然资源的价值。张彦英和樊笑英（2011）立足“资源环境不仅对于人类具有使用价值，同时对于自然生态系统也具有使用价值”这一根基和出发点，指明生态文明时代的资源环境价值理论应建立在人地和谐、“天人合一”的基础上，以资源环境对自然生态系统和社会生态系统的使用价值为尺度，按其保障发展、保护资源的功效不同，区分为生态价值和生产力价值两种形式，并努力实现两种价值的平衡以便促进经济、社会、生态协调可持续发展；当然这两种价值形成了对立统一的矛盾关系，统一于资源环境本身。沈月和赵海月（2014）则指明：马克思的物质变换理论表明物质变换是人类生存和发展的前提，生产劳动是人与自然进行物质变换的中介，而不合理的物质生产实践是导致物质变换断裂的根本原因；该物质变换理论对循环型社会构建的关键启示是坚持贯彻3R思想（即减量reduce、再使用reuse、再生利用recycle）甚至4R思想（再加上抑制 refuse）及其先后顺序，以便转变“大量生产→大量消费→大量废弃”的生活方式，而只有将人类的生产和消费活动局限在使用价值上，把使用价值的实现作为社会的根本目标，才有可能实现减量化生产。

（二）马克思主义范式的可持续发展经济学和生态经济学的资源物质稀缺性聚焦

马克思的研究是非常关注资源的物质稀缺性的。首先，马克思对于自然资源的稀缺性的认识有一个较复杂的转变过程（佩罗曼等，2007）。在马克思的早期文本中确实对自然资源的稀缺性有着过于乐观的想法，认为资本主义在完全摆脱了封建主义的桎梏之后可以轻易解决资源的稀缺性问题，同时由于需要彻底批判马尔萨斯的人口论，所以对于马尔萨斯提出的与人口问题密切相关的自然资源稀缺理论一直保持审慎的态度；但是之后通过对资本主义农业的深入研究，马克思对于资源稀缺性问题的看法发生改变，意识到“资本主义生产至今不能，并且永远不能像掌握纯机械方法或无机化学过程那样来掌握这些过程”（佩罗曼等，2007）；最后在《资本论》中极具洞察力地分析了造成自然资源稀缺的原因不仅在于自然本身的有限性，更是由于资本主义的工业化大生产（佩罗曼等，2007；石磊和赵宇霞，2012）。其次，相对于马尔萨斯从单一的人口因素探讨自然极限问题，马克思从自然因素、生产方式、科学技术、人类解放和社会制度等维度来理解自然极限思想（吴海龙，2017），这是一种更全面角度和更深刻根源的自然资源物质稀缺性的分析。丁任重（1986）指明：在分析自然资源的稀少性与商品价值间的关联时，马克思的图式是“稀少性程度→（人的）劳动时间的多少→价值量的大小”，而西方主流经济学家的图式是“稀少性程度→人的主观评价的程度→价值量的大小”；很显然马克思的稀少性是客观的，而西方主流经济学家的稀少性则是主观的；故而制订国民经济计划要考虑自然资源的实际状况，并要按自然规律办事，合理地、有计划地开采和利用自然资源，自觉保持生态平衡。由此可见，马克思的客观的稀少性比西方主流经济学家的主观的稀少性，更注重聚焦资源物质性的量的稀缺。佩罗曼等（2007）指明：当年马克思为了强调利润率降低规则而相对减少了对稀缺性问题的思考及其呈现；而探讨马克思理论的稀缺性问题就为另外一系列论证打开了大门，这些分析论证将有助于将马克思的分析推到一场不可避免的、关于自然资源利用的政治经济学的未来辩论的前沿。

马克思主义范式的可持续发展经济学是聚焦资源的物质稀缺性的。刘小怡（1999）指明：①理论经济学的出发点，即理论经济学的前提（亦即理论经济学之所以产生的现实依据），只能是资源的稀缺性，原因在于其要研究的各种经济问题（无外乎与资源配置有关的问题和与资源占有有关的问题）无不以资源的稀缺性为前提；②资源配置有关的问题属于生产力的范畴，这反映出社会生产的物质内容方面的部分属于“实际的专门研究”并且没有阶级性，而资源占有有关的问题属于生产关系的范畴，这反映出社会生产的社会形式方面的部分属于“政治经济学的一般理论”并且具有阶级性；③一个阶级的经济理论是否具有科学性，取决于这个阶级的经济理论与社会生产力发展的要求是否一致，当一个阶级的阶级利益和社会生产力发展的要求相一致时，这个阶级的经济理论可能具有科学性，而当一个阶级的阶级利益和社会生产力发展的要求不一致时，这个阶级的经济理论就可能是庸俗的。马艳等（2015）指明：虚拟资本的价值估算、网络经济的价值溢出和自然资源的价值度量等社会经济实践中的焦点问题，都已经超出了经典马克思主义劳动价值论的研究范畴，如若仍将这些问题排除在价值范围以外，忽略其在经济活动中的重要作用，则无法更好地探究经济可持续发展。马艳等（2015）进一步将马克思的价值范畴界定为劳动价值，将马克思的非生产性的或非劳动产品的价值定义为广义虚拟价值；并将虚拟经济界定为一种新型的经济形态，即以虚拟资本和网络技术为两大支点、以自然资源为基础而运行的一种经济形式；其中，以虚拟资本为代表的虚拟价值通过未来性表现其虚拟性，以网络产品为代表的虚拟价值通过复制性、规模性和共享性反映其虚拟性，以自然资源为代表的虚拟价值（主要涉及自然资源和环境等产品）则通过稀缺性和垄断性体现其虚拟性。樊宝平（2004）在论述资源稀缺性是一条普遍法则并据此树立资源节约观和科学发展观时指明：在理解“资源稀缺性”基本含义时应摒弃以下错误观点：①将哲学意义上的物质等同于经济资源；②将宇宙中存在的物质等同于经济资源；③按照能量守恒定律错误地推断经济资源也是守恒的；④过分夸大技术的作用，认为借助技术就可以使资源变得无有穷尽，从而使人类的无限欲望完全地得到满足。黄铁苗（2005）阐明节约的“节”是指与浪费相对立的节制和限制，“约”是指与粗放相对立的控制、约束、要求和集约，两者合起来是指人类在促进社会进步活动中对稀缺性资源的合理使用；资源节约不仅是一项艰巨的任务而且是一个庞大的系统工程，因此必须建设资源节约型社会。荣兆梓（2000）阐明马克思所说的共产主义的丰裕是明确限定目的性的相对丰裕，而不是排斥任何形式资源稀缺性的绝对丰裕；当然马克思关于未来社会的讨论中真正未涉及的一个重要的有关稀缺性的问题是地球生物圈对全球人口规模的限制问题。张俊山（2009）依据马克思主义的理论批驳西方经济学以“资源的稀缺性”和“人的欲望无穷”为基本假设并以“效率”为选择依据提出的资源合理配置理论时指明：西方经济学中的“稀缺”未严格区分产品稀缺与资源稀缺，其“稀缺”概念在生产一般的层次来看，未区分劳动的主体与客体，未区分劳动与劳动的条件作为生产的必要因素所具有的不同性质，并混淆了资源物质存在本身与在一定所有权关系下的特有形态（即错把包含一定所有权关系规定性的资源看作资源的物质存在本身）。虽然张俊山（2009）认为劳动（含服务于人类生存条件的劳动）是经济学中心范畴的认知，是准确无误的；但其过早抛却劳动与弥补资源稀缺性的紧密关联，既有一些技术上的盲目乐观，又有点矫枉过正。类似的，虽然张存刚和田彦平（2013）依托马克思主义政治经济学分析范式，指出了稀缺性的本质：“资源稀缺性在一般意义上是人与人之间社会关系在物的占有关系上的表现，具体表现为生产资料所有制关系或产权关系，与特定历史阶段生产力发展水平相适应的生产资料所有制为基础的生产关系才是资源稀缺的真正根源，只是在不同的社会历史阶段存在着差异性。”但其“当社会生产力发展到更高的特定阶段，资源稀缺性就会随着商品货币关系的消亡而消失”的认知（张存刚和田彦平，2013），又过于乐观了，未注重或坚守其文中的“稀缺性的世界本身反映了人类与自然的永恒矛盾”认知。吴海龙（2017）重新回归对资源的物质稀缺性的聚焦，清晰指明马克思自然极限思想是与我国经济发展新常态相一致，是与我国“五大发展理念”（尤其是协调发展、绿色发展和共享发展等）相一致的。

生态马克思主义经济学同样聚焦于资源的物质稀缺性。李金昌（1989）指明：用聚焦人与人之间关系的劳动价值理论来说明自然资源没有价值是不恰当的；未经人类劳动的自然资源是有价值的，其价值是由其有用性和稀缺性决定的，因此可称其为使用价值或效用价值，该马克思主义的使用价值或修正的效用价值概念本质上体现当人类面对不同稀缺程度的物质资源时，如何评价和比较其用处或效用的大小；这是自然资源有价性的一个理论根据。类似的，晏智杰（2004）指明自然资源价值是人的需要同自然资源两者之间的对立统一，其价值大小除了来自其本身属性能够满足人类需求之外，还要受其数量有限性和稀缺性的制约；并且提出了自然资源的供求价值论，即自然资源的稀缺效用和不断增长需求相结合的价值论，该理论认同大自然本身和人类需求共同创造和决定着自然资源的价值，因而也是一种天人合一价值论。额尔敦扎布和莎日娜（2006）虽然不赞成以单纯的自然价值论、稀缺性价值论或供求结合价值论等说明自然资源的价值实体，因其以为它们混淆了使用价值与价值并且认为作为生产关系的价值只应聚焦人与人的关系进而只能从人类劳动中得出；但认同自然资源的稀缺性导致了再生产资源要素的问题，从而形成自然资源的价值决定问题。额尔敦扎布和莎日娜（2006）还指出学术界的“否定自然资源价值的理论依据是劳动价值论”观点是错误的，因为依据马克思、恩格斯始终坚持的“价值是生产费用对效用的关系”的理论，自然资源是有价值的，其价值是在现有生产条件下再生产资源而消耗的人类劳动决定的。鉴于“价值是生产费用对效用的关系”仅仅是恩格斯针对未来时间经济（无商品的计划经济）社会的一种构想，王洋和聂建华（2011）提出另一种劳动论视角中全面（结合微观和宏观）的自然资源价值理论：自然资源的价值是在自然资源具备稀缺性的前提下，凝结人类劳动（并非自然资源本身包含的人类劳动，而是映射在规划和再生产自然资源所投入的物化劳动和活劳动）而形成的。张彦英和樊笑英（2011）则指明：资源环境承载力是界定生产力价值实现的最高上限和生态价值实现的最低下限的有效工具，就是将资源环境开发利用控制在可承载的范围之内，既保证实现资源环境生产力价值的同时也确保实现生态价值。在资源环境承载力评价中，一方面考量资源环境的数量、质量和空间分布，另一方面考量社会需求的总量，同时考虑经济社会进步、科学技术发展、文化背景、政策制度及管理体制和法制等因素对人类社会开发利用资源环境的方式、规模和速度等的影响，最终确定该承载力的大小（张彦英和樊笑英，2011）。由此可见，这种资源承载力明显聚焦于自然资源的物质稀缺性，并且将之置于需要客观尊重的首要地位。与此类似，温莲香（2013）针对自然界的自然力，指明实践可持续发展必须做到：①鉴于自然力是稀缺的有限的，要节约自然力；②要认识和尊重自然力规律，减少自然力的报复；③要发展循环生产，高效利用自然力；④要依靠科学技术创新，增加自然力的有效供给，实现自然力的可持续利用。卜祥记和何亚娟（2013）指明：生态危机本质性地根源于，同时也表现为人与自然关系的断裂，而造成这一断裂的世俗性的根源乃是在人类历史演进的一定阶段出现的具有无限增值本性的资本；正是资本呼唤出人类的无限欲望，造成了作为一种历史现象的资源稀缺与欲望无限的矛盾，而这一矛盾又通过观念层面的“欲望支配世界”、“经济个人主义”以及“价值通约主义”等，无限地放大了作为矛盾一方的“欲望无限”，从而直接导致人与自然关系的断裂与生态危机的呈现和加剧。陈悦等（2018）指明：根据马克思劳动观，为化解“资源的稀缺性与欲望的无限化之矛盾”，人类必须“劳动”，也正是基于“劳动”，人类社会才得以存在和发展；在人类原始社会的“自发劳动”阶段，该矛盾是以一种外在的“自然压力”显现出来；在阶级社会（如奴隶社会、封建社会和资本主义社会）的“强制劳动”阶段，该矛盾以“自然”与“社会”的双重压力显现出来；而在未来共产主义社会的“自由劳动”阶段，人类随着自身道德水平的提升和技术水平的发展，该矛盾有望得到根本性地解决，“劳动”也就显现为“集体性的自觉劳动”。

然而，马克思主义范式中的可持续发展经济学和生态马克思主义经济学如果要在“价值中立”的经济科学层面拓展面向可持续发展的研究，需暂时跳出马克思聚焦的社会生产关系视角，转为聚焦可与自然界衔接的广义生产力视角，需暂时跳出已有充分研究的剩余价值议题相关的价值分配环节，转为聚焦分配前的价值产生环节，即由聚焦使用价值与交换价值关系来研究剩余价值，转为聚焦使用价值与交换价值关系来缓解价值生产环节的物质稀缺性，以便寻求与自然协调的可持续发展。鉴于自然界劳动可归为简单劳动，这实际要求聚焦于前一部分的“简单/复杂劳动–使用价值–价值”之间的关系和阐明“使用价值–熵–生态系统”关系的方法进行研究，并将“剩余价值”留给政治经济学研究。这还需要把研究对象从经济学关注的商品和管理学关注的产品，扩展至包含自然界自然的产出/物品及自然和人类劳动共同塑造的产出/产品；并且需要劳动从人类的劳动范畴跳出来以便于以更广义的“劳动”来囊括自然界的自然劳动。

三、系统科学视角的可持续经济学和生态经济学的使用价值和物质稀缺性聚焦

系统科学视角的可持续经济学研究和生态经济学研究，无疑是聚焦于物质稀缺性（尤其是自然资源的稀缺性）及相关使用价值的。类似于《增长的极限》的可持续经济学研究和生态经济学研究所使用的系统动力学等多种仿真软件，聚焦于各种物质资源（包括自然环境中的自然资源和经济系统中的物质资源）的存量及其相关使用时的流量展开可持续性的定量分析，相应焦点是所使用的自然资源与经济物质资源之间有关稀缺性的互动。生态经济学聚焦人类社会与生态系统关系进行的生态承载力、生态足迹分析和物质流核算分析（material flow accounting and analysis，MFA）等必然聚焦自然资源物质的使用及其稀缺程度，其中进一步隐喻能量科学的研究则更深入地考察物质流所蕴含能量流的使用效率及其效益。戴利提出的生态经济学视角中宏观环境经济学的规模研究议题，无疑是聚焦于自然资源的物质稀缺性所致对经济系统的合理规模限制。而芒纳星河的可持续经济

学更聚焦稀缺的自然资源，分析可持续生命体系整体系统的多尺度空间和时间特性；这种大、小系统多尺度的嵌套关系必然聚焦自然资源等物质资源的使用特性和相关稀缺性规模的嵌套关系及其适应性循环演化。

当前，生态经济学中的生态资本研究进一步强化使用价值和物质稀缺性聚焦。自然资源实际上是国家发展的资本，称为自然资本或生态资本；它是一种新型的未来资本，更是可持续发展的核心资本；而生态资本首先是能够满足人的某种需要，即生态资本对人来说具有使用价值，也正是因为具有了使用价值，这一自然属性才被称为生态资本，使用价值未知或使用价值为零或者为负的环境资源是不可能成为生态资本的，故使用价值是生态资本形成的前提条件（严立冬等，2010）。为与自然资本或生态资产等概念（过于偏重指示直接或者间接参与人类生产生活的自然物资和信息的存量）区分清楚，王海滨等（2008）集成“量”和“质”方面的思考，定义生态资本是一个边界相对清晰的“生态-经济-社会”复合系统内，相对于其他生态系统具有明显或特殊生态功能和服务功能优势的生态系统，包括环境质量要素存量、结构与过程、信息存量三部分；涉及生态环境质量要素、生态环境质量要素流量、生态环境质量要素结构、环境质量变化和再生量变化（即表示生态潜力和趋势的流量和结构的动态）、生态文化五个层次。事实上，生态资本与相互独立的自然资本和社会资本之间都有交叉，并且与自然资本的重叠部分（主要是构成生态环境质量的物质基础，包括水、大气、土壤、自然景观等）比与社会资本的重叠部分（包括人工生态环境和生态文化）要大得多，而两交叉部分之外的剩余部分主要是生态环境的质量及其变化趋势（包括各物质组成的品质、流量、变化速度等）（王海滨等，2008）。严立冬等（2010）总结国内外生态资本相关多种概念（含自然资本和环境资本等）后指明无论是整体论、二分法、三分法还是最典型的四分法，不同视角界定的生态资本在“使用价值”这一点上是高度一致的，即生态资本能够给人类社会提供某种服务，这种服务来源于生态系统，其载体是环境质量与资源存量，表现形式为功能和服务：整体论称之为服务流；二分法理解为有形的产品流和无形的服务流；三分法突出了其存在形式为不同质态的三个部分（除王海滨等的三分法外还有自然资源、生态环境的自净能力和生态环境为人类提供的自然服务三分法）并强调不同的功能；四分法进一步细化其服务来源的四个方面（即自然资源的总量和环境消纳并转化废物的能力、生态潜力、生态环境质量、生态系统作为一个整体呈现出来的各种环境要素的总体状态对人类社会生存和发展的有用性），并指出了不同的价值。不管是哪一种观点都认为生态资本的服务价值亦即使用价值是客观存在的，并且是人类生存、生产和生活所必需的，它以一种综合性服务流的方式进入人类社会经济系统，作用于生产和再生产领域的方方面面，其存在类别又表现出多种多样，包括自然资源存量、生态环境功能、产品流、信息流和生态系统整体服务流等，这些因素都存在于生物圈中，又从生物圈中“分离”出来成为人类依赖和利用的对象，即成为人们生存与生活的“依赖品”和生产与再生产的“利用品”（严立冬等，2010）。严立冬等（2011）进一步指明：生态资本运营是一种通过对生态资本使用价值的有效运用，实现生态资本长期收益整体最大化而进行的活动；图 2-1 表明生态资本如何通过运营将其价值转化到生态产品和生态服务中，借此完成生态资本的“生态资源—生态资产—生态资本—生态产品”的形态转换，以及“存在价值—使用价值—生产要素价值—交换价值”的生态资本价值实现内在逻辑；其中，生态资源转化为生态资产是生态资本运营的第一步也是关键的一步，这是由生态资源的使用价值和稀缺性决定的，使用价值是其前提条件，稀缺性是其外在动力。总之，生态资本研究中聚焦的使用价值和稀缺性无疑是客观的使用价值和物质稀缺性。

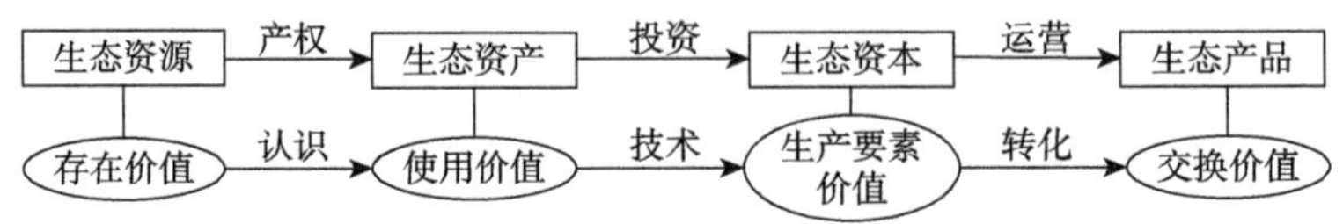

图 2-1　生态资本的形态转化与价值实现路径

资料来源：改编自严立冬等（2010）

四、面向可持续发展的企业客观运作管理理论的使用价值和物质稀缺性聚焦

面向可持续发展的企业客观运作管理理论无疑是聚焦使用价值和相关物质稀缺性。无论是卖方市场中大获成功的大规模生产理论，还是买方市场中大获成功的准时制生产/精益制造和最优生产技术/同步制造，都聚焦于不同市场环境亦即不同市场生命周期中的物质资源节约，进而达成实现销售收入情况下的生产成本节约。最优生产技术/同步制造与准时制生产同属于以“物流迅速化”为命题的生产范例，不仅突显它们对物质稀缺性的聚焦，而且突显它们以物流迅速化为指挥棒对生产流程相关各环节所需各资源（含物质资源、人力资源和资金资源等）的使用情况展开调度与优化，亦即聚焦于相关使用价值的调度及优化。准时制生产理论创建者大野耐一的口头禅是“我自己讨厌全部成本计算”，并且由他推动的不受会计部门管控的最强势生产部门（亦即生产和会计的分治）是丰田准时制生产方式能够成功的最关键一环（河田信，2008）；这些都表明在准时制生产方式中使用价值的考量是优先于交换价值的考量。即使是准时制生产的现场控制技术之一的拉式生产方式意味着运作起点是已达成销售的产品，这种交换价值的达成

也是立足商品的使用价值能够满足客户的需求并且相关使用价值是尽全力消除各种浪费（包括不良产品设计导致的浪费和制造方法不佳导致的浪费两大类）后的最少必要数量的使用价值（刘正刚和田军，2013）。最优生产技术/同步制造通过以货币价值表示的运作指标（即有效产出、存货和营运费用）来指导生产，进一步达成使用价值与交换价值的有机集成；而最优生产技术/同步制造的企业内部生产环节瓶颈聚焦，表明内部的使用价值聚焦是优先于外部交换价值考量的。虽然融合更多系统科学思考的约束理论将瓶颈考察范围从最优生产技术聚焦的企业内部生产环节扩展至企业对客户的销售环节，突破买方市场环境中销售瓶颈的产品服务化的价值冲突解决方案仍然是立足服务化及其相关的使用价值来达成使用价值与交换价值的匹配。系统结构复杂性优化视角的系统复杂性价值流管理理论，通过聚焦"输赢的唯一决定因素在于是否能够驾驭复杂性"（乔治和威尔逊，2006），实现以复杂性及其相关使用价值为基准和优先，来集成使用价值与交换价值。对于系统科学视角隐喻能量科学实践可持续发展的企业产品服务系统价值流管理理论，"更高资源生产力和系统结构复杂性优化并重"的双重优化目标同样聚焦于使用价值和相关物质稀缺性；并且企业产品服务系统外共生定量管理研究更加清晰地突显以使用价值为基准和优先（而非以交换价值或主观效用为基准和优先）的使用价值与交换价值的有机集成。Corbett 和 DeCroix（2001）聚焦管理费、租赁费和节约共享三种产品服务系统机制分析它们在供应链渠道利润与资源节约/环境影响之间的关系（即它们与传统按量支付交易模式相比）；他们通过聚焦交易双方主观的物质减量化努力程度而将三种产品服务系统机制统一建模于一个广义节约共享契约模型中；但这种未考虑不同产品服务系统机制有不同使用特点的主观建模路径导致其结论中有一个连自己都承认违背常识并且匪夷所思的奇怪结论——"一个成本参数的减小能导致渠道利润速率的减少"。为了纠正 Corbett 和 DeCroix 貌似奇怪实则错误的结论，并解决面向资源节约的狭义产品服务系统模式与传统按量支付交易模式之间的经济效益定量对比难题，刘正刚和李晓等在区分不同产品服务系统机制运作时有不同使用特点基础上，立足聚焦客观资源生产力（亦即成本系数）的企业产品服务系统外共生（即企业与外部利益体间交易的广义产品服务系统）通用价值共生结构模型，更清晰地分析管理费、租赁费和节约共享三种产品服务系统机制相对于传统按量支付交易模式的物质减量化效果与成因，及其对各利益方物质减量化努力程度的影响（参见第一章图 1-7 及表 1-1 和表 1-2）（李晓和刘正刚，2013；刘正刚等，2012）。管理费机制狭义产品服务系统的核心原则是无论服务流、顺向和逆向物流的流速多少，单位时间内只支付固定数量服务报酬，原先由客户付出的相关运作及其成本由焦点企业接管；在管理费机制基础上发展起来的节约共享机制狭义产品服务系统的核心原则是客户向焦点企业支付一固定报酬之外，所有减量化的收益再按一定比例由双方共享；但在节约共享机制的商业实践中焦点企业通常不会向客户公开因自身成本优势衍生的共生价值速率，而仅向客户公开因物质减量化衍生的节约价值速率；若未注意这种运作细微差别将导致荒谬结论（正如 Corbett 和 DeCroix 所犯的错误）（李晓和刘正刚，2013）。该研究清晰表明：尊重企业运作时的客观使用过程特点并立足客观的使用价值分析，辅以主观效用分析的研究，比无视客观使用过程特点和客观使用价值分析而仅聚焦主观效用（此处仅为主观的物质减量化努力程度）做分析的研究，更能真实地反映商业现实及其中规律。

当前，互联网信息技术支撑下平台经济和共享经济相关商业实践和研究的兴盛，展现了注重使用价值的企业客观运作管理理论进一步实践可持续发展的新的征程。伴随着互联网信息时代的来临，供需双方的信息交互变得越来越便利、越来越准确；并且这种交互不再局限于一时的交易环节，而是向日常的使用（含保养、维修环节）不断渗透。交易时更广范围内的供需更好匹配，为更多商品（含大量位于需求曲线长尾尾部的不畅销但实际有少量需求的长尾商品）的更快销售创造了巨大便利，进而减少了商品库存的浪费与折损。而交易前更充分的供需交流互动，使得供给方可以通过更准确地匹配需求方的需求，节约所投入的原材料等多方面的资源。在后续长期的使用阶段，供需深入的互动交流同样可以形成更好的协调与匹配，为相关资源的节约创造了巨大空间。当然，互联网电商的蓬勃发展离不开众多尽可能撮合供需双方交易的电商平台的发展。电子商务时代的平台经济理论（亦即双边市场理论）与网络外部性理论紧密相关，都聚焦双边的价格结构、成员规模结构、多与会员费相关的成员外部性，以及与平台使用费相关的“用途外部性”（Caillaud and Jullien，2003；Parker and van Alstyne，2005；Rochet and Tirole，2003，2006；徐晋和张祥建，2006）。长尾理论这一能解释电商繁荣的基本经济学理论指明：电商成功前提条件是依赖“资源共享”这一“分工”的反面，关键在于多品种的协调特长（姜奇平，2007a，2007b；安德森，2012），一种使用价值相关且结构相关的特长。互联网环境中企业成长“双元模型”以平台来集成“生产端创造价值”和“消费端创造价值”两种成长思维（刘江鹏，2015），实质是以供、需双向视角挑战因采用罗宾斯经济科学内核而弱化供给侧研究的主流新古典经济学。而“互联网 + ”中产业创新的驱动力量呈现“实体产品与虚拟产品迭代演进”新模式，其本质是在虚拟产品推动下实现产品使用价值的循环改进（赵振，2015）。当前，在物联网信息技术的支撑下，供需双方设备的互动交流向 24 小时随时在线延伸，为全时间段使用价值分析提供支持。另外，在点对点（peer-to-peer，P2P）信息技术尤其手机 P2P 支持下，更注重利用物品/服务品之使用价值/使用权特长的共享经济（产品服务系统也正是三大共享消费模式之一）风起云涌，涉及交通、空间、金融、知识/教育、美食、医疗健康、物品、公共资源、任务/服务等众多领域（Belk，2014；Heinrichs，2013；博茨曼和罗杰斯，2015；倪云华和虞仲轶，2015）。这些因更多共享达成更多节约，进而可以更好实践可持续发展的新电商运营模式，进一步凸显了对使用价值的重新聚焦，展示出企业客观运作管理理论进一步实践可持续发展的新的辉煌征程。

综上所述，无论是新古典经济学范式的环境与自然资源经济学，还是面向可持续发展的企业客观运作管理理论，无论是马克思主义范式的可持续发展经济学和生态经济学，还是系统科学视角的可持续经济学和生态经济学，都聚焦或再聚焦于使用价值和物质稀缺性以实践更好的可持续发展。这些使用价值和物质稀缺性的聚焦研究，有望在尊重自然客观资源生产力的基础上，保持价值中立地对接自然与人类的经济关系。

第二节　立足使用价值和物质稀缺性的马克思主义经济科学

鉴于当前西方众多经济学研究和面向可持续发展的众多经济学和管理学研究未深入分析使用价值相关的价值研究与自然科学的关联，如何在坚持自然辩证法和唯物史观基础上围绕使用价值来研究经济问题以及人与自然之间的生态可持续问题，是发展马克思主义经济研究以便扬弃西方经济学并构建有中国特色的社会主义市场经济理论的关键之一。鉴于西方主流经济学内核所用罗宾斯经济科学定义才是导致“分配性正义”魔咒的最终根源，本节将围绕使用价值和物质稀缺性，探讨有机融合马克思主义范式的可持续发展经济学与生态经济学、系统科学视角的可持续经济学与生态经济学、新古典经济学范式的环境与自然资源经济学，以及面向可持续发展的企业客观运作管理理论，创建价值中立的马克思主义经济科学研究。

一、立足使用价值和物质稀缺性考察生产力层面的价值中立的马克思主义经济科学

为解决新古典经济学核心的罗宾斯经济科学对可持续发展研究和实践造成的

重大误导，首先急需提出真正保持价值中立的马克思主义经济科学，这种马克思主义经济科学的诞生关键在于立足使用价值和物质稀缺性考察生产力层面的研究。罗宾斯（2000）强调价值判断超出了关注事实的实证科学的研究范围；并依托均衡理论的中立性分析等，强调经济科学必须坚持“价值中立”性以保证经济研究的科学性。然而，若真如罗宾斯和当今众多主流经济学家那样承认经济学本质上是关于个人选择的科学，任何人的选择怎么可能不是其价值判断的结果呢？怎么可能不受其价值判断影响呢？价值判断是无法超脱于经济学之外的（这一点将在第三章相关价值哲学分析中详细论述）。因此，通过排除价值判断来保证“价值中立”无异于缘木求鱼，借此维护经济研究的科学性实在难以令人信服。另外，真正理解可持续发展需要充分理解自然科学和社会科学并将“人类-自然”关系纳入面向可持续发展的经济学范畴，而这迫切需要真正兼顾自然界正常运作及其不断延续的价值中立性，需要更有效地避免人类中心主义的负面效应。创建这种面向可持续发展的价值中立，不仅需要在相关的自然科学和经济科学之间搭建一座桥梁，而且需要在这座桥梁中探索实践价值中立的方法。事实上，系统科学指引下的可持续经济学研究、生态经济学研究和企业客观运作管理理论等，尤其更严格隐喻自然科学之能量科学和生命科学（含生态学）的生态经济学和商业生态学路径的企业产品服务系统价值流管理理论，已经通过使用价值和物质稀缺性（尤其是资源物质稀缺性）搭建起了这座桥梁。其中，物品的使用价值既可以是对人而言的有用的价值，也可以是对自然而言的有用的价值；既可以是人类觉察的该物品的使用价值（包含一定的主观性），亦离不开该物品自身物理、化学等各种科学特性所具备的客观的使用价值。因此，注重使用价值（尤其使用价值的客观性一面）的经济科学研究完全能够保持价值中立。此外，物质稀缺性以及为弥补各种（资源）物质稀缺性的生产力层次研究，可以有效隔离生产关系层次的研究，无疑是便于保持价值中立的。伯克特等（2014）指明马克思主义为生态经济学提供了一种批判的方法，故对面向可持续发展的生态经济学来说是必不可少的：①生态经济学是在物质层面上看待生产系统的，但对通过生产形成的社会关系谈得不多，如果要分析环境危机，则必须以一种物质的方式和特殊的社会方式来看待生产系统，而马克思阶级方法中的阶级关系既是一种物质关系，也是一种社会关系；②把人类生产作为一种整体的、有内在区别的和冲突频频的结构是马克思主义的一个非常重要方面，这有助于认识环境危机；③马克思的阶级观点认为工人追求的是获取使用价值和发展自身，而不是货币积累，这有助于分析和推进环境斗争（亦即环境保护），从而增强环境危机理论沿着亲生态的方向增加它自身的自我批判和自我转化能力；④马克思以阶级分析为基础区分资本主义的可持续性与生产的可持续性。伯克特的分析和观点是以社会关系层面研究扩展生态经济学，无疑将在政治经济学层面深化更面向可持续发展的马克思主义经济学研究。然而，这种政治经济学层面的深化研究毫无疑问根本难以触动众多相信经济科学必须坚持价值中立的经济学家。如果暂时转回至聚焦生态经济学的物质及相关生产力层面，通过立足使用价值和物质稀缺性考察生产力层面的可持续发展研究，进而发展价值中立的马克思主义经济科学，才有望真正触动众多追求可持续发展但陷于罗宾斯经济科学误区的经济学家，真正构建协调人类与自然界共存发展的可持续发展。

立足使用价值和物质稀缺性来发展价值中立的马克思主义经济科学的关键，在于聚焦价值中立的资源生产力改造生态经济学和可持续发展经济学，进而深化面向可持续发展的经济管理研究。现有生态经济学和可持续发展经济学的新阐释范式涉及“经济人假设”、资源危机与增长极限、可持续消费、代际公平、生态-经济权衡等（戴利和法利，2013；康芒和斯塔格尔，2012；钟茂初，2006）；因未聚焦价值中立的经济科学层面，故未能修正主流经济学研究的偏颇发展方向。大多数学者仅以新古典经济学为正统核心，力求生态经济学和可持续发展经济学的嵌入，如围绕人类中心论范畴中的效用来考虑更多的生态伦理以便影响人的偏好或通过赋予贫困者效用更大权重来关注公平性，或在消费者行为效用分析中引入生态需求并在生产者行为分析中包含生态投入（康芒和斯塔格尔，2012；钟茂初，2006）。也有部分生态经济学者吸收多种新兴经济学（如行为经济学、实验经济学、演化经济学、制度经济学、心理经济学和社会经济学）的思想和方法，来修正新古典经济学中的错误（张谊浩，2007）。然而，这些改进都暂未能成为经济学的主流认知。罗宾斯经济科学通过仅仅考察相对稀缺性实现了对经济“绝对量”的剔除，对伦理学/道德、政治哲学或价值判断问题的剔除（亦即将政治经济学和福利经济学剔出经济学内核）和对生产理论的重大削弱（因其认为考虑绝对量的生产理论无规律）；并实现经济学对序数形式边际效用的聚焦，实现经济学内核与其他自然科学一样的价值中立（罗宾斯，2000）。随着希克斯应用无差异曲线完成序数（边际）效用理论以及后续一系列依托数学的一般均衡理论等的发展，以该经济科学为内核的新古典经济学凭借数学模型演绎推理优势迅速占领经济学主导地位并且强化至今，从而在各层面剔除历史与制度因素研究（关永强和张东刚，2014）。而现有生态经济学和可持续发展经济学多停留于生态伦理和福利经济学层面的改善研究；未深入真正导致“分配性正义”的经济科学内核层面提出价值中立的新经济科学，相应就无法修正该内核不当之处并借此改革新古典经济学。但西方主流新古典经济学在21世纪初次贷危机引发的全球经济危机前的无能为力再次暴露其明显缺陷：微观研究太过偏重人的主观效用和相关供需均衡分析，并且无法合理衔接微观与宏观经济研究（亨特，2007）。其主要根源在于微观研究缺失了客观视角的使用价值相关的存量研究及其相关结构分析。生态经济学最大的特点是同时分析含生态系统在内的存量和循环流量/线性通量，尤其是生态系统与经济系统间交互的物流/能流；此处区分循环流量与线性通量的目的是强调线性通量（如物理单位衡量的原料和能量流）有客观物质属性并且遵循熵等热力学定律，不像货币符号可随意循环（戴利和法利，2013）。本书使用价值和交换价值的分析与客观的物流和能量流紧密衔接，故此处不再区分循环流量与线性通量，而是采用系统科学最常用的流量。我国生态经济学研究的最大特点是绝对短缺（或基本消费不足）状态下的生态恶化，而非国外相对剩余状态（或过度消费）下的生态恶化（李周，2015）。故而稀缺性相关的物流和能量流分析及其关联的经济结构研究必定是我国面向可持续发展的经济学的研究焦点之一，也是突破国外研究者相对剩余状态的视野局限而革新面向可持续发展的经济学的关键之一。而这正是新古典经济学最薄弱之处。因为西方主流新古典经济学内核所用罗宾斯经济科学的定义，研究有限或稀缺资源在不同的有竞争性的目标之间配置的学问（罗宾斯，2000），在纠正先前经济学定义过于偏重物质福利原因的同时，却转为过于聚焦相较于人的目的/效用的相对稀缺性。这就抹去了极其有益的物质绝对量及其演化的相关思考。只有以使用价值和物质稀缺性相关的物质存量和流量的演化视角进一步完善经济科学内核研究，才能从本源上真正深究与自然界协同的经济可持续发展；借助可中立的衔接使用价值和物质稀缺性议题的资源生产力来分析物质存量和流量的演化，才有望发展价值中立的面向可持续发展的经济科学。

二、立足使用价值和物质稀缺性而聚焦资源生产力和广义劳动及分工的马克思主义经济科学

以使用价值和物质稀缺性相关的物质存量和流量演化视角研究面向可持续发展的经济科学时，首先应立足广义的劳动及分工并阐明相关资源生产力的新内涵。亚当·斯密指明人类劳动生产力的最大增进源自劳动分工的结果，这是经济增长和国民富裕的源泉（斯密，2014）。李嘉图论证资本主义生产关系如何比封建主义生产关系更能促进生产力发展，更能使财富增加（斯拉法，2013a）。相比于亚当·斯密内生比较优势的分工研究，李嘉图强调的是外生比较优势与分工的关系（杨小凯和张永生，2000）。马克思论证劳动及劳动生产力提高是创造财富的最终根源，但生产社会化与资本主义生产资料私有制之间的基本矛盾阻碍着生产力的深入发展（卫兴华，2014）。杨小凯等创建新兴古典经济学，将分工与专业化拉回经济学研究核心，其关键发展是从组织结构内生视角研究分工所致的生产效率提高与交易成本提高的两难平衡（杨小凯和张永生，2000）。故分工兼

有绝对值与相对值分析、兼具内生与外生视角、兼涉生产关系与生产力双重层面，初步形成一个全面体系。自然生态系统不仅内在于生产力中，而且内在于生产关系中，如农/林/牧/渔/矿业等既直接受制于自然生态条件，又直接影响社会形态、阶级结构和生产关系的形成与发展（王雨辰，2005）。因本书聚焦于对罗宾斯经济科学的改造和经济科学与自然科学的耦合，故暂侧重于生态系统服务与生产力之间的关联。生态系统服务是指人类直接或间接从生态系统的功能中获得的各种惠益，包含供给服务、调节服务、文化服务和支持服务四大类十多种（李周，2015）。自然生态系统为人类的发展和地球的运转提供诸多必需的、不可替代的资源和功能，其劳动实质是与人类的适当分工。与人类生产/提供产品或服务需要一定劳动时间相同，自然界提供生态系统服务的劳动也需花费一定的生长与孕育时间或消化时间，两者都有生产力议题。现有生态马克思主义经济学中的广义生产力包括人自身生产力、物质生产力、精神生产力和自然生产力，并具有整体性、有机性和融合性；其中的有机性是指广义生产力体系是由自然生态系统生产力和社会经济系统生产力相互耦合而成的有机统一整体（刘思华，2014）。生态经济学早已将研究对象确定为生态经济系统这一生态系统和经济系统的统一有机体（赵桂慎，2008）。将自然生态系统和社会经济系统置于统一的生态经济系统之内后，承认自然界劳动的生产力属性能更清晰地考察整体性、有机性和融合性，但这需从新的纵贯视角理解广义生产力。与劳动生产力中人和社会具有主观能动性不同，自然生产力遵循客观的自然规律并由此制约人类经济的生产力（刘思华，2014；孙正聿，2011）。此外，人类还时常为了弥补生态系统服务效率不足而改造、修复或完善生态系统，故自然资源相关的外生比较优势研究有时候与经济系统内生比较优势研究相通。从使用价值相关的物质存量和流量演化视角来看，经济系统和生态系统之间生产力的互动是紧紧围绕着物质稀缺性展开的。鉴于自然生产力的客观性和无能动性，本书采用“资源生产力”以便区别于涉及生产关系议题/主观议题的劳动生产力；这既便于与自然界的生产和物流对接，又可以以与物流关联的客观的资源生产力视角来凝聚刘思华广义生产力之四大生产力中共有的物质属性部分。与广义生产力有机性侧重于自然生态系统生产力与社会经济系统生产力相互耦合不同（刘思华，2014），在将两种系统统一为生态经济系统后，其资源生产力有机性是考察以物流衔接着的生态经济系统之经济属性的规模/结构与其能量属性的规模/结构之间的有机耦合。相对于原广义生产力之有机性是指示不同种类系统之间生产力的耦合（但各系统生产力的内涵目前并未完全统一）（刘思华，2014），资源生产力的有机性是同一生态经济系统中的两种属性的耦合，一种更为有机且便于清晰定量研究的耦合。与当代的马克思经济理论仍将自然力置于生产力中的要素层次（王朝科，2013）不同，资源生产力被提升至与劳动生产力属于同一战略层级是发展生态马克思主义经济科学的必然要求，资源生产力侧重于生态经济系统之客观生产力的侧面，而原有劳动生产力侧重于生态经济系统之生产关系和社会关系的侧面。相应地，在生产性制度安排视角的分工（邹薇和庄子银，1996）之外，亦需要纳入客观物流/运作视角的经济科学层面的分工研究，这是一种围绕物质稀缺性的并立足客观的资源生产力的分工研究。

以使用价值和物质稀缺性相关的物质存量和流量演化视角及其劳动分工和资源生产力议题纠正罗宾斯经济科学的偏颇，将因其与唯物史观和自然辩证法的契合，使得该价值中立的经济科学实质为马克思主义经济科学。马克思在《资本论》序言中就说："我要在本书研究的，是资本主义生产方式以及和它相适应的生产关系和交换关系。"（马克思和恩格斯，2009）《资本论》研究重点不是生产的技术关系而是社会关系（即以经济关系为基础的社会制度）（柳欣和王璐，2012；于祖尧，2013）；故侧重的是政治经济学层面而非经济科学层面。生态马克思主义经济学虽然恢复了马克思全面生产理论并提出含生态/自然生产力的广义生产力理论（刘思华，2014；袁霞，2014），但在价值中立的客观生产力层面未建立严密逻辑及相应数学模型来批驳罗宾斯之经济科学中的偏颇。马克思商品价值量研究侧重于劳动生产率之"社会必要劳动时间"侧面，并且该侧面的分析侧重于社会关系层面而非偏技术视角的客观生产力层面（吴易风等，2012），故主流的马克思主义经济学在价值中立的技术层面也暂时未能建立严密逻辑及相应数学模型来批驳罗宾斯经济科学中的偏颇。鉴于马克思主义立足并且聚焦生产力的共同富裕理论具有凝聚众人力量齐心协力创造财富并合理分享财富的优势（程恩富和刘伟，2012；邓小平，1993；王伟光，2012；卫兴华，2013），若再有客观生产力层面可量化并可数学模型演绎推理的唯物史观经济科学，才能以此同属于价值中立层面的革新来批判罗宾斯之经济科学内核中的偏颇，才能借马克思主义经济科学改造主流经济学中有益的市场经济理论，进而发展有中国特色的社会主义市场经济理论。马克思主义经济学创新议程的关键扩展之一，即创建一种阐明"使用价值–熵–生态系统"关系的方法（金炯基，2013），需要探索使用价值的规律与熵等自然系统、自然规律的关联。与历史唯物主义对应的自然辩证法突出强调人类活动时应该尊重自然规律，两者交叉互补共建生态文明（张云飞，2014）。这实质上需创新马克思主义自然观：将其从对人自由选择能力进行必要限制时所借助的"社会关系"范畴（孙正聿，2011），扩展至客观的生产力范畴，如自然界拥有的客观资源生产力的限制。面向可持续发展的经济科学的研究需要依托存量/流量演化视角中贯穿人类社会与自然的物流，并聚焦于资源生产力来研究生态经济系统之使用价值议题及其与劳动分工的关联议题以及与交换价值的互动议题，借此探索生态经济系统之经济属性的规模/结构与自然属性（如熵相关能量属性）规模/结构间的互动规律。鉴于经济学与自然科学（如物理科学和生命科学）间的隐喻传统（陈劲和王焕祥，2008），上述依托物流并围绕使用价值和资源生产力的价值研究将有客观的自然属性做参照且相关自然属性（如能量）具备一定的约束作用，如此才有望修正罗宾斯经济科学偏颇的仅相对的、主观的视角及其微观效用价值论。因此，基于自然辩证法和唯物史观，物质存量和流量演化视角中聚焦资源生产力的生态经济系统之使用价值研究、分工研究、交换价值研究、自然科学相关价值隐喻研究以及相互间的关联互动研究，将围绕人类社会及其劳动生产力的劳动价值论，拓展为可以兼容自然界及其客观资源生产力的广义“劳动”价值论。其实质是为马克思主义经济学提供可与自然科学有机衔接的科学基石，从而真正创建价值中立的马克思主义经济科学，以及一个面向可持续发展的客观资源生产力层面的新经济科学内核。

面向可持续发展的马克思主义经济科学的研究关键是在运作视角分工基础上重新重视使用价值研究。作为可持续发展的根基，生态系统服务相关价值包括直接或间接使用价值、不确定的选择价值和存在价值；虽然大多数生态系统服务对民众有很大使用价值，目前其价值评估却是基于交换价值或假想交换价值的，如对有直接市场交易/价格的生态系统产品和服务（如粮食）的市场评估方法、对只有替代市场交易/价格者的替代市场评估方法和针对无任何（替代）市场交易/价格者的模拟/假想市场评估方法（如条件价值法或意愿调查法）（李周，2015）。然而，生态系统服务大多涉及阈值、复杂性和不确定性等这类挑战新古典经济学（尤其是偏好衔接与聚合议题）的特征，故用支付或接受意愿等支撑的聚焦主观效用而非实际功能的成本-收益分析方法来评价市场外的生态系统服务时常无效（Wegner and Pascual，2011）。行为经济学对依赖成本-收益分析方法（即利用消费者剩余判断公共政策选择的期望程度）的人类行为模型的有效性甚至条件价值评估技术（如基于支付和接受意愿的显示偏好技术）都提出质疑；而实验经济学为新古典经济学指明了新方向，一条与古典的、更广义价值概念（含使用价值、交换价值、劳动价值和效用价值）较一致的多元方向（张谊浩，2007）。事实上，亚当·斯密指出“价值”一词有两个不同意义：有时表示特定物品的效用并可被称为使用价值，有时又表示由于占有某物而取得的对他种货物的购买力并被称为交换价值；其在分析货币交换货物或以货换货遵循何种法则时所提出的水与钻石强烈反差案例，实际上只为说明他不赞成使用价值成为交换价值衡量尺度，以便突显其“劳动是衡量一切商品交换价值的真实尺度”的认知（斯密，2014）。亨特（2007）阐明：只有赞同效用价值论的经济学家才将这一段话称为“水-钻石悖论”，并通过区分钻石的总效用（也是亚当·斯密所提及的）和边际效用来解释这一矛盾；然而亚当·斯密并不把这看成是一种矛盾，而是简单地视为关于使用价值和交换价值并非系统性彼此相关的一种陈述。自然界在提供生态系统服务时，同样有生产力议题并且是广义生产力的一部分。广义生产力是生产使用价值、创造国民财富的现实力量的总和；其中，广义的国民财富包括生态财富、物质财富、精神财富和人力财富，而其中的生态财富包括生态系统的自然资源、环境质量及整体生态系统的使用价值之和（刘思华，2014）。由此可见，自然界的运作是围绕使用价值的劳动。前文指明生态经济系统之资源生产力的有机性是考察其经济属性的规模/结构与其能量属性的规模/结构之间的有机耦合。马克思指明："人是自然界的一部分，人直接地是自然存在物。人作为自然存在物，而且作为有生命的自然存在物，一方面具有自然力、生命力，是能动的自然存在物……另一方面，人作为自然的、肉体的、感性的、对象性的存在物，同动植物一样，是受动的、受制约的和受限制的存在物……"（马克思，2014）。这尤其适用能量/物质存在视角中的人，进而适用于与人的生存基本需求相关的价值研究。由于自然界许多劳动暂未进入市场故而无法用交换价值体现，此时就更应该关注其使用价值的研究。前文重点论述了多种经济和管理研究对使用价值的重新关注，为统一研究生态经济系统使用价值铺平了道路。此外，面向可持续发展的经济学需同时分析存量和流量，故与存量性质类似的总效用和与流量性质相关的边际效用及平均效用都需要考察。最后，考虑到可持续性必与时间演化因素关联，故将当期与远期的使用价值都纳入价值研究才能实践可持续发展。总之，马克思主义经济科学研究的关键在于在客观的运作视角分工基础上重视生态经济系统的使用价值研究，并在研究时尊重自然界客观资源生产力及其背后的客观自然规律。

三、立足广义劳动产品的使用价值和物质稀缺性的交换价值是马克思主义经济科学的基石

深化面向可持续发展的马克思主义经济科学研究的关键在于聚焦使用价值与交换价值间的互动研究。科斯坦扎（Costanza）等评估了全球生态系统服务的价值：先估计主要生物群落区中每单位面积生态系统服务的增量/边际价值（用增量/边际价值而非平均价值体现当时的妥协），再将之乘以每个生态群落区总面积，最后对各个生物群落区进行汇总（Costanza et al.，1997；李周，2015）。但新古典经济学派中资源和环境学家批评其以可疑汇总方法进行高度还原论式计算，并坚持任何价值必须且只与某特定个人在特定时刻和地点体验的特定价值（效用价值）相关（Toman，1998）。科斯坦扎等回应说：这种退回或接受传统经济学更应被视为对多元化的接受（哪怕是以公认有局限的传统工具达成一个较可靠结论的研究），尤

其是考虑到许多生态系统服务还无相应市场（Costanza et al.，1998）。基于现代复杂动态系统理论和经济系统的生物物理特性，生态经济系统价值研究必须聚焦于使用价值和交换价值的集成；而价值（无论从使用或交换价值视角）都是一种涌现的、有背景依赖关系的属性（Stahel，2005）。事实上，亚当·斯密不赞成使用价值成为交换价值衡量尺度的认知是在其未明白稀缺性是经济科学研究核心议题情况下的认知；若使用价值进入市场时与交换双方所处稀缺性情境关联起来，则有助于确定其交换价值（刘正刚等，2017）。试想若仅有两人同处沙漠深处孤立无援，对于其中一个因缺水而将亡的人来说，毫无疑问愿意用其所拥有钻石换取另一位有充足水源之人手中的一瓶水；若两人都因缺水而将亡，原本有巨大交换价值的钻石将无任何交换价值；其关键就在于情境指明的稀缺性或相对稀缺性。罗宾斯在经济科学定义中把稀缺手段只与人类目的挂钩是为彻底剔除任何唯物主义影响而强化唯心主义的效用价值论；其稀缺性与人类效用关联虽给人们自愿环保行为留下一个切入的缝隙，但稀缺性与使用价值脱钩却切断了人类行为与客观的自然界物流/能量流规律衔接的机会。实际上任何效用必须依赖于某种使用价值（无论物质或心理的），否则皮之不存毛将焉附。此外，在力求客观、价值中立的经济科学层面，本就应该多考虑客观物质层面的因素而少考虑主观的人因层面的因素。事实上，物品/商品的使用价值联合稀缺性就可以较好地决定交换价值。最新心理学研究表明：若要产生一致稳定的输出，就需在输入变量中除顺序尺度之外再纳入更多的比例或区间尺度；相应地，只考虑消费者序数效用的新古典微观经济学研究的结果很可能是不稳定、不一致的（Kemp and Grace，2010）。因此，经济学/管理学研究中加入更多尺度的全面价值考察将更为科学、可靠。与罗宾斯之经济科学中只将稀缺性与人的序数效用做关联不同，面向可持续发展的马克思主义经济科学还需将客观的可多种尺度定量测量的人工产品/服务和生态系统服务的使用价值（涉及比例、区间和连续等多种尺度）与稀缺性关联起来。从结合自然辩证法和唯物史观出发，对于生态系统服务来说，在客观生产力层面深入考察使用价值以便确定交换价值的原则应该是：聚焦于受自然客观规律制约的可客观测量的资源生产力，考察其与某个人/某类人的需求的匹配，即一种聚焦于供、需双方稀缺程度的匹配，该匹配需要顾及后续自然界以平均资源生产力或相应某物之特定资源生产力自行恢复其功能的能力或水平。这种全面价值考量基础上的供、需稀缺程度的匹配亦适用于人工产品/服务，且任何“产品/服务”的使用价值/总效用都可做还原论式的计算并进而与某个人/某类人的效用价值匹配关联。如此方可在含总量的各个层次上分析使用价值与交换价值的互动，以便更清晰地考察个人及人类社会与自然的共同可持续性发展。

与聚焦人类劳动产品的价值理论是政治经济学基石相似，立足广义劳动产品的使用价值和物质稀缺性的交换价值/价格理论是马克思主义经济科学的基石。这需要从以下三个方面进一步来阐明。

第一，从人类劳动产品扩至广义劳动产品是面向可持续发展的“价值中立”的经济科学的必要扩展。作为人类劳动的产品有三个特点：首先，可以满足人们的某种需要，即具有某种效用，亦即马克思所称的使用价值；其次，可以用来同别的产品交换即具有购买其他产品的能力，被称为交换价值；最后，产品的生产要耗费一定人力和物力，被称为生产成本（许保利，1998）。实践可持续发展需要摆脱“人类中心主义”视角，此时自然界的天然物产同样具有使用价值，既可以是满足人的某种需要，也可以是满足其他任何的生物或有机物甚至无机物的某种需要。此外，自然界天然物产的生产都要耗费一定的物质和能量，同样是其生产成本。我们可能很难证实或者证否自然界中的生物之间会有将自然物产进行两两交换的实例。然而，自然界天然物产的货币形式的交换价值无疑是需要进入人类社会才有体现的，此即天然物产的交换价值。由此可见，从人类劳动产品扩展至包含天然物产的广义劳动产品，有助于摆脱“人类中心主义”视角进而同时考察人与人的互动及人与自然界的互动，是面向可持续发展研究“价值中立”的经济科学的必要扩展。

第二，以使用价值为基准并含供求价格论的价值论是马克思主义经济科学的基石。在人类劳动产品的三个特点中，只有第二点的交换价值才成为政治经济学的基本问题，即在一个商品经济的社会中，存在着人们之间劳动产品的交换，那么其交换比例是由什么决定的？对这个问题的回答形成了政治经济学的价值理论；而纵观政治经济学发展史，价值理论是各派政治经济学的基石，不同的理论假说其根源在于价值理论的分歧（许保利，1998）。约翰·穆勒在所著《政治经济学原理》上卷“论价值”一章中开笔就明确阐明：“我们现在将要讨论的问题，在政治经济学上占有非常重要和令人瞩目的地位，因此某些思想家以为，它的界限本身就是这门科学的界限。一位杰出的著述家曾建议将政治经济学称为‘Catallactics’，或交换学，另一些著述家则建议称之为价值科学。”（穆勒，2005）著名奥地利经济学家维塞尔亦将价值问题视为政治经济学的首要问题：“一个人对经济学做怎样的判断归根结底必须看他对价值做怎样的判断。价值是经济学所涉及的问题的精髓。价值定律之于政治经济学正像引力定律之于机械学一样。直到现在，政治经济学的每一个伟大体系都阐述各自的特殊价值观点以之作为应用于现实生活的理论的最后依据，若是不能用新的更完善的价值理论来支撑这些应用，为革新所做的任何新的努力都不能为这些应用打下充实的基础。”（维塞尔，1982）鉴于“价值理论的发展是社会经济发展和人们利益关系的客观反映”和“价值理论的发展也是经济理论自身发展的需要”的理解，许保利（1998）深入分析了政治经济学价值理论的三个阶段：供给决定论、需求决定论和供求决定论。古典学派（从威廉·配第经亚当·斯密和大卫·李嘉图至卡尔·马克思）的供给决定论是一种生产过程决定价值的客观价值论，它认为价值是生产过程的产物进而是一个客观的东西，而价格则是在交换过程中受供求关系影响后现实表现出来的价值；根据价值决定因素的考量，供给决定论还可细分为只有劳动一个决定性因素的客观一元论以及资本、劳动和土地三个要素共同决定的客观多元论（许保利，1998）。边际效用学派的需求决定论是一种主观价值论，认为商品的价值是一个主观的东西而非客观存在物，进而与生产过程没有任何联系，这意味着生产过程中的劳动耗费或成本所费与商品的价值无关，它可再细分为心理学派和数理学派（许保利，1998）。立足有用性是价值基础，而稀缺性是价值必要条件的心理学派（从门格尔经维塞尔至庞巴维克）：①认为满足人类主观愿望的效用是价值的源泉，但随着人们享用财货数量的增加，其感觉到的效用却是递减的，最后达到“饱和状态”时效用下降至零，若再增加消费则会产生负效用；②鉴于世上大多数的财货都是稀少有限的，在达到“饱和状态”之前就必须放弃自己的需要，处于最后一点的需要为“边际需要”，它所提供的满足为“边际效用”，这个“边际效用”决定商品的价值；③边际效用的大小又由供给和需求的关系决定，而每一生产要素根据自己在消费品生产过程中的边际贡献来获得消费品总收益中归属于自己的那部分价值（许保利，1998）。而视一切经济问题都是交换问题的数理学派（杰文斯和瓦尔拉）则：①认为价值是商品之间交换的比例关系（即交换价值）；②认为效用源于快乐并由幸福增加程度来计算的杰文斯相信，增加的商品量与增加的商品所增加的效用之商值为商品的最后效用程度（即边际效用），该商值结果决定着商品的价值；③认为价值源于商品稀少性并且其量取决于最后效用被满足的程度（即边际效用）的瓦尔拉相信，只有在交换均衡时的最后欲望被满足的程度才决定价值，而其分析从两种商品之间交换比例扩至全部商品之间的交换比例时就建立了“一般均衡理论”，此时，一种商品供给和需求的变动不仅会影响该商品价格的变化，而且还会影响其他商品价格的变化（许保利，1998）。新古典学派的供求决定论从供给和需求两个方面来解释价值的决定，是马歇尔在供给决定论和需求决定论的基础上综合而成的：首先，他直接将交换价值视为价值，并进而引申出商品的价格；其次，他根据边际效用递减规律引申出商品的需求价格，并认为需求价格同商品的需求量成反比；再次，他根据生产费用递增规律引申出商品的供给价格，并认为供给价格同商品的供给量成正比；最后，他从供求关系来说明价值的形成，认为价值由供求双方达到的均衡决定，即商品的价格如果使购买者对它的需求量和生产者对它的售卖量相等，市场上的供求就处于均衡状态，这时的价格就是“均衡价格”，即商品的价值（许保利，1998）。当价值理论发展到供求决定论时，已经从价值论走向价格论，即这时对经济活动的分析已由原来重视供给或需求的某一方面变为对供给和需求之间关系的全面分析，而由于在供求关系上体现的是价格而不是价值，人们不再需要探讨价值这一价格后面的决定力量，故而原来服务于供给分析或需求分析的价值在供求均衡分析面前便失去了意义，而适应供求分析的“供求均衡价值理论”成为供求均衡分析的理论基石，相应地在价值理论上必然由价值论走向价格论（许保利，1998）。纵观上述政治经济学价值理论的三个阶段及其中分支，聚焦于劳动的供给决定论尤其是再考虑土地因素的客观多元论，若扩展至包含自然界的广义劳动以及自然界诸多客观因素，则有望发展出实践可持续发展所需的客观视角价值研究；而需求决定论中心理学派侧重的有用性/使用价值和稀缺性是便于对接可持续发展研究的，只要再弥补上有用性/使用价值和稀缺性（尤其是自然界的使用价值和物质稀缺性）的客观一面；需求决定论中的数理学派侧重的交换问题，也是便于分析实践可持续发展所需的供需平衡，只要在交换价值之前树立劳动相关客观视角价值研究的根基或优先地位；最后供求决定论聚焦价格的供求均衡分析，同样是实践可持续发展所需供需平衡的关键所在，只是需要将价格背后的客观的供给视角的价值因素和主观的需求视角的价值因素都集成进来，才能发展出真正有能力衔接自然界客观运作及其中自然客观规律的人与自然共同可持续发展。尤其注意一点，自然界的物产在还未进入人类视野之前，只有客观的供给视角的价值因素而暂无价格，所以“价值论走向价格论”趋势又要扬弃并升华为“含价格论的价值论”。综上所述，鉴于含客观视角的物品使用价值和物质稀缺性就是实践可持续发展所需聚焦的客观属性，面向可持续发展的交换价值/价格理论应以物品的使用价值和物质稀缺性为价值的基准和决定性因素，以实践客观使用价值比交换价值更优先的根本特征；而这种以使用价值为基准并含供求价格论的价值论是马克思主义经济科学的基石。

第三，立足使用价值和物质稀缺性的交换价值理论/价格理论适合作为经济科学的基石，还需解封对交换价值的误解，需要将可持续发展的最大障碍重新聚焦于决定交换价值大小时的资本第一性，而破除障碍的关键在于决定交换价值大小时坚持使用价值客观一面（尤其与物质稀缺性关联的客观一面）的第一性（亦即主导地位）。何丽野（2016）指明：交换理性发源于人类的生存需要，劳动分工和市场交换成为人类一种基本的思维方式；其基本特征是排斥身份和地位的因素，个人通过满足他人需要的利他行为交换自己所需的生活资料，达到利己目的；而西方市民社会的商品交换经历了从个人生活必需品的使用价值交换到通过市场的商品价值交换的过程，在这个过程中发展出抽象的商品和人的意识，并产生了个人自由与平等意识；这对中国社会主义市场经济的建设也有重要借鉴作用。事实上，马克思的《资本论》批判的是资本本身，而资本只是从供给方面影响交换价格的主要因素之一（另外的主要因素有劳动和土地等客观因素）。当交换理性在经济生活中逐渐形成并成为社会思维主流范式时，恰逢黑格尔把理性主义发展到登峰造极的地步，结果物极必反，理性本身被否定抛弃；而 19 世纪以后，资本主义市场经济发展“瓶颈期”出现了一些恶果，从而导致理性被视为利益的代言、统治者霸权的象征，被等同于现代性、工具化等（何丽野，2016）。这些其实是资本过度膨胀的恶果，是资本为仅追求自身的增值而无视劳动和土地等使用价值或物质性稀缺相关客观因素而导致的恶果，亦是资本家掌握生产关系主导权后过度剥削劳动大众和过度开发自然界的恶果。马拥军（2016）指明：新时期中美之间的较量并不是民族国家之间的霸权之争，而是跨国资本的统治权与世界福利社会的主导权之争；只有澄清“社会主义市场经济”与“资本主义市场经济”的区别在于是否奉行“利润至上主义”（实质就是资本至上、资本第一主义），中国才有可能制定应对跨国资本统治的正确战略，通过以价值生产的方式实现使用价值的扩大再生产，为建设世界福利社会奠定物质技术基础。同众多西方马克思主义者们把“中国特色社会主义”当成“中国特色资本主义”的观点相反，阿里吉认为，由于中国实行土地公有制并存在国有企业，这两者构成中国的经济基础，因此“不管追逐利润的市场交换如何扩张，中国发展性质并非是资本主义的”（阿里吉，2009）。这意味着虽然社会主义市场经济和资本主义市场经济同为市场经济，对民主、自由、人权的追求有相似之处；但资本主义以资本自我增值的价值作为目的，以人民群众作为资本自我增值的手段，而社会主义则以满足人民群众日益增长的物质文化需要为目的，以经济增长作为手段，并且不会把利润至上作为根本的原则。“满足人民群众日益增长的物质文化需要”的生产目标决定了社会主义市场经济的本质不是剩余价值生产，而是通过价值生产实现使用价值的生产；在这一基础上实现的民主、自由、人权才是真正的民主、自由、人权，而不是打着民主、自由、人权旗号的资本特权。林岗和盘为龙（2007）指明：①在商品生产条件下，分工的生产方式及与之相适应的商品交换关系孕育了使用价值的社会属性，即商品是为他人生产、对他人有用，这是商品经济的特有范畴，它以商品的自然属性为基础，对应于人的具体需求，因而与抽象使用价值存在本质区别；②从价值作为商品交换中形成的社会关系的实质来看，抽象使用价值或效用也不可能成为商品交换和价值决定的基础，以“抽象使用价值”量的规定性取代抽象劳动来作为商品之间相互通约的基础的做法是错误的。马克思主义经济科学中的使用价值研究是与具体的各种物质的实际稀缺性相结合的，是与客观的资源生产力相结合的，这种与客观属性的结合有助于在继承和发展劳动价值论的基础上，更清晰地决定交换价值。只要在于决定交换价值大小时坚持使用价值客观一面（尤其与物质稀缺性和资源生产力关联的客观性一面）的第一性和主导地位，破除资本第一性，就可以在生产力研究领域重新恢复交换理性的自由和平等方面的有益之处，抑制资本（通过交换形式获得增值转化）过度霸权带来的恶果。另外，资源生产力可以将研究视角从人类社会中的商品，扩展至自然界的天然物产/物品。因此，解除了对交换价值的误解之后，立足于物品的使用价值、物质稀缺性和资源生产力的交换价值理论/价格理论适合作为马克思主义经济科学的基石。

第三节 研究矛盾系统结构持续演化的分形科学方法及其在经济管理研究中的应用

全球复杂性科学研究中心圣菲研究所前所长杰弗里·韦斯特在《规模》一书中研究指明：在规模可成为衡量世间万物的不变标准（即利用规模法则使复杂世界变得可量化、可预测、清晰明了且极度统一）的基础上，为避免有限时间奇点（它意味着人类社会极可能涌现崩溃等灾难性后果）的到来，急需一个广泛的、更加一体化的科学框架，它包括量化的、可预测的、机制性的理论，以用于理解人类构造的社会和物理体系与自然之间的关系，即急需“可持续性的大一统理论”；而解决问题的根本原则在于所根植的数学框架的重要性（韦斯特，2018）。毫无疑问，追求社会与自然相互协调和平衡的马克思主义经济科学研究亦急需这种贯穿自然和社会的定量数学方法及其引导的科学方法，以切实深化聚焦“人类-自然”关系的可持续发展研究。

可持续发展问题都涉及多个目标并且绝大多数情况下是冲突目标的协调与优化。对于多目标优化问题中各目标往往是悖反关系的情况，一般不存在最优解，只存在非劣解；而求解多目标问题的方法大致可分为两类：①先验法，即决策者事先就有一定偏好，然后通过线性加权、理想点、分层序列等方法将多目标转化为单目标求解；②后验法，即先通过多目标进化算法或其他多目标求解方法求出问题的一组非劣解，然后决策者再根据自己的偏好选择满意方案（陈刚和付江月，2018）。通过线性加权等将多目标转化为单目标的方法通常在转化过程中依赖于专家经验相关的加权权重值的取值，因此在一定程度上缺乏科学的严谨性。而帕累托前沿（Pareto frontier）或称帕累托前沿曲线以及帕累托有效前沿是当前常用的后验法方法，一种基于帕累托优化（Pareto optimality）或帕累托改进概念的方法，并且常用人工智能算法或仿真算例进行该复杂难题的求解和分析（陈刚和付江月，2018；王昕和黄海军，2011）。帕累托最优是指没有进行帕累托改进的余地的状态，在该状态中没有一个人能够在不损害其他人利益的前提下使自身利益得到改进，也就是指人们没有共同改进各自利益的机会的状态，故而帕累托最优常被用来说明经济社会达到一种没有互利或互惠机会的效率状态（李绍荣，2002）。因此，帕累托前沿实际也是遵循最优化思路，有着很深的“理想王国”印记；而这与实际的商业现实（如企业大多通过经营规划及其中经营目标的管理来追求满意的目标而非最优的目标）有较大的差距。此外，虽然帕累托最优在名义上是寻求每个利益主体在互动中形成的最佳可能状态，但是当前的帕累托前沿研究中的多个冲突目标实际上多是一个利益主体自身的多个冲突目标；它与主要分析不同利益主体之间价值冲突互动的博弈论衔接不足，这反映在“帕累托前沿”和“博弈论”为联合主题的 CNKI（中国知网）查询结果至今仅为 1（非经管类外文期刊上）。注意：当前博弈论与帕累托研究的衔接多在博弈论与帕累托最优状态判定（而非目标函数的优化）的衔接；并且大量经济博弈论的研究表明绝大多数博弈模型的纳什均衡状态不是帕累托最优，只有少数情况下（尤其是演化博弈模型中）纳什均衡解才是帕累托最优状态（蒋学海，2017）。李绍荣（2002）通过帕累托最优与一般均衡最优之差异分析，阐明了正统经济学中用帕累托最优来解释一般均衡的最优性实属一种误导，其原因是正统经济学的理论框架中存在着严重的缺陷：它假设市场制度是给定的，商品交换价格由市场给定，于是市场只有一种交换结果，即一般均衡的交换结果，因而在这种理论中无法考察其他非一般均衡的一般市场交换结果，从而使其成为一门天马行空的理论；如果要使这门理论世俗化，就必须对正统经济学的结构框架作彻底的改变。

韦斯特（2018）指明生命体、城市、公司乃至一切复杂万物都存在相通的内在生长逻辑，即规模法则的简单逻辑就可以解构复杂世界并解答不同生命体的生长极限：1/4 次幂律的规模法则（幂律的指数都是 1/4 的整数倍）是生物学的普遍特征，告知关于生命的动力学、结构和组织的基本要素，显示跨越单个物种的一般性动力学过程制约着进化；而规模法则在生物学中的机理源头根植于多重网络的通用数学、动力学和组织特性；而几乎所有维持生命的网络都具有自相似分形的特点（幂律规模法则是自相似性和分形的数学表达）；自然选择则利用分形网络的数学奇迹优化了其能量运作（循环系统中能量分配损失的最小化和呼吸系统中产生能量/物质的代谢能力的最大化）。然而，在生物学中占据统治性地位的亚线性比例变化和规模经济（即规模越大则平均数量越少或平均成本越少）会带来稳定的受限增长和生命节奏的放缓；但在社会经济活动中占据统治性地位的超线性比例变化（即规模越大则人均数量越多）和规模收益递增（即经济生产率将随人口规模的扩大而系统性提高）则会带来无限增长和生命节奏的加快，这肯定是不可持续的（即使阻止奇点发生的创新也不断加快）；故而挑战是十分明显的：我们能否回到更加“生物化”的阶段，满足于某些版本的亚线性比例变化，以及随之而来的天然约束性（韦斯特，2018）。前文的论述已经阐明面向可持续发展的经济科学研究应该立足客观的使用价值、物质稀缺性、资源生产力等议题并且聚焦相关的规模及其所致结构议题（尤其是交换价值发生后形成的客观价值结构等议题）。若借助当前可定量考察复杂结构演化及其背后机理的先进数学/科学方法，深入研究在商业世界中供需矛盾之间冲突与协调的复杂互动所导致的价值结构的复杂演化，尤其是在复杂性系统科学指引下进行系统矛盾所致价值结构的演化研究，可以更科学地考察复杂矛盾的可持续发展议题，进而定量深化面向可持续发展的马克思主义经济科学研究。

一、研究矛盾系统结构持续演化的分形数学/分形科学简介

研究矛盾系统结构及其持续演化的数学方法主要是分形（fractal）数学方法。在远离平衡的宏观体系中自发产生时空有序状态（结构）是十分普遍的自然现象和社会现象；自然界的各种变化都不是过去的简单重复，而是不可逆地向前变化、发展的，这些变化过程中都包含着偶然性和必然性的统一（张济忠，2011）。贝努瓦·B. 曼德尔布罗特（Benoit B. Mandelbrot）在20世纪70年代创建了自然界的分形几何学，一门以不规则几何形态为研究对象但具有稳定的、自相似性结构的几何学，反映了大自然复杂表面下的内在数学秩序（图 2-2），亦即整体确定性和部分随机性之间矛盾共存的数学秩序；其中的分形可分别依据表现出的精确自相似性、半自相似性和统计自相似性来考察（曼德尔布罗特，1998）。曼德尔布罗特1982 年最初定义分形是这样一种集合，它的豪斯道夫维数（Hausdoff 维数）D_H 严格大于其拓扑维数 D_T（集合的 D_T 总是整数）；1986 年他修正其定义为“组成部分以某种方式与整体相似的形体叫作分形”；一般来说，称集合 F 是分形，即认为它具有下述典型的性质：①F 具有精细结构，即有任意小比例的细节；②F 是如此的不规则，以至于它的整体与局部都不能用传统的几何语言来描述；③F 通常有某种自相似的形式，可能是近似的或是统计的；④F 的“分形维数”（以某种方式定义的）一般大于它的拓扑维数；⑤在大多数令人感兴趣的情形下，F 可以以非常简单的方法来定义，可能由迭代产生（张济忠，2011）。

（a）瀑布分形

（b）树木分形

图 2-2　大自然的分形

分形序列不仅有空间的分形也有时间的分形，分别称为分形空间和分形时间；在分形时间里，随机性与确定性、混沌与秩序两两共存；在分形框架中可以看到这些对立的东西如何在现实生活中共同运行，即决定主义给予我们自然法则，而随机性则向我们演绎了创新和多样性；一个健康的演进系统是一个不仅仅能存活于随机碰撞之下，而且当必要时能吸收那些撞击以改善系统整体的系统；故分形结构比其他结构（含对称结构）更加稳定和更具有容错性能（彼得斯，2002）。从非线性科学角度来看，分形与混沌有非常密切的关系，混沌系统的随机性与分形系统的无规则性都与初始条件有关，混沌现象的奇怪吸引子与分形结构都具有自相似性；有所不同的是，分形更加注重系统本身的结构特征，而混沌则注重系统演化过程的行为特征，或者说分形主要研究非线性系统吸引子在空间上的结构，而混沌主要研究非线性系统的时间序列的行为特征，分形是空间上的混沌，而混沌是时间上的分形，二者作为非线性理论框架下的两大分支，分别从空间和时间的角度描述和刻画了非线性动力系统的基本特征（杨星和梁敬丽，2017）。

分形方法论已经成为研究系统科学的最主要手段之一；它可以让我们在复杂无序的问题中找到有序的规律，以便研究复杂的、多变的系统结构和特性（李安楠等，2017）。当前，分形研究已经从几何学领域扩展到多尺度系统的物理学、气候学、生物学、经济学、复杂网络等领域；从简单的维数是分数的概念扩展到研究物理学相变标度律、湍流的多种间隙模型、生物学和经济学的多种标度关系等；从整数阶微积分扩展到分数阶微积分；从无记忆系统扩展到有长期记忆性的系统（刘式达和刘式适，2014）。系统科学建模时分形的结构模型是由基本分形单元（basic fractal unit，BFU）组建的层次结构，并且这些基本单元的设计包含完全可以代表任何层次的一组相关的属性，即“分形”既可以表示整个组织也可以代表最下层的某个单元（Tirpak et al.，1992）。这种受目标驱动但又整体上服从于总目标的分形的组织形式，使得系统应对环境变化的能力显著提高，并且能够在变化中快速重构以应对系统外部扰动，进而实现复杂环境下的持续发展。

分形集的自相似性或标度不变性在数学上可表示为式（2-1），即把 r 扩大为 λr 后，新函数增至原函数的 λ^m 倍（λ 和 m 都是常数），即标度改变了 λ 倍后函数具有自相似性（新函数是膨胀的或收缩的原函数）或标度不变性，严格来说，此时函数具有标度变换下的不变性，λ^m 就是所谓的标度因子。满足此性质的简单函数是幂函数（power law），参见式（2-2）和式（2-3）。其他形式函数如指数函数和高斯函数等就不具有这种标度不变性，改变它们的标度后新函数和原函数没有简单的正比关系，并且这些函数包含一个特征长度，在此范围内它们衰减很快；但幂函数没有这种特征长度，它不仅衰减慢，而且在不同层次（如上一个和下一个数量级）以同样的比例衰减；这就是其标度不变性或标度变换下的不变性，显然幂函数的标度不变性可扩展到无限多个数量级，取间断值的规则分形的测度变化也是无限的（曼德尔布罗特，1998）。

$$f(\lambda r)=\lambda^{m}f(r) \tag{2-1}$$

$$f(r)\sim r^{m} \tag{2-2}$$

$$f(\lambda r)\sim(\lambda r)^{m}=\lambda^{m}\times r^{m}=\lambda^{m}f(r) \tag{2-3}$$

分形理论在广泛领域得到推广，得益于分形维数计算方法的逐步发展，如从分形几何所应用的豪斯道夫维数到更容易计算且范围更广的计盒维数，又如填充维数和时间序列数据（亦即动力系统）吸引子维数的发展，再如分形集中递归集的维数上界研究和部分维数的确定；目前对分形集的刻画方法主要仍靠豪斯道夫维数、计盒维数和统计分维等；不同的维数能在一定程度上在不同侧面反映集合的复杂程度，包括了几何复杂性和统计复杂性等（王兴元和孟娟，2015）。测定分形豪斯道夫维数的基本方法主要有五类（即改变观察尺度求维数、根据测度关系求维数、根据相关函数求维数、根据分布函数求维数和根据频谱求维数），第一种方法中若以基准长度为 r 的折线去测量曲线所得的线段总数 $N(r)\propto r^{-\mathrm{D}}$，$D$ 为该曲线的豪斯道夫维数，参见式（2-4）；而计盒维数又称盒维数、Kolmogorov 熵、熵维数、度量维数或对数密度等，参见表示 F 下盒维数的式（2-5）、F 上盒维数的式（2-6），以及当 F 的上、下盒维数相等时所致的 F 的盒维数的式（2-7）（孙霞等，2003；张济忠，2011）。其中，δ 为观察的基准尺度/码尺；$N(\delta)$ 表示 δ-覆盖 $\{U_i\}$ 的个数，亦即以 δ 测量某分形对象所得的个数；F 为 R^n 上任意非空的有界子集；N_δ（F）为下列五个数中的任一个：①覆盖 F 的半径为 δ 的最少闭球数；②覆盖 F 的边长为 δ 的最少的立方体数；③与 F 相交的 δ-网立方体的个数；④覆盖 F 的直径最大为 δ 的集的最少个数；⑤球心在 F 上、半径为 δ 的相互不交的球的最多个数。

$$\text{豪斯道夫维数：}\ D_{\mathrm{H}}=\lim_{\delta\to 0}\ln N(\delta)/\ln(1/\delta) \tag{2-4}$$

$$F\ \text{下盒维数：}\ \underline{\mathrm{Dim}}_{\mathrm{B}}F=\underline{\lim}_{\delta\to 0}\left(\log N_{\delta}(F)\big/(-\log\delta)\right) \tag{2-5}$$

$$F\ \text{上盒维数：}\ \overline{\mathrm{Dim}}_{\mathrm{B}}F=\overline{\lim}_{\delta\to 0}\left(\log N_{\delta}(F)\big/(-\log\delta)\right) \tag{2-6}$$

$$F\ \text{盒维数：}\ \mathrm{Dim}_{\mathrm{B}}F=\lim_{\delta\to 0}\left(\log N_{\delta}(F)\big/(-\log\delta)\right) \tag{2-7}$$

由于盒维数是由相同形状集的覆盖确定的，它计算起来比给每个覆盖集 U_i 赋予不同分量 $|U_i|^s$ 的豪斯道夫维数容易，并且 $\mathrm{Dim}_{\mathrm{H}}F\leqslant\underline{\mathrm{Dim}}_{\mathrm{B}}F\leqslant\overline{\mathrm{Dim}}_{\mathrm{B}}F$。而几何

对象的拓扑维数参见式（2-8），无尺度求极限过程。

$$拓扑维数：D_{\mathrm{T}} = \ln N(\delta) / \ln(1/\delta) \quad (2\text{-}8)$$

在测量码尺 δ 与分形维数关系方面，张济忠（2011）提出三点须特别注意：①理论上自相似分形具有无穷嵌套结构，但实际分形维数测定时其测量值与分形的结构层次 k 有关，如对三次 Koch 曲线，$k=18$ 以后测量维数 D_{m} 才收敛于 1.268 1；②分形维数测量时码尺 δ 趋近于零的内涵在各学科要注意其不同，这涉及分形还有一个存在层次的问题，如对地震形成的分形断口，其存在层次的尺度单位为米，当 δ 取微米量级可以认为趋近于零，但这对于金属的分形断口而言不合适，因为微米量级就是金属断口存在层次的尺度单位；③对于实际分形体而言，测量的分形维数的值随尺码而变化（即不同码尺会测得不同的分维值），这种分维不确定性的原因在于自然中实际的分形和不同学科中研究的分形一般仅存在有限的嵌套层次，套用无限层次分形体公式有局限，故码尺 δ 存在一个有上界和下界的合理范围（$\delta_{\max} \geqslant \delta \geqslant \delta_0$），范围内测得一个确定值 D，范围外测得的分维值 D' 是不确定的并且 $D' < D$，δ_0 是由实际分形体的最小自相似结构层次所决定的；④在研究实际的分形体时，码尺的取值范围不是任意的，必须先对该分形体的结构特点（即结构层次和存在层次）进行细致的分析，再选择码尺和确定临界点，实际分形体只在一定层次范围内才呈现为分形，这意味着分形维数都存在一个上限和下限，只有在某种被限制的观测尺度范围内其自相似性才成立。与此相应，物理学杂志上研究结果显示幂函数的适用范围，即 $\ln N(\mathrm{r}) \sim \ln(1/r)$ 曲线的线性范围（亦即测量维数 D_{m}），集中围绕在 1.3 个数量级上下（绝大多处于 0.5~2.0 个数量级）（孙霞等，2003）。

二、研究矛盾系统非平衡自相似结构演化的多重分形科学简介

多重分形（multifractal）研究将矛盾系统自相似结构的研究深化至非平衡的自相似结构演化研究。对于非线性科学，在一定范围内应用线性近似处理方法可以迅速得到有效结果，但对于远离平衡的非线性复杂系统（过程）来说只能用分形理论来研究（张济忠，2011）。不同于理想的数学分形可以“永远”分形下去，现实分形都有明显规模限制，其根源在于网络的微妙以及伽利略关于结构的最大尺寸是有限制的最初论点；这类网络（如生物网络）微妙之处在于它是多个不同分形的混合且不同类型分形之间存在临界点转换，其中占据主导地位的是由优化网络性能引起的亚线性比例缩放及相关规模经济将导致有限的

增长（韦斯特，2018）。但分形维数除标志该结构的自相似构造规律外，并不能完全揭示出产生相应结构的动力学过程，仅用一个分形维数来描述经过复杂非线性动力学演化过程而形成的结构显然是不够的；而且在各复杂形体的形成过程中局域条件是十分重要的，不同的局域条件或者由涨落引起的参量的波动是造成这类形体的形态各异的主要原因之一；如在大多数物理现象中系统的行为主要取决于某个物理参量（通常是概率、电位差、压力、浓度等标量）的空间分布，若考虑分形体的物理本质，在与分形生长有关的现象中也应存在类似的某个量的空间分布；为进一步了解在分形体形成过程中局域条件的作用，出现多重分形（multifractal approach）研究，亦称多标度分形或复分形，以便讨论某个参量的奇异概率分布对分形体结构形成的差异化影响，或者说用一个谱函数来描述分形体不同层次的生长特征，达成从系统局部出发来研究系统最终的整体特征（张济忠，2011）。多重分形含规则多重分形和不规则多重分形两种，两者都可以用统计物理方法得到多重分形谱（但解析方法只适用于规则多重分形），因为多重分形涉及的某个参量的概率分布和统计物理的正则分布是类似的（孙霞等，2003；张济忠，2011）。在综合张济忠和孙霞等专著的基础上，总结统计物理计算多重分形谱的方法如下：①首先设第 i 个小区域线度大小为 L_i，定义分形体在该小区域的生长概率 P_i 参见式（2-9），其中标度指数 α_i 表征不同小区域的不同生长概率；②表征分形体某小区域分维的局部分维 α 的定义参见式（2-10），其值大小反映该小区域生长概率的大小（若实验测出 P 即可求出 α）；③定义一个配分函数 $\chi_q(\varepsilon)$，对概率 $P(\varepsilon)$ 用 q 次方进行加权求和，其数学表达式参见式（2-11）；④若该式（2-11）右边等式成立（即配分函数和 ε 有幂函数关系），则从 $\ln\chi_q \sim \ln_\varepsilon$ 曲线的斜率可得到常称质量指数的 $\tau(q)$，参见式（2-12）；⑤由 $\tau(q)$ 计算广义分形维数 D_q，参见式（2-13）；⑥计算表征分形体某小区域分维数值的局部分维 α，参见式（2-14），不要混淆该公式与之前 α 的定义公式；⑦对 $\tau(q)$，q 做勒让德（Legendre）变换得到多重分形的奇异谱 $f(\alpha)$，即由不同 α 组成的无穷序列构成的谱，参见式（2-15）（孙霞等，2003；张济忠，2011）。

$$P_i = L_i^{\alpha i}\left(i = 1,2,3,\cdots,N\right) \tag{2-9}$$

$$\alpha = \lim_{L\to 0}\left(\ln P/\ln L\right) \tag{2-10}$$

$$\chi_q\left(\varepsilon\right) = \sum_i P_i\left(\varepsilon\right)^q = \varepsilon^{\tau(q)} \tag{2-11}$$

$$\tau\left(q\right) = \lim_{\varepsilon\to 0}\ln\chi_q\left(\varepsilon\right)/\ln\varepsilon \tag{2-12}$$

$$D_q = \tau\left(q\right)/\left(q-1\right) = \lim_{\varepsilon\to 0}\left(\ln\chi_q\left(\varepsilon\right)/\left(q-1\right)\ln\varepsilon\right) \tag{2-13}$$

$$\alpha(q) = \mathrm{d}\tau(q) \big/ \mathrm{d}q = \mathrm{d}\left(\left(q-1\right)D_q\right) \big/ \mathrm{d}q \tag{2-14}$$

$$f(\alpha) = q\alpha - \tau(q) \tag{2-15}$$

形象地说，在不规则分形之简单分维的测定中，常用盒计数法有不够细致的地方，只要盒内有图形的像素（而不考虑像素多少），这个盒子就被计数进来，这样得到的分维必然失去许多信息；而多重分形考虑盒子内像素数或其他物理量的差别，规一化后得到一个概率分布的集，再用一个多重分形谱做描述，所得结果包含许多被简单分形忽略的信息；如简单分形维数是对表面形貌的整体表征，而多重分形谱全面反映了表面上几何高度的概率分布，其宽度可定量表征表面的起伏程度，其最大、最小概率子集维数的差别可统计表面高度最大、最小处的数目比例（孙霞等，2003）。图 2-3 是一维高度分布曲线盒计数法求 $f(a)$ 示意图。

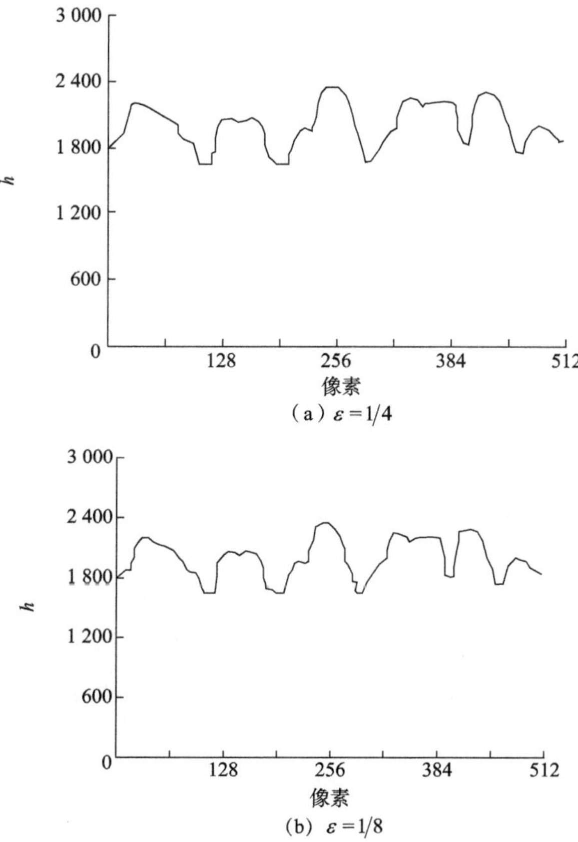

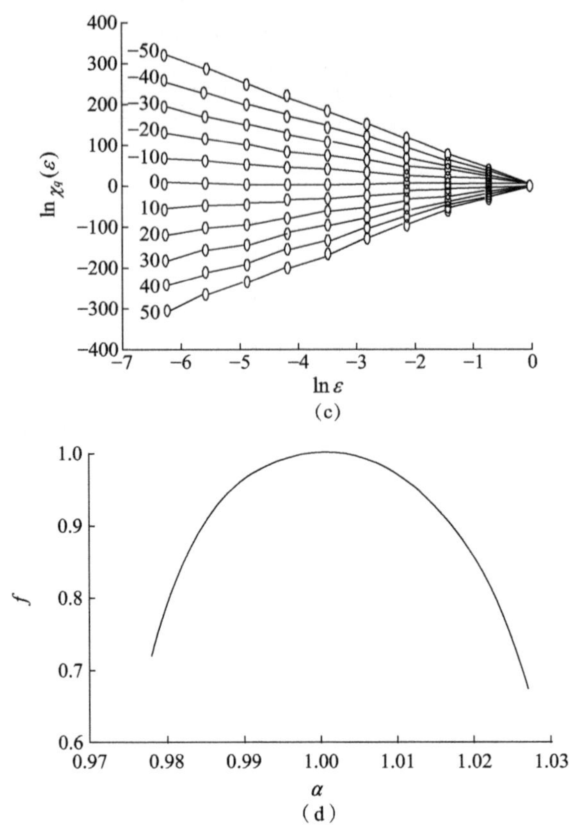

图 2-3　一维高度分布曲线盒计数法求 $f(\alpha)$ 示意图

资料来源：孙霞等（2003）

多重分形研究与广义熵函数、信息维、信息熵、正则系统之能量和温度以及熵突变等的关联，深化对非平衡的自相似结构演化的研究。张济忠（2011）指明：①上述描述多重分形的一套公式同时也是从信息论角度出发的公式，分形维数 D_q 也是 q 次信息维，故 q 和 D_q 是描述多重分形的另一套参量；②多重分维与广义熵函数 $\Omega(\varepsilon,\alpha)$ 有紧密联系，参见式（2-16）和式（2-17），其中 L 为测量码尺，若 $\Omega(\varepsilon,\alpha)$ 越大，则 $f(\alpha)$ 也越大，这说明研究对象越粗糙、越复杂、越不规则、越不均匀；③信息维 D_i 和信息熵 S_H 的联系参见式（2-18），对比式（2-17）和式（2-18）可知信息维 D_i 和 $f(\alpha)$ 相对应，信息熵 S_H 和 $\Omega(\varepsilon,\alpha)$ 相对应，故信息熵 S_H 是统计物理熵 S 的推广，而统计物理熵 S 是信息熵 S_H 的特例；④由式（2-13）和式（2-15）可知，$q=0$ 时，$D_q=D_0=f(\alpha)$；$q=1$ 时，$f(\alpha)=\alpha$ 的解为 D_1，因此多重分维 $f(\alpha)$ 是简单分维 D_0 和 D_1 的推广，而 D_0 和 D_1

是 $f(\alpha)$ 的特例；⑤由式（2-17）可知多重分形理论中的 $f(\alpha)$ 是相应“熵”的量，因为广义熵函数 $\Omega(\varepsilon,\alpha)$ 是热力学熵（或统计物理熵）的推广；⑥ q 次信息维 D_q 和广义自由能 $G(q)$ 相对应，立足式（2-11）形式配分函数的广义自由能 $G(q)$ 的公式参见式（2-19），再利用式（2-12）、式（2-13）和式（2-15）可求得 $\tau(q)$ 及 D_q 与 $G(q)$ 的关联关系公式，即式（2-20）；⑦多重分形的参量 α（标度指数）与正则系统的能量 ε_s（处于第 s 状态的能量）相对应，多重分形的参量 q 与正则系统的温度 β 相对应，确切地说，β 和 nq 对应，对应公式参见多重分形另一形式配分函数 X 的式（2-21）和正则分布配分函数 Z 的式（2-22）；⑧多重分形理论中的一级相变是指系统发展到一定程度后 $f(\alpha)$ 不连续，此时有一个临界值 q_c，参见式（2-23）；根据式（2-17）广义熵 $Q(\varepsilon,\alpha)$ 也有突变，它与热力学熵突变类似；热力学一级相变特征就是两相的化学势连续但化学势的一阶偏导数有突变，即在某一临界温度 T_c 处，熵 S 有突变。

$$Q(\varepsilon,\alpha)=\ln\Omega(\varepsilon,\alpha)/n \tag{2-16}$$

$$f(\alpha)=\lim_{L\to 0} nQ(\varepsilon,\alpha)/\ln(1/L) \tag{2-17}$$

$$D_i=\lim_{L\to 0}\ln(S_{\mathrm{H}}/C)/\ln(1/L) \qquad C\text{ 为常数} \tag{2-18}$$

$$G(q)=-\left(\ln\left(\sum_i P_i(\varepsilon)^q\right)\Big/nq\right) \tag{2-19}$$

$$\tau(q)=D_q(q-1)=\lim_{L\to 0}(nqG(q))/\ln(1/L) \tag{2-20}$$

$$X(q)=\sum_i P_i^q=\sum_i\left[(1/L_i)^{-\alpha_i}\right]^q \tag{2-21}$$

$$Z=\sum_s\left(e^{-\varepsilon_s}\right)^\beta \tag{2-22}$$

$$f\left[\alpha(q)\right]=\begin{cases}1 & (q<1)\\ 0 & (q>1)\end{cases} \tag{2-23}$$

多重分形理论本质上根源于概率论，尽管也有很多思想来自于物理、数学、统计，并且广泛应用于动力系统、湍流、地震和昆虫数量的空间分布，金融时间序列模型及交通网络模型（哈特，2012）。分形维数意味着对象体现出更加精细的内部结构（常解释为自由度的限制）（庄新田等，2015）。而在多重分形中，$q>>1$ 时，在 $\sum_i P_i^q$ 的求和中大概率子集将起主要作用；$q<<-1$ 时，在 $\sum_i P_i^q$ 求和中小概率子集将起主要作用，故通过加权处理可以对一个分形集内部的结构进行更精细的研究（孙霞等，2003）。

三、分形科学中时、空维度之间的联系

对于空间与时间的联系，在数学上已经通过引入广义时间维度将非自治的动力系统向自治的动力系统的转化进行了形式化；在物理学上爱因斯坦的相对论证实了时空等价性；在统计力学中刘维尔定理证明了给定状态下宏观系统的微观状态统计分布概率中的时间与空间的等价性（蒋军锋，2009）。分形相关时空研究还依赖于相空间概念，一个复杂性系统科学获得成功的关键基础。对于一个由两个变量 X_1 和 X_2 组成的系统，测量时得到两个变量随时间变化的曲线 $X_1(t)$ 和 $X_2(t)$；该系统的相空间表示是将 t 作为一个隐式参数并用 $\left[X_1(t), X_2(t)\right]$ 来表示轨迹的空间，即由 X_1 和 X_2 撑成的相空间。这种相空间概念的引入使研究者能够以几何的方式来研究复杂系统的动力学，如全局稳定的不动点在相空间中被表示为单点，任意初始条件的解都迟早会收敛于它；而一个全局稳定的极限环在相空间中被表示为一个封闭环路，任意初始条件的解都将收敛于它。

对于一个连续时间的随机过程，分形的自相似描述公式有助于理解时、空维度之间的关系。如果一个连续时间的随机过程 $X=\{X(t), t \geqslant 0\}$ 满足式（2-24）的条件，则称该过程是自相似的，其中，H 称为自相似参数或赫斯特指数，$\underline{\underline{\mathrm{d}}}$ 表示分布相同。分形时间与分形空间在时空维度特征上的联系，可参见式（2-25），其中，分形维 D 为系统时间轨迹的分形维，度量时间序列的参差不齐性；而分形维 α 为时间序列概率空间的分形维，度量概率密度函数（probability density function，PDF）尾部的肥胖性；赫斯特指数测度了时间序列的记忆特征（从而也测度了系统的遗传与变异特征）（蒋军锋，2009）。

$$X(\lambda t) \underline{\underline{\mathrm{d}}} \lambda^H X(t) \quad t \geqslant 0, \lambda > 0, 0 < H < 1 \tag{2-24}$$

$$\alpha = 1/H \qquad D = 2 - H \tag{2-25}$$

赫斯特指数能够区分分形时间序列，并能够进一步判定该序列是持久性还是反持久性的序列：当 $H = 0.5$ 时，随机过程为无记忆或短程相关，即一个独立同分布过程；当 $0.5 < H < 1.0$ 时，随机过程具有长程相关性，即一个有持久性特征的长记忆过程，如果某一时刻序列上升（下降），那么它在下一个时刻很可能持续上升（下降），H 越接近于 1，这种可能性越大；当 $0 < H < 0.5$ 时，随机过程具有逆长程相关性，即一个反持久性过程，如果某一时刻序列上升（下降），那么下一时刻它很有可能下降（上升）。

分形与混沌在时空方面的紧密关联，进一步突显非线性科学中时空的奇异吸引子和阈值/临界值概念。与其他物理学惯用简化模型方法相反，分形科学立

足的概率论范畴的统计物理学通过引入相点与统计系综等概念，将低维系统的集体动力学转化为高维空间中的相点动力学来进行刻画，在构建宏观动力学与微观机制之间的桥梁方面取得巨大成功（刘宗华，2018）。热力学研究不断深化的三个阶段是从经典热力学平衡态（对应热力学力和热力学流皆为零的情况），经过简称线性热力学的线性非平衡态热力学（对应热力学力和热力学流之间满足线性关系的情况），扩至简称非线性热力学的非线性非平衡态热力学或非线性不可逆过程热力学（对应必须考虑热力学力和热力学流之间非线性关系的情况）：①在平衡条件下最多只能形成在分子水平上定义的平衡结构（如立足 Boltzmann 有序原理的固体或液体有序结构），而不能形成宏观的时空有序结构；②较成熟的线性热力学立足于局域平衡假说以及热力学第一和第二定律，主要包括 Onsager 倒易关系和普利高津的最小熵产生原理；③不断深化的非线性热力学已能从原则上为认识宏观范围的时空有序结构（普利高津称为耗散结构）的起因提供线索，即首先确定产生不稳定性的条件（其动力学需要远离热力学平衡态和适当的非线性反馈），其次涨落行为对有序结构的产生起着决定性作用（尤其临界值），这类现象的研究称为关于结构、稳定性和涨落的科学（包含类似的协同学、突变论和负熵论学派）（张济忠，2011）。从时间序列研究混沌始于 1980 年 Packard 提出的重构相空间理论：对于决定系统长期演化的任一变量的时间演化均包含了系统所有变量长期演化的信息，故可通过决定系统长期演化的任一单变量时间序列来研究系统的混沌行为；奇怪吸引子是轨道在相空间中经过无数次靠拢和分离，来回拉伸与折叠形成的几何图形，具有无穷层次的自相似结构（即分形）；由于耗散系统运动在相空间的收缩，吸引子维数小于相空间的维数，故吸引子的几何性质可以通过研究其空间维数来确定；而吸引子的不变量——关联维（系统复杂度的估计）、Kolmogorov 熵（动力系统的混沌水平）和李雅普诺夫（Lyapunov）指数（系统的特征指数）等在表征系统的混沌性质方面一直起着重要作用，如正值和零的李雅普诺夫指数代表的方向对吸引子起支撑作用，而其负值对应收缩方向，并在抵消膨胀方向的作用后贡献了吸引子维数的分数部分（刘宗华，2018；吕金虎等，2002）。复杂系统的吸引子具有分数维数、正的 Kolmogorov 熵以及正的最大的李雅普诺夫指数是判断系统是混沌的必要条件，但不是充分条件（王海燕和卢山，2006）。前文计盒维数和信息维数虽然概念清晰，但只适用于分维数小于二维或在二维附近并且相空间维数也不高的情形；对更高维数情形，常使用 G-P 算法或其改进版本来计算关联维数，这种关联维数计算可以直接推广至复杂网络研究（刘宗华，2018）。混沌系统有非整数的关联维数，大于此数的下一个整数就是系统独立变量的个数；当关联维数的值较大时，所需的时间序列要求较长；计算 Kolmogorov 熵等需要更长时间序列；而李雅普诺夫指数刻画混沌吸引子对小扰动或者初值条件的敏感依赖性，一个正的李雅普诺夫指数表明附近轨道的指数级分离（亦即指数级增长），意味着对初值的敏感，亦即对初始条件的小扰动会导致完全不同的结果（一种蝴蝶效应），从而代表混沌（吕金虎等，2002；王海燕和卢山，2006）。混沌的另一个根本特征是其相空间的轨迹是有界的；相邻轨迹间距离的指数增长导致不断延伸，而有界又导致不断折叠，两个特性共同使得混沌又称为奇异吸引子。限于篇幅，此处仅列出李雅普诺夫指数相关的公式，参见式（2-26）。其他公式省略，有兴趣的读者可以参考上述所引用的相关专著。

$$d(t) \sim d(0)\mathrm{e}^{\lambda_1 t} \tag{2-26}$$

其中，$d(0)$是两条任意轨迹在初始时刻的微小间隔；$d(t)$是在t时刻的间隔；λ_1是正的李雅普诺夫指数。

四、分形科学在经济管理研究中的应用

分形科学方法大量成功地应用于经济系统的研究。事实上，帕累托发现虽然各国的经济制度不同，但收入分配却有共同的规律，参见式（2-27）；用标度律可得收入分配的分维D_f，参见式（2-28）；收入分配越集中则分维值D_f越小；收入分配越平均则分维值D_f越大；这种便于计算的分维值D_f可通过函数的关系直接计算基尼系数（亦即考察收入分配平均程度的一个常用指标）（张济忠，2011）。Montroll 等对美国 1935~1936 年的收入分布研究发现，前面 99%的人的收入分布服从对数正态分布，而对数正态分布只有在所考虑的现象能够分解为独立现象的概率的乘积时才会经常出现，如某人成功的概率=此人有合适工作才能的概率×有好上级的概率×时间好的概率等；而后 1%高收入者的收入符合幂分布/分形分布，因为资产超过某一程度时其收入主要取决于投资，而投资的钱常具有分形性（Montroll and Shlesinger，1983；张济忠，2011）。

$$N = N_0 X^{-b} \quad (b > 0) \tag{2-27}$$

$$D_\mathrm{f} = b \tag{2-28}$$

其中，N_0为人口总数；X为收入水平（一个随机变量）；N为收入不少于X之人数。

安德森解释电商发展的长尾理论中长尾分布的 PDF 见式（2-29），其互补累积分布函数（complementary cumulative distribution function，CCDF）见式（2-30）。当幂律定律延伸到定义域内 X 的整个范围时，则成为幂律分布，如帕累托分布（Pareto power law tail），其 CCDF 形式参见式（2-31）。如果发现一组

样本数据的 PDF 与幂函数接近而具有厚尾的特点，那么可根据幂律分布的 CCDF 的重要特点 $\ln\left(P\left(X \geqslant x\right)\right) \sim -\alpha \ln x$，来判断其是否服从幂律分布，即若 lnCCDF 与 ln$X$ 呈良好线性关系（直线斜率可估计参数 α），那么可以认为样本数据近似服从幂律分布，见图 2-4。

$$f\left(x\right) = x^{-\alpha-1}, x \to \infty \tag{2-29}$$

$$P\left(X \geqslant x\right) = x^{-\alpha},\ x \to \infty \tag{2-30}$$

$$P\left(X \geqslant x\right) = \left(b/x\right)^{\alpha},\ x \geqslant b > 0,\ \alpha > 0 \tag{2-31}$$

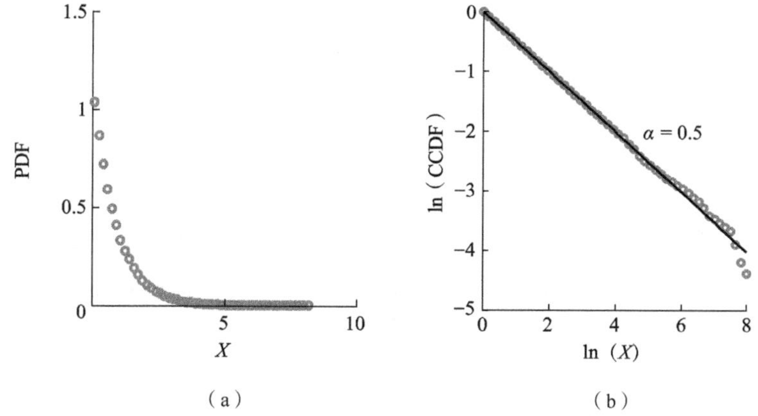

图 2-4　一组数据样本的 PDF 函数（a）及其幂律分布拟合（b）

一些经济学家和贝努瓦·B. 曼德尔布罗特本人基于美国股市长时间内的时序序列数据，应用重标极差方法（R/S 分析方法）等确认美国金融市场的分形结构（统计结构的自相似），进而推翻作为当代金融分析基础的“随机游走”模型及相应立足于正态分布的有效市场假说；相应的分形市场理论认为市场是一个非线性、开放、耗散的系统，允许非均衡的存在及持续，并且市场中投资者是以非线性的方式对信息进行反应的（其关键原因在于投资机构是多样性的而非传统理论所认为的一个平均的典型理性投资者）（彼得斯，2002；曼德尔布罗特和赫德森，2017）。国内众多应用分形分析方法的经济研究也大多是聚焦有良好时序数据的股市或金融系统。例如，庄新田等（2015）用阈值法构建中国股市复杂网络模型，同时从时间和空间两个角度对中国股市复杂网络的分形特征进行研究：首先利用分形几何学对静态网络进行分析，得到静态网络分形维数并发现其分形维数随着网络阈值的增大而减小；再利用 R/S 分析方法对中国股市复杂网络聚集系数的时间序列进行分析，发现其具有长记忆性和持久性且在长时间窗口下这一性质更值得信赖；结果表明 H 值大致呈现出随着时间窗口和阈值的增加而增加的规律，周期天数 n 呈现出随着时间窗口的增加而增长、随着阈值的增加而下降的规律，进而证明了证券市场时间和空间两个维度的内在联系。经济物理学（econophysics）的大量研究表明金融市场的波动具有复杂的多分形（multifractal）的特征（魏宇，2012）。而朱其忠和卞艺杰（2009）研究了基于多重分形的企业聚集与区域经济发展，即根据不同地区不同省份中的企业相对生长概率的不同，计算企业的分形维数和多重分形谱，得出不同地区的企业演进轨迹及区域经济发展差异化的原因，进一步揭示企业聚集效应在创建和谐经济中的内在机理；其结果显示：①就 D_q 和 q 之间的关系而言，随着 q 增加，东、中、西部地区企业的分形维数 D_q 均为非线性变化，从而验证企业演进具有多重分形性质；②在 1995 年、2005 年和 2007 年，企业的分形维数 D_q 和 q 之间均呈反比例关系，表明企业的演进轨迹越来越相似、复杂性程度逐渐降低、变化越来越有规则；③从纵向看，2007 年企业多重分形的关联维数与 2005 年、1995 年相比，东部地区呈下降趋势，中部地区和西部地区均有不同程度的上升，它说明了东部地区企业在演进过程中相互之间关联程度在降低，这很可能与东部地区的部分产业转移有关，而中西部地区企业之间的关联度在提高；④从横向看，多重分形谱的宽度从大到小依次是西部地区、东部地区和中部地区的企业，它说明了西部地区企业演进过程较东部和中部地区曲折和复杂；⑤在区域企业生长概率差别较大的情况下，当缩放指数 $q >> 1$，即“以小见大”放大企业分形轨迹（表明社会关注的重点放在微观经济领域或细节部分），显然在 $X_q(L)$ 中企业相对生长概率较大的区域起主导作用，这时 X_q 和 D_q 反映的是企业相对生长概率较高的区域性质，社会追求的是“效率优先”；一部分人和地区的先富也导致了贫富差距扩大现象的发生；当缩放指数 $q << 1$，即“以大见小”缩小企业分形轨迹（表明社会关注的重点放在宏观经济领域或整体部分），X_q 和 D_q 反映的是企业相对生长概率较低的区域性质，这时社会追求的是“兼顾公平”，通过东部先富带动西部后富以便实现共同富裕；⑥在区域相对企业生长概率相差不大的情况下，无论 q 怎样变化，各区域在 $X_q(L)$ 中所起的作用大致相同，它体现的是一种经济发展的平衡状态。

在经济系统相关分形研究引领下，分形数学方法逐渐应用于微观管理科学领域。Warnecke（1993）首先借助分形几何中的自相似性提出了分形企业（fractal company）这种新的生产方式，希望利用这种动态企业结构为应对环境变化提供动态适应能力。随后国外学者展开了关于分形企业管理系统概念、流程及系统建模、体系构建等一系列研究，并在分形企业概念基础上提出了分形制造系统（Ryu et al.，2003）、项目导向型分形企业（Canavesio and Martinez，2007）、分形供应链管理（Oh et al.，2010）等概念研究（李安楠等，2017）。国内分形的相关定量研究更多侧重供应链方面。陈志祥等（1999）研究了精细化供应链中的分形结构及其复杂性：重点研究精细供应链的功能特征和精细化企业的熵模型；探讨供应链的复杂性（以分形关联维数表示）与供应链运作的关系，进而为供应链精细化策略提供参考；其中关键是根据信息熵理论提出用“运行熵”（由时效熵、质量熵和拓扑熵组成的三维结构模型）来描述企业的动态特性，而做好矛盾的集成粒度和分形维数之间的平衡是供应链精细化的关键。倪沈冰等（2003）为平衡供应链构建及运作的灵活性和稳定性，提出了具有自相似、自组织、自优化功能的可重构分形供应链；并基于分形维数及相关的相似度离差，给出了分形供应链元之间相似度的定量测度模型，有助于分形元的自组织研究。路应金等（2006）鉴于随机分布模型并不是描述供应链牛鞭效应的最有效方法，应用非线性理论对牛鞭效应的产生机理进行了深入研究，结果发现牛鞭效应与“蝴蝶效应”具有同样的自激放大机制，这种需求变异放大现象的外在表现则是系统对初始值敏感依赖的非线性机制作用下出现的系统自相似结构；随后采用 G-P 算法计算得到需求信息处理和价格波动下牛鞭效应的关联维数，确认了需求信息处理和价格波动下牛鞭效应具有分形特征。周建频和杜文（2006）研究供应链多代理框架的分形模式以及以分形维数计算的动态供应链分形结构特征，并应用分层遗传算法和多目标优化方法研究了基于分形模式的动态供应链自动重构过程。孙文芳等（2009）研究了供应链网络系统分形整合的熵评价模型：首先建立分形供应链网络组织结构的熵；随后基于信息的分形性质以及知识管理的特点，建立与分形供应链网络结构模块相互契合的“分形知识管理网络”，并建立分形供应链的知识熵及知识负熵模型；再通过计算分形供应链网络的时效熵与质量熵来建立知识与组织结构的关系熵模型；最后汇总这些熵为总熵评价模型。蒋军锋（2009）从时空关系出发建立时间过程与层次分解相统一的技术创新网络结构演变模型，随后引入时间标度变化对技术创新网络结构在不同观察尺度下的遗传与变异特性（两种矛盾的性质）做出定性分析，最后应用重标极差（R/S 分析）方法对相关结构演变时间序列数据进行分析与验证。此外，鉴于分形理论在评价多维指标特别是评价主体间有较高相似性时具有明显优越性的特点（Hotar，2013），王玉冬等（2017）基于高新技术企业 R&D 联盟伙伴匹配性评价指标体系，即从管理与文化匹配性、R&D 资源匹配性和 R&D 能力匹配性 3 个准则出发的 11 个一级指标和 26 个二级指标（其中高新技术企业 R&D 部门发展理念、管理结构、技术投资结构、市场分布具有较高相似性），应用分形维数 D 计算结果（匹配性好的分形维数大于匹配性差的分形维数），研究了高新技术企业 R&D 联盟伙伴匹配性。

第四节　可持续发展相关的非线性协调/耦合及其因果关系的定量科学方法研究

可持续发展研究的关键难题在于相关社会与自然交互的复杂的生态经济系统存在大量的非线性行为，并且这些非线性行为之间相互有不同程度的交叉与耦合，存在多种矛盾的冲突与协调。系统的混沌运动也来自于非线性，具有少数自由度的非线性系统就可以产生混沌并表现出复杂性；而导致混沌行为的机制是不同共振间的非线性耦合相互作用，以及当耦合超过确定的临界值时共振域间的重叠（刘宗华，2018）。许多个体，无论是原子、分子、细胞，或是动物、人类，都是由其集体行为，一方面通过竞争，另一方面通过协作而间接地决定着自身的命运；协同学是一门在普遍规律支配下的有序的、自组织的集体行为的科学（哈肯，2001）。和谐是与混沌矛盾的对立面，描述系统是否形成了充分发挥系统成员和子系统能动性、创造性的条件及环境、系统成员和子系统活动的总体协调性。当然任何事物都有二重性，混沌也不例外：对有害的混沌加以控制就是混沌控制，对有益的混沌设法产生和加强就是混沌反控制；1990 年 Ott、Grebogi 和 Yorke 的混沌控制概念以及 Pecora 和 Carroll 的混沌同步概念都得到了实验证实（黄润生和黄洁，2005；吕金虎等，2002）。除了混沌控制的常用方法（如 OGY 法、自适应控制、线性反馈控制、自控制反馈控制法）（黄润生和黄洁，2005），当前已涌现了融入耦合视角的耦合混沌系统混沌同步化的集体行为研究，它在大脑功能研究方面发挥重要作用：没有同步化就没有脑功能，但太强的同步化会诱发癫痫等疾病的发生（刘宗华，2018）。如果认同共生是一种结果（含互利/偏利/偏害等不同状态），耦合则更应该是形成不同共生结果状态的深层次原因。可持续发展未来更深入的研究重点，应是探寻其内部机理的非线性相关关系及其因果关系的研究。

一、研究矛盾协调/耦合及其复杂因果关系的科学方法

（一）一般系统科学视角中研究协调/耦合关系的科学方法

耦合度最初属于物理学概念，是指存在两个及以上的系统或运动形式通过相

互之间的作用而导致彼此影响的现象（李涛等，2015）。借鉴物理学中的容量耦合（capacitive coupling）的概念以及容量耦合系数模型，一般系统中多个子系统或因素之间的相互作用耦合度模型参见式（2-32）或其改进版式（2-33）；相关计算结果越大，耦合程度越高；并且当各 U_i 值完全相等时取最大值（姜磊等，2017）。由于耦合理论不仅具备综合评价系统协调程度的能力，而且具备直观性和易解释性，因此得到了广泛的实证应用。

$$C_n=\left\{\left(U_1\times U_2\times\cdots\times U_n\right)\Big/\prod_{i\neq j}\left(U_i+U_j\right)\right\}^{1/n},C_n\in[0,0.5] \tag{2-32}$$

$$C_n'=\left[\frac{U_1\times U_2\times\cdots\times U_n}{\left(U_1+U_2+\cdots+U_n\right)/n}\right]^{\frac{1}{n}},C_n'\in[0,1] \tag{2-33}$$

虽然耦合度能显示各系统之间作用的强弱，但是不能显示系统的整体协调情况，故发展出耦合协调度 H 的模型，参见式（2-34）；其中，F 为总的综合发展得分；β_i 为 U_i 的待定权重并且其算术加权总和为 1，以便保证 F 在 $[0,1]$ 范围之内（前提是 U_i 已经标准化）（姜磊等，2017）。耦合协调度模型保证了该耦合协调度不仅仅与耦合度有关，而且与引致因素的影响力有关，从而避免引致因素影响力很弱时，其耦合度却高于引致因素影响力很强时的情形。

$$H=\left(C_n'\times F\right)^{1/2},H\in[0,1]\quad F=\beta_1\times U_1+\beta_2\times U_2+\cdots+\beta_n\times U_n,F\in[0,1] \tag{2-34}$$

（二）复杂系统科学视角中研究协调/耦合关系的科学方法

实际复杂系统的动力性质的发展演化研究，尤其是经济系统、社会系统和生理系统等，根本难以通过建立精确的解析模型进行研究，只能通过观测或实验获得包含演化信息的时间序列，并通过时间序列本身去获取所研究系统的相关信息及其演化行为与结构；而它按形态复杂程度分为线性的和非线性的时间序列，按确定性程度分为随机时间序列和确定性时间序列，按观察变量多少分为单变量和多变量的时间序列，但无论如何划分，一旦具有混沌或分形特征都需借助统计分析（王海燕和卢山，2006）。

在当今信息爆炸和大数据时代，立足统计熵概念上的信息论的作用日益增大，不仅是研究通信系统、数据传输、密码学、数据压缩等重大问题的基础，而且尤其适合庞大、复杂的系统。基于热力学第二定律的熵概念，1948 年香农（Shannon）基于“信息是用来消除随机不确定性的东西”理念，提出信息熵（即香农熵）来描述信源的不确定程度，参见式（2-35）；据此可推算传递经二进制编码后的原信息所需的信道带宽，进而奠定通信科学基础。再基于联合熵（Joint Entropy）的 $H(S,Q)$ 公式（2-36），可以得出描述两个事件集合之间相关

性的互信息，两个事件 S 和 Q 的互信息参见式（2-37）；它刻画一个随机变量中包含的关于另一个随机变量的信息量，或一个随机变量由于已知另一个随机变量而减少的不确定性；式中 $H(S,Q)$ 是孤立的 q 的不确定性，而 $H(Q|S)$ 是已知 s 的 q 的不确定性（刘宗华，2018）。

$$H(S) = -\sum_{i=1}^{N} P(s_i)\log P(s_i) \tag{2-35}$$

$$H(S,Q) = -\sum_{ij} P_{sq}(s_i,q_j)\log P_{sq}(s_i,q_j) \tag{2-36}$$

$$I(Q,S) = H(Q) - H(Q|S) = H(Q) + H(S) - H(S,Q) \tag{2-37}$$

事实上，1981 年塔肯斯（Takens）等提出的嵌入定理回答了如何从单变量的时间序列中得到多变量相空间的问题，即如果观察到某动力学变量的一个标量序列 $S(n)$，则多变量动力学的几何结构可通过将这套标量转化为矢量 $y(n)$ 而完成相空间的重构，参见式（2-38）；其中，τ 为采样间隔，d 为嵌入维数，选择合适的 τ 和 d 是重构奇异吸引子的成败关键；而选择 τ 的较好方法就是应用上述互信息函数（刘宗华，2018）。故与线性分析法中的相关系数相比，涵盖非线性相关程度的互信息（陈铿和韩伯棠，2005），可更好地协调程度指标。

$$y(n) = \left[S(n), S(n+\tau), S(n+2\tau), \cdots, S(n+(d-1)\tau)\right] \tag{2-38}$$

此外，信息论中还衍生出更深入分析协调与耦合关系的多种熵研究。在香农信息熵 $H(X)$（描述 X 的总体不确定度）的基础上，除了联合熵 $H(X,Y)$（描述 X 与 Y 同时发生的不确定度）、条件熵 $H(X|Y)$（描述已知 Y 之后 X 的不确定度）、互信息 $I(X,Y)$（描述 X 与 Y 之间的相关性）、相对熵 $D(p\|q)$（衡量两过程 p 和 q 的差异性）之外，还要考察耦合性质的 Kolmogorov 熵（相空间中衡量混沌运动无序程度）；刻画各过程差异以体现动力系统复杂性（随机过程中新模式的生成速率，亦侧面反映自相似性）的近似熵（approximate entropy）（Pincus，1995），及其改进版的样本熵（sample entropy）（Richman and Moorman，2000）；鉴于条件熵是非对称的，但这并非彼此之间信息传递带来的，要想获得方向性信息，可尝试在互信息其中一个变量的计算上再引入时间延迟，从广义马尔可夫性质角度衡量差异，就出现转移熵（transfer entropy）（吴莎，2014）。

（三）复杂系统科学视角中研究复杂耦合因果关系的科学方法

多变量转移熵（multivariate transfer entropy）可进行因果性的耦合分析（Runge et al.，2012）。转移熵与基于向量自回归的时间序列分析工具 Granger 因果分析相似；但是 Granger 因果分析无法捕捉到高阶的非线性因果关系/因果结构，这种情形下为避免因果信息损失应采用非线性的转移熵测度来分析数据（张健，2016）。转移熵可研究两个非线性系统信息交换中的动力学特征和方向信息，但对噪声较敏感且参数间协调性要求较高；故 Staniek 和 Lehnertz（2008）提出基于序列符号化处理的符号转移熵（Symbolic Transfer Entropy）。Wu 等（2013）以及 Dickten 和 Lehnertz（2014）应用符号转移熵分析耦合关系，吴莎（2014）用改进的符号转移熵算法分析耦合关系，Singh 等（2015）用联合符号转移熵（joint symbolic transfer entropy）进行多尺度时间数据之间的因果互动分析。

二、研究矛盾协调/耦合及其复杂因果关系的科学方法在经济管理中的应用

相对于国内外经济方面众多的耦合度和耦合协调度研究，国外已涌现复杂系统科学视角矛盾协调/耦合及其复杂因果关系研究，而国内研究还有滞后。例如，Papana 等（2016）对非平稳时间序列的财经数据，展开偏符号转移熵（二变量符号转移熵改进版）研究，以便探索非平稳时间序列的因果关系。苑莹等（2016）鉴于金融时间序列具有长程相关性特征并且金融时间序列之间还存在幂律关系的交叉相关性特征，应用去趋势交叉相关性分析、多重分形去趋势交叉相关性分析以及基于时间延迟的去趋势交叉相关性分析等方法，对沪深 300 股指期现市场间的相依测度进行定量研究；其中，去趋势交叉相关性分析和多重分形去趋势交叉相关性分析方法的优势在于可以有效消除局部趋势对时间序列标度行为的影响，可以衡量不同标度下时间序列所呈现的分形特征，并且能够深入探究不同时间序列之间的交叉相关性及其非线性的复杂特征；而多重分形非对称性去趋势波动分析方法和基于时间延迟的去趋势交叉相关性分析方法，进一步地研究相依性的非对称性特征以及市场间的传导方向，进而深化对市场间相依性测度的复杂特性机理研究。

相对于微观管理方面大量的耦合度和耦合协调度研究，国内外以复杂系统科学视角研究矛盾协调/耦合及其复杂因果关系的文章很少，目前有一点探索分形相关协调概念但并非上述方法的研究。周建频和杜文（2005）研究制造业分形供应链的适应与协调，包括分析供应链分形代理的内部结构、分形信息组件和协调单元的作用以及制造业分形供应链的嵌套模式，分析分形供应链在成本和协同性方面的特点，并针对供应链运作环境的不确定性研究了制造业分形供应链动态适应的方法和协调系统的原理。周建频和张勤（2009）应用分形、智能 Agent 和神经网络自适应控制技术，研究分形供应链适应环境变化的结构模式和策略模式；探

讨了分形供应链 Agent 关联结构，提出了分形供应链双层自适应协同计算模式，论述了资源 Agent、信息协调 Agent、人机交互 Agent 和领域计算 Agent 之间的相互作用关系；以一个分形模块的策略协同为分析对象，研究了领域单元的自适应协同计算模式，分析了分形模块的成本模型，并对基于 Agent 交互的神经网络模型部分进行了算例仿真。李安楠等（2017）针对危机管理这种混沌情景下的管理问题，研究了分形应急组织的结合集权式协同组织和合作式协同组织的特性，这可克服两种组织模式的缺点，解决应急组织在动态不确定环境下的关键需求；分形应急组织是基于应急能力的供需关系（demand-supply，DS）和应急单元间的委托执行关系（delegation-to do，DT）而形成的嵌套式的系统，分形应急组织拥有开放的、可重构的及灵活性的组织结构，可以通过无限制的扩展和收缩组织边界，以及简单的重新配置来适应动态环境的变化；对比集权式和合作式的应急组织，分形应急组织具有更明了和简洁的组织协同机制。

当前，复杂系统科学视角的信息科学研究，为应用复杂系统科学视角研究生态经济系统中的矛盾协调/耦合及其复杂因果关系的前景奠定了扎实基础。大数据时代许多应用领域会快速、实时地产生大量的数据；而数据流模型可以准确描述这类依照特定的时间戳有序排列，具有海量规模、实时到达、不断变化等特点的序列数据；数据流作为动态的复杂系统，其上的分形维数应具有动态、时变、多粒度等特性；多粒度时变分形维数算法可以同时在不同时间粒度上实时地计算数据流时变分形维数，进而有效地监控数据流分形维数在不同粒度上的时变特征，深刻揭示数据流的演化规律（倪志伟等，2015）。鉴于属性选择是数据挖掘、文档分类和多媒体索引等领域研究的一个热点问题，鲍玉斌等（2003）提出一种基于分形维的快速属性选择算法，即利用数据集的分形维作为属性的重要性度量。鉴于属性选择在机器学习和数据挖掘领域起着重要作用，倪丽萍等（2009）提出一种利用分形维数和蚁群算法进行属性选择的方法，其中分形维数作为属性选择的评价机制（属性子集的分形维数越接近原始数据集的分形维数其分类准确率越高），利用蚁群算法的正反馈机制加速属性选择的过程。吴虎胜等（2013）将分形维数视为其本质维，发展出多变量时间序列的无监督属性选择算法。龙图景等（2004）针对当前互联网上日益复杂的网络业务流和视频流，提出一种新的网络业务流的多重分形小波模型，它在各个时间尺度上对小波系数都依据源数据尺度系数的边缘分布做了修正，以便确保新模型能在不同的时间尺度上拟合源数据的分布。吴启武（2012）针对传统业务模型不再适合描述物联网业务流量特征的问题，将基于射频识别（radio frequency identification，RFID）的物联网系统作为研究对象，针对其构架模式和业务特点，利用服从帕累托重尾分布的 Multiple ON-OFF 业务模型，建立了一种集中式的物联网自相似分层业务流量模型，并通过自相似特性的测量验证了该模型的有效性。萧蕴诗和汪镭（2001）结合具体制造企业 CIMS（computer integrated manufacturing system，计算机集成制造系统）的复杂系统建模实例，论述了一种基于分形思想的复杂系统功能模型开发方法，它对系统各级功能模型从整体向局部、从宏观向微观逐步深化，在模块化、强内聚、弱耦合条件下按对象复杂程度分层细化。

第五节　面向可持续发展的马克思主义经济科学研究框架

爱因斯坦指明熵定律是宇宙中唯一一个永不被推翻的物理理论（韦斯特，2018）；而前文的论述已阐明立足熵视角的复杂系统科学研究方法可以贯穿自然和人类社会，故这种"熵"无疑是最适合研究整个地球的可持续发展议题的。此外，立足统计学视角的"熵"无疑是真正价值中立的，且其衔接微观行为与宏观有序结构的特质，使其最适合衔接微观企业管理和宏观经济结构的研究，这既有助于深入探寻与微观企业行为紧密互动的宏观经济规模议题，又有助于深入衔接自然资源/服务的规模与人类社会经济活动规模。而立足于"熵"的研究矛盾系统结构持续演化以及深入探索矛盾协调/耦合及其复杂因果关系的科学方法，无疑最契合马克思主义的对立矛盾论和历史唯物主义。以下将立足于"熵"视角，针对经济科学发展历程中的可持续发展困境，结合本章第一节阐明的面向可持续发展的经济科学根基——使用价值和物质稀缺性的再聚焦，深化本章第二节提出的立足使用价值和物质稀缺性的马克思主义经济科学研究。

本书将继承马克思从哲学至经济学的研究路径，遵循拓展马克思主义经济学的建议（阐明"简单劳动/复杂劳动-使用价值-价值-剩余价值"之间的关系并发展能够阐明"使用价值-熵-生态系统"关系的方法），聚焦生态经济系统有机体，利用可以一致性贯穿生态经济系统的使用价值、物质稀缺性、客观资源生产力，以及立足概率论的价值中立的"熵"视角研究方法（含定量方法），通过适当的分层及耦合/解耦来探索生态经济系统整体与各部分子系统之间的复杂互动，其核心是在先突破与生态议题集成难题的基础上，阐明与经济议题的耦合式有机衔接原理和与社会议题的耦合衔接路径。本书后续三篇将分别阐述以下内容：①第二篇为"马克思主义经济科学的哲学（基础篇）"，包括"尊重客观规律实践可持续发展的满足合理需要论"和"立足马克思主义经济科学的马克思主义自然哲学”两章；②第三篇为“马克思主义经济科学的耦合（原理篇）”，包括“马克思主义经济科学的使用价值与交换价值耦合机理”和“协调环境和经济社会发展的马克思主义经济科学研究”两章；③第四篇为“面向信息社会的马克思主义经济科学应用（展望篇）”，包括“基于区块链技术和西蒙‘满意化’的供应链治理机制及其智能治理展望研究”和“面向云制造的企业产品服务系统矛盾结构分析及其耦合协调管理展望”两章。

本书融合面向可持续发展的哲学、经济学、管理学和数学研究，构建涵盖微、中、宏观生态经济系统的研究内容并发展贯穿微、中、宏观的价值中立的熵视角矛盾协调匹配方法，创建微观、中观和宏观有机衔接的价值中立的面向可持续发展的马克思主义经济科学研究体系；既探索其中生态子系统与经济子系统的使用价值耦合，又实现规模/结构相关多种经济学/管理学现有理论的有机集成，最后以面向信息社会的可智能化的供应链治理和企业运作管理展望指明研究的未来深化方向。希望这在一定程度上完善马克思主义经济学体系的经济科学内核研究，能够真正纠正新古典主义经济学之罗宾斯经济科学的原有偏颇，真正为人与自然共存的可持续发展搭建一个“大一统理论”的基石。

第二篇　马克思主义经济科学的哲学（基础篇）

第三章　尊重客观规律实践可持续发展的满足合理需要论：立足马克思主义经济科学的满足合理需要论

“实践是检验真理的标准”还需要以可持续发展为准绳，以客观规律为根基，并以合理需要为目标。

赫伯特·A. 西蒙 1976 年阐明：“相对于更基本的目标来说，有些目标本身往往只是工具性的手段。因此，这就引导我们把目标想象成一个序列或是具有层次的。在这类手段（目的）链条的建构中，理性发挥着重要作用。”（布罗西耶，1997）

芒纳星河（2008）曾指出：由于对可持续发展进行精确定义仍然是一个难以达成的目标，为避免对此进行冗长的哲学争论，可采取相对较低调的策略，即在将可持续发展界定为一种过程而不是终点的基础上，以增量（或渐进式）的方法作为“使发展更可持续”的规范化方法，以便处理紧迫的优先性问题，而不是迟迟不采取行动。如果说十年前将哲学问题暂时搁置是权宜之计，十年后如若仍不解决哲学问题，无疑将阻碍可持续发展事业的进一步深化，尤其是在实践可持续发展的根本障碍在于西方哲学“事实/价值两分法”的哲学基础命题之时。

“价值”概念虽经百年的哲学探讨，在西方理论体系中至今还是一个没有确切定义的概念；而 18 世纪哲学家休莫基于经验逻辑提出的“休莫命题”，因为价值陈述不能从纯事实陈述中推导出来，其成为西方哲学中“事实/价值两分法”的肇始（程少川，2018）。“事实/价值两分法”对整个西方的多种学科产生了深刻影响，不仅成为现代西方道德哲学的重要教条和政治学的根本前提，而且是当代西方经济学恪守的一个重要原则，并由此造成经济学与伦理学的对峙（程少川，2018）。罗宾斯（2000）正是据于此提出了剥离价值判断的实证科学研究范畴的“经济科学”研究。相应只聚焦个人的主观效用并拒绝使用价值（包括拒绝自然生态系统的使用价值）及其相关的绝对规模与结构研究（进而无视自然约束）的罗宾斯经济科学，却成为可持续发展的最关键障碍（刘正刚等，2017）。“是”与“应该”的关系问题，实质就是科学事实与价值之间逻辑桥梁的问题，亦对应真理和实践自由之间的逻辑桥梁问题。而对事实与价值两分法这一现代道德哲学和政治哲学根本前提的批判，正是当代实践哲学最富有挑战性的主题（普特南，2006）。面向可持续发展的实践，必须破除西方哲学“事实/价值两分法”的哲学基础命题。

第一节　科学事实与价值、经济学与哲学的再融合趋势与难题

一、科学事实与价值的再融合趋势

在古代，哲学家大多认为真善美是统一的、是公理、是不证自明的。但是，由于价值判断涉及广泛的人类经历及其在相关经历影响下的心理状态，它的复杂性远远超出可以被确切描述的事实对象，因而产生了事实与价值认知的分野。对于这个分野问题，18 世纪持怀疑主义立场的哲学家休莫基于“一切科学都与人性有关，对人性的研究应是一切科学的基础”的认知，在《人性论》中通过对人性的研究（分为知性、情感和道德三卷）来揭示制约人的理智、情感和道德行为的准则，其中，在道德卷，他发现他所遇到的命题的连词不再是通常的“是”与“不是”，而是“应该”与“不应该”；这种变化尽管是静悄悄的但却有重大的意义，因为注意这个细节会推翻相关的道德体系，并且区别恶与德不是简单地建立在对象关系上，也并非仅被理性所查知；最终休谟提出从“是什么或不是什么”的事实命题能否推导出“应该怎样或不应该怎样”的价值命题的问题（休谟，1980）。随后，彼彻姆指明：价值陈述不能从纯事实陈述中推导出来，因为在逻辑上至少要有一个非事实的价值前提（彼彻姆，1990）。而其后的哲学家黑尔深化了这一思想：从一系列的关于“其对象特征”的陈述句中，不可能推导出任何关于应做什么的祈使语句，因而也就无法从这种陈述句中推导出任何道德判断（黑尔，1999）。随着近代自然科学的兴起，特别是牛顿的经典力学及其伴随的机械自然观的确立，事实多认为是科学应该研究的问题，是可以用科学方法鉴

别真伪的，是理性的也是客观的；而价值多认为应该是人本主义哲学家研究的问题，是意识的，是情感的对象，其研究方法和科学方法是不同的，是主观的也是形而上的；这形成事实与价值的二分对立（黄昊和张丹丹，2016）。

然而，到20世纪中后期，随着科学研究深入微观世界和宇观尺度，以及科学的社会化和社会的科学化，科学与价值的鸿沟日渐缩小，出现了事实与价值的再融合趋势。近代以来，在科学内部出现了科学与价值的分离，这种分离的一个重要考虑就是对客观性、确定性知识的寻求，或者出于为自然科学谋求一个严密可靠的基础的需要；然而，近代科学与价值分离赖以存在的基础或依据，被世纪之交物理学中两个领域的革命（即相对论和量子力学革命）所摧毁，因为量子力学意味着机械决定论的终结，并且科学与价值分离的根基也随着现代物理学中认识论和方法论的变革而逐渐削弱（如主客体分界的模糊性、微观解释的概率随机性、绝对的价值标准趋淡而相对性观念突显）（庞晓光和陈庆永，2016）。在主客体分界模糊性方面，近代科学建立在主观与客观、思维与广延严格区分的基础上，科学客观性要求消除任何人类主体的痕迹，在原则上分离科学与价值，这几乎成为自然科学的一个必要前提或公设；可是当代量子世界中的许多奇特现象使得主体因素融入物理学且无法消去，于是主体的认识活动不可避免地融入科学解释中，经典物理学竭力分割的主客体的界线模糊了，在客观知识和主观追求之间做出明确划分的信念已经被科学本身消解了（庞晓光和陈庆永，2016）。对于可持续发展研究来说，这种主客体分界的模糊性并不意味着主体和客体混为一谈，而应该是由人类社会和自然界共同组成的生态经济系统必然成为科学考察的对象，其中主体的人与客体的其他人或自然界中物体都是紧密有机衔接在一起的。有助于理解主客体分界模糊性的知识互补原理，即“人类知识领域的任何部分与其余部分都是不可分割的整体，只有相互补充、相互依存才会获得完整理解，因为真理的颗粒就包含在知识的统一和普遍关联中”（庞晓光和陈庆永，2016），是更准确的展现；因为对于需要综合众多自然学科和社会学科领域内相关知识的可持续发展研究来说，尤其如此。此外，与经典物理学的世界是决定论或还原论的（即物理学或科学从无误的公理等初始命题开始就可以达到完全客观的和决定论的知识体系）不同，随着在量子力学中统计解释代替了决定论的解释，像绝对必然性、绝对精确性、最终真理等观念反倒成为应当从科学中排除出去的“幽灵”（庞晓光和陈庆永，2016）。这种微观解释的概率随机性，恰恰反映了全世界的可持续发展面临着不可排除的风险，因为即使局部世界或全球的生态崩溃原本是极小概率事件，一旦人们在奔向生态崩溃的道路上一路前行并突破底线/阈值，这种崩溃也将对局部世界或全球的毁灭造成不可挽回的恶果，所以人们的价值观念及其引导下的行为必须跟自然界的科学及客观规律更好地协调起来。最后，以爱因斯坦相对论为代表的现代物理学革命使原本为人们忽视的科学理论的暂时性、相对性和盖然性的特征凸显出来，而系统科学、非线性科学和生态科学无不削弱古典的还原论、决定论的根基，故现代科学巨变之一就是曾经被遗弃的主体价值的回归（宇宙是一副没有人情味的机器的图画已被摒弃）（庞晓光和陈庆永，2016）。这种现代科学中主体价值的回归，必然要求可持续发展研究更紧密地衔接自然科学与社会科学研究，共同为人与自然相协调的可持续发展贡献力量，而任何一方面科学研究的滞后、偏差甚至超前都可能因相互的不匹配而造成恶果。事实上，与物理学中相对性的研究弥补了超强的“绝对性”研究而成为万幸之事不同，罗宾斯经济科学因为仅突出“相对性”的研究，进而隔绝而不是弥补原本客观的、可衔接自然界资源规模议题的“绝对性”经济研究，最终成为可持续发展事业的关键障碍。因此，在面向可持续发展的经济科学研究中，事实与价值的再融合趋势，要求涵盖自然科学和社会科学的“相对性”研究与“绝对性”研究更紧密融合。20 世纪中叶以后，科学逐渐由“小科学”阶段步入普赖斯所定义的“大科学”阶段，这意味着在现代社会中，政治决策、经济发展水平、社会文化等将对科学起到至关重要的作用；如果说小科学时代科学纯粹作为知识体系而彰显其价值，那么在大科学时代科学最本质的改观就是科学的社会因素、人性化特征凸显，科学以一种社会活动和社会建制的姿态出现在大众视野中，这些方面均承诺着大量的价值内容（庞晓光和陈庆永，2016）。随着 20 世纪科技的运用带来了众多的社会问题，人们又开始思考科学不应仅涵盖“是什么”的问题，还需要纳入“应当怎样”的思考，以便进行全面评估，也就是科学事实需要价值的引导，事实和价值这一对从未分离的范畴又在现代的大科学时代，开始了迈向结合的第一步（黄昊和张丹丹，2016）。

二、经济学与哲学的再融合趋势

经济学与哲学的再融合有两个阶段，一个是马克思与黑格尔引领的再融合，一个是面向可持续发展的当代经济哲学再融合。从西方思想史上的学科关系来看，经济学与哲学并非始终是现代学科规训中分化并置的形态，而是历史地呈现出未分化、分化与再整合的动态发展过程；马克思与黑格尔都处于经济学与哲学在现代分化后重新趋于整合的发展阶段，都试图将政治经济学理解为一种哲学，然而在经济学与哲学的结合方式上又存在着深刻差异：①黑格尔将政治经济学融入哲学，政治经济学成为其精神哲学的一个内在发展环节，这表现为在黑格尔哲学体系中，市民社会本身是“伦理（家庭–市民社会–国家）”发展的一个内在环节，而伦理则是客观精神（抽象法–道德–伦理）的环节之一，进而客观精神又构成了精神哲学的一个环节，故政治经济学作为市民社会（本身已经是一个“外部的国家”）的知性科学或理智科学便揭示出国家（伦理性实体）何以能够调和市民社会分裂的必然性根据；②马克思则以政治经济学重铸哲学，将哲学探讨本身转化为、归结为政治经济学批判，政治经济学批判同时也就体现为《资本论》的“哲学”，即马克思在《资本论》中实现了经济学与哲学的内在结合，马克思的哲学深化为一种关于资本主义生产方式的政治经济学批判，而政治经济学批判同时也被提升为一种关于现代世界的存在方式、生成方式与超越方式的新型哲学世界观，此时《资本论》作为哲学的现实化、具体化，恰恰是传统哲学形态的终结，并开创出一种综合经济学与哲学的“新哲学”形态（郗戈，2017）。然而，造就西方哲学“事实/价值两分法”的休莫法则最终对整个西方的多种学科产生了深刻影响，不仅成为现代西方道德哲学的重要教条和政治学的根本前提，同时也是当代西方经济学恪守的一个重要原则，并由此造成经济学与伦理学的对峙（程少川，2018）。罗宾斯（2000）正是据此提出了剥离价值判断的实证科学研究范畴的“经济科学”研究，即经济学涉及的是可确定的事实，而伦理学涉及的是估价与义务，两个研究领域风马牛不相及。在这种“价值中立”的“科学性”口号迷惑下，只聚焦个人主观的相对性效用的罗宾斯经济科学逐渐占据西方经济学核心地位，进而逐渐把关注客观物流运作及相关绝对性质的规模与结构的生产运作研究排挤出经济科学的核心领域。相应地，只聚焦个人的主观效用并拒绝使用价值（包括拒绝自然生态系统的使用价值）及其相关的绝对规模与结构研究（进而无视自然约束）的罗宾斯经济科学，作为西方主流的新古典经济学的核心内核，却成为可持续发展的最关键障碍（刘正刚等，2017）。事实上，西方“事实/价值两分法”哲学基础命题的问题，使得西方在贯彻其文化发展理念时，无论在国家关系方面，还是在管理价值抉择方面，在很多情况下难以将其理念与实践统一起来，难以回答如何获得“繁荣、安全、尊重、影响力和幸福”的现代问题（巴尔，2013）。另外，在生态危机发生机制探讨上，现代经济学主要着眼于自然资源稀缺性与人类欲望无限性的矛盾，而哲学分析则主要聚焦于对人与自然关系的反思，但它们都不能独自对这一问题做出完整的解释；虽然哲学角度的诠释无疑抓住了最基础性的根源，即生态危机的爆发不仅本质性地表现为，而且本质性地根源于人与自然关系的断裂，但对造成这一断裂根源何在问题的追问引导着研究必然走向更为具体的人类经济生活领域；在哲学诠释角度的抽象性要求哲学走向经济学的同时，经济学解释的虚弱性亦呼唤着经济学走向哲学，在这面向可持续发展的双重呼唤中生成经济学与哲学交叉学科“经济哲学”（卜祥记和何亚娟，2013）。

三、科学事实与价值、经济学与哲学的再融合难题

虽然科学事实与价值以及经济学与哲学都出现了再融合趋势，但其中仍然存在大量融合难题待解决，这也正是当前可持续发展事业仍然限于困境的原因。这表现在以下三大方面。

第一，科学事实与价值以及经济学与哲学的再融合，需要新型的价值中立。第二次世界大战中原子弹使用引发的灾难性后果颠覆了“科学是善的”预设，使人们意识到，科学需要目的和价值的规约；类似的只求钻研、不计后果的价值中立主张，在当时的历史语境中被看成是躲避社会责任的借口而引起非议；故而科学无法绝对地区分为认知体系和社会体系，无法完全甩掉社会价值的规约（庞晓光和陈庆永，2016）。在对待科学与价值的关系上，逻辑经验论表现出两方面的教条：一是凭借强悍的“可证实原则”过滤掉一切价值要素，二是对价值的情感主义立场，即认为价值是主观情感的表达，因此要毫不犹豫地从科学中加以驱除；但在20世纪中后期，逻辑经验论激进的科学价值中性观遭到来自各方面的批判，如波普尔的批判理性主义、引入价值的历史主义科学观、后逻辑经验论、后现代主义，甚至杜威这样的实用主义者（庞晓光和陈庆永，2016）。尤其后逻辑经验论派的普特南以对价值合理性的证明为切入点，在科学与价值之间搭建桥梁：其合理性的概念从科学领域即所谓“事实”领域推广到道德、文学、政治和历史等价值领域，证明价值拥有同事实一样的合理性根据；而价值并不单指伦理价值，不仅仅是同个人趣味有关的主观随意性的东西，被用来衡量科学陈述之客观性的那些标准（如融贯性和简单性等）也是价值（Putnan，2002；庞晓光和陈庆永，2016）。此外，温和的后现代科学观是建设性的：①提倡以整体有机论的方法重新理解人与自然、科学与价值的关系；②批判和否定的不是科学的客观性和普遍性，而是以牺牲主观性、牺牲价值为代价的客观主义、极端理性主义和工具主义；③修正唯我独尊的理性主义和非人格化的客观性（庞晓光和陈庆永，2016）。正如霍耳顿（1999）所言：重新整合人性与自然，恢复对爱神和情感的尊重，恢复对有效的跨国家体制的尊重；接受科学中的多元论，最终放弃哲学上的基础主义和对确定性的探求；重新确定某些科学研究方向，从而使它们同困扰人类的重大问题联系起来。然而，流行的激进派的后现代主义科学观一方面全盘否定科学认识的合理性，另一方面过分抬高社会文化、人类动机、信念传统对科学的决定作用，从而抹杀科学的客观性，取消科学真理；而科学价值中性被其认为不仅在认知意义上是不可能的，还作为“文化霸权”的象征遭到女性主义和后

殖民主义的猛烈抨击（庞晓光和陈庆永，2016）。事实上，罗宾斯经济科学的“价值中立”就是一种无视自然界客观存在与生存要求的狭隘的“价值中立”，一种无视自然客观规律以及人类生产运作客观规律的偏激的“价值中立”，一种完全偏向人的主观需求的虚伪的“价值中立”；其剥离价值判断实现“价值中立”的方式无疑将在事实与价值及经济学与哲学的再融合趋势下被抛弃。故在破除价值中立方面，不能从一个极端误入另一个极端，需要辨明有益的价值中立部分，抛弃有害、错误的价值中立部分。真正面向可持续发展的研究迫切需要尊重科学广义价值的、尊重科学整体有机论的、尊重科学客观性和普遍性的、排除为人独尊进而兼顾自然的，并且紧密联系实际生态危机/可持续发展问题的新型价值中立。这种新型价值中立可通过合理性/合理度在科学与价值之间搭建桥梁，此时，可证实或可证伪都有助于通过合理度的定量考量，有机地融合价值要素。

第二，虽然马克思生态思想已经从否定说、二分说、诘难说发展至肯定说，生态马克思主义经济学新研究缺乏价值中立的经济科学研究。近年来中外学界对马克思有无生态思想展开论辩，从否定说、二分说、诘难说发展至肯定说：①否定说以《资本论》劳动价值论、劳动过程论和唯物史观等为依据，推断其无视自然价值，放任人类“普罗米修斯式”对待自然而否认其生态思想；②二分说割裂早期和晚期马克思思想，认为早期《手稿》[①]异化思想有关注自然的一面，以及《形态》[②]考察历史的自然史和人类史维度获得生态思想赞誉，但后期的《资本论》因其没有明确生态“宣言”和“政治经济学说与自然无涉”定性而忽视甚至遮蔽其生态思想；③诘难说认为马克思思想不仅不包含生态思想，而且有反生态危险，甚至成为诱发生态问题的根源；④肯定说的辩护体现出对马克思生态思想宏阔视野的解读和与时俱进的理解，引发人们对《资本论》博大精深思想的生态维度审视与考量（张秀芬和包庆德，2016）。造成人与自然关系断裂的世俗性根源乃是人类历史演进在一定阶段出现的具有无限增值本性的资本；正是资本呼唤出人类的无限欲望，造成了作为一种历史现象的资源稀缺与欲望无限的矛盾，这一矛盾又通过观念层面的“欲望支配世界”、“经济个人主义”和“价值通约主义”等，无限地放大了作为矛盾一方的“欲望无限”，从而直接导致人与自然关系的断裂以及生态危机的呈现和加剧（卜祥记和何亚娟，2013）。马克思在以《1844 年经济学哲学手稿》开辟的经济学哲学交融研究之路上，对于哲学之谜，一直用经济学来探寻；而对于经济问题，则融入更多哲学思考（李跃华和吕计跃，2016）。虽然马克思后期巨著《资本论》深刻批判了资本被资本主义社会错用的恶果，但是正如前一章阐明的，《资本论》因为过于聚焦资本、交换价值及

① 《手稿》指马克思早期的《1844 年经济学哲学手稿》。

② 《形态》指《德意志意识形态》。

生产关系层面而暂时忽略了使用价值和生产力层面的深入研究，难以更深入地以“价值中立”视角的使用价值研究来对接自然界立足客观资源生产力的生存与运转研究，进而难以细化可持续发展研究。而以刘思华为代表的更多考虑生态系统及其自然生产力的生态马克思主义经济学的新研究，仍未完成生态系统与经济系统的有机集成，尤其缺乏两方面有机互动的定量研究，更多局限于政治经济学传统，而未深入思考“价值中立”议题。前文虽然提出立足使用价值和物质稀缺性的马克思主义经济科学研究议题，然而如何“价值中立”地有机衔接起科学事实与价值以及经济学与哲学仍亟待深化。

第三，科学事实与价值之间逻辑桥梁问题仍未解决。虽然有众多的学者试图从不同的视角、运用不同的理论来说明“是”与“应当”的关系问题，即事实与价值的问题，但是目前还没有人能真正合乎逻辑地、令人信服地、从事实推导出价值来；也就是休谟三百多年前提出的“是”与“应该”的关系问题现在还没有令人信服的解答（黄昊和张丹丹，2016）。“是”与“应该”的关系问题，实质就是科学事实与价值之间逻辑桥梁的问题，亦对应真理和实践自由之间的逻辑桥梁问题。因为“应该”一词既对应着人的主观的价值抉择，也对应着人（类）实践受制于真理而“应该”体现的自由程度，越契合真理的实践无疑应该越自由。而对事实与价值二分法这一现代道德哲学和政治哲学根本前提的批判，正是当代实践哲学最富有挑战性的主题（普特南，2006）。对于休莫所提质疑，西方哲学家们持续努力以试图解决真理和实践之自由之间的逻辑桥梁问题，而康德在其中起到了承前启后的关键作用：他在《纯粹理性批判》中通过构建先验范畴，证明人类认识世界如何可能，然后续用先验范畴构建术构建了“自由”范畴，表述人类价值选择如何可能；但康德把道德结论最终归结为直觉判断，故这部分工作在逻辑推理方面不具有解释力；其原因在于康德的范畴选择已存在先天不足，其继承亚里士多德的经验逻辑基础和经验范畴总结所构建的先验逻辑体系，对于反映抉择之自由的“价值范畴”构建缺乏必要的材料支撑，因而难以获得良好的归纳性结果（程少川，2018；康德，2004）。黑格尔的辩证法研究不得不继承康德留下的基因缺陷，即关于价值抉择的形而上思想体系与形而下的感知世界的连接缺少具有普遍意义的解释桥梁；即使是马克思的哲学从实践角度否定“资本”这一形而上概念对人类的统治，这一价值范畴中属局部分支的研究还不足以构成价值判断的整体理性；而杜威的实用主义价值哲学虽聚焦于价值判断（而非价值怎么定义）这一哲学核心问题创立了实验经验主义的评价判断理论，并因重视因果、重视手段合理性的务实精神而值得肯定，但其价值判断也只能以直觉为旨归（即类似于康德）并在实践上只能以后果为标准来迎合美国大众实用主义思潮（程少川，2018）。普特南指明：事实与价值二分法的崩溃源自于事实与价值观念之间存在天然的缠结和依赖，包括经济世界中的事实与价值的纠缠；而借助于对阿马蒂亚·森（诺贝尔经济学奖得主）的“规约论”和偏好的合理性等研究，指明实践时分析价值的关键在于合理性（普特南，2006）。虽然普特南基于“人类幸福才是伦理学在道德实践中获得生命力的源泉”的认识，倡导用试错精神构想一种新的理论体系以便兼容“德性论”、“义务论”和“功利主义”等一元论立场，但其工作尚未能在方法论构建上到达一个可以接纳各种学说的理论形式，进而以下问题有待解决：①是否存在某种一般性价值推理的理论形式？②在各种局部的一元论的工具理性之上，是否存在一种可以接纳局部理性的差异，而同时又可以服务于整体价值（包括自然科学和伦理学）判断的“整体理性的工具”呢？③这个工具怎样将物理世界的事实描述与伦理世界价值判断的多元化连接起来？它的逻辑形式应该如何构建呢？这一系列问题或许可以被列入人类哲学大厦的顶层问题，是科学哲学、管理哲学、伦理学之共同归宿的哲学问题（程少川，2018）。事实上，中国古代的哲学研究是有助于破除事实与价值二分法的，因为中国的文化基因中事实与价值之间在一开始就被认为是紧密联系的，而且《周易》等理论早就存在价值描述与推理方面独具特色而相对完备的体系（程少川，2018）。程少川（2018）通过系统性且价值中立性的梳理，提出《周易》“四德”所构建的价值判断与推理的方法论是终结西方“事实价值两分法”哲学教条的有效理论形式，即基于“元亨利贞”既是《周易》的“价值范畴”又是《周易》的“四德”的分析，此“德”既涉及事物的特征领域（与康德的认知范畴对应）又涉及事物的功能与关系特点（与日常价值取舍对应），发展了直接连接事实认知和价值判断的“元亨利贞”的形式辩证逻辑体系：①“元”是初始条件和不可人为改变的先天性质，与物质世界的客观性相对应；②“亨”与可行性及其条件的汇集对应，它引入了人的欲求与价值目标所需条件的联系，也引入了价值在时间上指向未来的特性；③“利”则引入了关系的性质与状态，是否是和谐的、适切的、符合需要的这样一种性质；④“贞”与事物的可持续性相对应，引入了与需求相关的关系的时间性。此外，朱熹这一理学集大成者的科学研究也为解决科学事实与价值的关系提供了一个极有益的探索方向，其主线是：万物皆有理且理与气之间是形上和形下的关系（理在气先但理气又相依）；所以要格物，格物（既在道德层面又涉自然事物和现象）是致知（包括科学事实之知和价值之知）的充分必要条件；而坚持不懈的格可以得到见闻之知和德行之知（即较多科学事实），若格突破临界点可获得较高层面的“天理”（即价值）；总之科学事实是获得价值的前提或者把价值奠定在科学事实的基础之上（黄昊和张丹丹，2016）。事实上，康德的《纯粹理性批判》这一西方科学哲学基础把“关系”范畴列在“认知”范畴之下，导致西方哲学体系无法将事实认知与价值抉择连接起来，这不仅导致价值判断因为“无可证伪”被排斥在“可证伪”的科学研究领域之外，更使得科学可能成为缺乏价值之眼的人类危险之来源；而《周易》“元亨利贞”形式辩证逻辑的构建，把康德的认知哲学基础列入关系范畴之下，可能解决上述巨大难题；从《周易》“四德”的“价值范畴”层面来看，科学是事物价值关系的探索发现与安排，是一个兼具“事实可证伪”和“价值可选择”意义的“有价值”的“科学”定义（程少川，2018）。然而，从关系视角看，上述研究在破除“事实与价值二分法”后还未完全树立事实与价值之间的正确关系，关键在于事实与价值之间的逻辑桥梁还未搭建好，这不仅表现在无论是普特南聚焦的合理性，还是“四德”之“利”所关注的关系是否和谐、适切，都缺乏相关定量的合理度、和谐度或适切度研究；而且突出表现在可持续发展急需的兼顾自然界生存的合理需要至今仍是价值哲学的争论焦点。

四、价值哲学中满足合理需要论的缺失凸显科学事实与价值、经济学与哲学的再融合难题

面向可持续发展的价值哲学强烈呼唤满足合理需要论。当代生态问题的出现与恶化本质上根源于资本无限增值的本性，而生态问题的根本性解决也只有根除资本主义的资本的生产逻辑才是可行的；这是因为欲望作为支配世界的原则是在资本原则成为人类生活根本逻辑的特定历史时期所发生的一个历史事实，是源于资本无限贪婪的本性；这种本性在作为资本人格化的现实个人的欲望层面，本质地表现为把自然经济条件下有限的消费需求转变提升为对抽象财富的无尽占有欲，从而成长为支配世界的原则（卜祥记和何亚娟，2013）。哲学基本问题包括两个方面：一是物质和精神、存在和思维谁是本原，谁决定的谁，谁是第一性谁是第二性的问题；二是物质和精神、存在和思维两者是否具有同一性的问题；而哲学基本问题内在地包含着价值问题，不能脱离价值问题而孤立地谈论哲学基本问题；而对价值问题也只有从哲学基本问题的层面上对其进行深入探究，才能从根本上把握价值问题的本质、结构和体系等，进而深化价值哲学研究（张帆，2004）。无限的主观占有欲望占据第一性之后，必然想方设法地无视自然界客观资源约束，排挤物质第一性。这正是罗宾斯经济科学为维护资本主义所有市场交换都是公平的、自愿的（暗指无剥削的）而聚焦于人的主观效用所必然造成的恶果。欲望支配世界的原则与有限消费需求不同之处主要有两点：①它不再以自身生理生存需求的满足为基本尺度或者以生产使用价值为目的，而是以生产商品财富和交换价值来满足人类超越自身生理生存之外无尽的虚假需求作为存在的意义与目的，但这种虚假需求源自于对交换价值/“货币”而且是资本化货币的需求，因而也是作为资本人格化的抽象个人对具有无限增值本性的货币（即资本）的无尽渴求；②资本化的人类劳动（实质已转变为工业生产）一方面失去了由人的现实性自然需求所设定的自然边界，成为无边界的不断扩张的怪物（整个自然界则

成为满足它无限膨胀欲望的原料库），另一方面也必然突破民族的、国家的地域性边界，成为全球化的、国际空间性的，甚至宇宙空间性的“生态殖民主义”的“全面生产”，因而从根本上摧毁了人与自然的基本平衡格局（卜祥记和何亚娟，2013）。事实上，对可持续发展实践及其研究来说，“是”与“应当”的关系问题关键在于合理性及合理度的把握，因为实践可持续发展的关键毫无疑问在于人类必须寻求与自然界协调的合理需要，纠正可能超过自然界负荷底线的各种不合理需要，故在临近生态悬崖之时无疑应该以自然界物质资源相关的自然客观规律为第一性。而要实现这一点的关键正是坚持使用价值的第一性，而非交换价值的第一性，尤其是在人类发展的当下时刻，在资本逻辑依然是我们无法摆脱的经济手段，而且缓解与治理生态危机的行动依然需要借助于资本力量的时刻。正如卜祥记和何亚娟（2013）建议的，人们至少可以从如下两个方面做出努力：其一，在实践运作中，为资本逻辑有效设定扩张边界与扩张成本，以确定哪些社会领域是资本不得准入的，以及当资本进入一个领域时所要承担的环境代价与社会责任（这显然属于政府行为）；其二，在观念重建上，破除资本原则的永恒性、目的性、终极性理念，确立资本逻辑的历史性、工具性、暂时性意识，同时消解观念化的资本逻辑（即“欲望支配世界”、“经济个人主义”和“价值通约主义”的生存理念），重构欲望与生存、自然与人生、财富与责任、个人与社会、价值与意义等存在意识。经济学的商品价值概念只有回到一般的哲学意义的价值范畴的轨道上来，才能为包括自然资源在内的各种要素的合理使用和配置提供科学的价值论基础（晏智杰，2004）。故以上这些纠偏反映在价值哲学层面，就是可持续发展事业强烈呼唤尊重自然的满足“合理”需要论。

价值哲学中关于满足需要论是否是要兼顾自然客观规律而聚焦合理需要的持续争论至今未达成共识，突显经济学与哲学的再融合以及科学事实与价值再融合的难题。王玉樑先生在第一次批评我国马克思主义学说在价值哲学领域占主导地位的满足需要论时指明：①满足需要论是一种西方公认的主观主义价值论。②西方著名学者已指出满足需要论存在理论混乱，如杜威指明某些事物能满足需要或欲望并不保证只会带来善的后果，实质有把事实当作价值的逻辑矛盾；又如罗尔斯定义善为合理欲望的满足并主张用满足合理的欲望或需要来界定价值。③我国坚持满足需要论的学者在主观上是想坚持价值客观性的，但所依的理论根据是对马克思、恩格斯论述的误解，相关论证是片面的，如误解普遍价值（即使用价值混同于价值），误解《1844 年经济学哲学手稿》中关于客体尺度和主体尺度的论述（即误解为仅强调主体尺度而忽视客体尺度，并误解主体尺度为人的需要而非人的全面发展），误解“他们的需要即他们的本性”，误解“从马克思关于使用价值的论述出发理解哲学价值”。④主体需要并非都是客观的（既有主观需要又有客观需要），并且需要并非天然合理。⑤重视实践必然重视主体和主体性，但是因此忽视和贬低客体和客体性却是片面性的，实质是以唯主体论的单极思维理解价值本质。⑥把事实混同于价值，实质是快乐主义，快乐主义必然导致主观主义价值论。⑦把使用价值混同于哲学价值，把哲学价值庸俗化，因为使用价值并非都是善的故而不能当作求善的哲学价值，此外使用价值仅有功利价值而哲学价值还包括真理价值、道德价值和审美价值（王玉樑，2012a）。李德顺同志对满足需要论有一次辩护，主要观点是：①双方分歧是在一致认同价值“关系说”基础上的分歧，问题主要是如何把握基本概念和理论思维的方法；②中国当代价值研究以“实践标准大讨论”为历史起点和逻辑起点，建立在对“主体”与“主观”、“真理”与“价值”、“价值（标准）”与“评价（标准）”、“实践唯物主义”与“实用主义”等基本概念及其关系有着深入分析基础上的满足需要论，是中国学派的一种价值论，故而中国的和西方的价值哲学属不同学说；③马克思主义经济学中的“价值”概念与哲学中的“价值”概念既区别又紧密联系，依托的是“使用价值”纽带；④“客体尺度”是真理的根基，“主体尺度”是价值的根基，如果把两个尺度都归于价值，那么真理根基何在；⑤价值研究的科学性首先在于尊重实际，从实然中揭示价值现象的真相和本质，而不能与应然的标准相棍淆，故研究“价值”还需关注“负价值”而不能局限于“正价值”，需跳出“价值必定是善的”框框；⑥在肯定“需要”是主体的一个尺度的同时，亦对“需要”加以历史唯物主义界定，即注意区分不同性质的需要和满足不同需要所形成的各种正/负价值，但最终未区分哪些需要是“合理”或“不合理”的原因在于这种划分的标准也是来自主体的具体历史尺度，进而已包含在价值本质的界定之中；⑦严格区分“主客体”与“主客观”意味着自觉地贯彻唯物史观，而王玉樑先生的批评有混淆“主体”与“主观”处，有“物质=客观，精神=主观”的简单化思维；⑧对“唯主体论”的批判混淆了“尺度”与“来源”的含义，离开了“价值”（是以主体尺度为衡量标准的）谈“关系”；⑨争论真正深层的实质问题是如何看待现实的人的本质和地位、权利和责任的问题，如何实践“以人为本”（李德顺，2013）。王玉樑先生批评李德顺同志的辩护时进一步阐明：①我国的满足需要论与西方的满足需要论不仅“形似”而且本质相同，关键是两者都认为哲学价值的本质就是满足需要，而能够满足需要是使用价值的特点，故混同哲学价值和使用价值；②马克思坚决反对将使用价值与价值混淆在一起，使用价值是指商品能满足某种社会需要，而商品的价值是指商品中凝结的人类一般劳动，二者根本不同；③客体尺度主要指客体的本质、属性与规律，而主体尺度或主体内在尺度主要指主体生存发展的内在规律，不能用“主体需要”这样一般概念来表述主体尺度；④马克思对对象、现实、感性要“当作实践去理解”和“从主体方面去理解”的论述，是纠正旧唯物主义只从客体方面去理解的偏差，“当作实践去理解”是指只有在坚持从客体方面去理解的前提下坚持“从主体方面去理解”才是正确的；⑤马克思恩格斯的“他们的需要即他们的本性”是说明需要与人的本性的关系问题而非需要与价值的关系问题，亦非人的本性与人的价值的关系；⑥不是用正价值（善）取代（广义）价值（善恶），而是揭示价值的善的本质，确立正确的价值导向，努力实现正价值（善）并抑制负价值（恶）；⑦区分需要合理与不合理的标准是实践而不可能是主体需要本身，实践这一检验真理的标准也是检验价值的标准；⑧针尖刺痛手指案例合乎逻辑的结论应是价值的本质，是主客体的统一，必须坚持主客体相互作用的辩证统一，需反对唯主体论或唯客体论的单极思维的片面性；⑨满足需要论失误的根本原因是崇拜自发性，受本能驱动，受非理性支配，满足需要论与“以人为本”是两个根本不同的命题，“以人为本”是根据历史唯物主义原理做出的以广大人民根本利益为出发点和归宿的自觉的命题（王玉樑，2015）。张建云同志在借鉴马克思经济学视角的价值一般的观点来探究哲学意义上的价值一般时阐明：①价值是标志实践活动中主客体关系的范畴，客体属性与主体内在尺度相契合、对主体有积极意义，即为正价值，反之为负价值；②经济学视角基于商品的使用价值是哲学视角中价值一般的基础和物质内容；③价值的根本特性是客观性和普遍性，该客观性来自人的自然需要及需要满足方式的客观性，普遍性来自人类总体性实践的普遍性，根源于世界的物质性存在；④价值的客观性和普遍性表明价值具有不以人的意志为转移的客观实在性，不能用主体性的实践哲学解读价值（张建云，2016）。虽然，张建云同志对哲学价值的客观实在性和主客体关系研究有助纠正唯主体论或唯客体论的单极思维，但其“使用价值是价值一般的基础和物质内容”的论点暂难以完全消除王玉樑先生对使用价值研究过于衔接主观需要的担心。总之，关于满足需要论，我国价值哲学学者进行了激烈的争论，但争论结果仍未达成一致：王玉樑先生较为充分地批驳了满足需要论并强调合理需要的必要性，但其对使用价值的偏见并不利于满足合理需要论的构建；而李德顺同志虽然认同关键在于合理需要并认可“使用价值”的纽带，但没有深究“客体尺度”这一真理根基如何与“主体尺度”这一价值根基互动以便探寻合理需要。这实质还是反映了科学事实与价值之间缺乏正确的衔接，真理和实践之自由之间的逻辑桥梁仍亟待建设，而经济学与哲学之间的再融合（如通过使用价值的再融合）同样亟待深化。

综合本节和第二章所述，面向可持续发展的马克思主义经济科学研究首先需阐明满足“合理”需要论以扬弃满足需要论，并且应通过坚持使用价值的第一性破除交换价值的第一性，坚持客观的物质稀缺性的第一性破除资本扩张的第一性。以下借鉴经济学“价值”、“使用价值”和“交换价值”研究与哲学“价值”研究的紧密互动，探明使用价值的客观性一面及其与客观真理和客体尺度之间的关联，结合主、客观的使用价值与价值间互动阐明面向可持续发展实践的“满足合理需要论”，从而搭建事实与价值之间的逻辑桥梁。

第二节　使用价值的客观一面是人类寻求可持续发展的关键

一、马克思新唯物主义实践哲学面向可持续发展的拓展方向

为实践可持续发展，马克思新唯物主义的实践哲学亟待深化。哲学发展是从本体论阶段到认识论阶段，到实践论阶段，再到价值论阶段；从理论哲学过渡到实践哲学是哲学发展史上一次大转向，是一种客观的必然趋势（王玉樑，2012b）。马克思新唯物主义的实践哲学是哲学史上的真正变革，其与旧唯物主义的关键区别在于以科学的实践观去改变世界而非仅仅解释世界（马文保和蔡静，2012；王玉樑，2012b）。马克思新唯物主义的实践哲学与实践核心论或首要论紧密相关的西方哲学中实用主义的实践哲学（亦即经验主义且本质是唯心主义的实践哲学）以及西方马克思主义阵营中葛兰西的实践一元论和南斯拉夫的实践派哲学的关键区别就在于，在坚持实践是检验真理的唯一标准时还坚持辩证唯物主义和历史唯物主义以及自然辩证法（王玉樑，2012b）。然而，实践是检验真理的唯一标准要求遵循理论与实践统一的马克思主义最基本原则（胡福明，1978），它实际暗含着经过历史事实验证的成功实践是检验真理的唯一标准。但是成功实践的标准绝非一目了然，这阻碍了真理及相关理论的发展以及人们实践的努力方向。正如当代价值哲学发展的困境就源于当前占主导地位的主观价值论尤其情感主义缺乏任何的终极标准，其根本原因是崇拜自发性而忽视价值理性（王玉樑，2004）。鉴于实践是随客观世界的不断发展而不断发展（胡福明，1978），实践这一真理标准不仅需要不断发展出更理性、更科学的可持续发展理论并以其为指引/指导，而且应该以其指导下与自然协调的人类可持续发展结果作为成功实践的最根本准绳。当前我国社会的主要矛盾转变为“人民日益增长的美好生活需要和不平衡不充分的发展之间的矛盾”；必须统筹推进经济建设、政治建设、文化建设、社会建设和生态文明建设（本书编写组，2017）。然而，即使全球都面临严重生态危机，人类却在力求可持续发展的道路上因为多种悬而未决的理论争议而蹒跚前行，这不仅未能全面反映生态的主观、客观作用机理，而且在生态文明研究中缺乏科学的研究范式，即使是历史唯物主义研究范式也缺乏一致的分析框架（李政大，2016）。例如，生态文明的研究范式分为“后现代研究

范式”和“可持续发展研究范式”，当前这两种范式都是单纯地从抽象的价值观视角探讨生态危机的根源及其解决途径，因而既不可能认识到生态危机的本质，也找不到解决生态危机的可行之道；这是由生态危机反映的是以人和自然关系为中介的人和人在自然资源占有和使用上的利益关系这一本质矛盾所决定的（王雨辰，2009）。但是王雨辰（2009）提倡的从制度和生产方式入手分析问题的历史唯物主义研究范式，其本质仍是一种哲学思维方式（李政大，2016），亟待深化和拓展，一种跳出政治经济学范畴的拓展，亦属经济科学范畴的拓展。事实上，当前面向可持续发展的循环经济理论实质为马克思高级使用价值理论的别名（卢嘉瑞，2013）。结合第二章阐明的以使用价值和客观物质稀缺性研究为轴心的马克思主义经济科学出路，以及分析矛盾系统结构持续演化和非线性协调/耦合的定量科学方法，探明成功实践最根本准绳的关键在于围绕使用价值和客观物质稀缺性的良好协调/耦合的可持续发展结果。

事实上，关于满足需要论的争辩亦突显了对自然辩证法的争辩，发展满足合理需要论应坚持正确的自然辩证法。自然辩证法是人与自然相互协调、相互促进的辩证法；中国自然辩证法学科发展的大致轮廓是重心不断向社会学倾斜且内部交叉重叠的复式线索（从自然哲学经科学哲学和技术哲学至科学、技术与社会）；其哲学传统和社会学传统反映了理论范式和实践范式的结构性并存，而导引其研究内容或主题变迁的是对科学技术条件下人类生存命运的关注（刘孝廷，2008）。刘啸霆教授通过介绍非自然辩证法学界否定恩格斯关于自然界有辩证法的观点，并通过分析自然辩证法学界对自然辩证法概念理解的匮乏之处，倡议回归马克思哲学以辩证法避免旧哲学固执于两极思维之一端的基本精神，并倡议去除自然界有辩证法这个假定，以自然“加”辩证法来重构自然辩证法的新体系（刘啸霆，2009）。傅德本教授在回应刘教授的质疑时指明：对自然辩证法持否定态度的“主体哲学”和“实践哲学”派学者应该注意实践哲学的前提是“实事求是”（即首先要承认“客观世界”与“客观规律”的存在），唯有如此才能与唯心主义划清界限；并通过哲学分析、哲学史分析和著名自然科学家的哲学/辩证法思考，肯定立足于自然本体论的自然辩证法（傅德本，2010）。纵观前文关于满足需要论的争议，关键难点集中于使用价值与价值的纠缠、主客体与主客观的纠缠、经济学价值与哲学价值的纠缠、事实与价值的纠缠、客体尺度与主体尺度的纠缠、真理与价值的纠缠、实然与应然（亦即善）的纠缠等，其核心分歧在于是否首先承认“客观世界”和“客观规律”的存在以及人类的行为如何更好契合自然客观规律以便实践可持续发展。再结合第二章以使用价值研究和客观物质稀缺性为轴心的马克思主义经济科学出路，发展满足合理需要论的关键应该是挖掘使用价值的客观一面，并以其客观规律性来构建实践自然辩证法而面向可持续发展的满足合理需要论，以此搭建事实与价值之间的逻辑桥梁。

二、价值“客体尺度”可成为价值根基之一的关键线索在于使用价值客观一面

王玉樑先生借鉴马克思在《1844 年经济学哲学手稿》中论述人的生产的“两个尺度”思想，指出价值尺度既包括主体尺度又包括客体尺度；并指出李德顺同志关于“价值尺度主要是主体尺度或主体内在尺度”的认知因容易导致忽视客体尺度重要意义的实践故而是不全面的（王玉樑，2012a）。李德顺同志反驳到：“‘客体尺度’是真理的根基；‘主体尺度’是价值的根基。……如果把两个尺度都归于价值，那么真理的根基何在？”（李德顺，2013）王玉樑先生继续强调：“客体尺度主要指客体的本质、属性与规律；……从理论上说，既然价值是主客体相互作用的产物，价值活动既离不开主体，也离不开客体，价值尺度就必然既包括主体尺度，又包括客体尺度。”（王玉樑，2015）然而，反映客体本质、属性与规律的客体尺度在价值论中到底指什么才可以让人信服，它如何与主体尺度互动以使得人类价值活动在必要时尊重客观规律（如面临生态危机时尊重自然客观规律所致的自然资源/生态系统服务限制而保持可持续发展）还不清晰。

事实上，价值的“客体尺度”是真理的根基并不妨碍它成为价值根基之一，关键线索在于使用价值有客观一面。王玉樑先生和李德顺同志一致认同价值“关系说”，故双方分歧的关键点在于作为真理根基的“客体尺度”与作为价值根基的“主体尺度”如何关联的问题。李德顺同志认为这种关联几乎可以忽略，正如需要是否合理的划分标准仅来自主体的具体历史尺度，与客体尺度和真理无关。然而，王玉樑先生和张建云同志都认为这种关联至关重要，但如何关联并未清晰阐明或有分歧（如是否以使用价值来关联就有分歧）。刘思华同志重申自然生产力（即自然生态系统的生产力）遵循客观自然规律并由此制约人类经济的生产力，它不仅是理解马克思唯物史观和自然观相互统一的关键，而且是以社会生产力和自然生产力的综合来重塑广义生产力的关键（刘思华，2014）。虽然生态马克思主义经济学的广义生产力通过整体性、综合性、有机性和融合性等特征有机集成了自然生产力（刘思华，2014），但是这种集成还需要深入分析其中的自然生产力及其如何与社会生产力互动，才能在价值研究中更好地集成立足自然本体论的自然辩证法。许多马克思主义学者认为：马克思恩格斯著作中的哲学“价值”是标志实践活动中的主客体关系的范畴，是从人与物之间的自然关系中产生的；而经济学中的“价值”是从人与人的社会关系（交往关系）中产生的，仅指

凝结在商品中的无差别的人类劳动（即抽象劳动）并仅以交换价值为其表现形式；两者在研究对象、领域及要解决和说明的问题截然不同（张建云，2016）。然而，以价值接受者为价值主体并以价值提供者为价值客体可以分析自然界中草对牛的价值，即价值的主体并不一定是人，且价值判断的主体与价值的主体亦不等价（伊景冰，1998）。与当代马克思经济理论仍将自然力置于生产力中的要素层次不同，资源生产力提升至与劳动生产力同属同一战略层级是发展马克思主义经济科学的必然要求：资源生产力是侧重于生态经济系统之客观生产力侧面，原有劳动生产力侧重于生态经济系统之生产关系/社会关系侧面；该资源生产力可以兼容自然生产力的客观性和无能动性，进而便于与自然界的生产和物流对接，尤其是在自然界有许多劳动暂未进入人类市场、进而只能考察相关使用价值以便实践共同可持续发展时（刘正刚等，2017）。其最关键的拓展是将视角从满足需要论和马克思主义政治经济学聚焦的商品，拓展至自然界自身的物品/产品，以便更清晰地依托使用价值集成自然本体论和自然辩证法。事实上，对于进入人类社会的自然物品、产品或商品来说，使用价值除了具有因人而异的主观性一面之外，同时还有自身基本功能所对应的客观性一面（如产品/商品使用说明书上对应的客观使用功能）。而且，因人而异的主观使用价值必然立足于该物自身所具备的客观功能，即使有时“似乎”超出基本功能，超出的功能实际上也必然立足其客观的物理/化学/生物等方面的科学性功能（即使有些科学属性暂未被人们发掘出来）。因此，使用价值的主观性一面与其客观性一面相依而生。与张帆（2004）从客体角度区分物质的价值与精神的价值并从主体角度区分物质价值与精神价值不同，本书是从客体与主体的关系角度，区分主体赋予客体的使用价值的主观一面以及主体所认知到的客体本身具有的使用价值的客观一面（该认知可以不断发展）。这种区分既便于在价值哲学研究中以使用价值的客观一面来对接物质第一性和客体尺度并以使用价值的主观一面来对接精神第二性和主体尺度，又便于在经济科学研究中考察使用价值与价值（此处指交换价值）之间主观视角与客观视角的多种互动；进而可集成立足自然本体论的自然辩证法而践行马克思新唯物主义的实践哲学。最终，以兼具主观视角和客观视角的使用价值为纽带，可以在实践可持续发展的价值哲学中实现客体尺度与主体尺度的有机共存和紧密互动。

三、从面向可持续发展的商业理论与实践看使用价值客观一面是考察价值“客体尺度”的关键

王玉樑先生指出“人的需要并非都是合理的，满足需要并非都有价值。所

以主体需要不是科学的主体尺度或主体内在尺度。……人的发展，特别是人的全面而自由的发展，是科学的主体尺度或主体内在尺度。”（王玉樑，2012a）奥康纳指明：生态社会主义就是要“使交换价值从属于使用价值，使抽象劳动从属于具体劳动，这也就是说，按照需要（包括工人的自我发展的需要）而不是利润来组织生产”（奥康纳，2003）。在人类社会已面临严重生态危机之时，这种全面而自由的发展必然受到自然环境的制约，必须与自然资源和自然界生态系统服务相互匹配才能实现人与自然协同的可持续发展。共生是一种自然进化的事实，也是事物发展的规律，是人类理性思维的逻辑，也是人类价值目的，是事实性与价值性的统一，是合目的性与合规律性的统一（张永缜，2009）。前文指明的产品服务系统商业模式就是一种交易双方共同努力做物质减量化的共生，其关键思想是企业提供给消费者的是产品的功能或结果，用户可以不拥有或购买物质形态产品，其关键特性是注重转变传统商业模式中生产者与消费者之间在材料使用上的冲突，借助于以无形服务代替有形产品使交易双方保持一致的物质减量化激励。Corbett 和 DeCroix（2001）聚焦三种产品服务系统机制（即管理费、租赁费和节约共享机制）分析其在供应链渠道利润与资源节约/环境影响之间的关系（与传统按量支付交易模式相比）；他们通过立足于交易双方主观的物质减量化努力程度而将三种产品系统服务机制统一建模于一个广义节约共享契约模型中；但这种未考虑不同产品系统服务机制有不同使用特点的主观建模路径导致其结论中有一个自己都承认违背常识、匪夷所思的奇怪结论——“一个成本参数的减小能导致渠道利润速率的减少”。事实上，人类主体所设想的客体可能具有的使用价值是一种主观思维中的使用价值；但除此之外，还有客观运作或管理特点所致使用价值的客观一面。为纠正 Corbett 和 DeCroix 貌似奇怪实则错误的结论并解决面向资源节约的狭义产品系统服务模式与传统按量支付交易模式之间经济效益定量对比难题，刘正刚等（2012）、李晓和刘正刚（2013）在区分不同产品系统服务机制运作时有不同使用特点的基础上，立足聚焦客观资源生产力（亦即成本系数）的企业产品服务系统外共生通用价值共生结构模型，分析清楚了管理费、租赁费和节约共享三种产品系统服务机制相对于传统按量支付交易模式的物质减量化效果与成因及其对各利益方物质减量化努力程度的影响。例如，传统按量支付交易模式和管理费机制狭义产品系统服务对比研究结果表明：“①两者使双方整体净利润速率增长的关键都在于应用科技或管理手段缩减相关成本参数，这不仅否定了科贝特和德·克鲁瓦唯一奇怪结论——‘一个成本参数的减小能导致渠道利润速率减少’，而且支持‘科学技术是第一生产力’论断；②管理费机制可充分促进焦点企业而非客户的全面物质减量化努力并借此达成该狭义产品系统服务全面物质减量化效果；③管理费机制超出传统按量支付交易模式的共生价值，源于由供应商代替客户进行后续运作时具有的更小成本参数；④除为让交易双方自愿启动管理费机制时需设置合理管理费外，不同数量管理费还将形成互利、偏利或偏害不同共生状态。”（刘正刚等，2012）管理费狭义产品服务系统的核心原则是无论服务流、顺向和逆向物流的流速多少，单位时间内只支付固定数量服务报酬，原先由客户付出的相关运作及其成本由焦点企业接管；而管理费机制基础上发展起来的节约共享机制狭义产品服务系统的核心原则是客户向焦点企业支付一项固定报酬外，所有减量化的收益再按一定比例由双方共享；但是在节约共享机制的商业实践中焦点企业通常不会向客户公开因自身成本优势衍生的共生价值速率，而仅向客户公开因物质减量化衍生的节约价值速率；若未注意这种运作细微差别将导致荒谬结论（正如 Corbett 和 DeCroix 所犯的错误）（李晓和刘正刚，2013）。上述研究结果清晰表明：尊重企业运作时的客观使用过程特点并立足客观的使用价值分析并辅以主观效用分析的研究，比无视客观使用过程特点和客观使用价值分析而仅依主观效用（此处为主观的物质减量化努力程度）做分析的研究，更能真实地反映商业现实及其中规律。奥康纳指明：社会主义国家一直批判在资本主义社会里使用价值是从属于交换价值，但一个不可忽视的现象是社会主义国家并未导向“生产性正义”，反而却落入了资本主义国家的“分配性正义”魔咒中（奥康纳，2003）。奥康纳眼中的使用价值包含客观的使用价值，尤其是生产角度的客观使用价值（王雨辰，2005）。上述以客观的使用价值为主、交换价值为辅并以客观资源生产力为主、主观效用为辅的运作管理研究，为人类社会提供了一个打破“分配性正义”魔咒的微观价值分析基础和实践案例。马克思主义经济科学可以将客观的资源生产力和使用价值分析扩展至未进入或暂无法进入市场的自然资源或生态系统服务，并从单一的边际分析方法中解脱出来，进而可以接受总量分析和均值分析等可持续发展研究所需的综合性分析方法。因此，从凸显自然界客观限制的面向可持续发展的管理理论与实践来看，可与自然客观规律及其所致的自然生产力（现已扩展至客观的资源生产力）对接的使用价值的客观一面，是考察价值“客体尺度”的关键。注意：在后文中使用价值的客观一面和主观一面分别简称为客观使用价值和主观使用价值。

四、马克思主义经济科学中尊重客观自然规律的客观使用价值分析有助于理解求善的哲学价值

王玉樑之所以认为以马克思所说的使用价值来理解哲学价值是不成立的，

是因为满足某种社会需要（亦可能是不合理需要）的使用价值背离了哲学价值（从根本上是指狭义价值）的善的本质（王玉樑，2012a）。这种为力求善的哲学价值和避免哲学价值庸俗化/实用主义化而否定使用价值的做法如今已值得重新商榷。第一，是因为在面向可持续发展的马克思主义经济科学中，其聚焦的客观使用价值分析也有满足自然界正常运作的使用价值分析。第二，是因为哲学价值实现求善的关键在于能否寻得人与自然的共同可持续发展，亦相互间匹配的合理性/合理度；而受自然客观规律制约的满足自然界正常运作的客观的使用价值正是考察这个合理性/合理度及共同可持续发展的关键。第三，是因为合理性/合理度成为人与自然界共同可持续发展或相互匹配的关键考量因素后，涵盖正价值和负价值的使用价值（如若满足人们不合理需要的使用价值可能因超出自然承载能力而成为负价值）成为定量考察这个合理性/合理度的必要对象。至此，引入面向可持续发展的注重客观的使用价值分析并尊重客观自然规律的马克思主义经济科学之后，希望王玉樑先生应可放下对使用价值易使哲学价值庸俗化/实用主义化的担心，借此不再反对以使用价值来促进理解哲学价值。

第三节　使用价值的客观一面和客观价值皆因客观规律可为价值客体尺度

一、立足客观规律并依托客观资源生产力纽带的客观使用价值可以是价值的“客体尺度”

自然界中各天然物之客观资源生产力的形成及大小皆源于客观自然规律，其未进入人类视野时的相应客观使用价值（如任何动植物的食物对相应动植物而言都有能量学上的使用价值）亦仅遵循客观自然规律。各天然物客观的资源生产力和使用价值与人类参与其中之后形成相应各人工物的资源生产力和使用价值，在生态经济系统这个有机体中通过物质稀缺性的纽带进行沟通，如人类常为弥补生态系统服务效率不足而改造、修复或完善生态系统（即增加生态系统服务的供给数量）。与刘思华的生态马克思主义经济学将广义生产力（含人自身生产力、物质生产力、精神生产力和自然生产力）有机性视为自然生态系统生产力与社会经济系统生产力的相互耦合（注意两个系统生产力的内涵目前并未完全统一）（刘思华，2014）不同，马克思主义经济科学分析生态经济系统有机体时的有机性是聚焦资源生产力的有机性，是考察以物流衔接的生态经济系统之经济属性的规模/结构与其能量属性的规模/结构之间的有机耦合；该同系统两种属性耦合是更有机且便于清晰定量研究的耦合。因此，马克思主义经济科学将物质的稀缺性与客观的资源生产力和客观的使用价值挂钩，使得人类价值行为有与客观的自然界物流/能量流规律有机衔接的机会。对照马克思主义政治经济学中视“使用价值”和“价值”为一切“商品”具有的彼此并立的二重属性（李德顺，2007），注重与自然界和自然科学有机衔接的马克思主义经济科学则进一步将“商品”的“使用价值”和“价值”属性都再细分出主观的和客观的两大类，并且尊重自然界的劳动（即遵循广义“劳动”价值论）而指明天然物产具有客观的“使用价值”和客观的“价值”（亦即立足自然界客观资源生产力的价值）。图 3-1 上半部分描述了天然物产之价值属性至商品之价值属性的转换历程。具有客观的“使用价值”和“价值”的自然界天然物产一旦进入某人的视野，则该人对该物产（简称入世物品）具有主观的进而因人而异的“使用价值”；若它再凝聚了人（类）劳动就将形成产品，并且该产品的客观价值将包含人（类）的劳动。如果某产品准备进一步做交换，则拟交易者对该“准”商品具有主观价值（以交换价值为表现形式）；若交换一旦发生（在当今商品市场多以货币为一般等价物），交易价格/交换价值作为一种客观事实应被视为一种货币形式客观价值，故在立足客观资源生产力的客观价值外新增了货币形式的客观价值。交换后，商品拥有方对商品可有新的主观使用价值和主观价值。与侧重人与人之间社会关系的马克思主义政治经济学将凝结在商品中的无差别的人类劳动作为商品价值（张建云，2016）侧重不同，注重与自然界劳动衔接的马克思主义经济科学将凝结在天然物产、入世物品、产品和商品中可以被一视同仁考察的客观资源生产力作为其客观价值的基础。若以这种可同等测量的客观资源生产力为纽带，可依据商品的货币形式客观价值和相应立足客观资源生产力的客观价值，推算出仅含自然界劳动的天然物产/入世物品的货币形式客观价值。在评估已进入人类视野但还未进入市场的入世物品（如已探明未开采的矿物资源）的货币形式价值方面，与仅聚焦主观效用/支付意愿的新古典经济学所用的评估方法相比，上述方法因借助于客观的资源生产力而更便于与客观使用价值衔接，进而可与隐藏在客观使用价值背后的客观自然规律衔接。

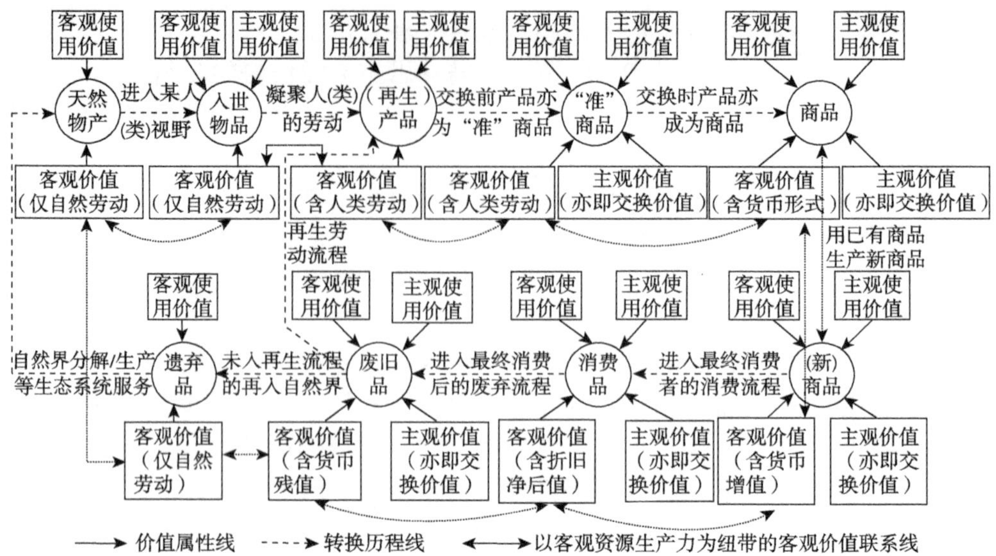

图 3-1　马克思主义经济科学中天然物产之价值属性经商品之价值属性再至天然物产之价值属性的转换历程

有客观规律做支撑并依托客观资源生产力纽带而与客观价值有机关联的客观使用价值可以是价值的“客体尺度”。前文提出了通过客观资源生产力可与客观使用价值衔接的客观价值概念，并在概念中区分了立足客观资源生产力的客观价值和货币形式的客观价值。这种区分有助于实现避免使用价值从属于交换价值，进而有望坚持“生产性正义”导向而不再落入“分配性正义”魔咒。这种认知在图 3-1 所示天然物产之价值属性经商品之价值属性再至天然物产之价值属性的完整转换历程中体现得更为明显。因为自然界的生态系统服务多涉及阈值、复杂性和不确定性等这类挑战新古典经济学（尤其挑战用户偏好的衔接与聚合议题）的特征，故而以用户支付意愿或接受意愿等支撑的聚焦主观效用而非实际功能的成本-收益分析方法来评价市场之外的生态系统服务时常无效（Wegner and Pascual，2011）。只有在天然物产源头就凸显与“客观使用价值”（亦代表实际功能）紧密关联的天然物产的“客观价值”，并且尊重客观资源生产力（因其接受总量分析和均值分析可以做好资源生产力的衔接/聚合议题分析），才能在与客观自然规律更好衔接的基础上评估市场之外的生态系统服务及相关天然物产的客观价值。在可等同考察自然劳动之客观资源生产力和人类劳动之客观资源生产力的基础上，上述市场外生态系统服务及其相关天然物产之客观价值的评估，可以扩展至市场内，如废旧品的再生流程可以集成自然界的再生工作和人类环保所做的再生工作，又如许多农林牧畜相关的产品/商品在形成过程中也是集成自然界的工作和人类的工作。除天然物产的客观使用价值有客观自然规律做支撑之外，经过人类加工的产品和商品的客观使用价值还有客观的人类已研究得出的物理、化学、生命科学等众多相关学科的科学规律做支撑。有鉴于此，有客观的自然规律/科学规律做支撑并依托客观资源生产力纽带而与客观价值有机关联的客观使用价值完全可以是价值的“客体尺度”；此时需要把“使用价值”从李德顺同志认为的“只是一个与‘道德价值’‘审美价值’等相同层次上，并有严格限阈的特殊概念”（李德顺，2007）中解放出来。

二、客观价值也因客观规律的支撑可为价值的客体尺度

除立足客观规律并依托客观资源生产力纽带的客观使用价值可以是价值的客体尺度之外，直接立足于客观资源生产力的客观价值同样有客观规律可循，因而也可以成为价值的客体尺度。对于仅含自然劳动的天然物产和入世物品来说，其在自然界中形成的难易程度及相应导致的客观存量（均与自然界客观的资源生产力相关）是其客观价值的基础，而立足自然界客观资源生产力的价值就是其客观价值。与此相类似，人类的产品和商品同样应该以其生产难易程度及相应导致的客观存量（均与客观资源生产力相关）作为其客观价值的基础，而以立足客观资源生产力的价值为其客观价值。事实上，亚当·斯密不赞成使用价值成为交换价值衡量尺度的认知是在其未明白稀缺性是经济科学研究核心议题情况下的认知。若使用价值进入市场时与交换双方所处稀缺性情境关联起来，则有助于确定其交换价值。试想若仅有两人同处沙漠深处孤立无援，对于其中一个因缺水而将亡的人来说，毫无疑问愿意用其所拥有钻石换取另一位有充足水源之人手中的一瓶水；若两人都因缺水而将亡，原本有巨大交换价值的钻石将无任何交换价值；其关键就在于情境指明的稀缺性或相对稀缺性。在罗宾斯之经济科学所聚焦的仅相对于人的目的/效用的相对稀缺性之外，马克思主义经济科学进一步挖掘出系统存量/流量相关的客观的物质稀缺性。为避免使用价值从属于交换价值，就应以客观的物质稀缺性来主导人的主观的相对稀缺性。而要寻求可持续发展，就需弥补所需的稀缺物质，并在弥补它们时尊重客观生产规律（尤其是自然界客观生产规律）及其所致的客观（自然）资源生产力限制。

除了直接立足于客观资源生产力的客观价值因有客观规律可为价值的客体尺度之外，货币形式的客观价值因有客观货币价值规律可循亦可为价值的客体尺度。天然物产进入生产或市场时若涉及法律管制，则相应的资源税就成为其货币形式的客观价值；若无管制而仅有交易市场（如对裸钻的交易市

场），天然形成的客观的物质稀缺性决定着其匹配前的客观价值，交易后（亦即货币形式主观价值与客观价值协调匹配之后），已成事实的成交价格就成为货币形式的客观价值。对于初级商品通过人类新加工而成为新商品后，人的劳动借助于相应工资和会计成本加成系统会累积到该新商品的成本中，但新商品货币形式的客观价值还有其他已支付或已确定将支付而暂待付的运营成本、资金成本、税金成本，以及正常情况下为维持供给方可持续发展而已确定将收取而暂时待收取的利润。基于隐喻能量相关热力学第一和第二定律（即能量守恒定律和熵定律）的货币价值借贷守恒定律和货币价值利用的损失定律（亦即“熵”定律），李晓等在隐喻生态系统中普适能量流模型的基础上，结合传统成本会计创建供应视角中层层累加（含利润叠加）的通用货币价值流模型（前文企业产品服务系统外共生定量研究即利用此模型和同样基于上述货币价值相关定律的需求视角中的通用货币价值流模型）（Li et al.，2009；李晓和刘正刚，2013）。李晓和刘正刚（2013）还指明货币价值利用的损失定律与价值增值规律并不矛盾：“价值增值规律与能值递增规律同性质，即对应低营养级生物被更高营养级生物食用时剩余能量的质量增强。试想，在废品率改善前，100 千克价值 500 元的钢加工后变成 10 千克价值 5 万元的叶片，而废品率改善后，100 千克价值 500 元的钢或许可加工出 12 千克价值 6 万元的叶片。因此，在废料/废品必然存在情况下，货币价值利用时的损失必定存在，但这与加工后的价值增值并不矛盾。……一个关注的是整体的价值转换情况，一个关注的是局部价值载体的价值承载变化情况。”此外，创建货币价值借贷守恒定律依据的正是会计复式记账规则——“有借必有贷，借贷必相等”。图 3-1 中的新商品的货币增值、废旧品的货币残值和消费品的折旧后净值等也依据的是会计规则。因此，货币形式客观价值亦有客观的货币价值规律可循。注意：此处的货币价值规律属于经济科学层面的关注资源生产力所得到的价值规律，是一种价值中立的价值规律；它与马克思原有的政治经济学层面的价值规律不同，后者是关注生产关系进而分配关系的非价值中立的价值规律。例如，李义平（1992）指明：①马克思政治经济学中的交换价值是联络价值规律与价格规律的枢纽，而使用价值能否为社会所承认的问题是价值规律与价格规律得以联结的中介，这对应着理解马克思两种社会必要劳动时间含义的要旨在于把握马克思从抽象到具体的方法，在抽象掉供求因素时从理论上形成了第一种含义的社会必要劳动时间，而在引进供求因素从而更为具体时形成第二种含义的社会必要劳动时间，这实质是使用价值的社会承认问题；②西方价格规律中同样存在以使用价值为中介的社会承认问题，即在以边际效用为基础的均衡价格理论，首先把使用价值问题转化为效用问题（亦即使用价值的抽象），进而以商品的边际效用决定需求价格，边际成本决定供给价格，因此均衡价格的形成仍然是以使用价值的供给和需求为中介的，这里的需求问题就是社会承认问题；③价值规律与价格规律都以使用价值的社会承认为前提，故价值规律和价格规律可以以此为中介而贯通。本书价值规律与现有两学派价值规律的另一区别就在于使用价值未进行抽象，以便更好地对接资源生产力及其相关的物流。综上所述，客观价值因客观生产规律和客观货币价值规律的支撑，可以为价值的客体尺度。

第四节　主体与客体之间使用价值与价值的互动可满足“合理”需要

一、主、客体间多种主、客观的价值与使用价值匹配议题可将真理根基引入为价值根基之一

基于客观使用价值和客观价值均可以为价值的“客体尺度”，可借助人的主体和客体之间多种主观、客观“价值”与“使用价值”的匹配议题将真理根基引入成为价值的根基之一。图 3-2 描述人类主体与客体之间的客观使用价值、客观价值、主观使用价值及主观价值之间的匹配互动关系。若某人对某个客体所构想的“主观使用价值”与该客体的“客观使用价值”越匹配，该人将因想要的“主观使用价值”越符合客体的“客观使用价值”，进而越符合其背后支撑的客观自然规律/科学规律而可获得更多自由。此时，人的全面而自由的发展这一科学主体尺度/主体内在尺度与客体的“客观使用价值”密不可分，真正贯彻了价值的“关系-实践说”和马克思新唯物主义实践哲学。若某人对客体所构想的“主观价值”与其“主观使用价值”越匹配，该人显然将越满意，但这并非等于越满足。因为只有作为需求方的主体的主观“价值”/“使用价值”与供给方所提供的客体的客观“价值”/“使用价值”在实现匹配之后，该人的主体的需要才算真正被满足，相应的人才能感到真正快乐。对于商品而言，供需两方的“价值”匹配便于判定，只要达成交易与交换，匹配就完成了，此时交易价格/交换价值作为一种客观的事实将形成货币形式客观价值。为避免使用价值从属于交换价值，关键是正确认识交易达成前“准”商品的“客观价值”并多数情况下以其为主导展开与“主观价值”的匹配；其中“客观价值”分析时也应以立足资源生产力的客观价

值为主导而非以货币形式客观价值为主导。此外，若某个客体的货币形式的“客观价值”与其“客观使用价值”越匹配，则该客体因更好地利用了或遵循了客观科学规律和/或自然规律而节省了改造成本，因而将越经济。这四种价值的四类匹配之间越协调，实践可持续发展所需的物质稀缺性问题将解决得越好，因为相关匹配注重与客观使用价值的联系并在匹配中尊重客观规律及相应的客观资源生产力限制（这些规律和限制通过图 3-1 可衔接至自然界天然物产），相应整个生态经济系统将越可持续发展。该多种匹配信息的集合构成极其复杂的信息互动，结合复杂性系统科学视野内商业世界与自然生命/生态系统间紧密互动（参见前文图 1-8），不仅体现邬焜同志指明的复杂信息系统理论支撑的哲学与科学内在统一性（邬焜，2015），而且可以深化以当代信息科学和复杂性科学为支撑的复杂辩证唯物主义（邬焜，2016）。最终，有客观规律支撑的价值客体尺度（亦即客观的使用价值和价值），通过与人的主体之主观的使用价值和价值（亦即主体尺度）的可持续发展互动，真理根基同时成为价值根基之一。

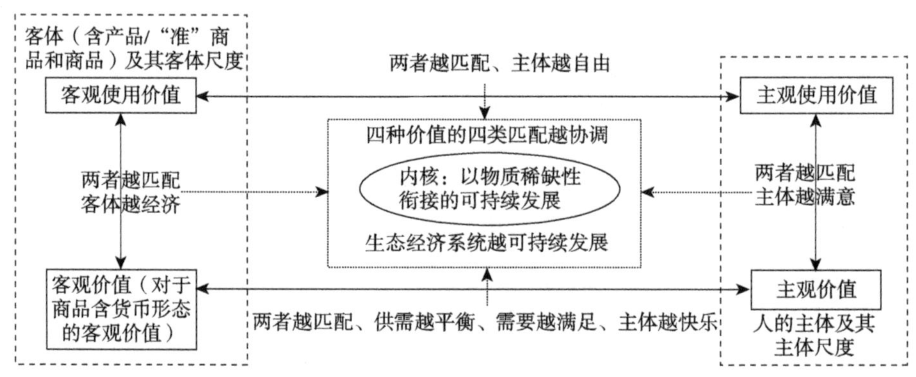

图 3-2　主体与客体之间的客观使用价值、客观价值、主观使用价值及主观价值之间的匹配互动关系

二、探寻系统之能量规模/结构与货币价值规模/结构匹配程度将使得探寻合理需要成为可能

李德顺指明：如何做到既保护好环境又不停止发展的那个有效地“度”之所在，是哲学和科学、经济和技术研究的共同责任，更是极富挑战的建设性任务（李德顺，2007）。该“度”即指明合理性与合适度的合理度，它在满足需要论名称中的缺失是王玉樑批评“需要并非天然合理”的关键。在立足马克思主义经济科学认识客观使用价值和客观价值后，只有促使两位同志在共同的价值“关系

说”基础上对“度”达成更多共识，才有望将中国学派“满足需要论”深化为面向可持续发展的辩证唯物主义价值论范畴的“满足合理需要论”。

探索“合理”需要的关键包含着总量的合理度问题，即在马克思主义经济科学中需要研究面向可持续发展的市场总体规模的合理度问题。鉴于面向可持续发展的完整的经济研究必须实现宏观与微观有机集成（含还原论式的总量累加），与微观衔接的合理的市场总体规模研究成为实践可持续发展的核心议题。当前生态经济学主要关心自然生态系统的可持续性（即自然界的约束），故在配置（效率）与分配（公平）两大目标之外，还考虑不超过自然承载力的经济总体规模（戴利和法利，2013）。但是现有生态经济学研究经济总体的可持续规模时是沿用主流新古典经济学的宏观套路，将 IS-LM 模型扩展为 IS-LM-EE 模型，即仅新增一条笼统代表“生态承载力”的垂线 EC 并笼统分析 EC 与 IS-LM 模型均衡点的关系（Heyes，2000；Lawn，2003；戴利和法利，2013；诸大建，2013）。然而，这种研究与具体物质流分析和相关物质稀缺性衔接不良，进而与微观经济研究无法有效衔接。为更正此缺陷，需发掘新的角度来衔接物质流及其稀缺性分析。现代财富的本质是商品/产品的使用价值（刘诗白，2005）。将当期和远期的使用价值都纳入价值研究才有望更好地实践可持续发展。鉴于交换价值和客观使用价值都可被清晰记录，只有通过相关系统静态与动态的价值总量/规模研究，才能清晰考察当期和远期的客观使用价值及其与交换价值的动态互动。从人类社会总体财富角度看，该总量越大越好，除非某种约束限制其增长。依据有约束系统的优化准则（王玉英，2013），生态经济系统中市场整体规模总量的规律应是：若最优值在自然约束的边界上，就应尊重自然规律所限制的资源/生态系统服务供给量；若未达自然约束的边界，就仅受经济视角系统自身内部规律的制约并且该内部规律将受供需双方共同影响与制约（亦受制于科技水平所限资源生产力）。具体说来有以下五点：①若经济视角系统的增长未达自然约束边界，则相应总量仅受经济视角系统自身发展规律的制约达到某最大值；②若该增长超过自然约束的边界（表现为某种或几种自然资源/生态系统服务的稀缺），尊重可持续发展原则就应在自然约束边界上确定经济视角系统合理的总量；③如果原稀缺的自然资源或生态系统服务有补充量（包括人类环保工作所新增的补充量）进入市场，这相当于整个系统放松了自然边界的约束，此时经济视角系统的总量或不再受限或仍被限制在扩张后的边界约束上；④与人类社会各种供给可快速调整补充以满足需求缺口不同，自然资源和生态系统服务的补充因为受制于客观自然规律而增长有限，若人类需求缺口一时超过自然规律所限的当时可补充给人类的最大数量，就是一时地超过地球可持续发展的承载底线；⑤若人类需求的缺口持续超过承载底线并突破自然界自身恢复的弹性极限，地球将崩溃。最优值在自然界约束边界上的研究原属生态经济学研究的主要内容，而未达自然界约束边界的研究原属马克思经济学和西方经济学研究内容。而客观的资源生产力视角将产品服务系统从人类社会扩至自然界，故上述两大类研究在经济科学层面已统一至马克思主义经济科学研究中，其最关键内容便是面向可持续发展的总体规模合理度的度量与平衡。结合前文可做线性累加的客观使用价值和客观价值的研究，探索个人和人类之“合理”需要的关键之一就要依托马克思主义经济科学来研究面向可持续发展的市场合理总体规模。

探索个人和人类“合理”需要的关键还包含结构的合理度问题（总体规模中各部分形成的比例结构的合理度问题），即在马克思主义经济科学中需研究的微观与宏观良好衔接的市场规模结构的合理度问题；这对应着解决当前我国社会主要矛盾中的不平衡发展问题。虽然共生（实指互利共生）是一个事实和价值相统一的哲学理念（张永缜，2009），但不同的交易价格取值可能导致的偏利共生、偏害共生等不平衡的共生结构（刘正刚等，2012；李晓和刘正刚，2013），无疑会损害互利共生体现的人类本真价值和完善理性。结构合理度的定量测量和寻求达成合理程度的方法，建议以有机马克思主义发展路径中的生态经济系统之能量金字塔规模/结构与其货币价值金字塔规模/结构的匹配合理程度（李晓和刘正刚，2013）为参考。面向可持续发展的生态文明需要以新的自然观为基础进行新科学革命，需从机械论走向有机论、从还原论走向整体论、从决定论走向非决定论、从构成论走向生成论、从自然的祛魅走向自然的返魅（肖显静，2012）；相应价值观应体现一种以自然为基的、人与自然协调统一的、复杂的、联系的、整体的世界观（邬天启，2014）。有机马克思主义坚持结合马克思主义与怀特海过程哲学，并以有机思维和生态思维探索建设生态文明；但它存在对马克思主义的误读（尤其误解辩证的历史决定论和结合整体论与有机论的研究方法）以及对生态文明本质和建设途径的错误理解，并有诸多关键问题待解（如人类外存在物的内在价值如何科学确认）（王雨辰，2015）。为修正并发展有机马克思主义，马克思主义经济科学分析生态经济系统有机体时考察以物流衔接的生态经济系统之经济属性规模/结构与其能量属性规模/结构之间的有机耦合（刘正刚等，2017）。生态系统营养关系是生态群落赖以生存的基础，营养结构研究聚焦食物链/网和生态金字塔（含数量金字塔、生物量金字塔和能量金字塔）；与数量或生物量金字塔可能变形不同，因热力学第二定律的存在，能量金字塔总是一个正确的金字塔形状（奥德姆和巴雷特，2009）。在正常运作的经济世界中，由于成本不断累积，供应链中的产品售价不断提高，顺流供需链/网的价值链/网形成一个金字塔结构（兰伯特，2007）。但当前产业供应链/网研究多涉及数量金字塔研究（彭绍仲等，2005），少数涉价值的金字塔结构研究仅关注各环节利润率的金字塔形状而非整体价值结构的金字塔形状（文婷和张生丛，2009）。为探索与微观有机衔接的中、宏观规模及其金字塔形状的价值结构研究，李晓和刘正刚

（2013）隐喻Kooijman的基于能量定律描述生态系统各组织层次（尤其生命周期视角中的生物个体）能量收支普遍定量规律的动态能量收支理论（Kooijman，1993）以及第 2 版进一步集成了物质流分析的动态能量与物质流收支理论（Kooijman，2000），发展了产品服务系统生命周期视角中的货币价值收支定量规律；隐喻群落营养结构维度发展了产品服务系统粒度供需网络货币价值结构维度；隐喻群落结构的自发演替规律探索了供需网络货币价值结构的演化趋势；隐喻生态系统能量金字塔结构创建了服务于人类需求的顺流供需网络之货币价值金字塔和服务于自然界/环保的逆流供需网络之货币价值金字塔；并初步探讨与能值研究和物质流分析研究协同的顺流与逆流两种货币价值金字塔结构间的互动。鉴于不同共生状态标明的只是结果而耦合匹配的机理才是更深层的原因，聚焦供应链治理及其相关耦合匹配机制发展了分层次（客观运作层和主观治理/管理层）、分视角（效率视角、公平视角和可持续发展视角）地研究使用价值与交换价值间的协调以及可持续规模/结构、效率和公平之间两两或三方矛盾的协调（李晓和刘正刚，2017）；进一步深化可持续规模/结构相关的商业研究。鉴于热力学两大定律贯穿整个生态经济系统并且货币价值两大定律贯穿其中价值链/网部分，由微观汇聚至宏观的客观的能量属性规模/结构亦与由微观汇聚至宏观的客观价值中的货币价值属性规模/结构的耦合匹配程度，可成为探寻生态经济系统可持续发展所需的市场总体价值规模结构之合理性的关键。鉴于天然物产仅受客观自然规律的制约，其能量属性规模/结构与能量学意义上“客观使用价值”的规模/结构等同。人作用于自然界的一切实践活动需以承认自然本身的客观先在性和对人类活动的制约性为先决条件，并以尊重生态环境自身的客观规律为前提（谢中起和郑劲梅，2010）。相应地，马克思主义经济科学成功的关键及标志就是坚持唯物主义为主导并尊重自然辩证法，这表现为面对生态制约时必须尊重相关的客观自然规律（亦即自然界的物质资源补充的自然规律）及其所致自然界的客观资源生产力现实；与此相反，如果以唯心主义为主导，将表现为不顾生态巨大破坏而只追求货币利润，正如西方主流经济学时常导致的行为。因此，如果人们能够尊重客观的自然规律尤其是能量相关规律，并以货币价值属性的规模结构来匹配客观的能量属性规模结构，才更有可能坚持使用价值不从属于交换价值的实践，才能有望通过符合可持续发展所需的客观使用价值给人们的主观需求带上必要的合理性帽子。而生态经济系统之货币价值金字塔结构与其能量金字塔结构之间的定量匹配程度，有望为研究可持续发展所急缺的合理度的度量与平衡找到关键的科学定量评判依据。坚持马克思新唯物主义实践哲学的马克思主义经济科学研究，为面向可持续发展的马克思主义价值哲学同时也是自觉的马克思主义价值哲学（王玉樑，2006），提供了最佳的实践武器。而人的主体与客体之间主观和客观的使用价值与价值之间多种匹配的复杂互动体系，不仅深化了以当代信息科学和复杂性科学为支撑的复杂辩证唯物主义，而且创建了立足于马克思主义经济科学而实践可持续发展的满足合理需要论。希望本部分论述可以真正修正王玉樑先生对“使用价值”的误解并充分解答李德顺同志对将“客体尺度”纳入价值尺度的疑惑，以此新的集成探讨满意、满足/快乐、经济和自由的满足合理需要论，构建事实与价值之间的逻辑桥梁。

第四章　立足马克思主义经济科学的马克思主义自然哲学

2016 年“自然哲学与生态文明学术研讨会”指明：“自然哲学，作为一门古老的哲学分支，要想重新焕发‘青春’，就不能仅仅停留在对抽象自然的形上追问上，而必须结合现时代的实践需要，不仅要研究自然是什么，而且要研究自然与人的关系，研究人怎么样合理地处理自身与自然的关系；为此，自然哲学不仅要走与中国生态文明建设相结合的道路，更要回归马克思，尤其要回到恩格斯的‘自然辩证法’。另外，生态文明，作为国家甚至全人类的需要，离不开自然哲学的理论理性或‘理论思维’的‘帮助’；生态文明，说到底是人与自然关系的文明，这个‘文明’的‘头脑’是马克思主义自然哲学”（孙清照，2016）。

当前地球的“环境悬崖”说明工业文明发展导致了极为深重的环境危机，若不转变发展方向至生态文明，人类就会走向毁灭，地球生物圈也会趋于崩溃（包庆德，2016）。为彻底克服全球性生态危机，以哈维、福斯特为代表的生态马克思主义者为发展生态辩证法做了极富启发意义的理论探索（程倩春，2016）。然而，以历史唯物主义视域来考量生态问题，其本质是以经济利益为核心的各种利益的博弈；解决生态危机，不仅要在伦理道德、文化价值等方面探讨，更要分析生态危机背后的利益、阶层的博弈关系（程宏燕，2013）。因此，对生态问题的认识仅停留在哲学层面是不够的；马克思生态思想演变历程中最关键的转换正是从哲学层面到经济学层面，转变的根本原因在于对资本主义进行批判以及对未来社会进行设想的需要（谢中起和郑劲梅，2010）。鉴于从经济学视角认识人与自然的关系是马克思主义实践哲学的必然选择，从生态经济学视角认识人与自然的关系必然是发展马克思主义自然哲学的必要视角。第三章已在分析科学事实与价值、经济学与哲学的再融合趋势与难题的基础上，在价值哲学层面提出了坚持马克思新唯物主义实践哲学和自然辩证法的满足合理需求论，一种立足于马克思主义经济科学的满足合理需要论。如何从价值中立的马克思主义经济科学研究出发，借助其对生态经济学的融合来探索人类应该怎样合理地处理自身与自然的关系，是发展马克思主义自然哲学的新视角。本章立足于马克思主义经济科学对《资本论》和生态马克思主义经济学的补充与拓展分析，以有机哲学视角审视立足于马克思主义经济科学的马克思主义自然哲学，以便更清晰地辨识面向可持续发展的马克思主义经济科学的特征。

第一节　马克思主义经济科学是《资本论》的补充和生态马克思主义经济学的拓展

一、马克思主义经济科学是《资本论》的有益、必要且有效的补充

第一，马克思主义经济科学是《资本论》在生态包容研究方面的有益补充。虽然《资本论》生态思想的论辩已经从否定说、二分说、诘难说发展至肯定说（张秀芬和包庆德，2016），但金炯基（2013）指明马克思主义经济学的创新议程是需要提出一个人与自然共生的替代发展模式，其核心是探索人与对象之间以使用价值计算的经济问题和人与自然的关系问题，其方法论创新需要深化发展以便克服片面性并广泛扩展以便弥补微观基础缺陷，前者需由生产方式向生活方式、生产条件（涉及生态马克思主义）扩展，后者需由生产关系向制度、个体扩展，其最关键扩展是说明“复杂劳动-使用价值-价值-剩余价值”之间关系并创建一种能阐明“使用价值-熵-生态系统”关系的方法。本书遵循金炯基的建议并且进一步将自然界的简单劳动以及兼容自然界使用价值的广义劳动价值论纳入其中，发展了聚焦于资源生产力和物质稀缺性而面向可持续发展的马克思主义经济科学研究；它凭借“简单劳动/复杂劳动-使用价值-价值”之间关系的初步分析，成为《资本论》在生态包容研究方面的有益补充。

第二，马克思主义经济科学是《资本论》在经济科学层面的必要补充。马克思在《资本论》序言中指明：我要在本书研究的是资本主义生产方式以及和它相适应的生产关系和交换关系，故其研究重点不是生产的技术关系而是社会关系，是以经济关系为基础的社会制度，侧重于政治经济学（柳欣和王璐，2012）。本

书聚焦于可兼容自然界简单劳动和人类社会复杂劳动的资源生产力和（资源）物质稀缺性，建立了在经济科学层面上面向可持续发展的价值中立的马克思主义经济科学研究，以便纠正西方主流新古典经济学中罗宾斯经济科学内核过于偏重人的主观效用的偏颇。这无疑是在关键的价值中立的经济科学层面对《资本论》的必要补充。

第三，马克思主义经济科学是《资本论》在价值哲学方面的有效补充。马克思《资本论》经济哲学虽从实践角度否定"资本"这一形而上概念对人类的统治，但科学事实与价值之间逻辑桥梁的建设未完工（程少川，2018）。本书第三章第二节至第四节以马克思主义经济科学的使用价值研究为突破口，在区分使用价值和价值的客观性与主观性两方面的基础上，首先阐明使用价值的客观一面既是人类寻求可持续发展的关键，亦因客观规律和客观资源生产力纽带可成为价值的客体尺度；其次阐明客观价值（含货币形态）也因客观规律（含货币价值规律）支撑可成为价值的客体尺度；最后阐明人的主体与客体的主观价值、主观使用价值、客观价值和客观使用价值之间的多种匹配议题，可有机衔接满意、满足/快乐、经济和自由，进而将真理根基引入并使其成为价值根基之一。因此，马克思主义经济科学是《资本论》在价值哲学方面的有效补充，为进一步衔接事实与价值的可持续发展研究奠定了必要的价值哲学基础。

二、马克思主义经济科学是生态马克思主义经济学的有益、必要且有效的拓展

第一，马克思主义经济科学是生态马克思主义经济学在可持续发展研究方面的有益拓展。生态经济学是研究生态经济系统（亦即生态系统和经济系统的统一有机体）物质循环、能量流动、信息传递、价值转移和增值以及四者内在联系的一般规律及其应用的科学；既是聚焦生态系统服务与功能（使用价值）的研究，又是聚焦价值的研究（赵桂慎，2008；周冯琦和陈宁，2016）。刘思华（2014）融合生态经济学和马克思主义经济学的生态马克思主义经济学研究，虽然依托二重性理论（含人的二重性、劳动的二重性、生产过程的二重性、商品的二重性和经济运动的二重性），并聚焦物质变换理论、全面生产理论、含自然/生态生产力的广义生产力理论和物质循环理论，初步分析人类与自然共存的可持续发展关系，但因其研究主要立足于马克思和恩格斯相关经济学说、经济哲学和自然辩证法等的梳理，未能深入探究生态经济系统有机体的能流、物流和价值流之间的相互关系，在面向可持续发展的定量经济研究方面有待加强。马克思主义经济科学

通过聚焦使用价值（含自然界的使用价值）和（资源）物质稀缺性，并且结合隐喻能量流的微观和宏观的经济管理价值流研究，更紧密地探寻生态经济系统的物质循环、能量流动、信息传递、价值转移和增值以及四者内在联系的一般规律及其应用，并指明关注规模与结构的面向可持续发展的定量经济研究路径，故它可以是生态马克思主义经济学在可持续发展研究方面的有益拓展。

第二，马克思主义经济科学是生态马克思主义经济学在经济科学层面的必要拓展。刘诗白虽指明现代财富本质是商品和产品的使用价值并将“自然财富”纳入社会主义经济理论研究范畴（刘诗白，2005；袁文平，2005），但相关研究侧重分析复杂劳动与使用价值的关系并且坚持劳动价值一元论的命题（黄新生，2009），未能围绕使用价值深入分析人与自然的关系，并因与生态经济学衔接不足而无法深究价值中立的经济科学研究。王若宇等指明生态文明建设的需要从忽视人类整体价值和忽视自然界价值的经济理性转变为强调人与人、人与自然和谐的生态理性，而从价值角度讲生态理性也是看重使用价值的（王若宇和冯颜利，2011）。然而，他们重建生态理性的建议路径因与生态经济学衔接不足而无法深究价值中立的经济科学研究。马克思主义经济科学充分挖掘使用价值研究在人与自然之间的价值中立性，故它应该是生态马克思主义经济学在经济科学层面的必要拓展。

第三，马克思主义经济科学是生态马克思主义经济学在价值哲学方面的有效拓展。刘思华依据马克思广义生产力理论创建的生态马克思主义经济学研究，未能引起主流经济学家的共鸣及主流经济学的变革，因为其发展路径与哈维和福斯特发展生态辩证法的路径相同，均集中于对工业文明时空观的反思并且该反思与“生态-社会改造过程”及其相关宗教、道德和价值等紧密关联（程倩春，2016）。但这与当前主流经济学尤其经济科学所追求的价值中立相悖。郝清杰的会议发言指明：将马克思主义关于生态环境的理论作为生态文明指导思想是一种片面的思维方式，只有将整个马克思主义的基本立场观点方法作为生态文明的灵魂，才能真正从人与自然互动的角度来思考与解决生态文明建设的难题（孙清照，2016）。在当今科学与社会紧密相关时代，科学与价值无涉的时代结束了，取而代之的是科学负荷价值的观念（庞晓光和陈庆永，2016）。面向可持续发展的经济科学既需要对待大自然的价值中立，又需要在价值哲学方面连接科学事实与价值。马克思主义经济科学正是立足整个马克思主义的基本立场观点方法，在保持对自然的价值中立的基础上，成功地在价值哲学方面衔接科学事实与价值，故它是生态马克思主义经济学在价值哲学方面的有效拓展。

第二节　马克思主义经济科学为生态经济学研究提供隐喻新视角

虽然前文通过立足资源生产力的生态经济系统之使用价值与交换价值的互动分析，初步提出融合生态经济学的马克思主义经济科学议题，但阐明“使用价值-熵-生态系统”关系方法的研究仍亟待深入。这是发展马克思主义自然哲学的关键内容，而这首先需要明晰马克思主义经济科学与生态经济学在“使用价值-熵-生态系统”关系上的关联与区别。

一、马克思主义经济科学与生态经济学在隐喻的集成方式上有所不同

马克思主义经济科学与生态经济学在“使用价值-熵-生态系统”关系上的关联是均尊重自然界已有客观规律，而区别是与原有生态经济学的直接集成方式不同，马克思主义经济科学是以物流衔接的能量与价值之间隐喻研究为主要发展路径。实际上，熵概念带来经济学研究方法的重大变革（制度/演化/行为/实验经济学等新分支学科的兴起就是明证）；而生态经济/循环经济理论突破了把经济和环境系统人为割裂的传统经济发展理论弊端，这同熵增原理强调人和自然的“一体”关系及其“和解”的重要性是一致的（张真，2006）。以“资源—产品—再生资源”反馈式流程为特征的循环经济是一种生态经济，要求运用生态学规律而不是机械论规律来指导经济活动（陈金明和汪平，2006）。总之，生态经济学价值理论延伸了古典经济学之生产理论并扩充涵盖自然环境对经济系统的输入以及经济系统对自然环境的输入，强调以物质、能量转换为客观分析环境价值的工具，其实质就是尊重自然界的已有客观规律。新古典经济学派使经济学研究重点由生产动态转至注重效率与均衡之交换价值分析后，导致以物质与能量转换为基础的生产理论从此不被重视，取而代之的则是以资源分配与定价为生产的主要因素（严茂超，2001）。该重大转变既是唯心主义经济学派竭力排除任何唯物主义影响的结果，也有生态经济学自身存在缺陷的因素。正如 M. Patterson（帕特森）

分析指明：尊重物流及其守恒的存在就难以建立严格的能量价值学说；而曾被寄予希望的斯拉法的价值理论（亦即新李嘉图派）因与生物物理特征（如能量和物质守恒、开放系统、有反馈的线性流、清晰的生态流、联合生产、相互依赖和复杂系统）存在不一致而无法适用于生态经济学（Patterson，1998）。帕特森自己提出的同时考虑物流与能流的生物物理价值理论（Patterson，1998），同样因为物质的不可替代性而有评价能量/物质混合流时难以避免的“混合单位”问题。基于各学科规律限于各自领域但可借助隐喻探寻互动规律进而发展复杂性科学的研究路径（黄欣荣，2012），并继承生态系统隐喻在组织研究中的应用（潘剑英和王重鸣，2014），李晓和刘正刚（2013）另辟蹊径：隐喻热力学第一、第二定律创建了货币价值的借贷守恒定律及其利用的熵定律，进而结合卖方和买方市场中的运作管理理论并隐喻生态系统通用能量流模型分别创立了供应视角中和需求视角中的货币价值流通用模型，最后据此初步完成了企业产品服务系统内、外共生管理这类隐喻能量和生命科学的企业价值管理研究，包含使用价值与交换价值互动管理并且有商业科学研究的生命科学隐喻研究路径图。事实上，能值理论和参考物质流核算分析所计算的“生态承载力”与“生态足迹”研究都仅是与价值研究关联的能量流和物质流研究，无法改变主流经济学家的价值信仰。原有各种生态经济学直接集成物质流、能量流和价值流的方法均存在各种各样的问题，根本难以转变西方主流经济学家的价值信仰。鉴于物质稀缺性实质是尊重物质循环并兼容物质守恒定律，而马克思主义经济科学围绕物质稀缺性来分析生态经济系统的使用价值与交换价值互动，故而聚焦使用价值/交换价值研究与能量科学/生命科学的严谨隐喻来发展的价值中立马克思主义经济科学研究，有望更令人信服地衔接原本聚焦稀缺性只是过于偏重主观效用稀缺性的西方主流的经济学。马克思主义经济科学所用的这种“使用价值–熵–生态系统”（此后修正为“使用价值–熵–生态经济系统”）关系的隐喻式方法研究，同样可以尊重自然界的已有客观规律，有助于深化面向可持续发展的自然哲学和价值哲学。

二、马克思主义经济科学的隐喻研究方法修正主流新古典经济学对能量科学的不当隐喻

马克思主义经济科学的隐喻研究方法有助于深化面向可持续发展的自然哲学和价值哲学，还源于其对原主流新古典经济学与能量科学之间不当隐喻的修正。众多生态经济学家批评在隐喻经典力学的新古典经济学中效用虽然隐喻能量但却不像能量一样遵守守恒定律；此外，均衡理论不适用于不可逆过程的研究，如基

于效用描述一组均衡价格的瓦尔拉斯一般均衡理论无法区分可逆与不可逆变换（Sousa and Domingos，2006）。针对这些批评，现有研究在数学表达形式层面证明了效用与熵等价、新古典经济学与平衡热力学等同（其中包含对不可逆性思考），以及经济世界中的价格仅存在于近平衡态，正如热力学系统仅当位于（近）平衡态时才能从广散型状态变量（如能量/体积）中预测出集中型状态变量（如温度和压力）；另外在实质层面，最直观理解效用不是能量相对物的方式是能量（伴随着体积或其他存量等）决定一个聚合系统之可能构造的表面，而效用函数更像熵函数，它决定在哪个方向上交换得以发生（Candeal et al.，2001；Smith and Foley，2008；Sousa and Domingos，2006）。然而，上述效用的数学形式最新隐喻成果未能描述经济过程的演化特征，而且混淆了流量与存量，还有一些热力学变量在经济学中缺少对应物（Glucina and Mayumi，2010）。Li 等（2009）、李晓和刘正刚（2013）研究指明，货币价值才是能量相对物并且货币价值借贷守恒定律制约着经济系统的运作，从而初步解决了经济隐喻的守恒问题。关于不可逆问题，只要认同存量指标及其形成的结构研究，就可以通过结构及其演化来集成对不可逆性的研究。此外，面向平衡的瓦尔拉斯定律或许仅在局部系统平衡态或近平衡态时有效。人类社会及其经济系统的可持续发展是总量增长及结构提升的过程，相应只有边际分析而无存量分析的新古典经济学（含其市场价格）不足以独自完成与能量科学的完整隐喻研究。鉴于李晓和刘正刚（2013）借助隐喻方式发展的面向可持续发展的企业产品服务系统价值流管理是“更高资源生产力和系统结构复杂性优化并重”的且兼具存量和流量分析，它与新古典经济学配合有望形成与能量科学的完整隐喻研究。因此，马克思主义经济科学为生态经济学研究提供的隐喻新视角有望切实深化面向可持续发展的自然哲学和价值哲学，进而合理地修正西方主流经济学家信仰。

第三节　以有机哲学视角审视马克思主义经济科学对自然哲学的发展

深化面向可持续发展的自然哲学，不仅在于马克思主义经济科学为生态经济学研究提供隐喻新视角，更需要以马克思主义经济科学修正原有导致生态危机的主流新古典经济学，而这需要修正原有生态经济学/可持续发展经济学与主流新古典经济学的融合方式，需以有机马克思主义相关有机哲学修正原有融合方式，即转为借助于立足有机哲学视野中使用价值和资源生产力的马克思主义经济科学来发展有机的价值哲学。

一、正确考察人类与自然关系的有机哲学出路

西方主流新古典经济学造成全球生态危机是因其资本逻辑从世界观与价值观维度来看有二元论、唯我论、个体性和排他性；从生产方式与生活方式维度来看遵循“大量生产-大量消费-大量废弃”的工业主义和消费主义方式；从制度与关系维度来看衍生了私有制并物化异化了人-自然-社会关系（孙清照，2016）。生态经济学的出现是人类自然观从机械论转变为现代有机整体论的标志（张德昭，2008）。然而，当前多数学者是仅以新古典经济学为正统核心，力求生态经济学/可持续发展经济学的嵌入，如围绕人类中心论范畴中的效用考虑更多的生态伦理以便影响人的偏好或通过赋予贫困者效用更大权重来关注公平性，或者在消费者行为效用分析中引入生态需求并在生产者行为分析中包含生态投入（钟茂初，2006；康芒和斯塔格尔，2012）。虽有一些生态经济学者是吸收多种新兴经济学（如行为/实验/演化/制度/心理/社会经济学）的思想和方法修正新古典经济学中的错误（张谊浩，2007），但这些改进都侧重于与人的对接而不在与自然对接的价值中立的经济科学层面。因此，当前大多数生态经济学/可持续发展经济学仍仅围绕人类中心论范畴中的效用，实质是仍偏向强式人类中心主义并无视自然客观规律。马克思主义自然哲学不消灭强式人类中心主义的“人”，就不能成为现实；强式人类中心主义的“人”不把马克思主义自然哲学变成现实，就不可能消灭自身（孙清照，2016）。而既要消灭强式人类中心主义的“人”，又要避免偏向另一极端的生态中心主义，其出路就在于在考察人类与自然关系时融合有机哲学。这是因为有机哲学以有机整体主义超越人类中心主义和生态中心主义的对立并且视生态文明建设为自己的理论追求和实践追求；此外，虽然均以生态文明为根，但立足有机哲学的有机马克思主义与生态马克思主义侧重于批判不同，其更侧重于建设并积极探求破局之道（王治河和杨韬，2015）。

二、马克思主义经济科学在有机哲学指导下的研究发展

马克思主义经济科学在有机哲学的指导下实践着各项研究的发展。它研究生态经济系统这一生态系统和经济系统的统一有机体，强调考察贯穿整个生态经济

系统的能量流、物质流和价值流相关多种属性在规模与结构方面的互动而非之前常用的生态系统与经济系统的互动。此外，它以更有机的使用价值来超越整体主义的生态价值。生态价值被视为整合生态和价值这两个分属自然科学领域和社会科学范畴的概念，它是指自然生态所具有的功能和属性对满足人类社会需要的能力，展现为人类的生存之境对人类社会发展的意义与效用（钱俊生和彭定友，2002；陶应时等，2016）。刘诗白已指明现代财富的本质是商品和产品的使用价值，而“自然财富”应纳入社会主义经济理论研究范畴（刘诗白，2005）。马克思主义经济学研究曾经从价值哲学角度出发，立足于自然资源的使用价值对边际效用价值论进行修正，通过发掘客体具有的属性功能（即马克思劳动价值论所说的使用价值和修正的边际效用价值论所说的效用），研究自然资源价值（白玮和郝晋珉，2005）。马克思主义经济科学则以使用价值统一生态经济系统中自然和人类之“产品/服务”的功能与效用。虽然马克思主义经济学是以人和人的关系为最恰当的研究对象，但在不同条件下或从不同角度看，以生产力或生产方式为研究对象也不能说是错误的（赵平，2001）。新涌现的马克思主义经济科学创新了马克思主义自然观，将其从对人自由选择能力进行必要限制时所借助的社会关系范畴（孙正聿，2011），扩展至客观的生产力范畴（如自然界客观资源生产力的限制）；而资源生产力提升至与劳动生产力同属于同一战略层级是发展生态马克思主义经济科学的必然要求，资源生产力侧重生态经济系统之客观生产力的侧面，而原有劳动生产力侧重生态经济系统之生产关系/社会关系侧面。与物流关联的客观资源生产力凝聚广义的四大生产力（即人自身/物质/精神/自然生产力）中共有的物质属性部分，其有机性是考察以物流衔接着的生态经济系统之经济属性的规模/结构与其能量属性的规模/结构之间的有机耦合；相对于原广义生产力之有机性是指示不同种类系统之间生产力的耦合（但各系统生产力的内涵目前并未完全统一），资源生产力的有机性是同一生态经济系统中的两种属性的耦合，是一种更为有机且便于清晰定量研究的耦合。该有机的马克思主义经济科学研究符合杨英姿总结的绿色发展之实践逻辑所具有的整体性、他在性、系统性和关系性（孙清照，2016）；但是正如企业产品服务系统研究将面向物质减量化和资源节约的狭义产品服务系统扩展为聚焦于资源生产力的广义产品服务系统研究（李晓等，2011），它将绿色发展之实践逻辑应遵循的节约循环、绿色低碳的生产生活方式，扩展为更适合与经济学和管理学（尤其注重物流分析的运作管理）对接的优化资源生产力的生产生活方式。陈凌霄指明克服生态危机首先必须从认识上消除主、客二分的形而上学思维方式并在实践基础上实现人与自然关系的辩证统一（陈凌霄，2016）。鉴于马克思主义经济科学借助有机哲学视野中的使用价值和资源生产力便于消除主、客二分并可在实践中实现人与自然关系的辩证统一，面向可持续发展的自然哲学需从原有以生态经济学/可持续发展经济学研究来完善或修正主流新古典经济学的方向，转变为以有机哲学为指导并融合生态经济学的马克思主义经济科学来修正并融合主流新古典经济学的方向。

人作用于自然界的一切实践活动必须以承认自然界本身的客观先在性和对人类活动的制约性为先决条件，以尊重生态环境自身的客观规律为前提（谢中起和郑劲梅，2010）。鉴于非自然性的科学是工业文明环境问题产生的根本原因，生态文明需要科学的自然回归，其关键是发现外在自然的特征并按此办事以达到保护自然环境的目的。有鉴于此，马克思主义经济科学的成功关键或标志就是坚持以唯物主义为主导并尊重自然辩证法，这表现为面对生态制约时必须尊重相关客观规律及其所致自然界的资源生产力现实（亦即自然界的物质资源补充的自然规律）；而若以唯心主义为主导，将表现为不顾生态的巨大破坏而只追求货币利润，正如西方主流经济学时常导致的行为。因此，人们只有尊重自然客观规律尤其是能量相关规律并以价值属性规模/结构来匹配客观的能量属性规模/结构，才可能更好地建构面向可持续发展的自然哲学，进而践行绿色发展之实践逻辑期望衍生的绿色富国和生态良好，最终纠正罗宾斯经济科学过于偏向主观效用的缺陷。这种有机哲学指导下坚持历史唯物主义和自然辩证法的马克思主义经济科学研究为面向可持续发展的自然哲学提供了最佳实践武器。

第三篇　马克思主义经济科学的耦合（原理篇）

第五章　马克思主义经济科学的使用价值与交换价值耦合机理

实体经济与虚拟经济的协调发展关键就在于使用价值与交换价值之间的耦合匹配；而马克思主义经济科学实践可持续发展的关键就在于以使用价值为主导来引领与交换价值的耦合匹配。

后危机时代经济全球化和世界经济多极化的基本趋势，明显地表现出目前的经济理论研究远远落后于现代经济的发展实践和全球化的迅猛进程，这给马克思主义经济学的发展创新提出了新挑战：①马克思主义经济学基础理论研究需要对实体经济与虚拟经济在全球各国国民经济中的作用以及对国民经济运行的影响提出更具深度的分析；②马克思主义经济学必须提出比西方新自由主义学派的经济学说更具解释力和说服力的理论，以期深化对 21 世纪全球化条件下市场经济制度的深入认识；③马克思主义经济学的基础理论研究迫切需要从基本范畴的界定做起，进入现代市场经济条件下的国民经济宏观运行和宏观调控的分析层面，以充分应对后危机时代全球化发展变化带给理论经济学研究的新挑战（刘灿等，2011）。另外，周文和朱富强（2010）指明：马克思主义经济学和以新古典为代表的现代西方主流经济学原本是来自于同一源头，有理论上的共识性（都关注稀缺性资源的配置问题和具体社会关系中人的互动行为），然而自边际革命以来，这两方面内容却日益分裂并形成了两个越来越对立的学科，特别是在我国经济学界长期以来存在着政治经济学和西方经济学相互排斥的二元学科结构，具体表现为政治经济学与哲学、社会学等学科之间以及西方经济学与数学、物理等学科之间的联系比两门经济学科之间的联系更为紧密；当代马克思主义经济学目前所面临的现实问题是它的分析主要停留在有关社会制度的宏观层面，而缺乏对微观制度的具体分析；鉴于在微观行为机理及影响因素实证方面现代西方主流经济学有了很大的发展，当代马克思主义经济学的发展就要吸收现代西方经济学新近发展起来的研究具体微观问题的工具、模型和理论。然而，前文已经分析指明了西方主流新古典经济学在经济科学层面的重大缺陷，及其所致的微观与宏观经济研究的本质脱节以及对可持续发展事业的阻碍。开拓当代中国马克思主义经济学的新境界需要把实践经验上升为系统化的经济学说，其关键是要运用“创新、协调、绿色、开放、共享”五大发展新理念，努力实现新的理论跃升（顾海良，2016）。与基于政治经济学视角（此处用西方马克思主义者塞缪尔·鲍尔斯的“竞争、统制、变革”三维经济学分析框架）研究生态文明建设中的利益悖论（张志敏等，2014）不同，前文通过立足资源生产力的生态经济系统之使用价值与交换价值的互动分析初步提出了价值中立的马克思主义经济科学议题。因此，只有在扬弃西方主流新古典经济学尤其是罗宾斯经济科学的基础上，深化面向可持续发展的马克思主义经济科学研究，尤其是使用价值与交换价值间的互动耦合匹配研究，才有望通过有机衔接微观与宏观的规模和结构议题，深化马克思主义经济学体系的微观基础，并发展可科学地探讨与自然资源/生态系统充分互动（亦即生态经济系统内物流、价值流和能量流互动）的面向可持续发展的宏观经济研究。扬弃的关键在于像亚当·斯密等学者一样深入研究使用价值与交换价值的互动，借助对使用价值和物质稀缺性的再次聚焦对亚当·斯密以来众多价值理论进行合理扬弃，并且需要为解决一些久悬未决的关键问题，如合理的（如今面向可持续发展的）系统整体规模及其价值结构问题，探索合理的新解决路径/方向。

第一节　聚焦分工所致系统整体规模/结构的使用价值与交换价值互动研究

一、使用价值和物质稀缺性的重新聚焦是亚当·斯密全面价值理论在合理扬弃后的回归与升华

使用价值和（资源）物质稀缺性的重新聚焦是亚当·斯密的全面价值理论在合理扬弃后的回归。斯密（2014）指明：①价值既包含使用价值又包含交换价值，而水与钻石强烈反差的案例只说明其不赞成使用价值成为交换价值的衡量尺度，以便突显其“劳动是衡量一切商品交换价值的真实尺度”认知；②分工是提高劳动生产率进而减少资源/商品稀缺性以便实现社会更加丰裕的根源。前文分析

已阐明：①斯密不赞成使用价值成为交换价值衡量尺度的认知是在其未明白稀缺性是经济学研究核心议题情况下的认知，若使用价值进入市场时与交换双方所处稀缺性情境关联起来，有助于确定交换价值；②新古典主义范式的环境与自然资源经济学、马克思主义范式的可持续发展经济学和生态经济学、系统科学视角的可持续经济学和生态经济学、面向可持续发展的企业客观运作管理理论，都强调使用价值和（资源）物质稀缺性的聚焦或再聚焦；③罗宾斯在经济科学定义中把稀缺手段只与人类目的挂钩是为了彻底剔除任何唯物主义影响而强化唯心主义的效用价值论，稀缺性与人类效用的关联虽给人们自愿环保行为留下一个切入缝隙，但稀缺性与使用价值的脱钩却切断了人类行为与客观的自然界物流/能量流规律衔接的机会；④马克思主义经济科学实践可持续发展的关键在于聚焦使用价值、（资源）物质稀缺性，以及立足资源生产力而兼容自然界客观物质生产的广义劳动价值论，生态经济系统价值研究必须聚焦于使用价值和交换价值的集成，而价值（无论从使用或交换价值视角）都是一种涌现的、有背景依赖关系的属性。聚焦使用价值和（资源）物质稀缺性的研究为研究人类行为补充了必要的客观视角。事实上，行为经济学对依赖成本-收益分析方法（即利用消费者剩余判断公共政策选择的期望程度）的人类行为模型的有效性甚至是条件价值评估技术（如基于支付和接受意愿的显示偏好技术）都提出了质疑；而实验经济学为新古典经济学指明了新方向，一个与古典的、更广义的价值概念（含使用价值、交换价值、劳动价值和效用价值）较一致的多元方向（张谊浩，2007）。最新心理学研究表明：若要产生一致稳定的输出就需在输入变量中除顺序尺度之外再纳入更多的比例或区间尺度；相应地，仅仅考虑消费者序数效用的新古典微观经济学研究的结果很可能是不稳定、不一致的（Kemp and Grace，2010）。故在经济管理研究中加入更多尺度的全面价值考察更为科学、可靠。与罗宾斯经济科学中只将稀缺性与人的序数效用做关联不同，马克思主义经济科学将客观的可多种尺度定量测量的人工产品/服务的使用价值（涉及比例、区间和连续等多种尺度）与稀缺性关联起来。因此，使用价值和物质稀缺性的重新聚焦实现亚当·斯密全面价值理论在合理扬弃后的回归，并成为弥合马克思主义经济学与西方主流经济学的关键衔接点。

使用价值和（资源）物质稀缺性的重新聚焦同时又是亚当·斯密的全面价值理论在信息经济时代实践智慧化和可持续发展的升华。在信息时代，稀缺性情境与使用过程及其表现出的使用价值之间的紧密衔接越发凸显起来，尤其在服务化趋势下。借助先进的网络信息技术，稀缺的客户需求相关的使用价值可以被及时捕捉，如电商系统的网上行为轨迹捕获；可以被清晰地记录与保存，如电商网站中客户发布的需求或保存在收藏夹中的商品；可以被深入地分析与挖掘，如进一步利用商务智能和大数据做分析；可以被准确地再现甚至创造，如有些使用价值在由网站推送至客户之前客户本身可能都没有意识到自身这个使用需求。上述状况也适用于厂商所供应商品相关的使用价值。而阿里巴巴和京东等众多公司的（第三方）电商平台利用供、需双方使用价值的更快速、高效的撮合，实现交易（亦即交换价值）的快速、高效对接。这种超越传统商业模式的更高效的电子商务的交易生产力，造就了面向最终客户的商业系统价值结构的巨变。另外，为实践可持续发展，20 世纪末制造服务化和力求物质减量化的产品服务系统管理（实质是“产品服务化”与“服务产品化”融合）逐渐盛行。在信息时代，越来越先进的电子商务技术使得产品服务化（如从卖飞机发动机转为立足于在线故障诊断预防的“每小时动力”服务模式）和服务产品化（如电子商务将许多服务转为线上和/或线下的产品）的实现越来越便利、越来越高效。当前制造企业面向可持续发展的服务化和电商化升级都愈演愈烈，依托电商技术的服务化及更高级的智慧化推进至工业范畴已经涌现了互联网+制造。其中，服务化所期望的满足个体差异化需求（进而获高附加值）必须依靠智慧化，才能够克服服务化相关的“成本病”（姜奇平，2015）。工业互联网的服务化和智慧化都依赖于对设备（尤其客户设备）的监控、效率提高和优化（许正，2015），其核心亦是聚焦使用过程及相关使用价值。此外，聚焦使用价值及其分享的共享经济商业模式的兴起，就是立足于手机上点对点信息技术等并通过更多共享来解决相关资源的稀缺性，以便更好地满足更多客户的需求。更多过程、更多角度和更多属性的使用价值研究便于展开相应的客观规模/结构议题研究，进而便于展开商务智能和大数据分析。因此，使用价值和（资源）物质稀缺性的重新聚焦是亚当·斯密的全面价值理论在信息经济时代实践智慧化和可持续发展的升华。它将借助价值规模与结构的研究，为经济学拥抱历史和社会等社会科学进而回归“政治经济学”传统（刘盾等，2013），打下经济科学层面的必要根基。注意：这种从使用价值和物质稀缺性角度出发拓展价值中立的马克思主义经济科学的发展路径，与现有主要从政治经济学视角的关注价值分配及其价值结构的马克思主义经济学拓展路径（刘盾等，2013）侧重不同，也与仍过于侧重人的需要的马克思主义经济学拓展路径（赵平，2001）侧重不同。

二、聚焦分工所致系统整体规模/结构的使用价值与交换价值互动研究

在亚当·斯密的全面价值理论已回归并有跃升的背景下，为更好地实践可持续发展，价值中立的资源生产力层面的马克思主义经济科学需在已初步分析生态系统服务之使用价值与交换价值间互动的基础上，进一步拓展和深化使用价值与

交换价值的互动关系研究，且相关研究应该聚焦探索分工形成的合理整体规模及其合理价值结构等关键难题。因为作为生产的基本形式，分工是生产力和生产关系相联系的中介（崔向阳和崇燕，2014；钱书法和周绍东，2010）。从生产力和生产关系两个层面出发可将劳动分工划分为分工的技术形式和分工的组织形式两个范畴；分工的技术形式决定其组织形式的本质特征和发展方向，同时组织形式也对技术形式产生反作用（钱书法，2013；钱书法和周绍东，2010）。相对于已有广泛、深入研究的组织形式范畴中制度安排视角分工研究（洪银兴，2014；钱书法，2013），马克思主义经济科学研究需侧重于聚焦客观物流/运作视角的经济科学层面的分工研究，是一种侧重于衔接客观资源生产力研究的分工研究。斯密（2014）基于分工起因于交换的认知，指明分工程度受交换能力大小的限制（即市场广狭的限制）。故斯密市场交换视角中的分工受限于整体市场结构中与该分工关联的局部市场规模。李嘉图因为不相信能找到国民收入总量（即市场整体规模）的规律，故而侧重于研究国民收入分配比例（即市场价值结构）的规律（斯拉法，2013b）。李嘉图 1820 年 10 月 9 日致马尔萨斯的信中写道："你认为政治经济学研究财富的性质和原因。我认为不如说，它研究决定劳动产品在共同生产它的诸阶级之间分配的规律。不能确定关于数量的规律，但能够相当正确地确定一个关于比例的规律。我日益感到满意，前一种研究是徒劳和虚妄的，后一种研究才是科学的真正目的。"（斯拉法，2013b）凯恩斯（2009）指明：后续者未觉察此细微区别而仅将李嘉图的古典理论用于财富来源问题的研究。这不仅使得人类社会的分工及相应资源生产力提高这一财富第一主动来源的研究让位于利润（一种结果）的分配及其后续再生产这一财富第二主动来源的研究，而且阻碍了市场整体规模规律研究，阻碍了生态经济系统有机体之经济属性（涉及价值规模）与社会属性（涉及人口规模）和自然属性（涉及资源规模和生态服务规模）之间规模互动规律的研究及其相关结构互动规律的研究。融合生态经济学的马克思主义经济科学围绕生态系统服务已初步分析使用价值及其与交换价值之间的互动（含原本还无相应市场的生态系统服务进入市场），其主要观点为：①生态经济学同时分析存量和流量，故与存量性质类似的总效用和与流量性质相关的边际效用/平均效用都需要考察，而考虑到可持续性必与时间演化因素关联，故当期与远期的使用价值都应纳入价值研究才能实践可持续发展。②聚焦于受自然客观规律制约的可客观测量的资源生产力，考察其与某个/某类人的需求的匹配（亦即交换价值），一种聚焦于供、需双方稀缺程度的匹配；该匹配需要顾及后续自然界以平均资源生产力或相应某物之特定资源生产力自行恢复其功能的能力或水平。③这种全面价值考量基础上供、需稀缺程度的匹配亦适用于人工产品/服务且任何"产品/服务"的使用价值/总效用都可做还原论式的计算并进而与某个人/某类人的效用价值匹配关联，如此方可在含总量的各个层次上分析使用价值与交换价值的互动，以便更清晰地考察个人及人类社会与自然的共同可持续性发展。鉴于当期和远期使用价值都被纳入价值研究才能实践可持续发展以及交换价值和使用价值都可被清晰记录，只有通过相关系统静态与动态的价值总量与结构研究才能清晰地考察当期和远期的使用价值及其与交换价值的动态互动。鉴于完整的经济研究必须实现宏观与微观的有机集成（含还原论式的总量累加），合理的总体规模研究及其结构研究成为实践可持续发展必须解决的核心议题。事实上，前文分析已阐明：①马克思主义经济科学指明了物品/商品的使用价值联合稀缺性的情境就可以较好地决定交换价值，这种稀缺性情境也与市场的规模限制紧密关联；②为了实践可持续发展，面向资源节约的狭义产品服务系统扩展为面向可持续发展（融合资源节约和持续经营两视角）的广义产品服务系统，并且全面的企业产品服务系统管理立足于“更高资源生产力和系统结构复杂性优化并重”；③产品服务系统粒度的价值链/网结构既便于量化供需网络的价值结构演化研究，又便于在中观经济领域发展产品服务系统粒度价值链/网结构优化研究，以及对接宏观经济领域产品服务系统粒度的货币价值金字塔定量结构优化研究这一国家可持续发展出路的研究。其中，企业产品服务系统管理的价值结构既涉及多个产品服务系统在企业内部的共生结构，又涉及各产品服务系统外共生议题中企业与多个外部利益群体的价值分配结构；既涉及某时点的静态结构，又涉及持续经营相关的动态结构演化。因此，为了集成马克思主义经济学和西方主流经济学为面向可持续发展的经济学，必须在价值中立的马克思主义经济科学领域进一步拓展和深化使用价值与交换价值的互动关系研究，并且相关研究应该聚焦于探索分工形成的合理整体规模及其合理价值结构等关键难题。

马克思主义经济科学探索分工形成的合理整体规模及其合理价值结构的研究，关键在于围绕使用价值与交换价值的互动合理衔接并纠正原本有欠缺或有偏转的价值理论，如此才能有望转变众多经济学家的价值理念为面向可持续发展的价值理念。马克思注重经济整体货币/资本总量研究以批判萨伊“供给创造自己的需求”定律，亦为批判李嘉图“为生产而生产”的生产理论而将前人研究所缺失的人和社会关系视角引入总体生产研究（覃志红，2012；王璐，2005）。侧重交换价值以研究生产力和异化劳动的劳动价值论及其基础上的资本论侧重于生产关系（柳欣和王璐，2012；覃志红，2012），但其限于历史局限而缺乏经济属性整体规模与自然属性整体规模的关联研究。凯恩斯则遵循亚当·斯密的总量视角而将自己前期的货币理论扩展为社会总产量理论（即研究哪些力量决定整体产出和就业规模）（凯恩斯，2009）。该总量分析方法不仅使凯恩斯开创了现代经济学分析范式的新体系，也使得对新古典“实物-货币两分法”的批判能够联系到现实的 GDP 核算体系的计量，从而使人们重新认识马克思宏观经济学的意义（王璐，2005）。但主流经济学（包括前期萨缪尔森等发展的新古典综合凯恩斯主义和近期新凯恩斯主义）在创建凯恩斯宏观理论所缺乏的微观基础时，坚持以交换视角、效用理论及其边际分析为根基（王健，2004），没有重视需要与总量规模有机衔接的微观分工及其相关规模/结构的研究。这种情况下始终追求利润最大化的西方垄断资产阶级滥用凯恩斯货币/经济理论进而造成军事经济和债务经济两大新持久危机（亨特，2007）。当前非主流的后凯恩斯经济学虽然在坚持凯恩斯正统/精髓并吸收卡莱斯基学派、斯拉法学派（新李嘉图学派）和制度学派成果的基础上，通过关注生产而非交换研究宏观经济学增长问题；但其研究强调有效需求和资源的使用程度，却排斥稀缺性（拉沃，2009）。但拒绝稀缺性相关的理论建模思路之后，后凯恩斯经济学难以将凯恩斯的不确定性和历史时间等基本命题纳入正规化理论模型中，并难以形成严谨一致的微观宏观统一的经济学体系（张凤林等，2013）。此外，后凯恩斯经济学虽在消费理论中提出需要的分层/饱和/可分离/增长/非独立性/遗传等原理，并关注需求和消费行为的结构特征（张凤林等，2013），但仍缺乏对使用价值的深入分析。后凯恩斯经济学代表人物帕西内蒂（L.L. Pasinetti）指明："我们不能不承认新古典范式所具有的外观上的正规严密性和内在一致性，而要沿着凯恩斯的路线建立起另一个具有同样严密性和一致性的新的经济学范式，则是极其艰难和最富有挑战性的任务。"（Pasinetti，2005；张凤林等，2013）本书认为成功的挑战只能从改造仅聚焦主观稀缺性的经济科学这一主流经济学内核开始，需以稀缺性和使用价值的联合来共同分析使用价值与交换价值之间的互动为突破口，并以探究与自然协同的分工相关生态经济系统的适当整体规模及其合理结构为核心研究内容（亦即是否实现可持续发展的成功标志）；而使用价值与稀缺性的联合就在偏主观的稀缺性研究之外弥补了急需的客观的稀缺性研究，这是可以探索实现与自然协同的人类社会可持续发展的关键保障。

第二节　融合规模/结构相关经济学派的分工适当整体规模及合理结构研究

一、融合凯恩斯经济学及其新/后流派的分工适当整体规模及其合理结构研究

聚焦分工适当整体规模及其合理结构研究的马克思主义经济科学研究，首先

需要围绕使用价值及其与交换价值的互动，革新凯恩斯经济学及其新/后流派并将之合理融入自身体系。马克思和凯恩斯的宏观经济理论体系都是对货币经济背景下资本主义经济关系的剖析并有重要共通之处：联系名义变量（如货币数量、名义价格/工资）与实际变量（如就业和实际产量）的货币理论与生产理论、价值理论以及分配理论的集成；对有效需求的聚焦；总量分析方法（王璐，2005）。马克思主义经济科学的关键发展应该是通过重新集成使用价值和物质稀缺性研究，将两大理论体系对货币理论与生产理论、价值理论和分配理论的集成深化至客观且贯穿微观与宏观的生产力层面。马克思主义经济科学成功的关键或标志就是坚持以唯物主义为主导，这表现为面对生态制约时尊重相关客观规律及其所致自然的资源生产力现实；若以唯心主义为主导，将表现为不顾生态的巨大破坏而只追求货币利润，正如西方主流经济学时常导致的行为。相应地，在客观生产力层面考察使用价值以确定交换价值的原则是：聚焦于受自然客观规律制约的可客观测量的资源生产力，考察其与某个/某类人的需求的匹配，一种聚焦于供、需双方稀缺程度的匹配。与此类似，鉴于后凯恩斯主义研究侧重有效需求而新凯恩斯主义研究侧重于供给方面（拉沃，2009），马克思主义经济科学应该合理扬弃凯恩斯经济学及其新/后流派，以便探索供给结构与需求结构的合理匹配。新凯恩斯主义经济学的三大理论特征（否认古典的“两分法”、认为整体经济是非瓦尔拉斯均衡的以及实际不完全性是重要的）（王健，2004）值得肯定；需革新的是主观效用和边际分析基础上的经济科学内核。许多学者建议应借鉴后凯恩斯主义、演化经济学和结构主义等发展马克思主义经济学（金炯基，2013；刘盾等，2013）。事实上，后凯恩斯经济学发展滞后的最大缺陷源于它虽然继承了凯恩斯关注的不确定性和历史时间等真谛，却未发扬其开创的向亚当·斯密经济学再度学习并创新的精髓。英国剑桥的凯恩斯主义者虽复兴古典经济学传统来完善凯恩斯经济学，但这种复兴侧重在与李嘉图学说的结合，侧重在批判边际主义均衡分析体系的反边际主义革命；而极少数“改良派”如克洛沃（R.W. Clower）及其弟子赖琼霍福德（A. Leijonhufvud）提出的从非均衡视角和关注数量调整的非均衡机制分析等方面来发展凯恩斯真正思想遗产的工作并未得到继承（张凤林等，2013）。只有像凯恩斯那样创新发展斯密的全面价值观而非止于李嘉图的相对价值观，才是深入发展凯恩斯经济学的关键。斯拉法名著《用商品生产商品》只是证明在新古典经济学边际分析方法之外，还可有传统李嘉图式的相对价值分析方法（斯拉法，1963）；故而他未复兴亚当·斯密的价值总量研究。而在发展亚当·斯密生产理论的后凯恩斯经济学中，微观研究中的生产技术函数/成本曲线虽有关注企业机器、员工数量和产出之间关系的参数（拉沃，2009），但对物流及使用价值的分析很不充分，而且缺乏对亚当·斯密价值理论最核心的分工及其规模/结构的分析。从非均衡视角出发，若承认经济总体规模及其结构上的非均衡并不排斥个体和/或局部的均衡，正如复杂性科学的融贯论结合了还原方法与整体方法（融贯线性与非线性、均衡与非均衡、确定与不确定的研究）（黄欣荣，2012），有望通过围绕稀缺性（有效需求实质亦指明一种稀缺性）的经济供需互动研究，有效地融合新凯恩斯经济学与后凯恩斯经济学；并通过使用价值与交换价值互动研究（含所致价值结构的研究）来有效地衔接微观的且侧重交换的新古典经济学和宏观的且货币理论与生产理论并存的马克思经济学及凯恩斯经济学。最终，可依此贯穿微观与宏观的客观生产力层面的分工整体规模及其合理结构研究，发展面向可持续发展的马克思主义经济科学。

二、融合运作管理和新兴古典经济学的分工适当整体规模及其合理结构研究

马克思主义经济科学中分工适当整体规模及合理结构的研究，还需要借助以运作管理理论（注重物流研究和使用价值与交换价值互动研究）完善聚焦分工及其结构的新兴古典经济学，才能得以深化。不同于亚当·斯密从市场交换出发研究分工的由外向内视角，新兴古典经济学基于消费者-生产者的一体角色以内生视角对比分析自给自足与劳动分工及其形成的分工网络，并据此有机衔接微观与宏观经济研究；在区分专业化（即决策体提供的产品/服务种类数）与规模经济基础上，它发现市场大小与分工演进是相互制约且相互依赖的关系，亦即决策者选择专业化模式和水平的决策决定了市场的大小和总量需求，随后在给定分工结构下的资源分配决策决定了相对需求（杨小凯和张永生，2000）。然而，新兴古典经济学在描述专业化经济的生产系统时仅在生产函数中通过分析决策者将有限劳动时间在不同产品/服务种类间的分配来研究专业化，其中仅用大于 1 的参数α代表专业化经济程度（杨小凯，2003）。杨小凯在其书第 36 页例 2.3 描述如下：假定每个人可以生产两种产品，其生产函数是：$x^p \equiv x + x^s = l_x^\alpha$；$y^p \equiv y + y^s = l_y^\alpha$；其中，$x^p$和$y^p$为两种产品的产出水平，$x$和$y$为自给的产品数量，$x^s$和$y^s$为在市场上出售的产品数量；$l_i$是一个人用于生产产品$i$的劳动时间的份额，可被定义为这个人在生产产品 i 上的专业化水平；α是代表专业化经济程度的参数；每个人都有$l_x + l_y = 1$的工作时间约束（杨小凯，2003）。事实上，新兴古典经济学中这个大于 1 的参数α无法清晰描述与专业化水平提高相关的生产率的提高，因为它未涉及描述每单位时间产出率的产品的生产率；就是说任何产品的生产率（如与产品 x 边际劳动生产率的 dx^p/dl_x 对应的生产率）以独立的“生产率”变量形式直接表达出来，才能更清晰地代表专业化水平。例如，在某天中，当天某产品的产

出量（个）=当天自给量（个）+当天市场出售量（个）=每小时该产品的生产率（个/小时）×当天中分配给该产品的生产时间（小时）。没有清晰的"生产率"的独立变量，也就无法衔接清晰的物流分析，故而新兴古典经济学中这个描述专业化经济的生产系统和代表专业化经济程度的参数α因为对物流分析的缺失，无法衔接依托客观资源生产率的研究。此外，虽然新兴古典经济学的分工经济与规模经济和范围经济区分较为清楚（杨小凯，2003），但三者之间如何衔接目前研究并不充分。造成这种代表专业化经济程度的参数α无法恰当描述生产率提高进而无法深入分析分工及其规模问题的原因，貌似源于它与诸多经济研究类似，未能像自然科学研究那样严谨对待公式中所有变量/参数计量单位的一致性，实质源于经济核心研究脱离注重物流和使用价值分析的企业运作管理研究与实践（同样源自分工）太久、太远了。例如，文定理这一新兴古典经济学的基石，"最优决策不会卖一种以上的产品，不会同时卖和买同种产品，不会买和生产同种产品"（杨小凯，2003），与诸多企业中的产品多元化运作、同产品的买进卖出（倒买倒卖）或部分自制与部分外购并存等现象都难以兼容。这就造成以分工和专业化立命的新兴古典经济学难以获得源自分工的企业运作管理理论及其实践的支持，这或许是其暂未能如杨小凯所料似日心说替代地心说一样由新兴古典经济学替代新古典经济学的根源之一。此外，新兴古典经济学承认个体和全社会的分工水平和模式虽可以定义并定量测量，但是若模型中产品和个人的数目超过二，则其分工经济难以定义、更难以定量测量（杨小凯，2003）。

广义产品服务系统是演化经济学最恰当的个体，李晓等（2011）融合商业生态学和多种企业主流运作管理价值理论（如大规模生产、精益价值流管理、约束理论的价值流管理、敏捷制造相关价值网管理、系统复杂性价值流管理），创建更高资源生产力和结构复杂性优化并重的企业产品服务系统价值流管理这一微观企业绿色管理出路、产品服务系统粒度，而非以往企业粒度的价值链/网结构优化这一中观产业绿色经济出路，以及隐喻能量金字塔定量结构的货币价值金字塔定量结构（含分别服务于人类社会和自然界的两个定量结构）这一国家可持续发展出路。李晓等基于产品服务系统应视为商业物种个体，隐喻生态学中物种丰富度、物种多度、相对多度和营养级四个群落结构维度，创建如下供需网络价值结构维度：供需网络中商业物种的数目（亦即商业物种丰富度）为供需网络的水平结构；一个商业种群中企业和/或部门的数量为商业物种多度；供需网络之中商业物种的相对多度为供需网络的垂直结构；价值层为供需网络之价值链/网络中的一个位置，该位置由从最终消费者或自然资源到该处的货币价值转移步数决定，从最终消费者或自然资源开始的转移步数分别属于逆流价值层或顺流价值层（Li et al.，2009；李晓和刘正刚，2013）。鉴于产品服务系统是比专业化更为清晰且简单的分工考察单位，并且企业产品服务系统管理可以兼容分析多元化运作以及自制与外购并存等现象（李晓和刘正刚，2013），产品服务系统粒度的价值链/网结构可比新兴古典经济学立足于专业化的分工网络更清晰且可定量地有机衔接从微观的产品服务系统和企业至中观的产业以及宏观的国家乃至全球的众多层次。此外，企业产品服务系统价值流管理充分注重物流分析及使用价值与交换价值之间的互动研究，据此更好地实践兼容物质减量化的可持续发展。因此，以关注使用价值与交换价值间互动及其相应价值结构优化的企业产品服务系统价值流管理理论来完善新兴古典经济学，可以有效深化内生的客观运作视角中的分工规模及合理结构研究，进而深化价值中立的面向可持续发展的马克思主义经济科学。

三、融合运作管理和新结构经济学的分工适当整体规模及其合理结构研究

马克思主义经济科学中分工适当整体规模及其合理结构研究的深化，还可借助于以运作管理理论（含企业产品服务系统价值流管理理论）完善新结构经济学来达成。林毅夫根据中国国情并结合结构主义思想和新古典经济学逻辑创建了新结构经济学：它"以企业自生能力为微观分析基础，以每一个时点给定的要素禀赋结构为切入点，提出经济发展是一个动态的结构变迁过程，需要依靠'有效的市场'来形成能够反映要素稀缺性的价格体系以诱导企业按比例优势来选择产业、技术从而形成竞争优势，也要有'有为的政府'来解决结构变迁过程中必然出现的外部性问题和软硬基础设施完善的协调问题，一个国家只有同时用好市场和政府这两只手，才能实现快速、包容、可持续的增长"（林毅夫，2012）。它与马克思主义经济科学有一致内核：围绕要素稀缺性的动态结构匹配。它与企业产品服务系统价值流管理也有较一致的内生为主的增长视角：包括"斯密型增长"（源自分工、贸易和劳动生产率提高等）的"熊彼特型增长"（源自技术/组织创新等）（林毅夫，2012）。因为产品服务系统既是围绕核心"产品/服务"并有丰富内容的技术系统，又是衔接多个组织层次（涉及企业、产业、供应链和集群等）管理议题并衔接战略生命周期和战术生命周期议题的管理系统、创新系统；鉴于技术、产品和制度的创新是企业可持续发展的根本动力，产品服务系统是企业做好自身及人类可持续发展管理的最好焦点与关键抓手，个性化的产品服务系统才应是演化经济学中最恰当个体（李晓等，2011）。新结构经济学强调市场与政府的共同作用，与马克思经济学和社会主义市场经济中市场经济与政府的计划经济共同协作的理念（刘国光，2013）一致，尤其是考虑到政府在宏观经济

结构方面具有天然信息优势并据此可以做好高效的服务工作和必要时的计划工作。余永定指出在新结构经济学这一现代版比较优势理论中，宏观禀赋结构升级与产业升级的关联逻辑不清晰，如节能环保战略性新兴产业与中国目前要素禀赋结构的关联不清晰（余永定，2013）。企业产品服务系统价值流管理理论有能力研究该关联逻辑，因为其中追求产品服务系统粒度价值链/网结构优化的中观产业绿色经济出路和立足于货币价值金字塔定量结构的国家可持续发展出路都不是始终被动形成的结构结果，而是企业、产业联盟和政府可以依据技术发展特征和各自战略定位而主动设定并努力实践的结构目标，其间既有企业产品服务系统管理内、外共生互动形成的企业内外相关利益群体的复杂价值结构，还有企业、产业联盟和政府各方之间的博弈互动结构。因此，若以可考察多层次价值结构有机互动的企业产品服务系统价值流管理理论来丰富新结构经济学，包括以其微观的企业运作管理研究来强化新结构经济学的微观基础，则有望深化马克思主义经济科学中的分工适当整体规模及其合理价值结构的研究。

第三节　探索市场整体规模/结构之规律，实践可持续发展的马克思主义经济科学耦合框架

一、探索市场整体规模/结构之规律，实践可持续发展的耦合研究路径

通过重新聚焦使用价值和物质稀缺性并立足于规模/结构优化来成功发展马克思主义经济科学的关键是，深入探索亚当·斯密、马克思和凯恩斯等努力探寻的但李嘉图无法确信的国民收入总量的规律（即市场整体规模/结构的规律），而探寻的关键需聚焦相关耦合视角研究。从人类社会总体财富角度来看，该国民收入总量（即市场整体规模）越大越好，除非某种约束限制其增长。而面向可持续发展的生态经济学主要关心自然生态系统的约束，故在配置（效率）与分配（公平）两大目标之外，还考虑不超过自然承载力的经济总体规模（可持续性）。但现有经济总体可持续规模的研究是沿用新古典经济学的宏观套路将 IS-LM 模型扩展为 IS-LM-EE 模型，即仅新增一条笼统代表“生态承载力”的垂线 EC 并笼统地分析 EC 与 IS-LM 模型均衡点的关系（Heyes，2000；Lawn，2003；戴利和法利，

2013；诸大建，2013）；因此现有这种研究与具体的物流分析以及物质的稀缺性研究衔接不良，进而与微观经济研究无法有效衔接。为更正此缺陷，需要发掘新角度来衔接物流及其稀缺性分析。在第三章第四节研究“合理”需要时已经分析指明生态经济系统中市场整体规模总量的规律是：若最优值在自然约束边界上，就应尊重自然规律所限的资源/生态系统服务供给量；若未达自然约束边界，就仅受经济系统自身内部规律制约并且该内部规律将受供需双方的共同影响与制约。鉴于资源生产力视角将产品服务系统扩展至包括自然界的产品/服务，再结合产品服务系统粒度的人与自然协同发展的顺流、逆流供需网络货币价值金字塔结构互动研究，关注自然界约束的生态经济学研究和未足够关注自然约束的马克思经济学和西方经济学，在经济科学层面统一归入马克思主义经济科学研究。马克思主义经济科学探寻生态经济系统中市场整体规模总量规律及其中结构规律的关键就在于：聚焦物质稀缺性及其变化动态地探寻系统相关某种/某些自然属性规模与经济属性市场规模的耦合匹配程度，并且该耦合匹配需尊重限制生态系统服务供给之资源生产率的自然规律。如此生态经济系统中有以物流衔接的并始终有客观规律所致总量作参照的市场总量研究，才可能在客观的生产力层面有客观规律可循。鉴于以物流衔接的并以能量规律/能量流通用模型与货币价值规律/货币价值流通用模型为对照线索的商业科学研究之生命科学隐喻研究路径（参见图 1-8），以及隐喻能量科学的企业产品服务系统价值流管理研究（李晓和刘正刚，2013），相应生态经济系统中有以物流衔接的并且始终有客观规律（如能量规律）所致某总量与结构（如能量的总量与结构）作参照的市场总量与结构研究，才可能借助耦合视角的匹配协调研究在客观的资源生产力层面有客观规律可循。请注意：在供需网络中某物质涌现出的稀缺性将显著影响供需网络的价值结构；若相应价值层价值结构对系统的整体价值总量起着关键的制约作用，则该物质流相关稀缺性将限制系统的总产出价值量。因此，包括自然界至产品/服务的物质（稀缺性）紧密衔接了市场整体规模及其结构规律的研究。

各生态经济系统中能量相关总量/结构与货币价值总量/结构均有通过物流与宏观定量结构有机衔接的微观定量结构以及均有全面属性和完整分析体系是可以探索市场总量/结构科学规律的关键。在物流研究方面，生态经济学流行以生态生产性土地面积为代表的反映特定经济或人口所需自然资本的生态足迹研究；相比宏观层面广泛应用的综合法和投入产出分析法，其微观层面的成分法分析还不成熟（李周，2015）。因为生态足迹研究所用还原论式线性计算中的权重因子既不反映动态的相对稀缺性增减又不反映地理上的区别，并缺乏类似市场价格这类反映当前社会属性影响的权重，一些学者不认同生态足迹方法是分析可持续发展的合适的经济学（Ayres，2000；Fiala，2008；van den Bergh and Verbruggen，1999）。事实上，生态足迹超过生态承载力所得的生态足迹赤字在一定程度上描述某种/多种自然资源或生态系统服务的稀缺程度，故还原其物流及其稀缺性研究的本来面目更为科学。鉴于能量足迹是生态足迹中占比超半的最大组分且生态赤字主要源于能量组分，已有借助内含的㶲值（exergy）或能值评价来改进微观乃至宏观生态足迹评价的能源足迹研究（Chen B and Chen G Q，2007；Zhao et al.，2013；李周，2015）。㶲描述在给定环境条件下（即在环境的参与和限制下），任何形态的能量理论上（或最大限度）能够转变为有用功的那部分能量，即“有效能”；与能量分析法仅依据热力学第一定律（即只从能量的数量出发）分析揭示装置或设备在能量数量上的转换、传递、利用和损失情况不同，㶲分析法的本质是结合热力学第一定律和第二定律（以后者为主）从能量的数量和质量相结合的角度出发分析和揭示能量中的㶲/有效能在装置或设备中的转换、传递、利用和损失情况（郑宏飞，2004）。若设备与环境有温差就有正的㶲值，相较环境温度更高的热源可以有制冷功效的㶲值，而相较环境温度更低的冷源可以有制热功效的㶲值（均温差越大㶲值越大）；故㶲是系统偏离平衡状态的度量，是质的普遍概念（郑宏飞，2004）。“能量平衡”基础上的“能效率”只考虑量的损失而忽视能量不同品质的问题，只考虑直接散失到环境的能量（即“外部损失”）而未考虑到由于在设备发生不可逆过程时必然引起部分㶲转变为“无效能”，而这往往又不是当场排放到环境的“内部（㶲）损失”，这种损失虽不减少能量数量，但却能引起能量品质贬损；而“㶲效率”兼顾能量损失的量与质，如家用电阻加热器的能效率可达 100%但其㶲效率实际只有 17%（郑宏飞，2004）。㶲分析考虑不可逆性而反映熵定律，能值分析借助能量品质的累进可分析能量发展进程中路径依赖关系；互补的两者都通过累积能量输入/输出分析方法完成对时、空的集成（Dincer，2002；Sciubba and Ulgiati，2005）。因此，能量科学已形成兼有绝对值与相对值属性、兼具存量与流量视角、兼顾数量与品质的全面属性，另外还有一套兼备绝对分析与比较分析方法以及宏观与微观研究范畴的完整分析体系。李晓等基于价值增值规律并隐喻递增的能值规律发展出单位重量物质的价值递增规律；并在借鉴现有制造系统静态/结构复杂性研究成果并隐喻 Kooijman 遵循热力学定律和物质守恒定律构建的阐明微观生物体在其生命周期中体积大小发展规律（区分体积生长与成熟度增加所致繁殖）的动态能量和物质收支模型的基础上，鉴于聚焦限制因子同时研究物流与能量流的动态能量和物质收支理论与聚焦瓶颈同时研究物流与资金流的约束理论实质相同，创建了产品服务系统这一商业物种个体的定量战略生命周期模型及其（价值）规模结构模型；此外，隐喻生态系统中在资源约束下考察竞争/共生关系的 Lotka-Volterra 模型发展了多种资源约束（含物流和/或货币约束）下考察竞争/共生关系的企业产品服务系统之内共生 Lotka-Volterra 模型；隐喻生态群落演替模型构建了产品服务系统粒度含定量信息的供需网络演化模型；并初步以企业产品服务系统内、外共生及其协同集成研究有机衔接了企业规模经济、范围经济相关的企业纵向边界、横向边界及其自制与外包并存的纵、横边界集成研究（李晓和刘正刚，2013）。Kooijman 在专著第一版中遵循能量第一、第二定律，提出描述生态系统各组织层次能量收支普遍遵循的动态能量收支理论，其核心是对生物个体生命周期（胚胎/幼年/成年）中个体体积发展进行能量收支规律建模，其在第二版中加入对物质流/元素流的守恒分析并提出动态能量与物质收支模型。微观生物体动态能量和物质收支理论（含存量和流量分析）在考察生命周期中体积大小发展规律时区分了体积生长与成熟度增加所致繁殖，故而现存生物量被分解为组织的结构和成熟度两个状态变量。相应地，商业物种个体的状态变量也被分为组织的结构（描述自身可持续发展）和繁殖（描述体外复制式或创建全新产品相关新商业物种模式的可持续发展）两部分，其中，供、需通用货币价值流模型都必有净收入/利润（非制度层面概念）达成资产积累进而组织结构增长和繁殖，商业物种个体定量的战略生命周期模型是隐喻生命科学定量成熟度指标创建的商用成熟度定量判断指标（有案例验证）（李晓和刘正刚，2013）。在原有分工研究较全面体系的基础上，结合隐喻能量金字塔的货币价值金字塔，李晓等发展了面向可持续发展的品质属性相关研究、兼具存量与流量的分析和与宏观经济无缝衔接的微观经济研究，初步形成与能量科学完全对等的经济科学之全面属性和相应完整分析体系（李晓和刘正刚，2013），构建与微观至宏观能量规模/结构研究体系相对应的微观至宏观各层次研究对象的货币价值规模/结构研究体系。这种创新发展亚当·斯密和马克思等古典经济学家全面价值观并创建符合货币/交换价值与使用/生产价值集成的规模/结构研究体系，完成了马克思经济学范式中微观与宏观的有机结合，为马克思主义经济科学探索市场总量/结构之科学规律奠定了必要的科学基石。

二、马克思主义经济科学相关的自然科学与经济科学的耦合框架

马克思主义经济科学成功探索市场总量/结构科学规律的关键在于：在科学、合理地融合物流规律的基础上，隐喻多种能量相关分析以深化考察使用价值与交换价值互动规律的研究；该研究必须在尊重生态经济系统的生物物理特征的基础上，解决可持续发展相关的不可逆性和系统量变及质变/品质提升等核心议题。因尊重物质/（生态）服务的稀缺性及其还原论式线性计算的实质就是尊重物质守恒定律，图 5-1 围绕物质稀缺性这一唯一衔接内核构建了能量科学与经济科学的耦合结构，清晰对比自然科学中的重要规律和模型（包含涉及生命系统耗散结构与

可持续性相关规律和模型）与马克思主义经济科学中的规律和模型。鉴于物质稀缺性与规模的必然关联，该耦合结构赋予了戴利物流视角的经济总体可持续规模以必要的价值思考与货币价值结构，从而形成完整的生态经济系统“船舶限载线”研究。此外，静态/结构复杂性之外有动态/运作复杂性研究，它是考虑一段时间内系统运作的不确定性引起的复杂性（Deshmukh et al.，1998；Frizelle and Woodcock，1995）。实际上，丰田海外子公司的精益制造系统在运作绩效上与日本母公司相比始终有差距的事实指明：成功的经营理论须整合 F 系列（面向非人因因素）经管知识与 I 系列（面向人因因素）经管知识（河田信，2008）。这表明运作复杂性除与非人因因素的不确定性有关，还与团队合作等难以保持价值中立的人因因素相关。非人因因素研究属于经济科学范畴，它衔接着客观生产力层面的系统结构复杂性和运作复杂性的优化，并面向可持续规模/结构和资源有效配置两大目标。而人因因素研究属于经济科学之外的其他经济学/管理学研究范畴（如政治经济学/制度经济学和组织理论等），它衔接着价值相涉非中立层面的系统结构复杂性和运作复杂性的优化，并且面向资源有效配置和公平分配两大目标。通过将尊重自然客观规律及其所致耦合匹配结构的可持续规模/结构目标附加在价值无涉、客观生产力视角的资源有效配置目标上，可完成将主流新古典范式的罗宾斯经济科学拓展为马克思主义经济科学的转变，并据此实现自然科学与客观生产力层面马克思主义经济科学的紧密耦合，及其与其他价值相涉经济学、管理学研究内容的解耦，从而为能量相关价值评估与经济科学之使用价值的耦合以及与交换价值的适度解耦奠定基础。

与现有聚焦协调和绿色理念的生态马克思主义经济学研究仍沿着马克思开创的结合经济学与人类社会历史及现实的研究发展路径稍有不同，面向可持续发展的经济科学研究借助物流衔接下自身与能量科学的紧密耦合，实现自然科学与价值相涉经济学研究的适当解耦，为面向可持续发展的经济学研究指出了一条更科学、可行的道路。为修正价值中立的罗宾斯经济科学内核过于偏重主观效用的偏颇，本书以使用价值与物质稀缺性的集成视角，深入挖掘使用价值与交换价值的互动，借此扬弃自亚当·斯密以来的价值中立且系统整体规模和结构相关的众多价值理论。正如任何效用必须依赖于某种使用价值（无论物质的还是心理的），原本仅相对人的目的的稀缺性必然依赖于某种产品/服务的客观规模并受制于多个规模组成的总体规模及其相对结构，尤其是当供方或需方相关的稀缺性需要显现于市场时。此外，重新聚焦使用价值和物质稀缺性而开发出的资源生产力价值理论，其可持续发展要求经济子系统像自然生命子系统一样必然要有一定的利润积累才能有自身生长/发展和繁殖等结构相关议题，故在客观生产力的层面科学地证明了利润可以有非制度层面的内涵。围绕主观和客观的（相对）稀缺性（后者与客观规模/结构相关）的供、需结构互动及其相应耦合匹配情况的研究，有望兼容

经济科学与经济学

经济学

处理价值相涉议题并应对公平分配与有效配置两目标的经管研究：（马克思主义）政治经济学；制度经济学；福利经济学；(新/新兴)古典经济学；(新/后)凯恩斯经济学；(新)经济社会学；新结构经济学；组织理论；博弈论；集成考虑人因因素和非人因因素寻求结构/动态复杂性优化的运作管理等

马克思主义经济科学：

全面效用价值理论（含总效用、平均效用和边际效用研究）

原用边际效用和货币价值方法的宏观经济学中价值无涉议题，如新凯恩斯经济学中价值无涉部分内容

小范围/局部供、需互动的经济定律：瓦尔拉斯均衡定律（仅局部系统近平衡态时有效）

（新兴）古典经济学中价值无涉议题研究（含内生视角和市场外生视角的分工网络研究）

传统运作管理中价值中立/无涉议题研究：产品服务系统/企业的规模经济/范围经济传统的结构复杂性和运作复杂性研究

传统宏观经济学中价值中立/无涉议题研究：投入产出分析、GNP/GDP、新结构经济学新/后凯恩斯经济学、产业/区域经济学

有限制因素或生命周期思考的仿生运作管理中价值中立议题研究：约束理论；精益生产；技术创新管理；企业产品服务价值流理论等

价值中立/无涉议题的宏观经济学仿生研究（用成本-效益法）：产业生态学中的产业共生研究；生态经济学；代谢与循环经济理论等

借助商用通用定量成熟度指标(考察从诞生至消亡战略生命周期)展开的产品服务系统(即商业物种个体)融合可持续发展思考的动态货币价值流与物流集成模型

描述商业物种间竞争、共生的价值聚焦 LV 模型；具有定量结构维度的供需链（货币价值）结构；基于商用定量成熟度指标的供需链/网演化模型；服务于社会和自然的两对货币价值金字塔结构

上层模型所需的根基（这些根基立足于下层规律）：耗散结构模型（借助于隐喻生态学中通用定量成熟度指标的商用通用定量成熟度指标）；流经产品服务系统（即商业物种个体）的通用货币价值流模型（含分流/子流）；供应视角的通用货币价值流模型和需求视角的通用货币价值流模型

生态经济系统中相关商业系统的规律：有序耗散结构相关的货币价值流的负熵规律；运作管理相关的物流守恒/平衡定律；货币价值流相关的守恒定律及其利用的"熵"定律

目标：公平分配与有效配置

目标：有效配置与可持续规模/结构

微观视角

价格：市场价格 vs.新型自然价格

复杂性：结构复杂性 vs.运作复杂性

物质稀缺性

价格：市场价格 vs.新型自然价格

复杂性：结构复杂性 vs.运作复杂性

宏观视角

㶲热经济学中（扩展的）㶲价值评估

能值价值评估

Kooijman（库奇曼）所创的动态能量预算模型和动态能量与物质预算集成模型

生物物种间竞争、共生模型；具有定量结构维度的生物群落（营养）结构；群落演替/生态演替的表格模型（含成熟度指标）；生态系统营养结构的能量金字塔定量结构

内涵能量价值理论中能值价值评估

模型根基（基于规律）：耗散结构模型；生物个体通用能量流模型；生态学通用能量流模型

营养限制因子研究；生态足迹研究；能值理论

生命系统的规律：物质/物流规律；能量/能流规律；有效耗散结构的负熵定律

输入输出分析；工业代谢分析；元素流/物质流分析

生态经济系统的物质/物流规律：物质/质量守恒定律

㶲理论/㶲分析

能值理论/能值分析

生态经济系统的能量/能流规律：㶲平衡定律（适用热力学系统）；能量守恒定律；能量利用的熵定律

自然科学

⟺ 自然规律、价值无涉的仿生/隐喻规律及其相关模型和相关研究之间的互动/相互影响

⟷ 无严格仿生/隐喻规律的价值相涉议题的模型/研究之间的互动/相互影响

图 5-1　自然科学与经济科学的耦合框架

GNP：gross national product，国民生产总值

新古典主义和非主流经济学思想学术研究中的种种对立预先假设，如现实主义与工具主义、有机主义与个体主义、过程理性与实质理性、生产与交换、增长与稀缺性、政府干预与自由市场（拉沃，2009），由此有望扬弃并融合价值中立的古典经济学、新古典经济学、新兴古典经济学、凯恩斯宏观经济学及其新/后流派、新结构经济学和运作管理理论，发展面向可持续发展的马克思主义经济科学。这种新经济科学通过客观规模和结构议题的有效融合，有机融合了价值中立的西方主流经济学和众多非主流经济学中的合理的基本内容，从根源上纠正了罗宾斯经济科学最终确立的主观效用价值论的过偏转折，最终拓展了面向可持续发展的马克思主义经济科学。

面向可持续发展的马克思主义经济科学是围绕生态经济系统之资源、产品/商品或服务的物质稀缺性及相关资源生产率来沟通人类与自然的经济科学，是以优化与自然属性规模与结构（如能量相关规模与结构）耦合匹配或协同的市场价值规模与结构为目标的客观生产力层面的经济科学。该定义将原经济科学含糊地仅侧重人的主观的目的修正为可清晰度量并面向可持续发展的规模与结构优化目标；该目标是兼顾主观的人的行为和客观的自然行为的结果，并且通过兼顾存量与流量分析的规模与结构及其演化来完成对时间、空间及其不确定性的集成。若对照罗宾斯经济科学定义的当今主流版本，研究有限或稀缺资源在不同的有竞争性的目标之间配置的学问，马克思主义经济科学将其修正为研究如何将稀缺资源用于更有效使用用途并提升资源生产率，以便满足生态经济系统相关价值规模/结构与自然属性规模/结构（尤其是有客观规律的能量规模/结构）耦合协调/匹配而实践可持续发展的一门科学。当经济发展面临自然约束之时，需要在马克思主义经济科学层面坚持市场价值的规模/结构的发展与自然属性的规模/结构（尤其能量规模/结构）的耦合协同/匹配，这既是追求经济、社会和环境共同可持续发展的根本要求，也是当前及未来都需要经济学家（尤其是生态经济学家）和自然科学家共同努力探索的科学问题。

鉴于虚拟经济实质是聚焦交换价值而非使用价值（有时甚至无视使用价值）的价值运作，而实体经济实质是立足于使用价值及其所致交换价值的价值运作，实体经济与虚拟经济的协调发展关键就在于使用价值与交换价值之间的耦合匹配，并且依据马克思主义经济科学原理实践可持续发展的关键就在于以使用价值为主导来引领与交换价值的耦合匹配。而马克思主义经济科学的系统整体规模/结构耦合匹配研究，科学、合理地恢复了供应理论与需求理论的同等地位，并奠定了供、需结构耦合匹配研究的科学地位。该理论探索为当前匹配需求侧的供给侧结构改革提供了一种新的理论分析视角和相应理论基础。马克思主义经济科学有望借助客观生产力层面的价值规模/结构及其演化规律的研究，探索自然、经济与社会在历史、现实及未来时间范畴中的集成。当然，马克思主义经济科学的规模/结构的匹配研究还需要与涉及价值判断、涉及人因因素的经济学层面的价值规模/结构的匹配研究进行联合，才能更全面地探索自然、经济和社会的互动，探索有中国特色的社会主义市场经济的经济结构改革与建设。因此，马克思主义经济科学研究为源自《资本论》的生产关系层面上的马克思经济学研究补充了价值中立的客观生产力层面研究；最终为创建面向可持续发展的马克思主义经济学，进而发展有中国特色的社会主义市场经济，奠定了必要的经济科学层面的理论基础。

第六章　协调环境和经济社会发展的马克思主义经济科学研究

依能量规律提出的能值理论以及参考物质流核算分析所计算的“生态承载力”与“生态足迹”等研究，实质是与价值研究关联的能量流和物质流研究，根本无法改变主流的新古典经济学家的价值信仰；要转变主流经济学家的价值信仰，必须提出让其信服的价值中立的新型“自然价格”。

前文已经阐明：通过将尊重自然客观规律及其所致耦合匹配结构的可持续规模/结构目标附加在价值无涉、客观生产力视角的资源有效配置目标上，可以实现自然科学与客观生产力层面马克思主义经济科学的紧密耦合，及其与其他价值相涉经济学、管理学研究内容的解耦，从而为能量相关价值评估与经济科学之使用价值的耦合以及与交换价值的适度解耦奠定基础。图 5-1 中自然科学与经济科学的另一个耦合关键是能量科学相关价值评估与新型自然价格的紧密耦合及其与市场价格的适当解耦。本章将围绕新型自然价格的分析，深化以物质稀缺性为中枢、聚焦规模/结构的质与量的经济科学与能量科学的耦合框架，进而深化聚焦于客观资源生产力及其相关规模/结构的马克思主义经济科学。

第一节　能量科学相关价值评估与新型自然价格的紧密耦合及与市场价格的解耦

一、亚当·斯密的自然价格不是恰当的价值中立层面的客观生产力视角中的自然价格

亚当·斯密的自然价格不是恰当的价值中立层面的客观生产力视角中的自然

价格。事实上，亚当·斯密的自然价格体系中有与土地天然肥沃程度相关的地租自然率，它在一定程度上反映客观自然因素："同样，在每一个社会及其邻近地区，地租也有一个普通率或平均率。这普通率，像我在后面所说那样，也是部分受土地所在地的社会及其邻近地区的一般情况的支配，部分受土地的天然肥沃与人工改良的支配。这些普通率或平均率，可称为那地方那时候通行的工资自然率、利润自然率或地租自然率。一种商品价格，如果不多不少恰恰等于生产、制造这商品乃至运送这商品到市场所使用的按自然率支付的地租、工资和利润，这商品就可以说是按它的自然价格的价格出售的。"（斯密，2014）然而，这种自然价格立足的工资自然率、利润自然率或地租自然率，都仅仅部分地反映了天然肥沃情况，并且这种天然肥沃情况与人工改良并未阐明其中的关联与区别。若从客观资源生产力角度来看，土地的天然肥沃情况与人工改良的努力正好可以互相沟通，如累进叠加或互补替代等多种关系。此外，"受土地所在地的社会及其邻近地区的一般情况的支配"，意味着普通率或平均率性质的工资自然率、利润自然率或地租自然率反映了一定的社会关系。综上所述，斯密的自然价格更多是反映社会关系视角的工资自然率和利润自然率，并不是恰当的价值中立层面的客观生产力视角中的自然价格。

二、马克思主义经济科学的新型自然价格解析

借助于聚焦更高资源生产力和结构复杂性优化并重的企业产品服务系统价值流管理，本章提议一种新型自然价格，与使用价值紧密关联并立足于资源生产率/成本系数的自然价格；该新型自然价格与市场价格间的互动，通过结构复杂性动态优化实现资源有效配置研究中不涉人因因素的物流运作视角与涉及人因因素（尤其中国特色人因因素）运作视角的有机集成。如此有望实现侧重于客观生产力层面的马克思主义经济科学与现有侧重于生产关系层面的马克思主义经济学以及其他主流、非主流经济学/管理学有益精华的合理集成，共建先进的马克思主义经济学和有中国特色的社会主义市场经济理论。

新型自然价格能够作为能量科学相关价值评估与市场价格之间的关键解耦点是因为它能够适应经济系统对立矛盾冲突的分析，即能与市场价格衔接。需要该新型自然价格作为能量科学相关价值评估与市场价格之间关键解耦点的根源，在于前文阐明的主流新古典经济学及其中的市场价格与能量科学及其中的能量相关价值评价存在关键的隐喻不当之处。任何经济系统代表一个涌现的复杂系统，其充分分析都要求以冲突矛盾为关键概念的辩证思维（Funtowicz and Ravetz,

1994；Stahel，2005）。市场价格是由供给和需求力量决定的特定市场、任一特定时点上的实际商品价格（斯密，2014），是供、需矛盾之间互动的结果。在需求方面，因为人的主观需求固有个性化、动态变化、分层性、饱和性、可分离性和增长等诸多特性，故难有客观定量规律支撑的主观需求始终扰动最终成交价格。若以相关市场价格与能量相关价值评价直接关联，难以考察生态经济系统之自然属性客观规律与价值属性客观规律间的互动，无法保证在经济发展严重危及自然界可持续生存时人们能够尊重自然规律。与新古典经济学中的“马歇尔剪刀”以供给曲线（代表边际成本）和需求曲线（代表边际效用）交汇完成主观效用价值与“客观”成本价值的平衡既类似又有不同，刘正刚等（2012）以及李晓和刘正刚（2013）借助决策体的立足资源生产率/成本系数的供应与需求视角兼备的两大货币价值流模型，描述特定时刻交易双方供、需矛盾的平衡与成交；请注意外共生研究中交易双方不同资源生产率/成本系数将导致交易达成的不同启动条件以及达成后形成的互利、偏利或偏害等不同共生状态；此资源生产率价值理论合理恢复了生产理论与需求理论完全对等的地位。这种资源生产率价值理论借助总量、平均量和边际量等全面视角，可以充分分析经济系统的（潜在）冲突及其涌现特性，故其基础上的新型自然价格可以成为能量科学相关价值评估与市场价格之间合适的解耦点。

新型自然价格可以作为能量科学相关价值评估与市场价格之间的关键解耦点，还因为它能与能量科学相关价值评估相衔接，其根源在于㶲和能值相关经济学（前者称为㶲经济学或热经济学）价值评估与新型自然价格间可以良好隐喻。㶲有一个特性：若系统与其目标环境相比处于均衡状态（即其与环境温差为 0）时，㶲值将为 0（Dincer，2002）。相应㶲/热经济学中的价值评估是遵循客观能量规律的供应视角的成本评估方法，其中㶲及㶲成本的计算都属于还原论式线性计算并且符合能量平衡和㶲平衡；但当前在确定㶲相关的单价 c_{Pr} 时却是直接由相关市场价格来倒推计算，并且借助此单价系数直接将㶲这个热力学量转换为经济学量（王加璇等，2002；王加璇和张恒良，1995）。㶲经济学（Exergy-economics）亦称为热经济学（Thermo-economics），其基本思路是把系统中（包括系统与环境之间）相互作用的物质、能量及现金都看作流，它们都遵循着严格的定律；热经济学分析就是要根据这些流在系统中所构成的质量平衡、能量平衡（包括㶲平衡）及现金平衡进行各类量的计算与优化，其中现金平衡或经济平衡就是指系统的产品成本与为了获得此项产品而支付的全部费用的平衡，表现这种经济平衡的数学式叫作成本方程（王加璇和张恒良，1995）。热经济学成本方程如下：成本费用=能量费用+非能量费用，即 $c_{\mathrm{Pr}} \times E_{\mathrm{Pr}} = c_{\mathrm{in}} \times E_{\mathrm{in}} + C_{\mathrm{n}}$；$E_{\mathrm{Pr}}$、$c_{\mathrm{Pr}}$ 为产品的㶲及其单价（单价由市场价格决定）；E_{in}、c_{in} 为输入系统的㶲及其单价；C_{n} 为非能量费用（包括各种设备的折旧费、工资/管理费等固定费用）；该公式思路是以㶲定价后热力学量就变成了经济学量，而㶲的价格是在系统边界（含子系统边界）上确定的，这样做很方便，因为符合系统分析的黑箱法（子系统也需满足经济平衡准则且内部㶲交换不计利润）（王加璇和张恒良，1995）。㶲经济学价值评估是在热力学量度与经济学量度之间找一个适当的均衡，借以全面正确反映用能系统载能之价值流运动的规律，以期产品的单位成本最小，经济效益最佳（王加璇和张恒良，1995）。这种由市场价格倒推㶲单价的做法丢失了最为关键的不被人们主观效用影响的客观视角，而直接将㶲量转化为经济量的成本思考是经济学家无法接受的直接介入法而非合理隐喻法。事实上，微观设备上㶲的计算因为符合可加性/还原性故而有了㶲平衡模型；产品服务系统层和企业层中供应与需求视角的货币价值流模型的计算也都是符合可加性/还原性的，且相关平衡模型还可推广至供应链或需求链从而形成货币价值金字塔形状（“熵”定律导致金字塔形状）。故㶲/热经济学的价值评估可以和立足资源生产率且成本视角的新型自然价格适当隐喻而相互关联。与㶲类似，能值价值评估也是遵循客观能量规律供应视角的成本评估方法，其计算也涉及转换率（如能值货币比率、能值投资率和净能值产出率）且目前暂参考市场价格；因能值通过不同能量各自转换率体现能量系统的质量发展，故与㶲不同，能值计算没有平衡概念；一个国家/地区全年使用能值总量除以相应国民生产总值即可得其能值/货币比率（Sciubba and Ulgiati，2005；蓝盛芳等，2002；李周，2015）。如果生态经济系统中经济发展没有达到自然约束的边界，其规模/结构主要由自身供、需矛盾决定。李晓和刘正刚（2013）隐喻递增的能值规律有单位重量物质的价值递增规律：鉴于加工过程中普遍存在的质量守恒原理以及废料的必然存在，随着加工过程的不断延伸，单位重量的物质的价值不断增值，如前文 1 千克的钢价值 5 元而加工后 1 千克的叶片价值 5 000 元；由此可见，与加工前的物质投入相比，加工后同样重量的产出，其对人类的价值显著升高，即价值的品质显著增加，这非常类似于能值递增规律；为突出这种与物流紧密关联的价值增值规律，定义单位重量物质的价值递增规律为：在劳动有效前提下，因产出必然大于投入，这将导致单位重量的物质随着加工过程的延伸，其货币价值将不断递增；该单位重量物质的价值递增规律，与能值规律本质相同。借助此隐喻递增的能值规律而发展的单位重量物质的价值递增规律，立足内生的产品服务系统发展（如效率提升）与创新以及相关企业发展与创新的经济发展，能够体现经济子系统规模增长和质量提升。若经济发展达到自然约束边界，其进一步发展需要通过努力弥补稀缺资源/生态系统服务的自然资源生产力来突破约束。这才是经济学家和自然科学家都能接受的面向可持续发展的有质量内涵的经济发展。因隐喻能值递增的价值递增规律需在劳动有效前提下成立，故它融合了卖方/买方市场价值结构议题。资源生产率价值理论借助含总量、平均量和边际量的全面视角，可以充分分析分别服务于人类或自然的两个货币价值金字塔的当前的及潜在的结构变化（含各价值层对应的局部市场之卖方与买方结构的转换）。服务于人类或自然的两个货币价值金字塔与相应两能量金字塔间的良好结构匹配，是整个生态经济系统良好可持续发展的关键标志。故资源生产率基础上的新型自然价格，借助与㶲经济学和能值相关经济学之价值评估间的良好隐喻关系，可成为能量科学相关价值评估与市场价格间的关键解耦点。

图 6-1 是立足新型自然价格的经济科学定价体系与能量科学定价体系之间的解耦关系。在图 6-1 中，各类产品服务系统的扩展的㶲成本不会直接围绕相关的市场价格为中心进行上下波动，而更可能以新型的自然价格为锚定的中心进行上下波动。这些产品服务系统中既有在市场内的，也有在市场外的；既有致力于人类发展的，也有致力于保护环境的。无论人造的产品服务系统还是自然界出产的产品服务系统，其资源生产力和相关的物质稀缺性都对其新型自然价格有决定性的影响并直接参与其计算过程；而物质稀缺性和市场价格之间有决定性影响的互动。当然，市场价格还受人们对人造的或自然界的产品服务系统的主观效用的影响，也受相关自然价格的影响。以供、需双向视角中的通用货币价值流模型为基础（背后是以货币价值流的守恒定律和熵定律为支撑），由相关产品服务系统成交价格汇聚形成的服务于人类社会的价值结构和服务于自然界的价值结构都有金字塔形状；而以通用能量流模型为基础（背后是以能量流的守恒定律和熵定律为支撑），生态系统的营养结构亦有正确的能量金字塔形状。上述两个货币价值金字塔与相应生态系统能量金字塔的耦合匹配情况将彰显人类社会可持续发展的境地；而这两个货币价值金字塔相应价值层的价值差距结果（即价值差值），可与市场外相应价值层的自然界产品服务系统的一系列自然价格进行互动。这种互动既为未进入人类市场的自然功能/自然产出保留了立足资源生产力的自然价格的主导性，又借助价值差值的变化来影响和引导两个货币价值金字塔结构演化，尤其是进一步借助两类金字塔结构间耦合匹配情况做引导（引导人们对相关产品服务系统的主观效用）。类似地，新型自然价格将以其单价代替市场价格分别参与能值会计和㶲经济学（会计）的计算，而这些会计的计算还需相应的能值分析或㶲分析作为基础。此外，还将考察产品服务系统粒度的市场/供需链（货币价值）结构的结构复杂性与能值结构的结构复杂性之间的耦合匹配情况，作为考察整体/局部可持续发展情况的辅助。总之，立足资源生产力的新型自然价格是以㶲经济学和能值会计为代表的能量科学定价体系和市场价格之间的适当解耦点。

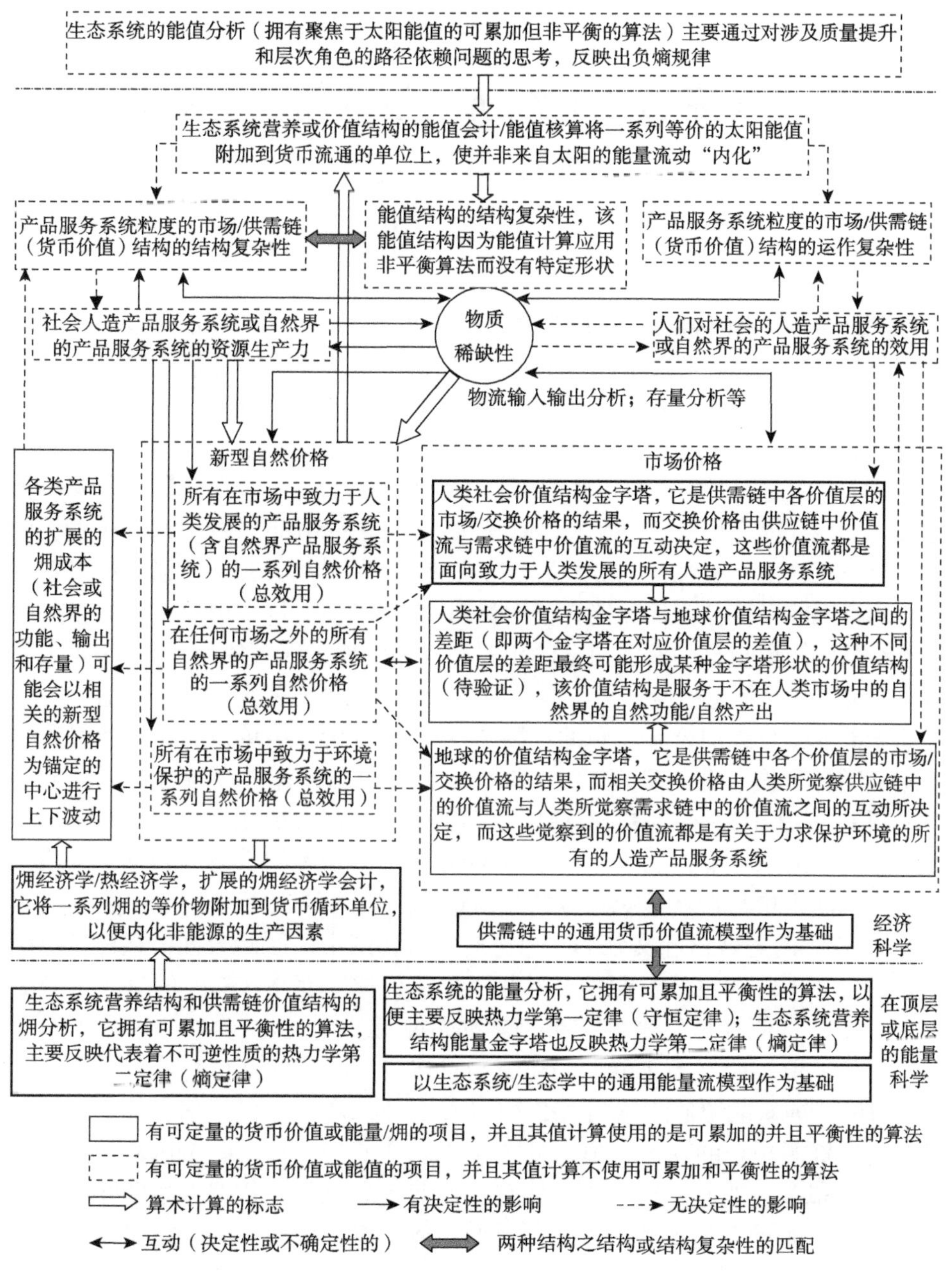

图 6-1　立足新型自然价格的经济科学定价体系与能量科学定价体系之间的解耦关系

第二节　马克思主义经济科学的新型自然价格的假设与验证

为验证本书提出的新型自然价格概念，此处立足概率论的互信息方法，对比考察全球多个国家的能源使用量与 GDP（不变价本币单位）的互信息值和能源使用量与自然资源租金（rent of natural resource）的互信息值。这种自然资源租金，是基于西方主流的新古典主义经济学得出的自然资源租金，源自于亚当·斯密的自然价格。政府一般通过对实施自然资源开采的企业进行收费、征税来集中资源租金；因此来自某种自然资源租金的收入，便等同于从这些公司征收的资源开采税、特许权使用费等的总和（王永瑜，2009）。按照前文分析结果，我们假设：如果新型自然价格的解耦效果存在，那么能源使用量与 GDP（不变价本币单位）的相关性应该大于能源使用量与自然资源租金的相关性，相应地，能源使用量与 GDP（不变价本币单位）的互信息值应该大于能源使用量与自然资源租金的互信息值。

基于世界银行组织公开发布的各国 GDP（不变价本币单位）、自然资源租金和能源使用量数据，此处呈现以 Matlab 运行互信息计算程序所得结果的节选部分，见图 6-2~图 6-22；其中，有些国家相关年度数据太少而有舍弃。在绝大多数国家（105 个国家）中，能源使用量与 GDP（不变价本币单位）的互信息值都明显大于能源使用量与自然资源租金的互信息值，见图 6-2~图 6-11。即使在图 6-10 和图 6-11 显示的阿联酋和文莱的互信息对比结果图中，原始数据信息都显示能源使用量的每年走势与自然资源租金的每年走势更像，而与 GDP 的每年走势更不像；但是互信息值计算出来的结果仍然都是能源使用量与 GDP（不变价本币单位）的互信息值，明显大于能源使用量与自然资源租金的互信息值。事实上，只有少数 10 个国家能源使用量与 GDP（不变价本币单位）的互信息值小于能源使用量与自然资源租金的互信息值，见图 6-12~图 6-21。这 10 个国家中，科特迪瓦、刚果（布）、加蓬、格鲁吉亚、克罗地亚、乌克兰在数据考察期间都发生过较大的战乱，而意大利则遭受过较严重的经济危机，葡萄牙、乌拉圭及乌兹别克斯坦则暂时不知原因。而由图 6-22 的汇总结果分析可知：在显著性水平 0.001 下，原假设 H_0 “能源使用量与 GDP（不变价本币单位）的互信息值均值≤能源使用量与自然资源租金的互信息值均值”（此处对应“MI 均值≤MIX 均值”）被拒绝，因为 t 检验（成对双样本均值分析）结果中的 t 统计值结果 13.56 远大于 t

单尾临界值 3.16 而且 $P（T\leqslant t）$单尾结果几乎为零；此外，“MI 均值≤MIX 均值+0.2”也被拒绝，因为 t 统计值结果 5.01 大于 t 单尾临界值 3.16 而且 $P（T\leqslant t）$单尾结果几乎为零仍落入拒绝域。最后，采用 t 检验（双样本等方差假设）的分析结果也相同。这些结果在很大程度上证实：能源使用量与 GDP（不变价本币单位）的互信息值，显著大于能源使用量与自然资源租金的互信息值。因此，实证结果在一定程度上证明：新型自然价格的解耦效果确实是可以存在的。

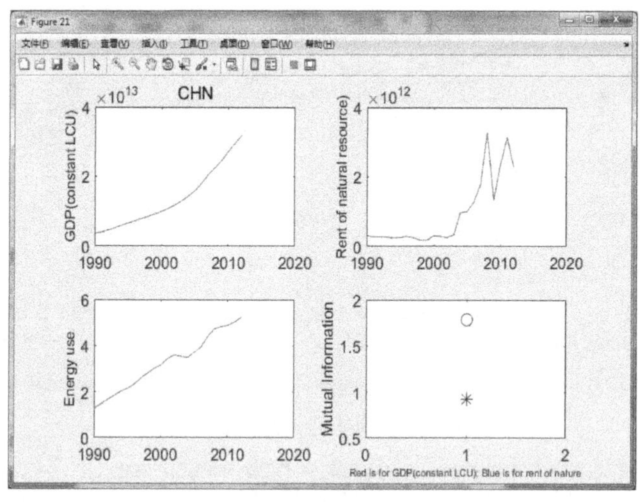

图 6-2　中国的互信息对比结果

圆圈是能源使用量与 GDP（不变价本币单位）的互信息值，星号是能源使用量与自然租金的互信息值（以下同）

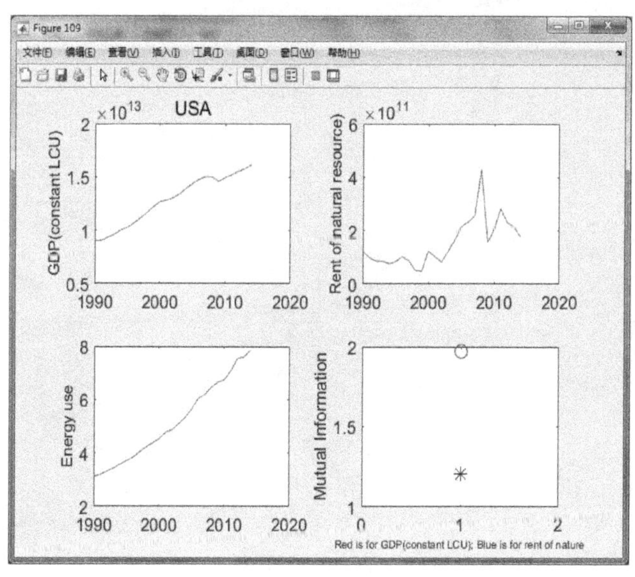

图 6-3　美国的互信息对比结果

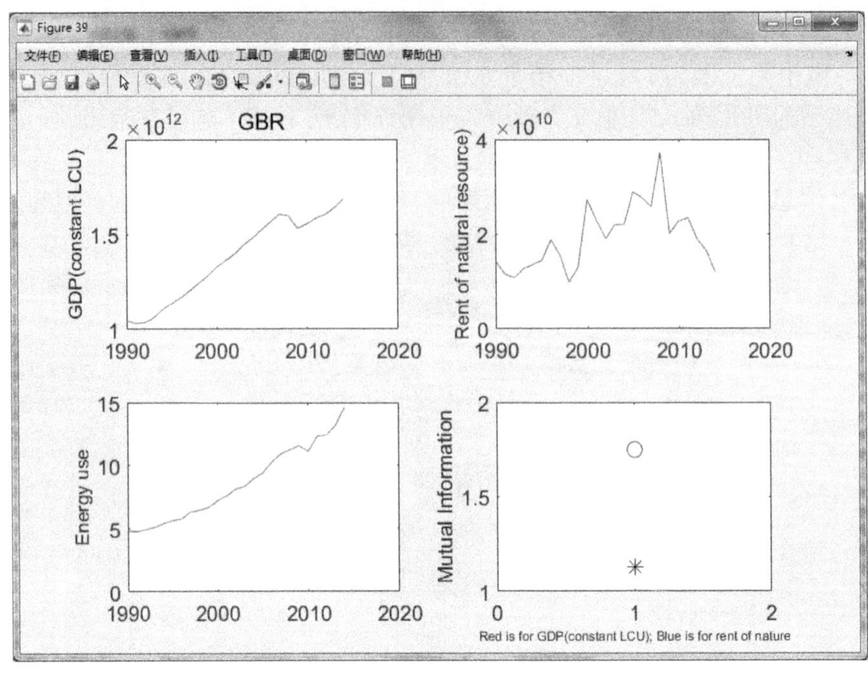

图 6-4 英国的互信息对比结果

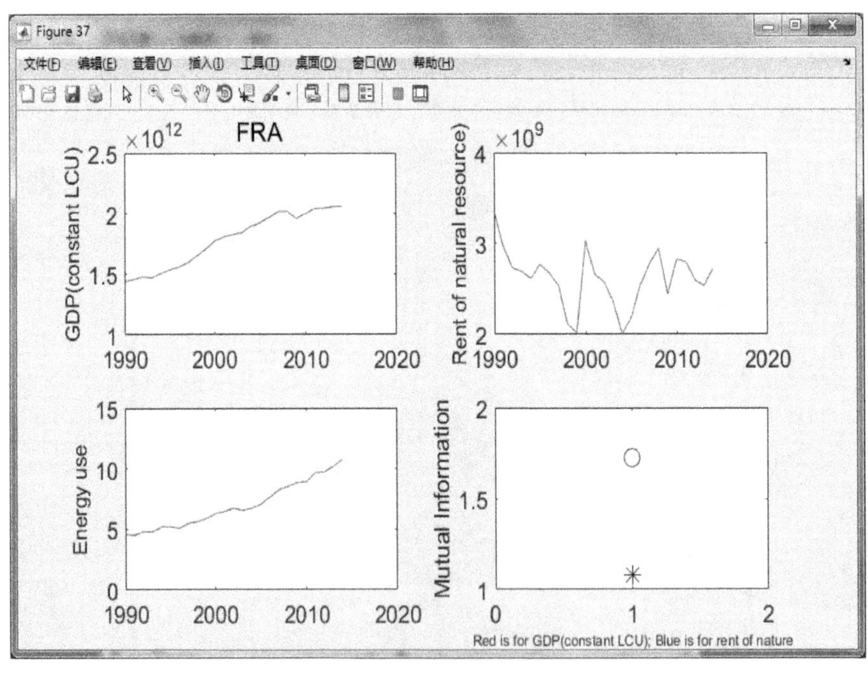

图 6-5 法国的互信息对比结果

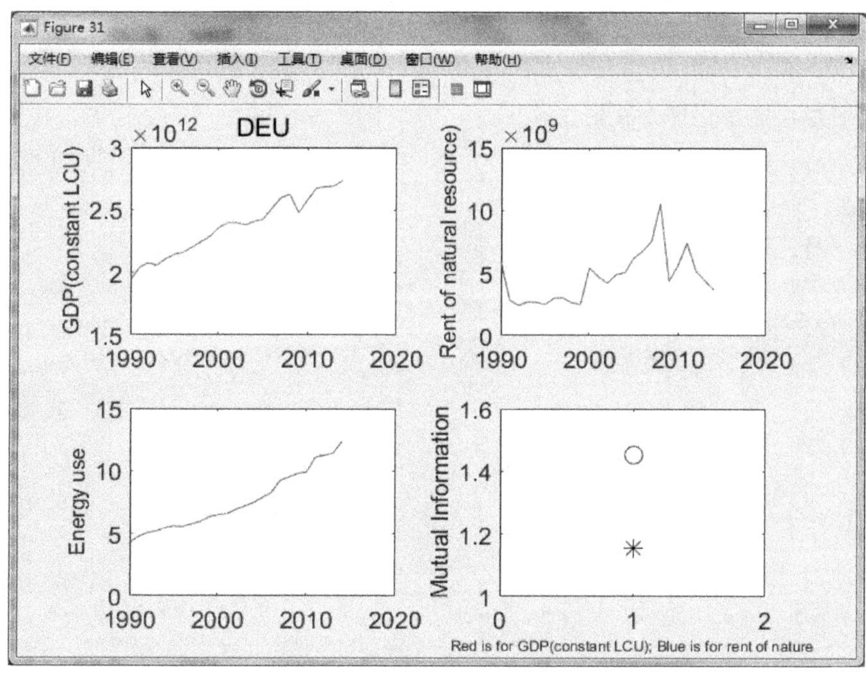

图 6-6　德国的互信息对比结果

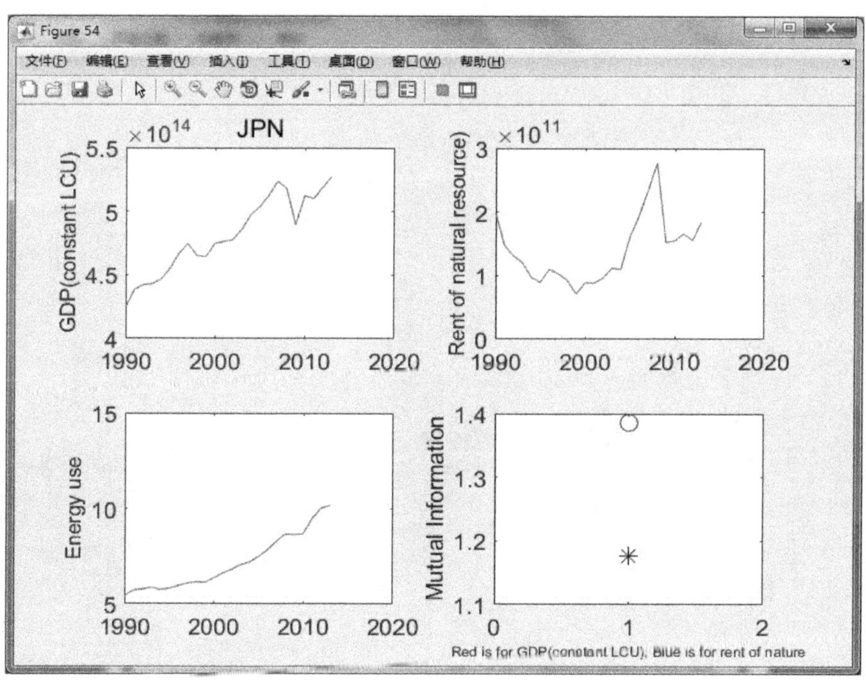

图 6-7　日本的互信息对比结果

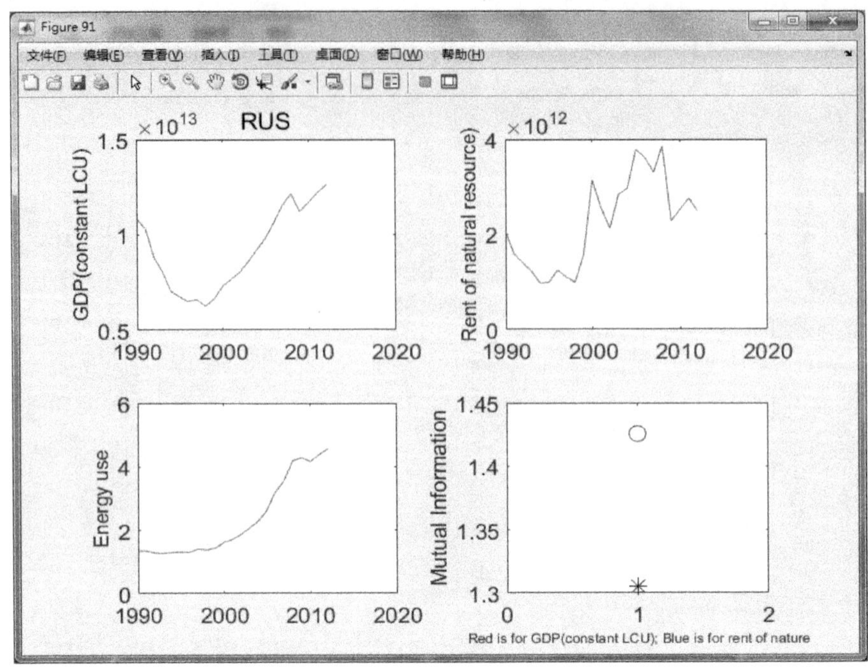

图 6-8　俄罗斯的互信息对比结果

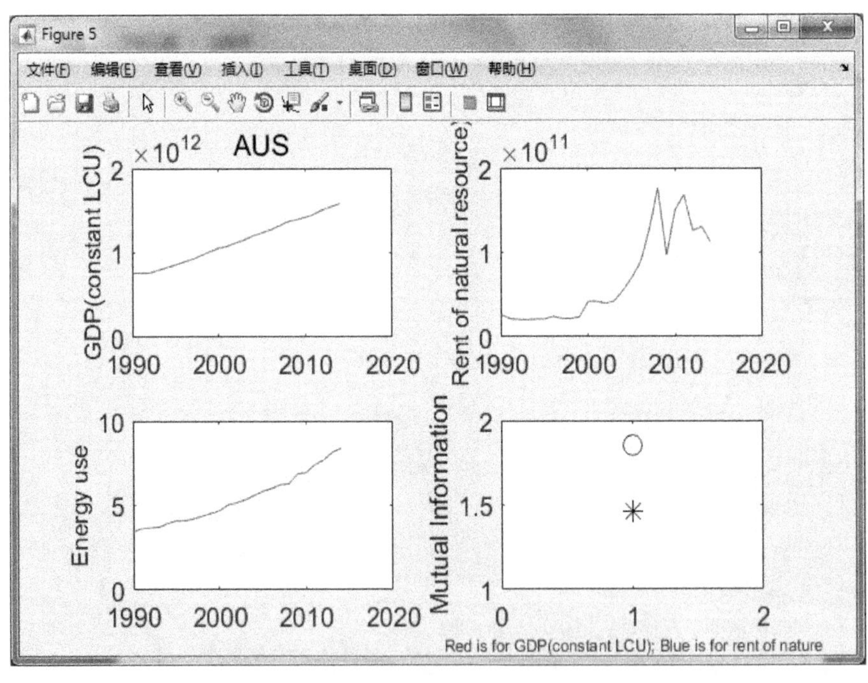

图 6-9　澳大利亚的互信息对比结果

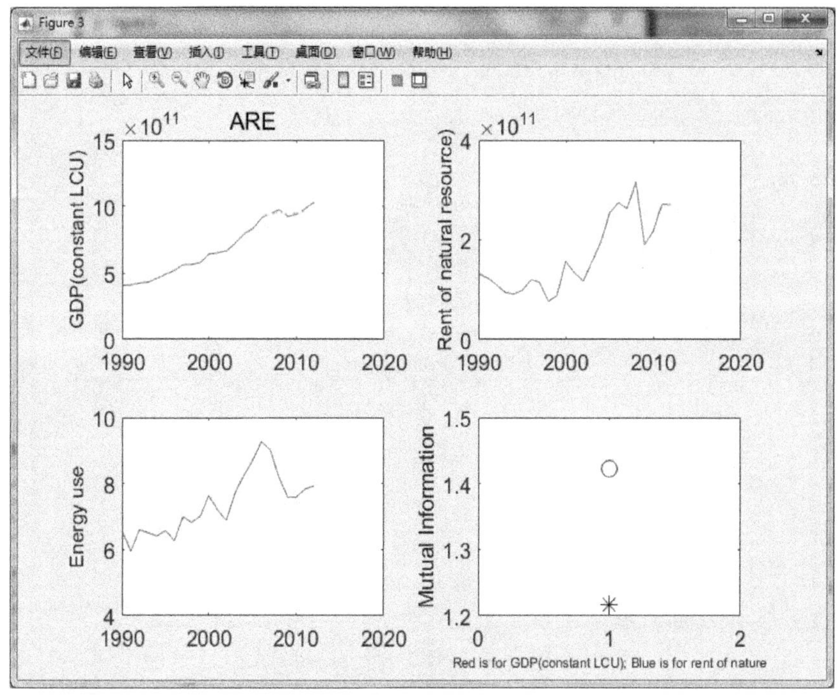

图 6-10　阿联酋的互信息对比结果

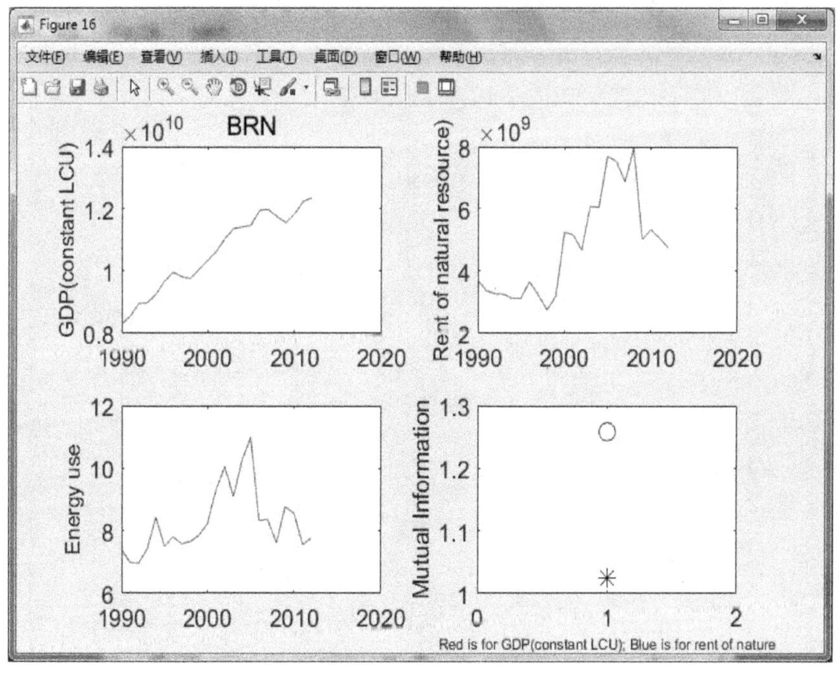

图 6-11　文莱的互信息对比结果

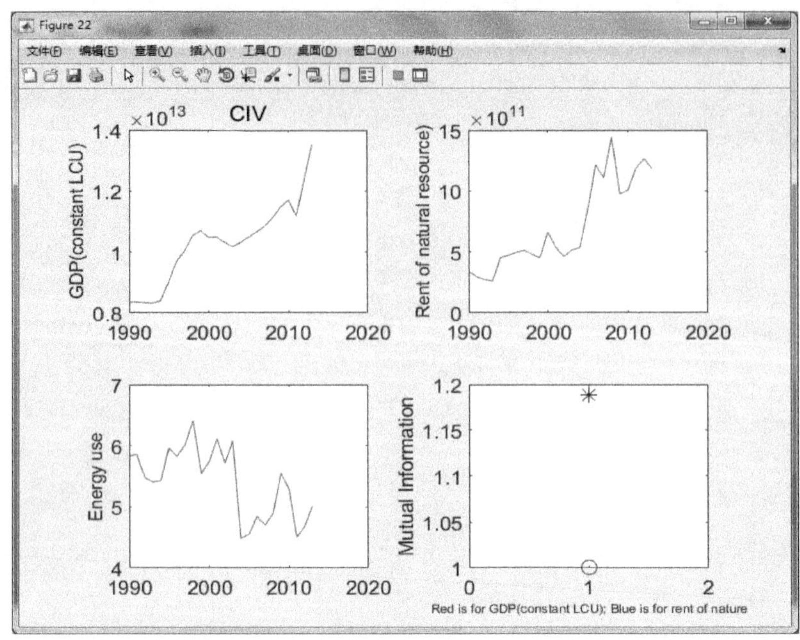

图 6-12 科特迪瓦的互信息对比结果

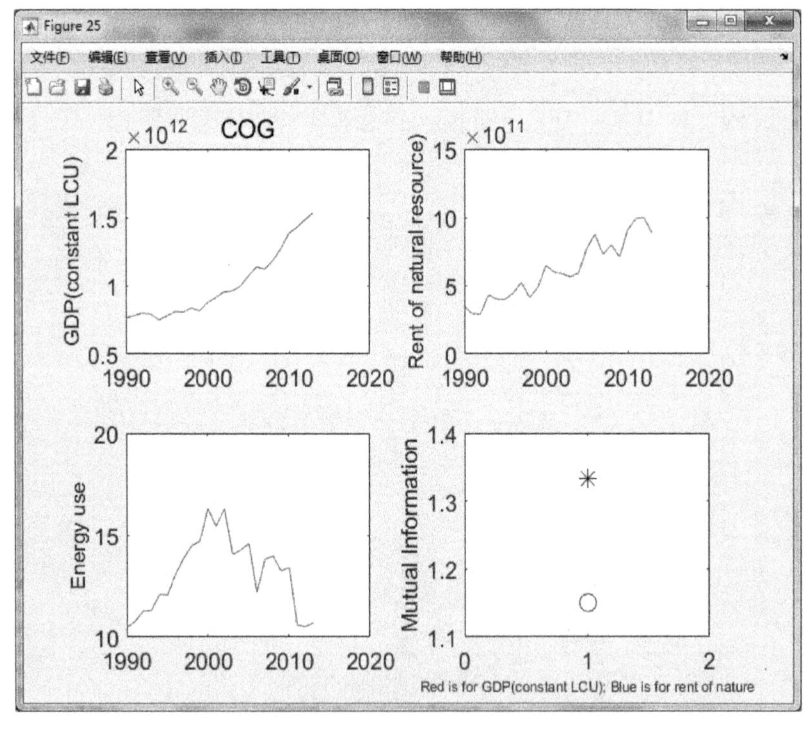

图 6-13 刚果（布）的互信息对比结果

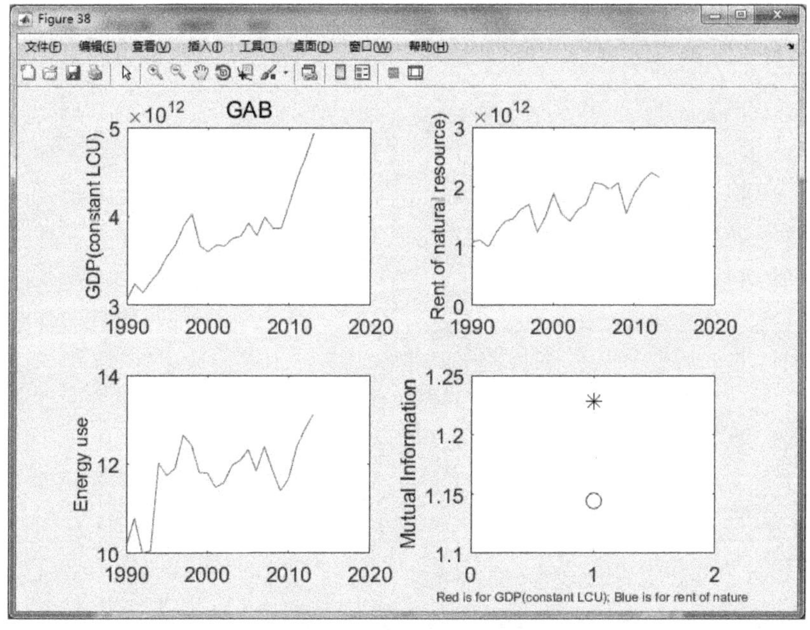

图 6-14　加蓬的互信息对比结果

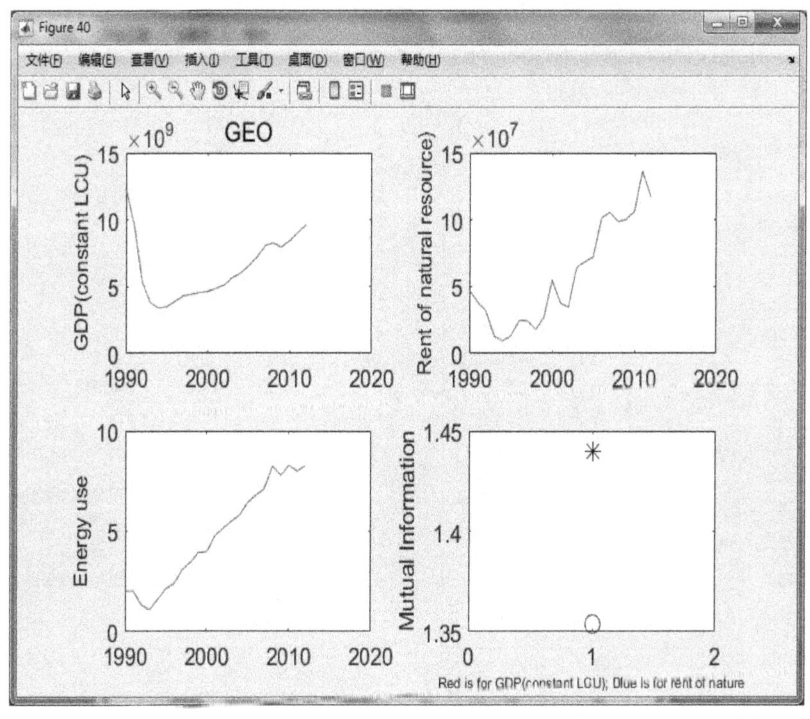

图 6-15　格鲁吉亚的互信息对比结果

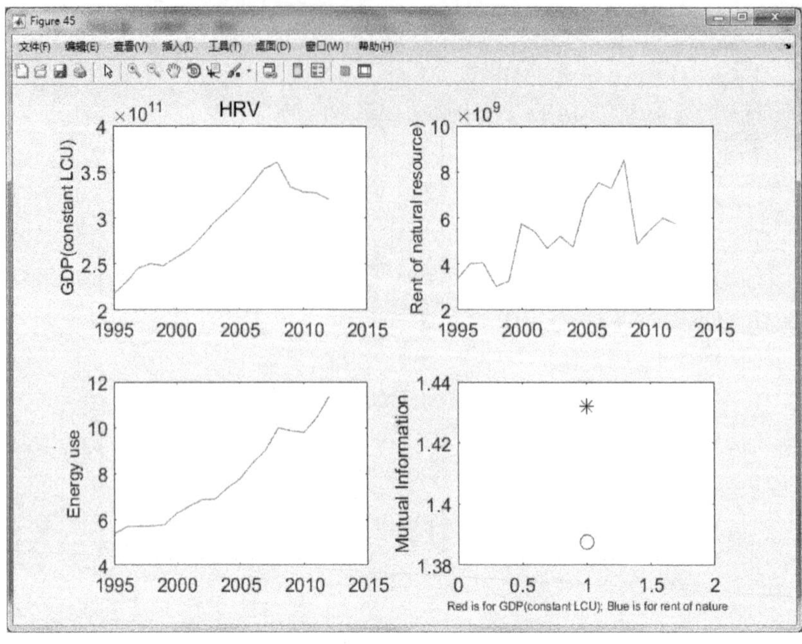

图 6-16　克罗地亚的互信息对比结果

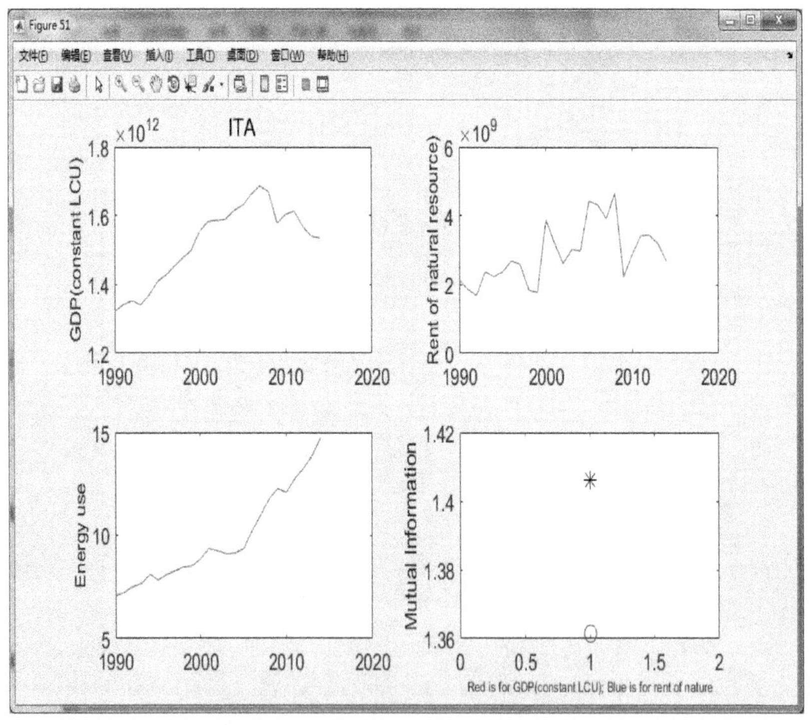

图 6-17　意大利的互信息对比结果

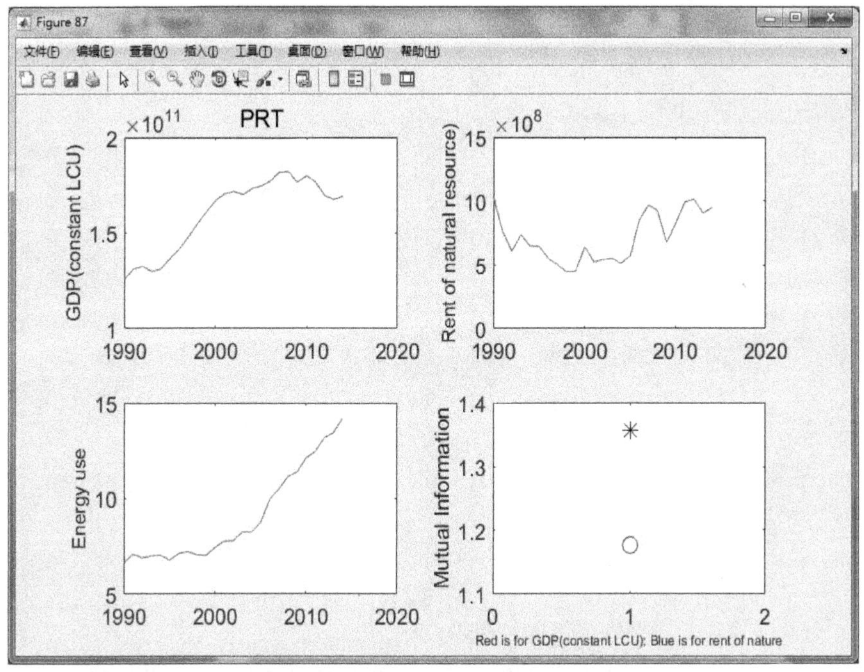

图 6-18　葡萄牙的互信息对比结果

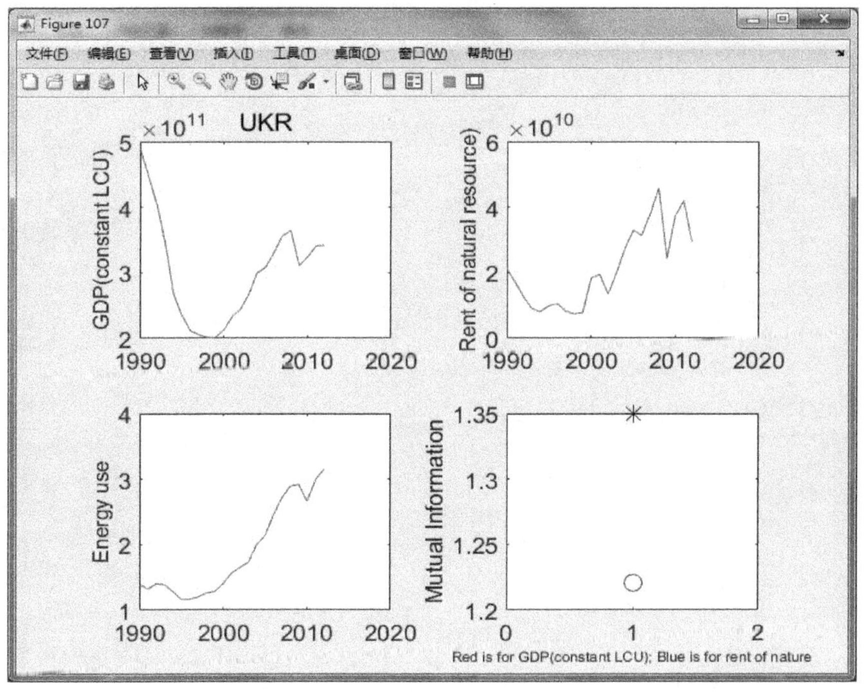

图 6-19　乌克兰的互信息对比结果

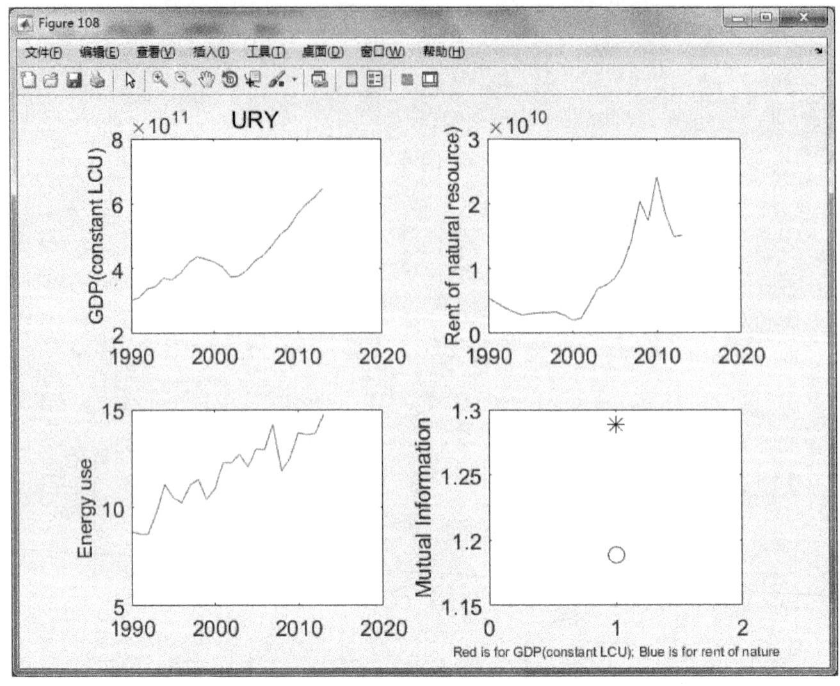

图 6-20 乌拉圭的互信息对比结果

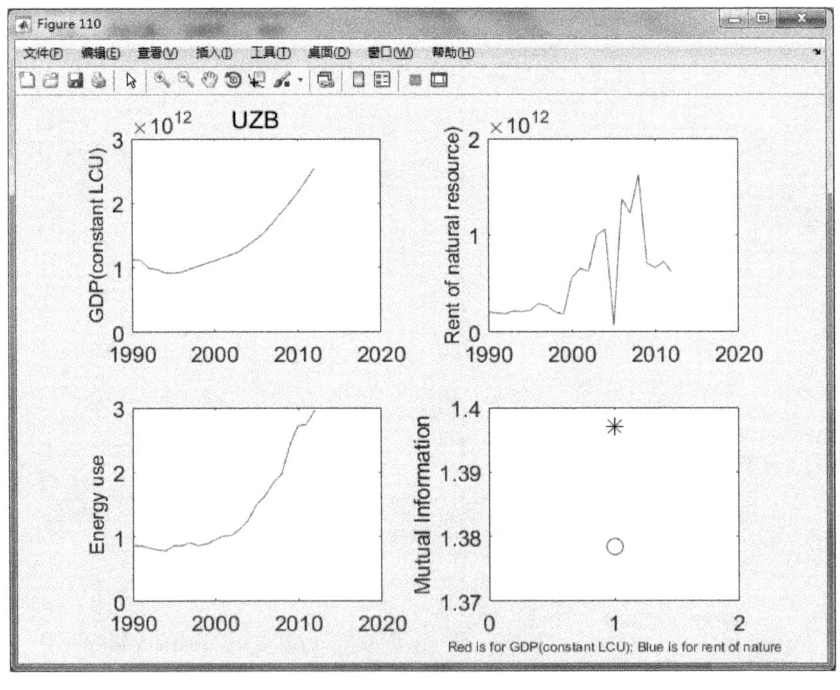

图 6-21 乌兹别克斯坦的互信息对比结果

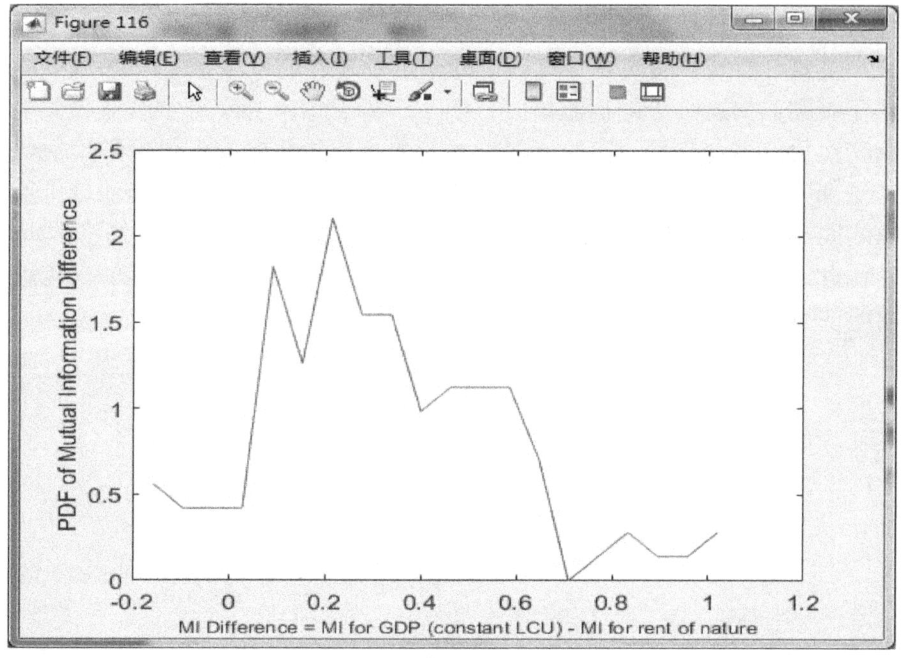

（a）互信息差异的 PDF 图

工作区

名称 ▲	值	最小值	最大值	均值
ia	115x1 double	1	115	58
ib	116x1 double	1	2657	1.3423e+03
MI	1x115 double	0.9299	1.9707	1.5335
MID	1x115 double	-0.1879	1.0505	0.3175
MIX	1x115 double	0.6224	1.6792	1.2160
n_eng	24x1 double	1.7069	2.5966	2.1330
n_gdp	24x1 double	7.6965e+09	1.5343e+10	1.2009e+10
n_rentofnature	24x1 double	4.0371e+08	1.7988e+09	9.4222e+08
n_year	24x1 double	1990	2013	2.0015e+03
nn	1x20 double	0	2.1065	0.8075
rentofnature	2656x1 double	9.7125e+04	6.0638e+13	6.6155e+11
Rng1	[7.6965e+09,8....	7.6965e+09	1.5343e+10	1.1520e+10
Rng2	[1.7069,1.8058,...	1.7069	2.5966	2.1518
Rng3	[4.0371e+08,5....	4.0371e+08	1.7988e+09	1.1012e+09

（b）互信息结果列表

图 6-22　互信息汇总信息

本章研究以新型自然价格作为能量科学相关价值评估（以烟经济学和能值会

计为代表）与市场价格之间的解耦点，是一种能量科学与价值科学之间严谨隐喻的研究，主要是尝试以新的视角来破解处于市场之外的自然界之产品/服务的价值界定科学难题。而这部分的探索研究，继承于第五章多种经济学改造相关的使用价值与交换价值耦合机理，有助于科学地说服主流经济学家的过偏的价值研究。另外，这部分的探索研究需要充分分析人类社会价值结构金字塔与地球价值结构金字塔之间的互动及其中差距，并且需要充分衔接能值研究以及㶲经济学/热经济学等。因此，这种依托耦合和解耦视角来协调环境和经济社会发展的马克思主义经济科学的研究，有待日后进行更深入的隐喻研究及定量验证。

第四篇　面向信息社会的马克思主义经济科学应用（展望篇）

第七章　基于区块链技术和西蒙“满意化”的供应链治理机制及其智能治理展望研究

如果承认企业的日常管理充满着各种目标、充满着权衡/平衡的事实，那么西蒙的“满意化”研究将是经济科学研究中急需弥补的一环；如果承认企业之间的治理同样充满着目标（常为冲突目标）的权衡/平衡与博弈，那么西蒙的“满意化”研究将是最需优先发展的一环；鉴于与“满意化”和“适应性”这一西蒙有限理性思想密不可分的部分是决策简化与计算自动化（亦即人工智能基础）的基石，立足于“满意化”的决策与管理必将逐渐赶超立足于“最优化”的决策与管理。

在21世纪商业竞争主战场的供应链竞争中，供应链的管理研究与实践取得了丰硕成果，但实际交易中供应链失败率仍超 50%（李维安等，2016）。失败既源于供应链是由多个利益独立企业组成松散型组织的本质特征，又源于决策者的有限理性；利益可能冲突的企业在个体理性指导下将保有私有信息进而造成信息不对称，非对称信息与不确定环境中有限理性所致认知偏差相互结合，将形成不完全契约（亦即契约风险）；易引发参与者机会主义行为倾向（亦即信任问题），带来事后“敲竹杠”及相应再谈判和利益分配问题（李维安等，2016）。此外，部分企业事前/事中的恶意或不得已造假（如故意以次充好或因缺货所致的以次充好）等欺骗行为亦是造成众多供应链失败的重要根源之一。

治理聚焦契约风险的辨定、阐释与缓解之道，有缓解机会主义风险的可行性和效能（威廉姆森，2001）。伴随着公司治理和政府治理等研究与实践的蓬勃发展，立足协调与分配以便力求协调目标冲突的供应链治理（supply chain governance，SCG）的研究与实践已兴起，它与立足计划、组织、领导和控制而力求快速、及时、节约和规模优化目标的供应链管理差异明显（李维安等，

2016）。一方面借助更广、更便利的互联网信息传输和共享，供应链治理问题因信息不对称的消减而有所缓解；另一方面由于网络上信息造假更为便利，供应链治理问题又常因虚假信息增多而有所加剧（如电商相关的刷单和假货产业链）。正如现有网络零售市场治理手段（包括加强平台监管、建立营销商综合评价体系、完善法律法规、完善综合物流体系等）仍然无法从根本上解决消费过程中存在的产品信息不对称、产品信息追溯困难、产品真伪难以辨别等问题（丁庆洋和朱建明，2017），电商环境中的供应链治理面临新的机会主义风险和信任问题。

为促进信息互联网向价值互联网进化，伴随基于点对点的比特币等虚拟货币（亦即区块链 1.0）的快速发展，支撑其后的区块链（blockchain）凭借共识算法而具备的去信任（trustless）机制、去中心化的分布式账本技术以及可自动执行的智能合约等特性得到全球各类组织的高度关注与积极探索，形成金融、物联网、供应链管理、公共管理等领域的广阔应用（亦即区块链 2.0/3.0）（塔普斯科特 D 和塔普斯科特 A，2016；赵刚，2016；斯万，2016）。我国和欧美都将区块链这一未来革命性互联网列入国家战略研究计划。区块链能解决金融、溯源/打假、监管等很多领域的重要痛点、难点并且更加适合于多方参与的场景（王观，2018），显然极有助于解决供应链治理的相关难题。

伴随着国内外大量结合区块链的供应链金融方面的研究（宋华，2016）及实践（如中国人民银行全球首推基于区块链的数字票据交易平台），亦涌现结合区块链（含一整套互联网治理机制体系）的供应链治理研究（Korpela et al.，2017；丁庆洋和朱建明，2017；李晓和刘正刚，2017）。虽然区块链有算法保证的共识且分布式账本保真、可追溯与透明，但真正挑战是从共识到信用的跨越，在推动社会协同方面也还需巨大创新（曾鸣，2018）。供应链治理研究中制度观、结构观和行为观的研究是有机紧密联系的，但行为观研究明显弱于制度观和结构观研究（王影和张纯，2017）。区块链的数据公开透明特性与供应链企业对业务数据隐私的高要求有一定冲突，故如何将区块链良好“真”特性与供应链治理活动适当匹配及有机集成，是发展行为观 SCG 并整合制度观和结构观 SCG 的关键待解问题。更为重要的是，虽然治理立足于有限理性和离散结构分析（而非边际分析模式），但有限理性对应的“满意化”在经济学还缺乏深入研究（威廉姆森，2001），供应链治理研究亦然。“满意化”和“适应性”是与西蒙有限理性思想密不可分的部分，是决策简化与计算自动化（亦即人工智能基础）的基石（戴正农，2011）。如何将“满意化”和“适应性”与离散分析模式中的耦合匹配计算有机集成，并将之更充分融入区块链的协作、自治、智能合约等机制以及力求协调冲突目标的供应链治理研究中，是发展基于区块链的供应链治理尤其是智能治理的关键科学问题。

第一节　区块链相关互联网治理机制研究现状

狭义区块链是一种按照时间顺序将数据区块以链条的方式组合成特定数据结构，并以密码学方式保证的不可篡改和不可伪造的去中心化共享总账，能够安全存储简单的、有先后关系的、能在系统内验证的数据；广义的区块链技术则利用加密链式区块结构来验证与存储数据，利用分布式节点共识算法来生成和更新数据，利用自动化脚本代码（亦即智能合约）来编程和操作数据的一种全新的去中心化基础架构与分布式计算范式（袁勇和王飞跃，2016）。在去中心化/去中介的结构下如何达成信任和共识是关键，2008 年中本聪的网文《比特币：一种点对点的电子现金系统》结合博弈论、分布式信息技术和密码技术，以工作量证明链（亦即最长链）解决“拜占庭将军问题”（亦即分布式数据的全局一致性/共识问题）和“双重支付问题”（亦即数字货币双花问题），建立了一套基于密码学而去信任的互联网治理机制体系，亦即加密货币基础（Nakamato，2008）。鉴于区块链技术及相关互联网治理机制研究更多是快速发表于网络而非学术期刊（Web of Science 数据库中 Blockchain 主题文章首发于 2013 年）并被收集于书籍中，在总结书籍（纳拉亚南，2016；塔普斯科特 D 和塔普斯科特 A，2016；穆贾雅，2016；斯万，2016）的基础上，此处列出了一整套区块链相关互联网治理机制体系，参见表 7-1。

表 7-1　区块链相关互联网治理机制体系

区块链范畴			机制	子机制/技术/原理	子机制/技术/原理的内涵
区块链 3.0	区块链 2.0 是合约	区块链 1.0 是货币与支付：聚焦分布式系统中广义的共识与（算法式）信任机制	共享机制	公开透明点对点链接	无须第三方中介、无须中心的点对点直接链接与全网广播（有助于以货易货）
				分布式账本的一致性	全网只有一个总账本，各节点均有相同备份并有相同记账权利
			狭义共识机制	工作量证明（proof-of-work，POW）机制	是确保正确答案很难被获取但又很容易被验证的哈希算法计算证明；各节点每次根据计算工作量的大小（亦即挖矿）抢夺唯一的记账权和比特币奖励
				最长链原理	只要诚实节点群（亦即矿工/矿池）控制过半（亦即超 51%）计算能力，最长链就是真实结果；节点可随时离开或重入网络，最长链是离线期间所有交易的证明
			奖励机制	区块/代币奖励制度	赢者将区块记入链中并获一定比特币（总量呈 S 形分布且有限）
				交易费奖励制度	创建区块的赢者可获交易制造者提供的交易输入与输出之差值

续表

<table>
<tr><th colspan="3">区块链范畴</th><th>机制</th><th>子机制/技术/原理</th><th>子机制/技术/原理的内涵</th></tr>
<tr><td rowspan="18">区块链3.0</td><td rowspan="10">区块链2.0是合约</td><td rowspan="4">区块链 1.0 是货币与支付：聚焦分布式系统中广义的共识与（算法式）信任机制</td><td rowspan="4">狭义安全透明信任机制</td><td>网络加密技术</td><td>公/私钥匙加密和数字签名对个人隐私信息进行匿名加密保护</td></tr>
<tr><td>透明技术</td><td>账号全网公开但户名匿藏，公匙全网公开但私匙仅由用户保管</td></tr>
<tr><td>时间戳溯源技术</td><td>依时间戳忠实记录每笔交易至首尾衔接区块链中，各节点可查</td></tr>
<tr><td>基于哈希算法的不可篡改技术</td><td>忠实记录每笔交易；除非欺诈节点群控制过半计算能力（亦称为 51%攻击），否则结果不可能被篡改；随着记录变长篡改成本因呈指数激增而不值得</td></tr>
<tr><td rowspan="6">合约将区块链 1.0 拓展至金融和市场的全面应用</td><td rowspan="3">狭义新型共识机制</td><td>权益证明（proof-of-stake，POS）机制</td><td>类似“股权证明”，以节点持有比特币的比例和币龄来等比例地降低证明难度，以加快答对速度并激励用户持续供给解题算力</td></tr>
<tr><td>储量/可恢复性证明</td><td>需要存储大量数据被运算的解谜算法，以便存储有价值的大文件</td></tr>
<tr><td>混合机制</td><td>多种证明混合（如 POS+POW 的活动证明）以应对矿池负面效应</td></tr>
<tr><td rowspan="3">智能合约机制</td><td>可编程脚本技术</td><td>用一种特定描述性语言编写的可自主执行代码（含可编程货币）</td></tr>
<tr><td>多重签名技术</td><td>由签名的多方全体或部分同时或延时签名以便生效的技术，两人同签可对应担保交易、三人中任意两人同签可对应联名账户</td></tr>
<tr><td>图灵完备技术</td><td>完善脚本而能计算图灵可计算（Turing-computable）函数技术</td></tr>
<tr><td colspan="2" rowspan="8">区块链 3.0 深化区块链 2.0 并同时向更广领域推广应用，如政府、健康、科学、文学、文化和艺术等领域</td><td>共享机制</td><td>三式记账法（亦即第一个狭义的公司治理创新）</td><td>在复式账基础上增加第三项，以便让需做检查的内外利益相关者及监管者根据不同权限即时访问账本（亦即可审计、可搜索和可验证的分类账）</td></tr>
<tr><td rowspan="2">分层结构机制</td><td>侧链技术（解决必要的隐私问题）</td><td>与主链双向楔入满足个性化应用的侧链，在公有区块链外衍生私有区块链，如私有或半公开账本（机密交易可保密交易金额）</td></tr>
<tr><td>闪电网络技术</td><td>解决比特币的交易规模、实时性和小额支付问题的微支付渠道</td></tr>
<tr><td>自治机制</td><td>自主运作代理人技术（亦即智能预言机）</td><td>可分析环境并有能力独立做决定（含收/支决定）的智能设备/系统，为物联网和分布式自治企业/组织的智能运作提供智能代理者</td></tr>
<tr><td rowspan="4">协作机制</td><td>更正式声誉度机制</td><td>与代币衔接的声誉度机制提升社会生产（如 Linux 商业生态系统）协同质量</td></tr>
<tr><td>按量（次）计费机制</td><td>不涉产权而按（使用）量计费的去中心化的分享/共享协作经济，如中心化 Uber/Airbnb 对应去中心化版 Uber/Airbnb 将依智能激励更好协调节点用户</td></tr>
<tr><td>产销者一体的机制</td><td>产销者一体的节点以更充分的互动/博弈而发展更协作的平台</td></tr>
<tr><td>新范式/层次云机制</td><td>点对点范式下与传统云并行的新层次政府公有云和私有应用云</td></tr>
</table>

资料来源：李晓和刘正刚（2017）

区块链技术为供应链治理奠定了新的基础和方向。高效、可靠的全球信息传输系统必然要求匹配高效、可靠价值传输系统，这是区块链兴盛之根本（斯万，

2016；塔普斯科特 D 和塔普斯科特 A，2016；赵刚，2016）。作为流动性的货币，过滤掉（忽略掉）价值的使用特征，这种使用特征从来是（认识上）具体的、（空间上）本地的、（时间上）当下的，因而只能是分布式的；区块链 1.0 抓住了货币的流动性之分布式特征，虽然早期会用作一般等价物的记账簿，但是最终必然需要发展出一种情境化使用的估值功能（姜奇平，2016）。实际上区块链 1.0 至 3.0 的发展过程就是不断在实现点对点交换价值的基础上更多融合使用特点及其使用价值的考量，如可编程脚本技术支持的智能合约在相关系统的后期运行中可根据使用情况来自动调整利益分配，而协作机制时常采用按使用量（次）计费法。

第二节　供应链治理尤其是 IT 系统/IT 技术相关供应链治理研究现状

参照李维安等（2016）从交易成本、资源主义和社会关系三大学派综述供应链治理的路径，以下从单一学派视角、两学派集成视角和三学派集成视角综述供应链治理尤其是 IT 系统/IT 技术相关供应链治理研究。

一、单一学派视角的供应链治理研究

与最初治理研究以交易成本理论为基础并以双方的"交易"作为分析单元（威廉姆森，2001）稍有不同，交易成本学派的供应链治理研究大多扩展至三方以上并且包含更多的运作环节（尤其信息及其技术相关运作环节）的使用特点/使用价值分析。Wathne 和 Heide（2004）研究供应链上游中的两种治理机制（即供应商资质认证和基于抵押品/专用资产的激励设计）对制造商在其与下游客户关系中适应不确定这一治理程序的影响。Gereffi 等（2005）研究三类因素（即交易复杂程度、对交易编码的能力和供应端供应能力）对五种全球价值链治理结构（即层级型、被俘型、关系型、模块型、市场型）的影响。Raynaud 等（2005）研究两类质量标签（即私有商标和原产地/地理标志保护）及其质量增强机制（即声誉自增强和公共第三方认证）与 SCG 治理结构的一致性/匹配性。Aitken 和 Harrison

（2013）研究结合逆向物流特征编码的 SCG 治理结构的演化。代文彬和慕静（2013）从驱动主体、流程规范、保障条件（涉及食品质量安全标准、信息技术平台、供应链治理结构）三个层面研究食品供应链之透明。冷志杰和谢如鹤（2016）应用 Rubinstein 讨价还价博弈模型分析粮食处理中心与粮农就激励契约谈判的过程，得出粮食处理中心向上游集成的事前协商模式这一原粮 SCG 优化模式。这些研究的主要核心观点可总结为：集成供应链运作的交易虽各有特点但匹配不同 SCG 结构，即聚焦供应链运作方法、SCG 交易特征及 SCG 结构三者之间的匹配，其实质是集成使用价值与交换价值分析的 SCG 研究。

社会关系学派的供应链治理研究主要关注供应链中正式和非正式社会关系及其网络结构对 SCG 影响以及相应复杂系统/复杂网络的动态演化。例如，Jap 和 Anderson（2003）研究不同事后风险等级下三种关系保障措施（即双边特定资产投资、目标一致性和人际间信任）对保护跨组织绩效和持续合作的功效；Patnayakuni 等（2006）研究三种企业关系导向（亦即长期导向、资产专用性和交互程序）对致力于供应链协调的信息流集成/信息共享的影响；Ghosh 和 Fedorowicz（2008）研究契约与议价能力对信任的影响和四种信任（即计算型、能力型、诚实型和可预见型）对信息共享/协调所致供应链协调的影响；Choi 和 Wu（2010）从行为心理学平衡理论和结构洞理论出发，研究买家—供应商—供应商三方之间关系；Alvarez 等（2010）研究不确定环境中非正式治理机制（含增加信任的关系质量治理）和正式治理机制在供应链网络形成初期和后期的互动；Soundararajan 和 Brown（2016）研究利益相关者效用视角的全球供应链自愿治理机制（涉及行为规范和社会标准），尤其是发展中国家供应商及后续多级分包商阶段中传统自愿治理机制的逐渐崩坍。

资源主义学派的供应链治理研究实为管理视角（另含能力视角、运作视角、战略视角等）SCG 研究的一部分，侧重于分析供应链信息技术及相关运作方式/方法的直接影响和间接影响。例如，Nagurney 等（2002）研究多层网络（物流层—信息层—财务层）视角中供应链各环节企业以及整体网络都均衡的动态演化；van Veen-Dirks 和 Verdaasdonk（2009）研究供应链中企业管理控制系统与供应链治理结构的互动；Chong 等（2009）研究影响电子化合作工具的供应链三大因素（即信任、产品复杂度及产品规模与交易频率）；Kim 和 Lee（2010）研究三类驱动因素、供应链治理结构以及协调机制（含信息与 IT 设施的资源共享结构、决策风格、控制等级和风险/奖励共享机制）的互动；McCarthy-Byrne 和 Mentzer（2011）研究供应链价值集成之基础框架及流程对有效供应链关系和供应链绩效的影响；Fayard 等（2012）研究内部成本管理、信息系统集成和吸收能力对供应链组织间成本管理的影响；Freidberg（2013）研究依托生命周期评价的供应链治理工具；申光龙等（2015）研究基于快速反应（quick response，QR）系统和高效客户反应（efficient consumer response，ECR）系统的互益性非营利组织供应链治理；Bush 等（2015）从供应链管理、全球商品链、全球价值链和全球生产网络领域出发，综述了链和网形式的可持续发展治理；Godar 等（2016）研究支持农业供应链治理（亦即与可持续发展治理相关）的平衡供应链透明信息之细节与规模的折中方案/方法。

二、两学派集成视角的供应链治理研究

鉴于供应链治理问题的复杂性，越来越多 SCG 研究采用集成视角，早期的集成多以两种学派集成为主（集成时资源主义学派多扩展至管理运作视角）。

在集成交易成本和社会关系学派研究方面，Jones 等（1997）研究网络治理适用的交易条件和力求协调与保护交易的社会机制；Ferguson 等（2005）研究边界交易者之亲密度和中介变量“契约治理/关系治理”对企业间服务绩效的影响；周敏坚和段伟常（2006）研究公平理论（涉及分配公正、程序公正和交互公正）在供应链治理中的应用；王晓文等（2009）基于对比案例研究影响供应链治理结构的另一个关键因素——本地嵌入性；张丽和严建援（2010）针对 Gereffi 供应链治理结构（即层级型、被俘型、关系型、模块型、市场型），应用社会网络分析方法研究了其交易网络和社会网络（含权力网络、契约网络和信任网络）的特征；李莉等（2012）在分析物联网下供应链所表现出的特征（多样性与复杂性、共享性与智能性、协作性与依赖性）的基础上，研究信息共享（含不足或过度）、成本收益权衡、供应链中断等议题的委托代理问题，并构建基于关系与合约双重约束的供应链治理机制；石丹和李勇建（2014）在对比正式契约治理与契约和关系混合治理对供应链效率影响的基础上，研究基于契约和关系治理的供应链质量控制机制设计，以便共同努力改进产品质量；Dolci 等（2015）及石丹和李勇建（2014）研究不同类型信息技术投资与交易类 SCG/关系类 SCG 的关系；冉佳森等（2015）研究信息技术如何实现契约治理与关系治理的平衡，该平衡既指以技术灵活性弥补契约治理的不完备并以技术规范性弥补关系治理的过度灵活，又包括契约与关系两种治理在信息技术作用下实现互补和替代的动态演化过程。

在集成社会关系学派和管理运作视角研究方面，Sydow 和 Windeler（1998）从结构化理论（从矛盾的动态平衡着手聚焦结构及形成结构的进程的迭代互动）出发，研究企业间网络的效益与网络进程的互动匹配；Provan 等（2007）研究整体网络之网络结构、网络治理、网络演化和网络结果的互动；Jaehne 等（2009）

研究全球供应链之软、硬属性两层网络（关注信息流、物流和财务流的硬属性企业网络和关注态度、行为等个人互动的软属性个人及社会关系网络）间的互动匹配；Vermeulen 和 Metselaar（2015）研究可持续发展供应链治理各演化阶段中不同类型政府介入情况对治理的影响；庞美和冯华（2016）以信息可视度为切入点/衔接点，对合作关系管理、虚拟一体化这两种供应链治理机制之间以及这些治理机制与供应链柔性（分为供应柔性和伙伴柔性）之间的相关关系进行实证研究；冯华和梁亮亮（2016）研究合作关系管理和虚拟一体化这两种供应链治理机制与供应链能力之间的相互作用关系，并研究供应链柔性对上述两种治理机制与供应链能力之间关系所起到的调节作用。

在集成交易成本学派和管理运作视角研究方面，Subramani（2004）集成了交易成本理论和学习/行动相关组织理论，以便考察供应商使用供应链管理信息系统对供应链关系的成效。

三、三学派集成视角的供应链治理研究

正如李维安等（2016）指明供应链治理研究应采用集成交易属性、主体属性、结构属性和环境属性分析的体系和融合交易成本、资源主义和社会关系三大学派的发展路径，当前更多是集成三个学派视角的供应链治理研究，甚至包含更多视角（如可持续发展视角）的 SCG 研究。

在国外学者的研究方面，Grandori 和 Soda（1995）强调企业网络之多种视角间的平衡（如差异化与集成的平衡），并研究相关协调机制与网络形式（分社会网络、官僚网络和产权网络）的匹配；Verwaala 和 Hesselmansa（2004）集成多视角研究供应网络治理的五大驱动因素（即资产专用性、市场不确定性、技术不确定性、组织活动的相互依赖性、关系租金的潜力和知识共享的潜力）；van der Meer-Kooistra 和 Scapens（2008）研究组织间/组织内横向关系（以知识/信息共享及合作与竞争共存等为特征）的最小治理包（涉及经济、制度、社会和技术四类结构），该最小治理结构还留空间给应对新情况的策略以便平衡稳定性和弹性；Vurro 等（2009）研究了集成多视角和环境分析的并且依据供应链密度和焦点组织中心度两类网络结构影响因素区分的四类可持续发展供应链治理模型（即交易型、默认型、独裁型和参与型）；Morana 和 Seuring（2011）研究面向可持续发展的闭环供应链中社会层/治理层、供应链和个人行动者三层之间的互动；Pilbeam 等（2012）研究供应网络治理“情境—介入（治理工具）—机制—产出”的逻辑集成框架，它强调正式治理工具（含契约、标准、进程和正式结构）

和非正式治理工具（含规范、价值、社会结构和信息共享）对情境的适用问题和对产出（涉及创造力、生存力、控制、协调、绩效和合法性）的不同侧重效果；Varoutsa 和 Scapens（2015）研究不同供应链成熟阶段最小治理结构（涉及经济/制度/社会/技术结构）的演化。

在国内学者的研究方面，Li 等（2014）研究了集成目标、利益体、六种 SCG 结构、四种可持续发展 SCG 模型、七种因素（即利益相关者三类特征相关因素）和两类机制（即效率机制和合法性机制）的可持续治理框架；吴平（2003）阐述供应链治理结构向电子化方向发展的横向演进（涉及电子市场、电子官僚和电子家族）以及因生命周期特征导致的动态、混合型 SCG 结构的纵向演进；霍佳震等（2007）在分析集群供应链网络（即产业集群和供应链耦合而成的新型网络组织）的结构、类型及联结模式基础上，研究了集群供应链网络共治的参与者、共治框架体系及其中各参与主体的作用分工；孙广生和王雁（2007）研究三种供应链（即绿色供应链、外生共生体型供应链和内生共生体型供应链）上环境治理的驱动者、驱动方式、治理效率、实施侧重点、政府与市场角色和目标匹配；王海光等（2009）在治理结构由进入权代替所有权的基础上，应用生物学的罗杰斯特模型研究企业集群共生治理模式（涉及利益分配角度的寄生、偏利共生、非对称/对称性互惠共生治理以及共生频率角度的点共生、间歇共生、连续共生和一体化共生治理）；计国君（2009）分析闭环供应链回收渠道的双边治理结构和“三位一体”治理系统，并研究相关治理模式及其脆弱性和对应治理策略；肖静华和谢康（2010）运用博弈分析方法，研究不同等级环境不确定性下组合治理机制（即契约与信任的组合或权威与信任的组合）与单一治理机制（即单一的契约、权威或信任治理）选择对供应链信息系统价值创造的影响；潘文安和杨娟（2012）鉴于网络治理是具有自组织特性的自我治理，研究集群供应链网络组织治理机制的宏观机制（信任机制、声誉机制、文化机制和联合制裁机制）与微观机制（进入壁垒、激励约束、决策协调、信息反馈机制等）；周鲜成和贺彩虹（2014）研究影响可持续供应链企业社会责任协同推进的三大因素，并构建可持续供应链治理机制、政府监管机制和社会监督机制三维于一体的协同推进机制；赵秀堃等（2015）依托个体生产者责任模式下的非合作博弈模型和集体生产者责任模式下的合作博弈模型，研究两种模式中企业污染治理技术的最佳决策以及生产者责任延伸制度（extended producer responsibility，EPR）下供应链系统（含政府、消费者及非政府组织的外部主体）动态均衡治理的内部效率机制和外部合法性机制；李金华和黄光于（2016）研究供应链社会责任的整合治理模式与机制（含监督机制、评估机制、协助机制与激励机制）；牛水叶和李勇建（2017）依托考察全面的“EPR 成熟度模型”和四个知名汽车制造企业案例，研究 EPR 运营实践的供应链治理；傅元略（2017）依据管理会计的管控机制，集成多视角和公共管理领域的协同治理，发展跨企业协同治理机制及其系统（含协同目标设定、协同责任落实、协同行动方案设计与执行、协同执行报告、评价和激励五要素），其突破点是系统的自适应性以及与 IT 技术和管理新方法的集成；戴勇（2017）基于主体—结构—影响因素—治理模式的供应链可持续治理框架，研究核心企业主导型、供应链交易主导型和利益相关者主导型的食品安全社会共治模式；张毅和马冉（2017）研究环境非政府组织（Environmental Non-Government Organization，ENGO）的环境治理从面向末端转型为面向供应链之后，ENGO 如何根据链式结构来选择协作对象和施压策略以提升环境治理的有效性；任敏和唐仁强（2018）研究基于地方政府三重治理逻辑（涉及政治、经济和法治逻辑）视野下的农村基本公共服务供应链创新整合，其中关键是信息融通共享和非线性协同运转。

四、集成视角供应链治理相关的供应链绩效研究

虽然供应链治理多采用集成视角，但如何有效集成还未达成共识，目前更多是从集成相关供应链绩效角度展开研究，相关基本理念是治理相关因素之间越匹配则供应链绩效越好。Devaraj 等（2007）研究电子商务能力（分别侧重需求方、供应方或协作）经由两类生产信息集成（亦即供应商集成或客户集成）对供应链运作绩效（涉及成本、质量、弹性和交货）的影响；Flynn 等（2010）基于以匹配为核心的结构权变理论和依赖于族群分类的构型理论，考察供应链集成（分客户集成、供应商集成和内部集成）对供应链绩效（分运作绩效和商业绩效）的影响，并考察供应链模式（依据集成执行力度和平衡性划分的两类非平衡模式和三类平衡模式）对其绩效的影响；Richey 等（2010）研究供应链集成的促进因素（即协调、交流、结构、定量和相互依赖）和障碍因素（即单向性、不一致和内化）对供应链绩效（涉及服务有效性和成本效率）的影响；Hernandez-Espallardo 等（2010）研究组织间治理机制（亦即关系专用资产和信任等社会关系增强器、输出控制和行为控制）对组织学习进而对供应链绩效（含有效性和效率）的影响；蔡锐和张慧（2014）研究关系型和合同型两种供应链治理结构对供应链绩效的影响以及供应链柔性在其中的调节作用；Skipworth 等（2015）研究供应链的协调一致/匹配（含实质指做事效率的股东一致和实质指做事效益的客户一致）对供应链商业绩效的显著影响。

第三节　区块链相关供应链治理研究现状

相对于结合区块链与供应链或供应链管理的研究，以区块链和供应链治理为联合主题搜索国内外数据库所得的结果极少，参见表 7-2 和表 7-3（截至 2018 年 3 月 1 日）。相对国内基于区块链的供应链治理相关期刊文章《基于区块链技术的供应链智能治理机制》（李晓和刘正刚，2017），国外这方面的 EI（engineeving index，工程索引）会议论文（Korpela et al.，2017）侧重指明：数字型供应链显著强化交易成本的治理权衡，而区块链强化数字供应链安全性和成本有效性。以上结果一定程度上说明：国际学术界中区块链相关的供应链（管理）和治理都是区块链在社会科学研究中的主要领域；国内学术界中区块链相关供应链（管理）和治理研究都明显更为薄弱；而国内外都极缺更科学、严谨的区块链相关供应链治理研究。

表 7-2　Web of Science 数据库相关主题搜索结果（截至 2018 年 3 月 1 日）

单一主题	Blockchain	Blockchain（in Social Science）	Supply Chain Governance	“Supply Chain Governance”
数量	396	180	1 246	75
联合主题	Blockchain + Supply Chain	Blockchain + Supply Chain Management	Blockchain+ Governance	Blockchain +Supply Chain Governance or Blockchain + Supply Chain + Governance
数量	20	12	9	0
占比	1/9	1/15	1/20	0

注：占比是联合主题搜索结果占单一主题“Blockchain（in Social Science）”搜索结果的比例

表 7-3　CNKI 期刊和会议论文数据库相关主题的搜索结果（截至 2018 年 3 月 1 日）

单一主题	区块链	区块链（经济与管理科学中）	供应链治理（模糊）	供应链治理（精确）
数量	2 032	1 394	228	89
联合主题	区块链+供应链（精确）	区块链+供应链管理（精确）	区块链+治理（精确）	区块链+供应链治理（精确或模糊结果同）
数量	83	20	26	1
占比（约）	1/17	1/70	1/54	1/1 394

注：占比是联合主题搜索结果占单一主题“区块链（经济与管理科学中）”搜索结果的比例

当前，针对立足产业供应链（主要是各方商流、物流和信息流的运营集成）的供应链金融，区块链基于其技术优势改进互联网供应链金融中的支付清算和数字票据等金融活动以及权益证明和物流运作证明等产业活动（宋华，2016；周立群和李智华，2016），从而实现对业务情境化的融合（宋华，2016）。区块链与供应链集成多借助物联网深化智能（如“数字智能资产”）（袁勇和王飞跃，2016）。而区块链、物联网和共享经济集成越来越紧密（Huckle et al.，2016）。共享经济成功的关键是集成使用价值和交换价值（博茨曼和罗杰斯，2015）。鉴于供应链治理和区块链都有集成使用价值和交换价值趋势，故集成区块链的供应链治理（尤其智能治理）研究急需以行为观为主、制度观和结构观为辅来有效整合基于区块链的供应链管理研究（李晓和刘正刚，2017）。

当前，科学且有效地集成区块链和供应链治理研究的难题一方面源于区块链研究过于推崇互联网技术而轻视其他科学（如未研究其算法信任无法抵御 51%算力攻击的根本隐患），另一方面源于供应链治理三大学派集成视角的研究不足（李晓和刘正刚，2017）。但更为关键的难题是对西蒙有限理性相关的“满意化”和“适应性”研究不足，由此导致相关研究与集成区块链和供应链管理的研究区分不清；这一问题在还需有效融合供应链管理的供应链治理研究中尤为突出。事实上，当前供应链管理和博弈论的研究本质上聚焦于单一目标（如消费者的效用和企业/供应链的利润）的最大化，即使相关多个期别的研究也在完全理性假设基础上变成了多个最优化研究。而这与治理研究聚焦的多目标尤其是冲突目标的协调与平衡并非最科学、准确的匹配；尤其是与多数企业走平衡木式的适应性运作（即潜力上限和破产下限之合理区间内的满意化运作）的实践相差较远。当前遵循西蒙“满意化”和“适应性”思路、力求协调多冲突目标的管理耦合研究已有突破，集成区块链的供应链治理研究有望据此展开更深入的科学研究。

第四节　西蒙“满意化”和“适应性”视角中的耦合机制研究现状

西蒙基于人的有限理性和现实世界的复杂性及其动态演化，发展“满意化”和“适应性”理念。这种“满意化”和“适应性”理念助力了前文综述的多种匹配思路研究；而匹配思路研究往更深处挖掘就进入耦合机制的科学探索之中。在 CNKI 总库中查询时绝大部分以“满意化（模糊）”为主题查询所得的结果实质是“满意度”相关文章，真正与西蒙“满意化”相关的是以“满意化（精确）”为主题。该主题下与供应链相关的研究仅为 1 篇，参见表 7-4。这与 Web of Science 数据库 Satisfice 相关主题搜索结果仅为 1 篇类似，参见表 7-5。国内这篇仅有文章是在考虑行为因素的报童订货决策的实验研究中，对比最大化和满意化决策风格对报童订货决策（供应链管理领域内主要研究需求不确定情况下短生命周期产品的订货和库存决策）的不同影响（韩小花等，2016）；而国外这篇文章是应用利益相关者理论，研究中国供应商如何响应（满意地或妥协地）中国政府和海外客户的能源效率计划（Wu et al.，2014）。

表 7-4　CNKI 总库中满意化相关主题的搜索结果（截至 2018 年 3 月 5 日）

主题	满意化（模糊）	满意化（精确）	满意化（精确）+供应链（模糊或精确均同）	满意化（精确）+供应链管理（模糊或精确均同）	满意化（精确）+供应链治理（模糊或精确均同）
数量	4 409	20	1	1	0

表 7-5　Web of Science 数据库 Satisfice 相关主题搜索结果（截至 2018 年 3 月 5 日）

主题	Satisfice	Satisfice + Supply Chain	Satisfice + Supply Chain Management	Satisfice + Supply Chain Governance
数量	54	1	1	0

西蒙用满意化决策代替最优化决策的主要原因在于人的有限理性，而有限理性是由人的认知能力即人的心智所决定的；鉴于社会规则的形成过程就是人类心智与它周围环境之间的互动过程，心智分析的重要性主要体现在经济理论的完善和社会制度的创立（王立宏，2010）。鉴于利润满意化目标不仅兼顾利益相关者的利益，而且可以借助短期利润目标与长期利润目标的协同更好地避免风险，利润满意化是我国企业的现实选择（孙向东，2005）。

自从 Meyer 和 Rowan（1977）在组织合法性研究中引入了解耦（decoupling）概念，与松散耦合（loose coupling）混用，新制度主义研究解耦/松散耦合以便化解外部制度逻辑和内部效率逻辑给组织造成的双重压力（亦即化解制度神话的正式结构/活动与生产交换所需结构/活动之间的矛盾），解决理性逻辑与不确定逻辑在组织内矛盾共存难题（陈琳和李玉刚，2015）。有鉴于此，西蒙“满意化”视角中基于区块链的供应链治理研究，需借鉴现有区块链和供应链相关的耦合机制（含松散耦合）研究现状，虽然目前这些研究大多仅有“适应性”视角。

一、区块链相关的耦合机制（含松散耦合）研究

区块链相关耦合研究目前多为耦合概念的定性分析。王敏（2017）鉴于保险与大数据的天然耦合性（涉流量层、应用层、技术层和基础层），阐明应用金融科技（含大数据、云计算和人工智能）的互联网保险不断解决保险行业“瓶颈”问题，使保险在作为风险“分散器”的同时亦成为“连接器”，通过生态连接实现保险行业从产品到服务、从低频到高频、从事后到事中的重要转

变，从而真正让“卖保险”变成“用保险”；而革命性的区块链与保险更好的耦合性（如解决风险防控的“真”问题及智能合约支持自动理赔支付的潜能），有望进一步重构保险服务逻辑链。陆岷峰和吴建平（2017）分析了金融科技和中小城市商业银行之间天然耦合性关系，其机理包括耦合的历史性和共生性（即出现瓶颈击破效应和优势互动效应）；而面对金融科技是加大商业银行之间落差的“断壁崖”的挑战，金融科技（尤其是区块链）是城市商业银行弯道超车的新机遇。汪传雷等（2017）基于区块链与供应链物流信息资源管理间主体耦合、交易机制耦合和智能合约耦合的分析，构建区块供应链物流信息资源管理模型总体框架和基于区块链的供应链物流信息生态圈模型，并且指明生态圈的面临问题（即区块链交易相关的响应速度滞后、安全和隐私问题）及相应的和谐发展对策（即打造更新时间间隔更短的区块链技术体系、采用综合算法和现实约束结合的方式、构建更高私密性且谨慎控制网络的连接）。

二、供应链相关系统科学视角的耦合机制（含松散耦合）研究

供应链相关耦合机制研究在系统科学指引下既有定性分析，也有定量分析；既有用耦合度（源自物理学容量耦合系数模型）及其改进版的耦合协调度模型测量耦合程度的定量研究，也有应用其他仿真或者实证方法/模型展开更深机理的定量研究（其中有些进一步与耦合度/耦合协调度模型结合）；更有和谐管理理论指导下更为系统的耦合机制研究，甚至有应用耦合思路的智能预测研究。

鉴于供应链相关系统科学视角的耦合机制研究内容非常多（见后文六大角度的定性和定量综述），国外相关耦合研究又因太过深陷效用最大化而不太契合西蒙“满意化”，以及国内相关耦合研究有更深入的和谐管理理论做指导而更加契合西蒙“满意化”，故而以下部分综述以国内文献为主。

（一）国内在供应链相关耦合方面的定性研究

1. 与供应链模块化或供应链运作紧密相关的耦合分析

倪沈冰等（2004）立足于流程模块的内聚与耦合度分析，研究制造业供应链整合中的流程模块化理论与方法，并指明耦合度应保持适度（过高将降低供应链可重构性，而过低则不适应供应链整合和共享资源的需要）。杜志平和穆东（2005）阐述一个基于功能耦合努力寻求协同运作的供应链耦合系统。杜红梅（2010）从制度

经济学视角（涉及分工与协作理论、企业性质与边界理论、交易成本理论、契约与履约理论、关系契约与治理模式、委托代理理论）分析农产品绿色供应链的耦合，并且阐明耦合的动力机制（涉及价值创造和知识溢出）及和谐与稳定机制（核心是聚焦耦合基础的信息共享机制、聚焦耦合激励的合作利益分配机制和聚焦耦合约束的契约履行约束机制）。赵广华（2014）分析了跨境电子商务与第四方物流耦合发展的机理，提出发展第四方物流解决跨境电子商务物流难的措施（含杰出供应链技术提高跨境电子商务物流的运作效率等）。刘会等（2015）鉴于产品模块化既可能导致企业间的松耦合又可能提升供应链整合程度，研究功能性或创新性产品模块化与供应链整合的不同适配性关系。熊颖清等（2016）研究一种基于多维耦合关系的钢铁工业逆向供应链服务模块化方法，一种聚焦于功能耦合、需求耦合和物理耦合（涉及时间、地域和服务资源）的分析。

2. 聚焦供应链解耦点的分析

围绕着供应链解耦点（亦即战略库存点）的定位分析，狄瑞坤和蒋君侠（2002）阐明如何将需要层级调度的精益生产和最适合于满足波动需求的敏捷制造成功结合在混合供应链里。孙新宇等（2005）从资产专用性、创新、顾客需求的多样性和交货期四个方面分析了解耦点（亦即价值链中推式生产和拉式生产的分界点）对供应链模式的影响，并从解耦点视角阐释了大规模定制和灵捷制造方式的机理。姚伟坤等（2007）指明：聚焦管理前端波动（涉及资源、质量、生产和运输的波动）的煤炭企业供应链是基于均衡供给的供应链（即力求客户均衡/匹配、煤炭质量均衡和数量均衡）；从信息协调特征看，它具有多解耦点和非信息协调难度大等特征。张以彬和陈俊芳（2008a）研究大规模定制环境下以供应链客户订单解耦点的定位实现生产率和柔性之间的最优平衡。许锐等（2011）综述了精敏混合供应链解耦策略及其方法模型；并指明从产品个性化耦合点、物流耦合点以及信息耦合点入手研究解耦亟待加强。孙新宇（2016）阐明在融合精益和灵捷的供应链流程中通过功能、信息和控制三类视图中解耦点的细分来支撑不同的供应链战略，从而将成本和差异化两个看似矛盾的战略结合在供应链流程中共同实现。张建军和赵启兰（2017）阐明物流能力与区域经济发展耦合互动关系的研究，应强化对供应链物流能力和基于物流网络维度的物流能力问题等七个方面的研究。

3. 聚焦风险和信任的供应链相关耦合分析

刘勤和程国平（2009）研究供应链风险管理相关的预防型、疏导型和交互型三种风险管理策略，而交互型风险管理策略引导各种不同性质风险在耦合过程中向“弱耦合”性态交互转化，进而使耦合后的风险流量减少。范丽红和陈圣飞

（2011）阐明供应链企业财务风险传导的效应主要有连锁效应、蝴蝶效应、破窗示范效应、锁定效应和耦合效应，并从独立或相关关系角度构建了分析强、弱、纯耦合的供应链财务风险耦合效应图。陈宏志（2011）基于有形类的作业面组织耦合度和无形类的管理面组织耦合度的分析，构建了信任、关系承诺与供应链组织耦合间关系的概念性框架。刘俊和史嫄（2012）从风险与供应链系统耦合给供应链带来影响的视角，研究供应链系统生命周期（亦即培育期、协同期、失调期、危机期和解体重组期）中各阶段特点及其演化机理。

4. 聚集信息和信息系统的供应链相关耦合分析

张不同和陈廷斌（2003）研究知识供应链的智能集成技术与方法，包括组件化松散耦合的动态集成技术和基于多 Agent 的供应链智能集成方法（有自治性、分布性、协作性特点）。唐秋鸿（2008）构建了低耦合度供应链成本计算模型，即使用信息系统开发中的中介 Mediator 模式解决系统耦合度过大问题。张云涛和温浩宇（2008）指明：应用 Web Services 建立动态松散耦合的信息系统符合供应链信息集成的需求；Web Services 及其相关技术可以有效地降低供应链信息系统的总拥有成本，并促使企业积极地构建或加入供应链。张启文和徐琪（2009）研究基于面向服务架构（service-oriented architecture，SOA）和企业服务总线（enterprise service bus，ESB）的供应链快速响应系统集成，一个开放、松散耦合的系统集成环境（提高系统的可扩展性和可维护性）。苟娟琼等（2009）基于两个新假设（供应链是一个在动态整合需求推动下不断重构的服务系统和供应链网络的节点是比企业粒度更小的服务组件），结合服务供应链发展趋势和服务科学中面向服务的松散耦合系统的特征，提出基于服务组件（可重用的、松耦合的、自包含和模块化的）的供应链网络模型。姜文芹（2009）研究供应链一体化的客户关系管理（customer relationship management，CRM）系统的市场优势与模式构建，使各协作企业的优势资源得以耦合为一个整体的核心竞争力去有效服务于关系客户，最终达到企业价值与顾客价值最大化的双赢境界。宋闻欣（2009）以硅谷为例研究信息产业集群式供应链（即信息产业集群与信息产业供应链的耦合）。李伟（2013）针对传统企业应用集成（enterprise application integration，EAI）系统存在数据安全性差、暴露业务逻辑以及紧耦合性等问题，为汽车制造供应链构建了基于 SOA 技术而实现松散耦合的电子商务集成系统，实现服务的柔性集成。刘颖和翟开云（2016）构建基于 Spring MVC 框架（用分层技术实现对象之间松耦合）的鲜活农产品供应链交易平台。黎继子等（2016）研究了众包供应链耦合（即互联网众包与供应链耦合）的 3 种创新模式及众包供应链创新发展的 4 个阶段（即萌芽、探索、成长和成熟阶段）。

5. 聚焦地域化产业集群的供应链相关耦合分析

在阐明地方产业集群与全球价值链耦合互动过程中侧重供应链式整合的基础上（黎继子等，2005），黎继子和刘春玲（2006）、黎继子等（2006）分别从理论和案例角度以集群式供应链议题研究产业集群与供应链的耦合。曾娟和马千军（2006）阐述了供应链管理与产业集群的耦合问题。任迎伟和胡国平（2008）基于产业链（含垂直的供需链和横向的协作链）链条系统的串联耦合与并联耦合模式的对比分析，阐明产业链条各层次组织间共生关系的拓展（即并联耦合模式）能有效解决产业链条系统的不稳定与低效率问题。孙鹏（2009）基于集群式供应链管理模式与区域品牌耦合关系的分析，研究集群式供应链视角下的区域品牌持续成长策略。连远强（2010）分析产业集群与供应链联盟间的耦合基础、耦合目标和耦合内容。盛世豪等（2010）综述产业集群与供应链耦合的组织性（集群供应链的形式与特征）和经济性（即互竞、互动和柔性的功能效应以及规模和范围的经济效应）。左志平和黎继子（2012）从低成本交易性、差异化互补性和集中化规模性角度阐述生态工业园与集群式供应链的耦合机理，并将之与主要侧重交易费用节省的生态工业园共生网络共生驱动机理区分开来。赵慧娟等（2015）阐述旅游服务供应链与基于互联网虚拟空间的旅游产业虚拟集群之间的耦合关系。卢志刚和张聪利（2015）通过探寻自贸区跨境供应链竞争力影响因素，构建竞争力耦合模型，即八个基层维度到竞争力三大影响因素（供应链的运作能力、协调能力和关系维护能力）的耦合以及三大影响因素到供应链竞争力的耦合。连远强（2016）研究了跨界耦合视角下的传统产业创新链与新兴产业创新链的耦合机理，提出了区域内产业创新链跨界耦合关系结构模式。

6. 基于和谐管理理论的供应链相关耦合分析

席酉民的和谐管理理论在“问题导向”基础上发展出“优化设计”与“人的能动作用”双规则的互动耦合机制；它聚焦“和则”（着眼于对不确定性的消减/利用）与“谐则”（着眼于在确定性情况下的理性优化设计），围绕和谐主题在不同条件下、不同层次间的相互作用、相互转化及系统整体的涌现特性，体现目的导向下的适应性演化（席酉民等，2005，2006；席酉民和张晓军，2010）。凌伟（2007）构建了供应链管理和谐主题，和谐主题下和则机制、谐则机制及和则与谐则的耦合，和谐演化机制以及和谐运行的评价。易明（2011）研究工程供应链的组织如何借助控制机制（即谐则）与演化机制（即和则）的耦合，实现项目层的和谐主题（即“六位一体”的绩效目标）。郝书池和姜燕宁（2016）研究供应链和谐机理，从愿景、利益相关者、内外部环境、组织结构、核心企业五因素分析其对供应链和谐主题的影响；探讨供应链“和则”和“谐则”的构建原理及主要内容；并研究供应链“和则”和“谐则”的互动耦合机制。

（二）国内在供应链相关耦合方面的定量研究

1. 与供应链模块化或供应链运作紧密相关的耦合相关定量研究

杜红梅（2010）用博弈论定量分析农产品绿色供应链相关多种耦合关系。熊颖清等（2016）基于多维耦合关系的钢铁工业逆向供应链服务模块化方法就是从聚焦相似性的功能耦合和需求耦合以及物理耦合（聚焦时间相继性、地域邻近性和服务资源类似性）分析原子服务间的耦合关系，构建综合耦合矩阵及服务模块化测度，采用改进型遗传算法对原子服务进行聚类优化。郑飞（2016）研究闭环供应链协调无模型控制方法及应用，即运用动态大系统的相关理论，结合时变系统辨识以及不依赖于被控对象的自适应律（无模型控制律），提出了闭环供应链环境——经济双向协调无模型控制算法，同时针对多输入多输出的强耦合且很难解耦的系统，提出了相应的多输入多输出非线性系统的无模型控制算法。张学龙和王军进（2017）以耦合研究改进基于马尔可夫链和机器学习的链路预测，深入研究能源供应链网络的合作演化机制；即选取 5 个代表能源供应链的网络结构相似性指标，运用耦合指标算法（最佳预测精确度指标与剩余指标耦合）更精确地预测“未知链接”和“未来链接”。

2. 聚焦供应链解耦点的定量研究

周鑫和包兴（2007）利用最小二乘支持向量机这种新机器学习方法（优于传统神经网络算法），提高供应链解耦点处的产品需求预测的精度与可靠性，以有效降低市场需求不确定性对供应链绩效的负面影响。张以彬和陈俊芳（2008b）运用 M/M/1 排队理论研究创新产品供应链的解耦点定位，建立一种订单履行时间约束下最小化阶段总成本的优化模型并用遗传算法做仿真分析。王凤和林杰（2009）研究为不同属性的产品设置不同的多客户订单解耦点的大规模定制生产模式，提出了多客户订单解耦点的定位模型和实现算法。毛敏和何雅丽（2015）基于制造商和零售商总成本最小的数学模型，研究不确定需求下快时尚服装供应链解耦点定位，解耦点定位实质是在制造规模经济、制造商库存水平、零售商库存水平间进行权衡。杨宽和王尔媚（2016）针对易逝品供应链建立一个以解耦点、生产率和库存水平同时作为决策变量的动态模型，通过庞特里亚金极大值法与最优控制理论求解基于时变需求和有限时域的最优生产-库存策略和最优解耦点。

3. 聚焦风险和信任的耦合相关定量研究

程国平和刘勤（2009）建立供应链风险传导路径动态变化模型，研究传导过程中不同属性风险之间强耦合效应发生条件及其带来的风险量变化，得到原有平衡状态被破坏后的新供应链风险传导路径。张一文等（2012）鉴于非常规突发事件爆发性、演变不确定性、群体扩散性等特点，以耦合度和耦合协调度模型研究非常规突发事件内、外引致因素的耦合，并研究引致因素耦合度与事件影响力的关系。

4. 聚集信息和信息系统的耦合相关定量研究

杨浩雄和刘仲英（2005）提出了一种物流信息耦合度法来度量企业与其供应链中伙伴企业之间的耦合程度，该方法用延展度、广度和强度三个指标对企业在供应链两个方向上共享和使用的需求、供应和运输信息进行度量。张会敏（2006）从信息流角度提出信息耦合度测量模型（涉及信息耦合广度、信息耦合强度和信息传递强度），以便评价集成化供应链的集成程度。段茜等（2014）鉴于云计算环境为供应链的柔性、松耦合、无缝集成与构建提供了良好的集成环境，针对云计算环境下供应链伙伴选择评价过程具有动态性以及评价指标模糊性和不确定性的特点，提出基于马尔可夫链的动态模糊评价模型。李胤奇和李柏洲（2017）在计算企业知识治理与社会技术能力的耦合度和耦合协调度后，进一步利用 Cox 回归模型来分析检验相关因素对此耦合协调的影响路径。

5. 聚焦地域化产业集群的耦合相关定量研究

袁科峰和张晓霞（2015）构建集群式供应链与战略联盟系统的耦合度和耦合协调度模型。连远强（2015）应用一套基于 Volterra 模型的传统产业与新兴产业两条产业链耦合而成的创新联盟共生演化模型，围绕该生态平衡方程的竞合平衡点分析了共生演化的稳定条件。郑辽吉和马廷玉（2015）用结构方程模型（structural equation modeling，SEM）研究多功能农业创新网络后指出：产业发展要素与社会管理要素、环境保护要素之间存在的正向作用与反馈关系是创新网络构建的耦合机制，该耦合作用调节网络中不均衡的强、弱联系。连远强和刘俊伏（2017）研究成员异质性、网络耦合性（含自组织与自适应、吸收与反馈、耦合与共生、竞合与协同四个维度）与产业创新网络绩效的关系，并以多元回归分析实证它。

6. 基于和谐管理理论的供应链相关耦合定量研究

刘少兵（2009）运用系统动力学研究和谐项目管理的耦合动力机制（包括耦

合因果关系、系统流图结构、基本结构方程式和反馈回路动力机制）；并定量评价和谐项目管理和谐度（以协同组织和谐度表示目标层，和谐主题、优化作用和能动作用表示因素层，各种具体管理表示指标层）。席酉民等（2013）指明：目前融合“人的能动作用”的耦合机制研究多采用仿真研究，因其考察“人的因素”是研究组织主体自身的决策规则、主体之间相互联系等的变化，不宜通过一组变量来进行；故和谐管理理论接受了过程取向而非变异取向的组织研究策略，相应较少采用以操作化的变量、精细阐述的变量间关系等为主的方式。当然，席酉民等（2005）指明：管理耦合机制研究重点应是耦合机制与绩效的匹配研究，因为管理理论有效性的最根本检验来自组织绩效支持并需实证检验；相应和谐管理理论中的和谐耦合也需体现为一定优良绩效。和谐管理理论的耦合机制定量研究还需探索更为有效的与绩效相关实证研究集成的方法。

三、供应链相关复杂系统科学视角的耦合机制研究

（一）复杂适应系统视角的供应链相关耦合机制研究

以 Supply Chain、Complex Adaptive Systems 和 Coupling（Coupled 结果等同）为联合主题搜索 Web of Science 数据库结果仅为 5 篇；而 CNKI 总库中以供应链、复杂适应系统（complex adaptive systems，CAS）和耦合为联合主题精确搜索或模糊搜索结果均仅 2 篇博士论文。鉴于这 7 篇中真正相关文章并不多，故换其他方式又深入挖掘到几篇相关文章。

Choi 等（2001）明确提出供应链网络是一个复杂的适应系统，具有动态性、自适应性、自组织性，探讨了将供应链网络视作 CAS 的必要性。唐方成等（2004）借鉴 Wright 适应度景观概念和 Kauffman 关于生物系统进化的 NK 模型，将和谐管理中的和谐主题、和、谐及环境等四个核心要素作为四个模块，仿真分析其相互关联性及互动程度变化对组织系统绩效的影响；结果表明和谐管理耦合机制可在局部最优和全局最优之间“适应性游走”并涌现复杂性。Cui 和 Wang（2008）与崔晓迪（2009）基于 CAS 理论和协同学，研究区域物流供需耦合系统（含物流供应系统、物流需求系统和物流环境）的复杂适应性与机制以及耦合系统协同发展的演化机理；并用数据包络分析和复合系统协调性评价方法，对区域物流供需耦合系统的协同发展效果进行评价。王雯等（2010）指出：核心企业与供应链成员间的以及核心企业内部的相互作用及其相互作用的耦合往往是非线性的，导致供应链系统结构和行为的自组织涌现以及混沌边缘状态；为研究这类复杂动态系统的结构演化以及连续状态变量与离散状态变量在不同层次结构和不同

时间尺度之间的协调，集成多 Agent 系统（适合于描述企业层、业务层和操作层中的离散环节）和系统动力学（适合于描述企业层和业务层的连续环节以及众多因素间复杂的因果反馈关系和变化趋势）进行供应链企业层和业务层的混合动态建模与仿真。张连峰（2016）用自组织相关理论定性分析商务网络信息生态链价值协同创造的动因、节点、序参量演化、框架模型以及耦合作用关系。

（二）复杂网络视角的供应链相关耦合机制研究

Pathak 等（2007）总结指出在供应链管理研究中加入复杂网络理论进行研究的有用性。以"Supply Chain"（带引号更准确）、Complex Network 和 Coupling 为联合主题搜索 Web of Science 数据库结果为 29 篇；但其中多数为供应链相关产品族模块化设计/松散耦合设计的研究，如 Salvador（2007）、Li 等（2012）和 Yang 等（2015）；少数为结合 SOA 松散耦合特性及语义网络（semantic Web）的敏捷供应链集成系统研究（Qu et al.，2009）或者基于 Agent 系统的网络化制造与供应链集成研究（Zhang et al.，2006）。其中只有 Wagner 等（2014）以案例研究紧耦合供应链网络的中断问题。若以"Supply Chain"（带引号更准确）、"Complex Network"（带引号更准确）和 Coupling 为联合主题搜索 Web of Science 数据库，结果为 0 篇。鉴于复杂网络实质是具有自组织、自相似、吸引子、小世界、无标度中部分或全部性质的网络并且其特征是小世界、集群（即集聚程度）概念和幂律的度分布概念，以"Supply Chain"（带引号更准确）、scale-free network 和 Coupling 为联合主题搜索 Web of Science 数据库仅查得一篇会议论文，并且该文（Orenstein，2016）实际不是具有耦合思维的研究。只有以"Supply Network"（带引号更准确）、scale-free network 和 Coupling 为联合主题搜索 Web of Science 数据库所得的另一篇期刊论文（总结果为 2）是中国研究者的准确相关文章，即 Wang 等（2013）研究包括耦合供应网络在内的多种耦合网络如何在应对级联故障时改进网络的弹性。

而 CNKI 总库中以供应链、复杂网络和耦合为联合精确主题检索得到 4 篇；其中若将耦合精确主题换为精确摘要则三者联合检索结果将扩充为 14 篇（其中有些并不与本议题相关）。李莉（2010）基于复杂网络理论构建了集群式供应链网络结构模型，揭示集群式供应链网络的拓扑结构特性对其风险形成（含耦合所致风险）的影响。刘燕楚（2011）基于复杂网络理论研究了集聚型供应链网络（即产业集群与供应链网络的耦合体）的鲁棒性问题。蔡彬清和陈国宏（2012）案例研究指明：链式产业集群网络（即由集群网络和供应链网络耦合而成的基于供应链的产业集群）是复杂网络，具有平均路径长度较短、度分布不均匀和聚集系数较大等网络结构特征；以此复杂网络结构特征为基础形成了链式集群在生产、创新和抗风险等方面的竞争优势。李铭（2012）根据复杂网络的传染动力学原理并应用复杂系统多 Agent 仿真，分析了中小制造企业供应链危机扩散的关键要素、逻辑关系与耦合关系等扩散机理。王树国和姚洪兴（2012）研究一类具有时变拓扑结构的线性延迟耦合的供应链复杂网络，建立了一个新的供应链复杂网络节点的混沌动力系统模型（连续系统），运用线性反馈控制和牵制控制等方法并根据 Lyapunov 稳定性理论得到了新的网络同步准则。杨琴和陈云（2012）建立了网络节点到达过程服从泊松过程、拓扑增长与边权耦合同步机制驱动的供应链有向含权网络演化模型；该模型的网络稳态平均出入强度分布均服从幂律分布。杨琴和姚娟（2013）建立了网络节点新增和衰亡并存的、拓扑增长与边权耦合同步机制驱动的、网络节点到达过程服从泊松过程的、新增出入边数服从二项分布的供应链有向含权网络演化模型；该模型的网络稳态平均出入强度分布均服从幂律分布。毛北行和常娟（2014）研究了两个具有不同节点和不同拓扑结构的非线性耦合复杂动态网络的广义同步问题，可应用于供应链网络分析。郑小京（2012）研究局域内 Agent 合作随机微分博弈的帕累托最优策略轨迹与局域之间 Super-Agent 非合作随机微分博弈（即将局域抽象成 Super-Agent 并考虑各个 Super-Agent 非合作随机微分博弈的反馈纳什均衡解）的纳什最优策略轨迹之间的有效耦合，以便确定整个系统中的最优策略轨迹及相应收益特征；但是该研究过于依赖平衡状态中的最优化解，进而缺乏与西蒙“满意化”的有效集成。现有经济网络微观研究因对网络结构和智能体 Agent 行为过于简单的假设而效用有限，而其宏观研究虽能更好地解释更高层级的系统属性，但在如何连接这些属性与个体智能体之经济动机方面成效有限；即使是对立足博弈论（其竞争与合作并存的智能体追求纳什均衡）的微观研究，如何有效集成微观路径和宏观路径仍然是待解难题（Schweitzer et al.，2009）。

四、紧密衔接 CAS 与复杂网络且对接西蒙“满意化”的供应链/网研究

为解决 Schweitzer 等指明的 CAS 系统与复杂网络间有机衔接仍待改进问题，已有以产品服务系统更有机衔接 CAS 系统与复杂网络的管理研究（李晓和刘正刚，2013）。在各类产品服务系统是各类商业物种以及各个产品服务系统是各个商业物种个体的隐喻研究（李晓等，2011）基础上，Li 等（2009）以及李晓和刘正刚（2013）在系统科学理论指引下，基于商业系统与生命系统的相似本质，隐喻生物群落（营养）结构之结构维度（即物种丰富度、物种多度、相对多度和营

养级），将现有研究常用的“企业”粒度的供应链结构维度（即供应链的水平结构、垂直结构和水平位置）细化为产品服务系统粒度的供需链/网（货币价值）结构之结构维度；并且在隐喻生态系统通用定量成熟度评价指标“*P*/*R*”（*P* 和 *R* 指标皆出自于通用能量流模型）提出的商用通用定量成熟度指标“VPD/OE”（VPD 和 OE 指标皆取自于立足约束理论之有效产出会计的需求视角中的通用货币价值流模型）基础上，定量验证丰田公司的商用成熟度指标的有效性；进而以当期“VPD/OE”及累计值的结合情况构建了定量的产品服务系统战略生命周期模型（从孕育至解体灭亡 9 个阶段）和供需链/网（价值）结构的供需链（结构）演化模型（参照以指标“*P*/*R*”定量考察群落营养结构的生态演替模型）。李晓和刘正刚（2013）还为解决原有价值流管理理论（如大规模生产、精益理论和约束理论价值流的管理）缺乏面向可持续发展的定量研究以及复杂商业生态环境中企业多元化分析难题，集成面向企业的上述价值流管理和系统复杂性价值流管理等运作管理理论以及面向多企业间互动（绿色）管理的生态工业链、供应链管理、需求链管理、供需链/网的管理及多层次（如企业/产业/全球）的价值链/网分析，创建了同时聚焦资源生产力和结构复杂性优化（涉及产品服务系统层次、企业层次和局部/整体供需链/网等多个嵌套层次）而实践持续经营的企业产品服务系统（enterprise product service system，企业产品服务系统）价值流管理理论。该企业产品服务系统价值流管理理论除了立足于资源生产力/成本系数考察各类广义产品服务系统商业模式（传统交易模式、管理费机制、租赁费机制、节约共享机制）的企业产品服务系统外共生研究外，还包括各类/各个（新、旧）产品服务系统在企业内竞争与协同的企业产品服务系统内共生研究（应用描述两物种竞合作用的 Lotka-Volterra 模型），其目标是实现与产品服务系统粒度商业生态系统环境良好动态匹配的企业产品服务系统价值流管理的动态平衡（李晓和刘正刚，2013；刘正刚等，2012）。李晓和刘正刚（2014）在分析单个产品服务系统的跨企业网络可与“公有云”关联而企业产品服务系统内多产品服务系统网络可与“私有云”关联的基础上，指明含产品服务系统管理的企业产品服务系统管理是制造企业面向云制造/云网络的准确价值管理对象，而制造企业价值导向的云制造 ERP 系统的核心就是企业商务智能系统（聚焦跨供需链的企业战略绩效评价系统），含企业产品服务系统内共生、企业产品服务系统外共生和企业产品服务系统内外共生集成三个决策支持系统以及企业产品服务系统和产品服务系统结构复杂性分析系统。因此，适合于云环境的以产品服务系统为耦合点的企业产品服务系统和产品服务系统粒度商业生态系统的研究，成为更有机衔接 CAS 系统与复杂网络视角的管理研究。

以产品服务系统为耦合点的企业产品服务系统和产品服务系统粒度供需链/网的研究因对结构及其演化的聚焦而有能力对接西蒙的“满意化”。刘正刚等

（2012）及李晓和刘正刚（2013）指明：①狭义产品服务系统的实现完全可因为交易双方都基于自身利益最大化原则展开的运作而形成；②各种机制狭义产品服务系统都有清晰的价值共生机理，其超出传统交易模式的共生价值主要源于由供应商代替客户进行后续运作时具有的更小成本参数；③除了为让交易双方自愿启动各种狭义产品服务系统时需设置合理的参数取值（亦即一个启动激励）外，对应参数的不同取值数量还将形成互利共生、偏利共生或偏害共生的不同共生状态；④将狭义产品服务系统的物质减量化融合于立足资源生产力的可持续发展，可实现以经济利益诱导物质减量化。前文通过将稀缺性与客观使用价值关联，将原偏重主观（仅相对人的目的的稀缺性）的罗宾斯经济科学发展为全面的马克思主义经济科学议题，即一种关注特定情境中物质稀缺性相关规模/结构议题并且可以暂不考虑主观效用的客观运作层次的新经济科学研究。事实上，复杂性科学中适应性演化视角研究自组织和自相似的耗散结构和分形理论都是聚焦于结构的理论。分形科学研究了多种市场具有自相似的分形结构。鉴于产品服务系统战略生命周期演化结构与供需链/网或商业生态系统（结构）演化模型同样基于当期“VPD/OE”及累计值结合而有自相似性，产品服务系统粒度供需链/网基础上的商业生态系统极可能有分形结构。将 CAS 和复杂网络研究急需的“规模/结构”目标纳入最底层经济科学的最终优化目标，可形成符合复杂系统科学视角的多目标优化。事实上，刘正刚等（2012）及李晓和刘正刚（2013）的企业产品服务系统外共生研究属于离散结构分析；而现有企业产品服务系统内共生研究除连续型 Lotka-Volterra 模型分析外还有立足离散型当期“VPD/OE”及累计值的企业产品服务系统内共生演化模型以及考察离散值的产品服务系统/企业产品服务系统结构复杂性定量分析（李晓和刘正刚，2013），均可良好对接西蒙的“满意化”。此外，鉴于现有复杂网络科学研究（含以复杂网络进行经济网络结构研究）和考察资源或成本约束下网络结构的研究都暂未有效考虑相关网络/系统的整体结构约束（如对生态食物网这类合作与竞争网络研究也未考虑因能量规律导致的能量金字塔整体结构的硬约束），李晓和刘正刚（2013）指出：中观产业经济的健康发展关键是产品服务系统粒度的价值链/网结构优化，而隐喻能量金字塔定量结构的货币价值金字塔定量结构研究是地区/国家经济健康发展的关键研究内容之一。该货币价值金字塔定量整体结构约束中的产品服务系统、企业与供需链/网互动演化，将借助动态价值结构纽带而有效对接西蒙“满意化”。

当前已有符合西蒙“满意化”思路和复杂性科学范式的更深入耦合机制研究，可在探索非线性因果关系基础上探寻多目标优化与协调，有望深化企业产品服务系统内、外共生理论和产品服务系统粒度供需链/网结构演化研究，形成更科学的管理耦合理论。

五、研究述评与发展动态展望

以往有关供应链治理的研究已经取得了显著进展：①聚焦缓解不确定环境中机会主义风险（亦即信任问题）的并且立足于协调与分配以便协调多企业间目标冲突的供应链治理，与立足计划、组织、领导和控制而力求快速、及时、节约和规模优化目标的供应链管理既有显著区别又有必要联系；②立足有限理性的供应链治理研究发展趋势是：集成交易属性、主体属性、结构属性和环境属性的分析体系，并融合交易成本学派、社会关系学派和资源主义学派扩展出的管理学派，以便形成制度观、结构观和行为观供应链治理研究的有机紧密联系。虽然治理研究立足有限理性和离散结构分析，但西蒙有限理性对应的“满意化”在经济管理领域缺乏深入研究；在协调多方冲突目标而更需“满意化”方案的供应链治理领域，这种缺陷极大阻碍了理论的完整性和实践指导的有效性。

促进信息互联网向价值互联网进化的区块链凭借去信任、不可篡改、去中心化的分布式账本和智能化等技术特点为互联网上供应链治理塑造了全新环境：不仅立足智慧物联网开辟了一个与人无涉的智能运作新层次和供应链智能治理新课题，而且提供了一整套互联网治理机制体系。虽然区块链有算法保证的共识且分布式账本是保真、可追溯与透明的，但真正挑战是从共识到信用的跨越以及社会协同方面还需巨大创新。相对于区块链相关的治理研究、供应链研究和供应链管理研究都是区块链在社会科学中的主要研究领域；区块链相关的供应链治理研究刚刚萌芽，急需国内外学者展开更科学、严谨的行为观为主、制度观和结构观为辅的研究，以便既加快供应链治理研究尤其是互联网上智能治理研究取得突破，又指导仍处初生期的区块链正常发展，这种正常发展在比特币（亦即区块链1.0）无序发展对商业世界造成混乱冲击的背景下显得尤其重要。鉴于“满意化”和“适应性”这两个与西蒙有限理性思想密不可分的部分是决策简化与人工智能的基石，区块链相关供应链治理尤其是智能治理研究的关键突破就在于有效融合西蒙有限理性相关的“满意化”和“适应性”研究成果。

与当前供应链管理和博弈论研究本质上聚焦单一目标（尤其效用视角目标）的最大化/最优化不同，聚焦多目标尤其冲突目标协调与平衡的治理研究与企业和供应链走平衡木式的适应性运作（即潜力上限和破产下限之合理区间内的满意化运作）更为匹配。当前，遵循西蒙“满意化”尤其“适应性”思路并力求协调多冲突目标的管理耦合机制研究（含互联网/信息系统相关研究）取得非常丰富的发展，包括区块链相关耦合机制（含松散耦合）研究、供应链相关系统科学视角的耦合机制（含松散耦合）研究（涉及供应链模块化、供应链解耦点、风险和信任、信息和信息系统、集群式供应链、和谐管理理论视角中的供应链），以及供应链相关复杂系统科学视角的耦合机制研究（含 CAS 视角和复杂网络视角）。另外，西蒙“满意化”所需经济管理基础研究取得必要突破，涌现紧密衔接 CAS 与复杂网络且可对接西蒙“满意化”的供应链/网研究——以产品服务系统为耦合点的企业产品服务系统共生理论和产品服务系统粒度供需链/网研究。该立足客观使用价值分析、辅以主观效用分析的产品服务系统/企业产品服务系统一系列研究，通过同时聚焦资源生产力和结构复杂性优化，将分工/价值结构演化议题拉回经济学研究中心，并因立足于离散分析而可研究价值结构演化的能力可以有效对接西蒙的“满意化”。而各种立足熵的符合西蒙“满意化”思路和复杂性科学范式的更深入耦合机制研究，可在探索非线性因果关系的基础上探寻多目标优化与协调，不仅可以将企业产品服务系统内、外共生理论和产品服务系统粒度供需链/网结构演化研究深化为更科学的管理耦合理论，而且可以更深入地探寻基于区块链的供应链智能治理相关耦合机理。

第五节　基于区块链技术的供应链治理机制及智能治理研究框架展望

本节拟以区块链的共享与共识机制、安全透明信任机制、协作与自治机制、奖励机制、智能合约契约机制和分层结构机制等为基础，以供应链治理为对象，以西蒙“满意化”和“适应性”为准则，并以契合该准则的以产品服务系统为耦合点的企业产品服务系统价值流管理和产品服务系统粒度供需链/网价值结构研究为依托和线索，分别从供应链的事前契约协调机制、治理结构与绩效评价、匹配机制与耦合机理及事后协调机制四方面展望基于区块链的供应链治理机制及其智能治理研究。

一、基于区块链技术的供应链治理机制及智能治理研究框架图

图 7-1 是基于区块链技术的供应链治理机制及智能治理研究总体框架图，总体上突显与各层次问题和治理目标以及区块链相关治理机制的关系。

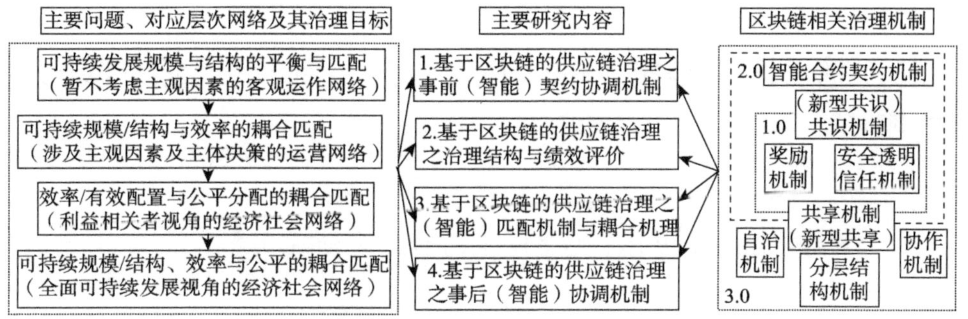

图 7-1　基于区块链技术的供应链治理机制及智能治理研究总体框架图

图 7-2 是基于区块链技术的供应链治理机制及智能治理研究细化框架图。它沿思路“事前契约协调—治理结构与绩效评价—匹配机制与耦合机理—事后协调机制”细化出具体研究内容。相应研究目标是：探索适合区块链创新商业环境并符合西蒙“满意化”和“适应性”思路的供应链治理问题，揭示区块链相关的互联网治理机制体系与供应链治理机制体系的互动演化规律。最终在理论层面，提出一套适合区块链的去信任、分布式和智能合约等特性并遵循西蒙“满意化”和“适应性”视角的以行为观为主、制度观和结构观为辅的供应链治理（含智能治理）理论；在方法层面，发展一种研究以企业产品服务系统在产品服务系统粒度供应链动态价值结构约束内走平衡木式的适应性运作（即相关企业产品服务系统内、外共生运作在上、下限合理区间内的满意化运作）为目标、以耦合机理为核心而解决多组织之间冲突目标相互协调的方法，并借助动态耦合价值结构纽带探索其与现有多种协调及匹配研究方法之间更有机衔接的路径。

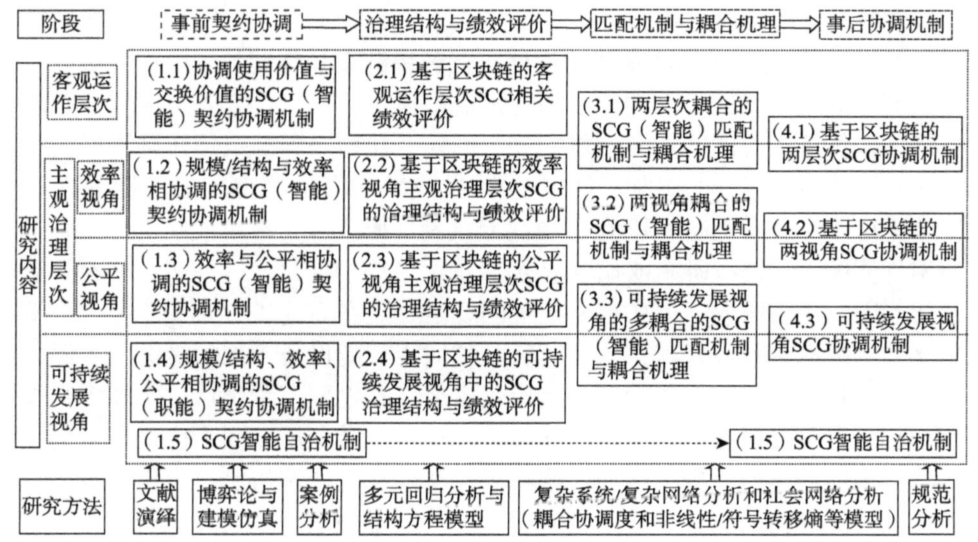

图 7-2　基于区块链技术的供应链治理机制及智能治理研究细化框架图

二、基于区块链技术的供应链治理机制及智能治理研究主要内容

（一）基于区块链的供应链治理之事前（智能）契约协调机制研究

本部分主要研究内容聚焦于供应链治理的事前契约协调，依靠立足区块链的一套价值互联网治理机制（包括智能治理）体系，挖掘契合西蒙“满意化”和“适应性”的产品服务系统相关契约分析与现有供应链治理影响因素或契约之间的互动，探索产品服务系统/企业产品服务系统结构复杂性及产品服务系统粒度供需链/网价值结构对事前契约协调的影响。具体内容可依所侧重协调的不同种类冲突目标细分为五点：①协调使用价值与交换价值的供应链治理的（智能）契约协调机制；②可持续发展规模/结构与效率相协调的（智能）契约协调机制，主要是基于两层次（智能）协调优化模型的研究（集成了多目标优化和耦合匹配）；③效率与公平相协调的（智能）契约协调机制，主要是基于两目标（智能）协调优化模型的研究；④两层次且三目标协调的（智能）契约协调机制，主要是基于两层次且三目标（智能）协调优化模型的研究；⑤智能自治机制，基于区块链智能合约和自治机制，遵照供应链/网价值结构演化规律并结合供应链网络均衡结构研究，分析可持续发展规模和价值链/网价值结构双目标的平衡与匹配，立足智能契约协调机制发展智能设备自治机制。

从所涉及主题来看，本部分研究聚焦三个方面：①基于区块链上可自动转移产权的抵押品/专用资产的激励契约设计；②区块链奖励制度与企业产品服务系统外共生契约形成的偏害、偏利或互利定量价值体系的集成；③基于区块链智能合约机制和协作机制等的智能契约研究等。例如，在物联网客观运作网络层次，如何依托区块链的智能合约机制（如多重签名技术）和协作机制（如按量/按次计费机制、更正式声誉度机制和新范式/层次云机制）研究以交易价值结构为约束条件的使用价值优化，进而研究依托供应链/网价值结构的演化规律探明物联网智能设备的智能契约协调机制。其中核心治理问题之一是在事前决定某项业务多重签名该由哪几方组成并且涉及代币如何流转，如对于智能设备（如智能家电）保修期内的故障，是否可以在销售合同中制定仅由客户和电商平台确认后（即无须设备厂家确认）即刻可以扣除厂家的质保金，这样可以避免厂家因为推诿质量责任而拒不赔偿的失信事件，发展智慧物联网下的智能契约协调机制。当然，该产品服务系统相关质保金的金额大小需与时间轴内的动态使用价值变化关联在一起进行优化研究，并且这种优化分析还需结合产品服务系统粒度供应链价值结构网络的

演化进行调整，从而发展智慧型物联设备相关的智能自治机制。

（二）基于区块链的供应链治理之治理结构与绩效评价研究

本部分主要研究内容聚焦于供应链治理的治理结构与绩效评价，结合分析区块链的共享、共识和分层结构等互联网治理机制，挖掘符合西蒙“满意化”和“适应性”思路的产品服务系统/企业产品服务系统价值结构复杂性及产品服务系统粒度供需链/网结构对供应链治理结构的影响，分析与产品服务系统/企业产品服务系统价值结构和产品服务系统粒度供需链/网价值结构互动演化的绩效评价体系。具体内容可以依据所属协调层次或视角细分为四点：①基于区块链的客观运作层 SCG 相关绩效评价。研究区块链技术对信息集成、客观运作成本和治理结构的影响，进而对客观运作层次供应链绩效的影响，构建其绩效评价体系。②区块链相关效率视角主观治理层次 SCG 治理结构与绩效评价。研究区块链技术对信息集成、运作成本、交易成本（如谈判和监控相关成本）、机会主义行为（如资产专用性和风险相关行为）和治理结构的影响，以及对效率视角供应链绩效的影响，构建该视角治理结构和绩效评价体系。③区块链相关公平视角主观治理层次 SCG 治理结构与绩效评价，研究区块链技术对信任相关资产/行为（如声誉/质量保证/能力信任等）以及社会网络结构（如中心性等）的影响，以及对公平视角供应链绩效的影响，构建该视角治理结构和绩效评价体系。④区块链相关可持续发展视角 SCG 治理结构与绩效评价。研究区块链对狭义/广义可持续发展相关行为（如物质减量化/环保行为等）的影响以完善客观运作层次 SCG 绩效评价体系，考察区块链对整体结构（弹性/成熟度等）和可持续发展相关政策（含不确定性）的影响以发展治理环境的绩效评价体系，考察其对可持续发展视角供应链绩效的影响，总结相应治理结构。

从所涉及主题来看，本部分研究聚焦四个方面：①研究区块链的安全透明信任机制和三式记账法等共享机制与企业产品服务系统相关的 ERP、CRM 或 SCM（supply chain management，供应量管理）等管理信息系统如何集成，以便更好地消除不确定性；②研究企业产品服务系统相关的 ERP/CRM/SCM 等管理信息系统如何与区块链侧链及多重签名技术结合，以便解决必要的企业隐私与信息公开共享之间的权衡；③研究结合产品服务系统客观运作（含交易和使用）特点以及区块链治理技术的集成运作对 SCG 治理结构和绩效的影响，含其所致网络结构（涉及区块链相关的产品服务系统供应链模块化/解耦点、网络中心度和结构成熟度等）对 SCG 治理结构和绩效的影响；④研究风险和保险在信息系统支撑下在 SCG 网络中的传播。

（三）基于区块链的供应链治理之（智能）匹配机制与耦合机理研究

本部分主要研究内容是应用符合西蒙“满意化”和“适应性”思路方法，研究区块链相关供应链治理的（智能）匹配机制与耦合机理。具体内容可依据耦合所处协调层次或协调视角细分为三点：①客观运作层次与效率视角主观治理层次耦合的 SCG（智能）匹配机制与耦合机理。选择适当基于区块链的供应链，依客观运作层次和效率视角主观治理层次 SCG 两绩效评价体系测评两者间的耦合协调度，以立足（非线性/符号）转移熵的因果关系/因果结构的耦合分析探查更深层的（智能）耦合机理，据此构建（智能）匹配机制。②效率视角和公平视角耦合的 SCG（智能）匹配机制与耦合机理。选择某基于区块链的供应链，依据效率视角和公平视角 SCG 两个绩效评价体系测评两者间的耦合协调度，并以立足多种转移熵的因果关系/因果结构耦合分析探查更深层的（智能）耦合机理，据此构建（智能）匹配机制。③可持续发展视角多耦合 SCG 的（智能）匹配机制与耦合机理。选择适当基于区块链的供应链，依据三视角 SCG 和治理环境共四个绩效评价体系来测评耦合协调度，并以立足多种转移熵的因果关系/因果结构耦合分析探查考虑环境因素的两层次/三视角系统的（智能）耦合机理，据此构建（智能）匹配机制。

从所涉及主题来看，本部分涉及智能性匹配与耦合的研究聚焦三个方面：①探寻基于区块链的 SCG 相关网络结构中的规律性，如考察区块链上商用成熟度相关的各产品服务系统的“VPD/OE”以及产品服务系统粒度供需链/网之价值结构的“VPD/OE”，挖掘其中自相似性和幂律规律，探索相应区块链上 SCG 相关供需链/网的分形结构规律；②这种分形结构研究需要考虑某地区产品服务系统粒度货币价值金字塔定量结构的限制（该硬性价值结构约束有助于狂野波动），进而有助于定量研究集群式供应链治理的匹配机制与耦合机理；③在具备分形结构的基础上，利用区块链智能特性并依据自相似性和幂律规律构建智能反馈，形成基于区块链的 SCG 相关智能匹配与智能耦合的体系（实质是发展区块链上企业产品服务系统商务智能系统核心算法）。

（四）基于区块链的供应链治理之事后（智能）协调机制研究

本部分主要研究内容是应用西蒙“满意化”和“适应性”思路，研究区块链相关供应链治理的事后（智能）协调机制。具体内容可依据耦合所处协调层次或协调视角细分为三点：①基于区块链的两层次 SCG（智能）协调机制。基于两层次智能协调优化模型研究可持续发展规模/结构与效率两层次的协调及其与 SCG 治理结构的动态匹配，依据其成果进一步研究区块链中风险、成本/收益和效用均相关的共识机制（较耗能的计算工作量证明机制）与奖励机制（区块/代币奖励制度和交易费奖励制度）之间的协调难题。②基于区块链的两视角SCG（智能）协调机制。基于两目标智能协调优化模型研究效率和公平两视角的协调及其与SCG治理结构的动态匹配，并研究区块链中信任相关共享机制（分布式账本技术和比复式记账法多一项以有助于外部审查的三式记账法等）、隐私/运作相关的分层结构（解决隐私问题的侧链技术和解决小额支付的闪电网络技术）与协作机制（更正式声誉度机制、按使用量/次计费法等）之间的协调难题。③区块链相关可持续发展视角SCG（智能）协调机制。基于两层次且三目标智能协调优化模型，研究两层次中可持续规模/结构、效率和公平三类目标的协调及其与SCG治理结构的动态匹配，并研究比特币等代币固定有限总量这一缺陷与可持续发展视角兼容不良问题（有动态可持续规模的区块链激励代币，才有潜力与央行未来数字货币及真实应用更好地衔接）。上述研究还需借鉴侧重结合使用价值分析的企业产品服务系统外共生价值流通用模型（亦为立足产销者一体的模型并且具有云视角），研究企业产品服务系统相关ERP、CRM和SCM信息系统与区块链事后（智能）协作机制的更紧密集成。

第八章　面向云制造的企业产品服务系统矛盾结构分析及其耦合协调管理展望

企业面临的矛盾无处不在、无刻不在，不同共生状态表明不同矛盾竞合结果，而耦合的匹配协调状态是其更深层次原因；云制造环境迫使企业需更多立足于“满意化”目标强化对矛盾的快速识别、分析与协调。

第一节　云制造对应的严谨价值管理研究议题：企业产品服务系统管理

马云在 2018 杭州・云栖大会现场阐述未来的新制造前景：在数据技术（data technology，DT）时代，人工智能、物联网技术将改变传统制造业，实现按需定制，迎来新制造；未来数据算法专家不是在互联网公司工作，而是在车间里面写代码；未来成功的制造业都是用好互联网、IoT（internet of things，物联网）、云计算大数据的新制造企业。事实上，之前就已有与新制造对应的更具有清晰学术内涵的云制造概念，为此需深化云制造研究与实践。

基于制造业信息化的“集成化、数字化、智能化、敏捷化、网络化、绿色化和服务化”发展总趋势，中国工程院院士李伯虎等首创“云制造”理念：云制造是一种面向服务、高效低耗和基于知识的网络化智能制造新模式；云制造是一种利用网络和云制造服务平台，按用户需求组织网上制造资源（制造云），为用户提供各类按需制造服务的一种网络化制造新模式（李伯虎等，2010）。云制造是现有云计算和制造业信息化中的网络化制造、应用服务提供商平台、制造网格等概念和技术的延伸和拓展，它融合现有信息化制造技术以及云计算、物联网、面向服务、高性能计算、智能科学技术等信息技术，将各类制造资源和制造能力虚拟化、服务化，构成制造资源和制造能力池，并进行统一的、集中的智能化管理和经营，实现多方共赢、普适化和高效的共享和协同，通过网络和云制造服务平台为用户提供可随时获取的、按需使用的、安全可靠的、优质廉价的制造全生命周期服务（李伯虎等，2011）。云制造模式和技术的研究与应用将会加速推进我国制造业信息化向"敏捷化、绿色化、智能化、服务化"方向发展，进而加快我国制造业实现敏捷制造、绿色制造、服务型制造、中国创造（李伯虎，2011）。目前存在两类云制造服务平台：面向集团企业的"私有云"云制造服务平台和面向中小企业的"公有云"云制造服务平台；"私有云"主要强调企业/集团内制造资源和制造能力的整合与服务，优化企业/集团的资源和能力使用率，减少重复资源和能力的重复建设，降低成本，提高竞争力；"公有云"强调企业之间制造资源和制造能力的整合，提高整个社会制造资源和制造能力的使用率，实现制造资源和能力的交易（贾凯，2011）。李伯虎等（2010）指明云制造涉及五大类关键技术：①云制造模式、体系架构、相关标准及规范；②制造资源和制造能力的云端化技术；③制造云服务的综合管理技术；④云制造安全与可信制造技术；⑤云制造业务管理模式与技术。当前的云制造研究侧重于中间三类硬性关键技术研究，如云端化技术、云服务综合管理技术、云制造安全技术（张霖等，2010）。另两类关键技术研究也偏重其硬性技术（如信息/计算机技术）研究，如基于联邦模式的云制造集成体系架构研究（范文慧和肖田元，2011），云制造特征及云服务组合关键问题研究（陶飞等，2011）。

管理是最高的技术，技术创新需要组织管理模式的创新，云制造的实现要依托组织和管理的创新（崔荣会和李艾艾，2010）。鉴于先进制造理念和管理模式研究的重要地位，张霖等（2011）分析了云制造与敏捷制造、网络化制造和面向服务制造（如工业产品服务系统和众包生产）之间在理念和应用模式等角度的关联，明确了云制造的特点和内涵，指明"云制造以实现敏捷化、服务化、绿色化、智能化为目标，是网络化制造的一种新发展，是面向服务制造理念的具体体现"。然而，云制造需要突破原网络化制造模式在服务模式上的问题（如缺乏服务的集中管理与运营及利益分配机制）；不仅要体现"分散资源集中使用"思想，还要有效实现"集中资源分散服务"思想（李伯虎等，2010）。制造企业应该如何运作云制造有待深入研究。

融合产品服务系统、企业和供需链/网络众多层次思考的企业产品服务系统管理是实现企业及社会全面可持续发展的关键方案。以下分析企业产品服务系统管理与云制造关联，以阐明云制造为何需聚焦企业产品服务系统管理。

一、云制造与企业产品服务系统管理的相同特性

云制造与企业产品服务系统管理具有相同的广义服务内涵。云制造在云计算提供的基础设施即服务、平台即服务和软件即服务基础上，更加重视和强调制造全生命周期中所需的其他服务，如论证为服务、设计为服务、生产加工为服务、实验为服务、仿真为服务、经营管理为服务、集成为服务等（李伯虎等，2011）；实质是“软件即服务”理念拓展为“制造即服务”（杨海成，2010）。因此，云制造的服务是广义服务，涉及产品全生命周期过程且服务对象扩展至企业。与狭义产品服务系统聚焦于企业与客户交互环节不同，广义产品服务系统管理将前台销售、后台供应及内部运作等都作为服务内容；企业产品服务系统管理通过多个广义产品服务系统在企业中内共生管理服务于企业整体。该广义产品服务系统通过将服务过程涵盖产品全生命周期实现服务对象从用户扩展至企业所有利益相关者；企业产品服务系统管理则将围绕产品的服务扩展为围绕企业的服务。因此，企业产品服务系统管理相关服务也是广义服务，与云制造广义服务内涵相同。

云制造与企业产品服务系统管理具有相同资源节约核心议题。云制造是一个极朴素的观点，就是在低碳经济趋势下盘活社会制造资源存量、优化配置；因为我国已是世界上拥有制造加工资源最丰富的国家，但普遍存在制造资源分散和利用率不高的问题，存在企业制造水平高中低各有不同的中国特色，政府希望制造行业中高端生产制造能力、高端设备和高端测试能力能够社会化，在提高设备使用效率上发挥良好作用以形成一种双赢/多赢架构，这就是政府倡导云制造服务平台的精髓（崔荣会和李艾艾，2010）。狭义产品服务系统聚焦于通过服务实现企业与客户之间交易环节的资源节约；广义产品服务系统通过对买方市场中面向资源节约的制造管理模式（如精益制造）的集成，以及对卖方市场中注重供应商视角内资源节约的大规模生产理论的集成，实现各种竞争环境中更多环节的资源节约；企业产品服务系统管理追求企业全面业务范围内的更高资源生产力。因此，云制造与企业产品服务系统管理具有相同的资源节约核心议题。

云制造与企业产品服务系统管理具有相同全面网络聚焦和多对多服务模式。“私有云”和“公有云”两类云制造服务平台表明，云制造既涉及集团企

业内部各企业所组成的网络关系和/或企业内部各经营单位（多以产品群/产品服务系统为划分单位）所组成的网络关系，也涉及企业与企业外部的生产/服务类供应商/合作伙伴、客户、行业协会等相关组织所组成的网络关系。孟祥旭等（2011）指出网络化制造是一对一的服务模式，制造网格是多对一的服务模式，制造服务平台是一对多的服务模式，云制造是多对多的服务模式。任何产品服务系统都考虑利益相关的跨企业的参与者网络，且企业产品服务系统考虑企业内多个产品服务系统组成的网络。单个产品服务系统的跨企业网络与“公有云”关联，企业内多产品服务系统的网络与“私有云”关联。鉴于产品服务系统分析是一对多关系，涉及多个产品服务系统的企业产品服务系统管理实质是多对多服务模式。因此，云制造与企业产品服务系统管理有相同的全面网络聚焦和多对多服务模式。

云制造与企业产品服务系统管理具有相同协同特色。协同是云制造“服务”特色之一，包括面向制造的多用户协同及大规模复杂制造任务的协同（李伯虎等，2011）。借鉴生命科学中以细胞膜为界的内、外共生定量研究，企业产品服务系统内共生定量研究企业边界内多个产品服务系统在企业生命周期内的价值共生关系及其演化，企业产品服务系统外共生定量研究单个产品服务系统内焦点企业与客户和供应商的价值共生关系。事实上，探讨多个产品服务系统在企业内协调关系的企业产品服务系统内共生研究，与企业内部大规模复杂制造任务的协同紧密关联；涉及跨企业边界议题的企业产品服务系统外共生研究，与云制造中的多用户协同紧密关联。因此，云制造和企业产品服务系统管理具有相同的协同特色。

云制造与企业产品服务系统管理具有相同异构集成特色。异构集成（指支持分布异构的制造资源以及能力的集成）是云制造“服务”特色之一（李伯虎等，2011）。产品服务系统可依据不同战略生命周期选择不同产品服务系统类型（如产品、产品导向产品服务系统、使用导向产品服务系统、结果导向产品服务系统或整合解决方案产品服务系统），也可以选择不同运作管理模式（如大批量生产、准时制生产/精益制造、同步制造、敏捷制造等）。因此，多个不同战略生命阶段、不同类型产品服务系统、不同运作管理模式产品服务系统在企业内的集成，也是异构集成。这表明企业产品服务系统内共生管理涉及异构集成。类似地，在各个跨出企业边界的产品服务系统内部，焦点企业与各客户、各供应商/服务商大多是不同的运作管理模式、不同的组织管理模式，它们之间的集成也是异构集成。这表明企业产品服务系统外共生管理也涉及异构集成。因此，云制造与企业产品服务系统管理有相同的异构集成特色。

云制造与企业产品服务系统管理具有相同敏捷快速响应能力特色。云制造希望通过“私有云”和“公有云”云制造服务平台来成就敏捷化制造新模式；其“服务”特色之一就是敏捷快速响应能力，即可以敏捷、快速、灵活地组成各类制造服务以响应需求（李伯虎等，2011）。企业产品服务系统通过战术生命周期与战略生命周期的集成思考，更好衔接产品服务系统、企业和供需链的管理。企业产品服务系统管理融合战略生命周期思考的目标，就是企业依托产品服务系统集成生命周期管理，实现对动态市场需求和环境的敏捷响应能力。因此，云制造和企业产品服务系统管理具有相同的敏捷快速响应能力特色。

云制造与企业产品服务系统管理具有相同全生命周期智慧制造特色。云制造通过网络和云制造服务平台为用户提供制造全生命周期服务，该制造是大制造，关注从产品的市场分析开始，到设计、加工生产，从试验、训练、使用、维护到报废等全生命周期活动；此外，全生命周期智慧制造是云制造“服务”特色之一，即服务于制造全生命周期，利用智能信息制造技术实现跨阶段的全程智慧制造（李伯虎等，2011）。顾新建等（2010）亦指出未来工厂模式是智慧制造企业，智慧制造企业是一个由不同企业间相互组成的网络，包括智慧的创新网络、智慧的制造网络和智慧的管理网络；它建立在“云计算”（更确切的是“云制造”）基础上，物理基础是互联网、无线网和物联网；它具有更透彻的感知、更广泛的互联互通、更深入的智能化特征。产品服务系统同样关注制造的全生命周期。基于严谨商业生态学隐喻，围绕核心“产品/服务”的各产品服务系统是商业物种个体，产品服务系统某些特性的不同是商业物种个体的差异，正是这些差异推进商业物种的进化。而企业产品服务系统内、外共生的定量研究，已经将智慧从商业物种个体产品服务系统扩展至企业产品服务系统这一人类独有的商业混合种。因此，云制造和企业产品服务系统管理具有相同的全生命周期智慧制造特色。

二、企业产品服务系统管理比云制造更深入的价值思考

企业产品服务系统管理比云制造具有更多战略生命周期思考的集成。云制造研究源自制造工程学科领域。企业产品服务系统管理研究源自管理学科领域。与云制造强调战术性制造全生命周期不同，企业产品服务系统管理强调战术生命周期与战略生命周期集成思考。正是更深入的战略生命周期思考的集成研究，如企业产品服务系统内共生研究（含产品服务系统战略生命周期建模和多个产品服务系统内共生演化研究）、企业产品服务系统内外共生集成案例研究和企业产品服务系统开发设计研究中的战略生命周期思考，使得原有狭义产品服务系统研究中

的诸多缺陷（含其在工程学科领域内的缺陷）被弥补；也使得商业物种个体产品服务系统和人类特有的商业混合种企业产品服务系统具有更多智慧。因此，更多战略生命周期思考的更深入的集成，是企业产品服务系统管理的特点，也是云制造研究目前所缺乏的。

企业产品服务系统管理比云制造具有更深入的效益管理思考。当前云制造研究侧重于提高工作的效率，如它依托于物联网技术、云计算技术、信息化制造技术等提高工作效率。企业产品服务系统管理研究侧重于提高工作的效益，如前文展开融合多种价值管理的价值流理论研究，后续基于价值流理论展开企业产品服务系统内共生、外共生和开发设计研究。相比云制造聚焦于效率提高所引发的价值提升，企业产品服务系统管理聚焦于效益提升所引发的价值增值。因此，企业产品服务系统管理比云制造有更深入的效益管理思考。

企业产品服务系统管理比云制造具有更深入的绿色化思考，即变资源节约聚焦为更高资源生产力聚焦。盘活存量制造资源，提高资源利用率，降低社会整体的资源使用成本，发展低碳经济，走绿色制造之路，这恐怕是云制造最诱人的地方（崔荣会等，2010）。因此，云制造的绿色化主要依托提高资源利用率与资源节约。然而，广义产品服务系统追求战略生命周期内系统整体面向更高资源生产力的价值共创，而非仅仅是狭义产品服务系统所追求的某时刻、某环节面向资源节约的价值互利共生。前文聚焦资源生产力（亦即成本系数）的企业产品服务系统外共生研究，解决了各种狭义产品服务系统交易机制（管理费机制产品服务系统、租赁费机制产品服务系统、节约共享机制产品服务系统）与传统的按量支付交易机制的经济效益定量对比的难题。实际上，大规模生产、精益制造、同步制造/约束理论、供应链管理等各种制造理论，是在各自适应的不同竞争环境中具有更高资源生产力的运作管理理论。因此，与当前云制造聚焦资源节约不同，企业产品服务系统管理聚焦更本质的资源生产力，是一种更深入的绿色化思考。

企业产品服务系统管理比云制造具有更深入的矛盾对立统一思考。当前云制造尝试融合面向服务的制造（工业产品服务系统和众包生产）；其中，众包生产是一种分布式的问题解决和生产模式，亦即问题或任务通过互联网以公开的方式分发给未知的解决方案提供者（群体），其实质是外包、开源代码等商业模式的发展和延续（张霖等，2011）。按需动态架构（即按照用户需求随时随地提供制造服务）则是云制造“服务”特点之一（李伯虎，2011）。虽然云制造研究尝试依托新技术解决供、需矛盾，但其对矛盾的对立统一（如制造服务一体化和服务专业化矛盾的对立统一）的思考还不深入，特别是缺失相关定量研究。企业产品服务系统管理研究非常注重供、需矛盾对立统一思考，如同时立足需求视角中通用货币价值流模型和供应视角中通用货币价值流模型的企业产品服务系统外共生建模及其定量分析，如前文企业产品服务系统动态价值流管理模型。基于对产品服务系统与企业产品服务系统深入分析，制造服务一体化和服务专业化这对矛盾对立统一的深入定量研究应该借助价值视角中的制造系统复杂性分析。因此，相比云制造，企业产品服务系统管理具有更深入的矛盾对立统一思考。

综上所述，基于云制造与企业产品服务系统管理的严密逻辑关联可以得出以下结论：云制造在管理学科领域之企业管理领域内的严谨价值管理研究议题就是企业产品服务系统管理。

第二节　面向云制造立足“满意化”的企业产品服务系统开发设计研究

为深化云制造，需立足矛盾视角，以“满意化”为目标拓展面向云制造的企业产品服务系统开发设计。

一、产品服务系统开发设计和云制造相关产品/服务开发设计的述评

在产品与服务统一价值建模方面，产品服务系统领域已有许多研究。鉴于产品服务系统概念设计中产品和服务的多样性，产品服务系统建模方法及相应服务CAD（computer aided desigh，计算机辅助设计）工具应独立于特定产品和服务，如服务形式规范化、服务集和基于接受者状态参数（receiver state parameters，RSP）的服务模型；它们都基于“服务是一组借助服务渠道将服务内容从服务提供者递送给服务接受者的活动”的服务定义（Komoto and Tomiyama，2009）。鉴于接受者的变化可由一组接受者状态参数RSPs（服务内容和服务渠道的函数）描绘，Sakao和Shimomura（2007）建议一个服务能由一组必要且充分的RSPs描绘。针对现有生态设计未能有效集成顾客需求的缺陷，Sakao和Shimomura（2007）、Shimomura和Arai（2009）、Sakao等（2009）倡议一套增加人工产品价值并且借助服务减少环境负荷的分析与集成并重的设计方法——服务工程

（service engineering）：与价值工程中的价值被定义为功能与成本比值不同，服务工程中的价值是顾客喜爱的接受者状态改变；相关的服务模型包括流动模型、视图模型、范围模型和情节模型。鉴于基于RSP服务模型推理能力不足，Komoto和 Tomiyama（2008，2009）将生命周期思考融入服务形式规范化模型并推出集成生命周期仿真的服务 CAD；其服务形式规范化，将收集的现有产品和服务信息分类为服务目标（包括子目标及其已实现和未实现的双重可测量要素）、品质标准（融合服务环境思考而超越 RSPs 的定性/定量可测量要素）、（作为活动的）服务和服务环境（即一组服务提供者、服务接受者、服务渠道和服务内容），通过明晰产品/服务本身信息以及产品功能/服务目的来增强产品服务系统设计的推理能力。产品服务系统开发设计中的价值议题研究注重引入营销科学中服务相关的价值模型与研究。例如，Hara 等（2009）进行服务设计时集成营销领域中的服务表达和工程设计领域中的产品表达，其关键是扩展营销领域的服务蓝图并以视图模型作为产品行为和服务活动的桥梁；Shimomura 和 Arai（2009）在扩展的服务蓝图的基础上，进一步集成质量功能展开（quality function deployment，QFD）以进行服务设计与评价；QFD 不仅可将顾客需求转化为产品相关和服务相关的工程特性，而且可构建两部分工程特性之间的映射关系（Geng et al.，2011）；Geum 和 Park（2011）发展服务蓝图为产品服务蓝图以便充分考虑与产品服务系统互动的环境。

当前产品服务系统开发设计研究主要缺陷为：①产品服务系统这类商业模型的设计要求小心调整经济与环境绩效之间的平衡以及利益相关者之间的平衡，但现有产品服务系统设计工具不能明确处理不同利益相关者间的绩效冲突。②检查表和 SWOT（strengths，优势；weaknesses，劣势；opportunities，机会；threats，威胁）分析等设计工具无法定量评估早期设计阶段中的不确定性因素。③现有工具没有包括如何描述一个产品服务系统概念设计的操作指南（Komoto and Tomiyama，2009）。当前需要发展一种技术，它在考虑早期设计阶段中不确定因素的同时，考虑众多绩效指标并处理众多利益相关者之间的平衡；虽然这种技术能借鉴科学和工程领域技术，但合适的产品服务系统建模方法是在服务CAD工具中实现这些技术的关键（Komoto and Tomiyama，2009）。以上缺陷表明产品服务系统开发设计研究需要深入的价值思考以及有效分析价值冲突与平衡的理论与模型。

云制造议题中产品/服务开发设计研究已涌现，如基于云服务的复杂产品设计系统（张霖等，2010）和复杂产品协同设计方法（贺东京等，2011），制造云服务组合设计、部署、执行与监控及评价（陶飞等，2011），云制造环境下的外协加工资源集成服务模式及语义描述（尹胜等，2011），面向新产品开发的云制造服务资源组合优选模型（尹超等，2012），云制造环境下活动驱动的工业设计电子服务系统（程时伟和刘肖健，2012）。然而，主要延续协同设计、复杂产品开发设计的上述研究，偏重相关信息技术研究，如面向云制造的统一语义描述的信息技术（标签、本体、Web 服务等），描述服务组合方法的事件驱动服务模型、语义服务逻辑图（semantic service logic graphics，S^2LG）和服务质量（quality of service，QoS）等；但对相关价值议题研究融合不足，如对服务开发设计的价值研究（尤其是价值供需矛盾）融合不足，对绿色设计/生态设计融合不足。虽然李明等（2003）提出面向经营的产品开发设计理念，但对云制造相关产品/服务开发设计如何与企业经营有效关联缺乏研究。

当前，云制造和产品服务系统的开发设计研究都关注服务及其质量，大多借鉴服务营销科学。两方面开发设计的技术大多相同（如事件驱动建模技术和本体技术）或有相同聚焦（如聚焦图形化逻辑分析与仿真、服务形式规范化、服务与产品集成、服务质量等），本质是解决相同问题。事实上，上述产品服务系统开发设计的缺陷根源在于混淆产品服务系统管理与企业产品服务系统管理以及两者开发设计，致使管理视角价值思考与产品服务系统建模方法衔接不当。鉴于云制造在管理学科领域之企业管理领域内的严谨价值研究议题就是企业产品服务系统管理，若将两方面开发技术合理拓展至企业产品服务系统层次，可以发展面向云制造的企业产品服务系统价值开发设计研究以便解决相关价值设计缺陷。

服务营销科学中最重要服务模型是服务质量差距模型，泽丝曼尔等（2008）围绕它展开整个服务营销科学的知识体系。服务质量差距模型的目标是缩小顾客差距（顾客期望的服务与顾客感知的服务之间的差别）；而缩小顾客差距关键在于弥合供应商差距 1（顾客对服务的期望与企业对顾客期望的感知/理解之间差别）、供应商差距 2（企业对顾客期望的理解与制定顾客驱动的服务设计和标准之间的差别）、供应商差距 3（顾客驱动的服务设计和标准与实际服务传递/服务绩效之间的差距）和供应商差距 4（实际传递的服务与宣传的服务之间的差别）（泽丝曼尔等，2008）。这个理解和改进服务传递的模型，极有助于发展面向云制造的产品服务系统价值开发设计研究。

鉴于云制造与企业产品服务系统管理的紧密逻辑关联，产品服务系统开发设计研究还需有机关联至企业产品服务系统管理层次，才能有助于企业实现面向云制造的完整价值开发设计。企业产品服务系统管理弥补云制造价值议题研究不足的关键在于战术与战略生命周期的集成思考及价值矛盾对立统一的深入（定量）思考。鉴于矛盾与差距的相同本质，以及基于战略生命周期时间轴上差距的动态变化有助于构建事件驱动模型的逻辑，以下将在借鉴服务质量差距模型并融合事件驱动服务模型的基础上，展开面向云制造并立足“满意化”的企业产品服务系统/产品服务系统价值开发设计研究。

二、面向云制造立足“满意化”的企业产品服务系统/产品服务系统价值开发设计研究及案例

（一）面向云制造立足“满意化”的企业产品服务系统价值开发设计原则

产品服务系统模型启动包括多由制造商启动的工业产品服务系统（常对应产品导向/使用导向产品服务系统）和能够仅由顾客目的启动的产品服务系统（常对应结果导向/整体解决方案产品服务系统）（Komoto and Tomiyama，2009）。产品服务系统全生命周期含制造商视角（从设计至回收）和顾客视角（从购买至处置）（Aurich et al.，2006）。与 Maxwell 和 Vorst（2003）强调同时聚焦需求和供应视角一样，产品服务系统开发设计应始终贯穿二元、双向视角，即企业与顾客及供应商的供、需双向视角。基于产品服务系统开发设计二元、双向视角特性及融入生命周期原则，并借鉴服务质量差距模型，可立足矛盾对立统一论，发展面向云制造并立足“满意化”的企业产品服务系统价值开发设计需遵循的两大基本原则。

（1）理性看待产品服务系统中企业与顾客/供应商之间价值差距存在的绝对性、必要性及差距弥合的相对性。营销科学认为营销管理的目标始终是弥合顾客差距及相关各种供应商差距（泽丝曼尔等，2008）。这种只注重满足人类（主观）需求而不考虑各种供应限制的研究视角不符合人类社会可持续发展的基本要求。顾客服务感知优于/等于/差于服务期望主要决定或影响双方这次/下次达成交易的容易程度，相应顾客差距并非反映供、需矛盾的价值差距。面向敏捷化和绿色化的云制造应注重快速弥合供需矛盾的价值差距。而基于矛盾对立统一论，该价值差距是普遍的、长存的、绝对的，其弥合是有条件的、暂时的、相对的。某交易方在某战略生命阶段的满意的新价值目标可形成新的价值差距，并触发新一轮云制造相关的产品服务系统开发设计。故供需价值差距是企业发展动力与压力的源泉，其存在是绝对的、必要的，其弥合是相对的。

（2）平衡仅存在于企业产品服务系统层次，产品服务系统层次只有满意的折中与妥协。鉴于多数企业新产品开发活动中平均每 7 个新产品创意只有 4 个进入开发阶段、1.5 个进入市场、仅 1 个能取得商业化成功，故产品服务系统层次应

该寻求发展而非平衡，它需要战略与战术生命周期的集成研究。再鉴于供需价值差距存在的绝对性与差距弥合的暂时性与相对性，产品服务系统层次只有非货币价值方面满意化的折中与货币价值方面满意化的相互妥协。而企业内部多个产品服务系统的管理需要平衡，平衡亦存在于企业与供需价值网络间的动态演化互动中。故平衡仅存在于企业产品服务系统层次且定量的动态演化平衡只应由定量的动态货币价值流及其网络来度量。

上述企业产品服务系统价值开发设计基本原则合理区分企业产品服务系统与产品服务系统价值管理目标和管理重点的差异，据此可以构建面向云制造且立足“满意化”的企业产品服务系统/产品服务系统价值开发设计流程，并为其中产品服务系统概念设计提供合理操作指南。

（二）面向云制造立足“满意化”的企业产品服务系统/产品服务系统价值开发设计流程

借鉴现有服务/产品服务系统设计流程（Sakao and Shimomura，2007；Hara et al.，2009；Maxwell and Vorst，2003；Morelli，2003），遵循面向云制造并立足“满意化”的企业产品服务系统价值开发设计原则，构建面向云制造并立足“满意化”的事件驱动的企业产品服务系统价值开发设计流程，见图 8-1。其要点为：①在企业产品服务系统价值开发设计流程中内嵌产品服务系统价值开发设计子流程；②在产品服务系统价值开发设计子流程中坚持供应和需求视角并举、价值工程和服务工程并举，以充足战略备选方案实现云制造的快速应变能力；③聚焦事件驱动，产品服务系统相关某差距过大就重启产品服务系统价值开发设计，企业失去平衡就重启新一轮企业产品服务系统价值开发设计；④在借鉴并修正服务质量差距模型的基础上发展产品服务系统开发设计价值差距模型，关键是以供需价值差距代替顾客差距，如新增产品服务系统设计差距 4（以供应与需求视角产品服务系统详细设计方案之间的差距），构建等同于供应商差距 1 的产品服务系统设计差距 1，构建类似供应商差距 2 的产品服务系统设计差距 2、3 及类似供应商差距 3 的产品服务系统设计差距 5，舍去供应商差距 4（因为新的承诺实质为新的目标与差距并且将触发事件驱动模型）；⑤以战略与战术生命周期集成为桥梁并行关联产品服务系统价值开发设计子流程供、需视角，并且前后关联企业产品服务系统价值开发设计流程各环节；⑥以供需集成方案实现云制造所需供应与需求的快速匹配。

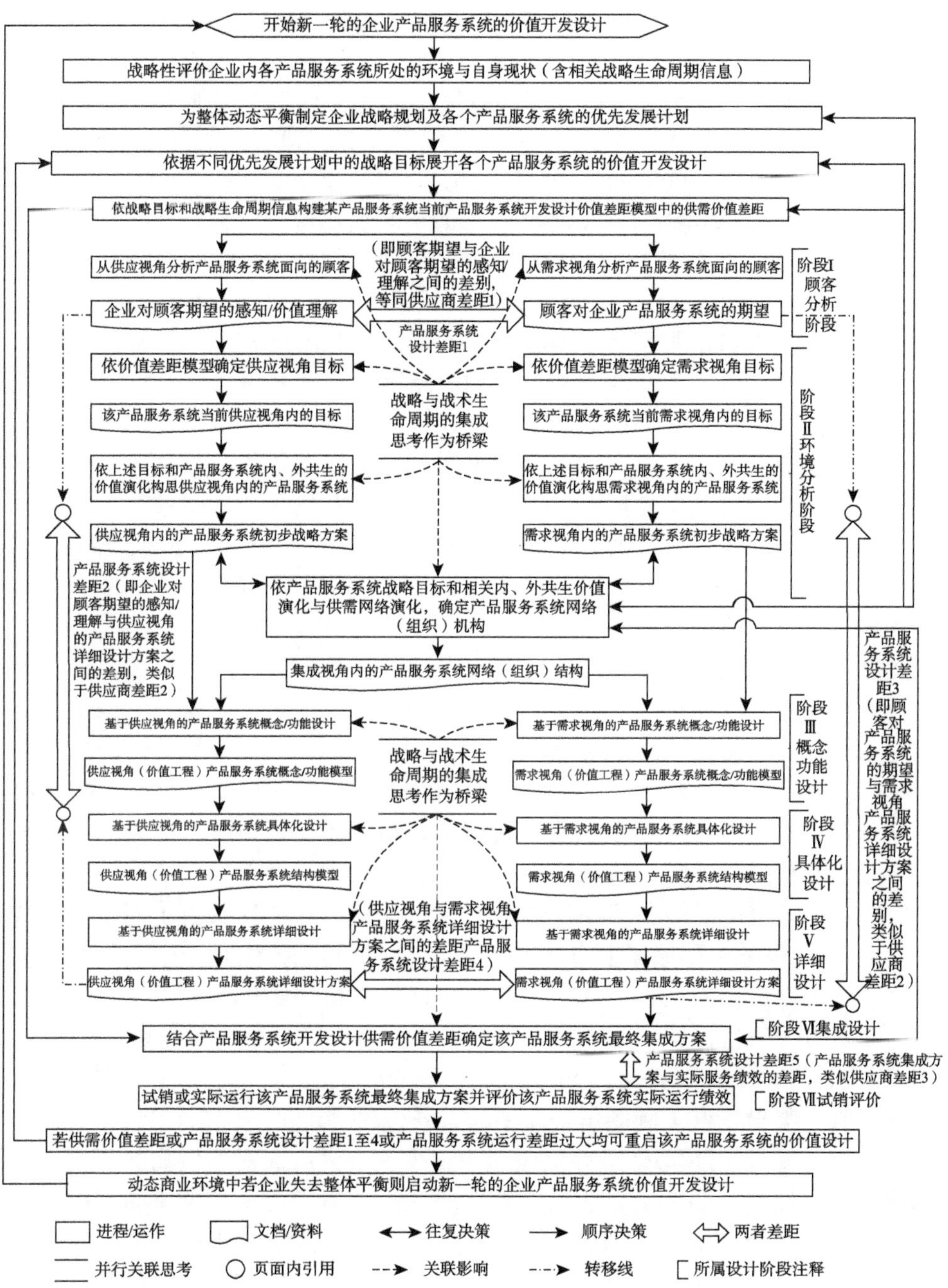

图 8-1　面向云制造并立足“满意化”的事件驱动的企业产品服务系统价值开发设计流程

（三）面向云制造立足“满意化”的产品服务系统价值开发设计研究

设计视角中的服务是一个服务提供者深思熟虑后促使一个服务接受者从一种状态转变为一种新状态，相关内容和途径都是实现服务的手段（Sakao and Shimomura，2007；Komoto and Tomiyama，2008，2009；Shimomura and Arai，2009；Sakao et al.，2009；Hara et al.，2009）。这比管理学科强调无形、异质、易损和同时性特性的服务典型定义内涵更广；此时，许多商业活动（含销售产品）是服务，而仅含人类活动的纯粹服务称为服务活动（Hara et al.，2009）。该服务内涵与云制造和企业产品服务系统中的广义服务内涵相容。借鉴广义产品服务系统对前、中、后端环节的同时关注和产品服务系统开发设计特性，设计视角产品服务系统虽是一个服务提供者深思熟虑后促使一个服务接受者从一种状态转变为一种新状态，但相关内容和途径考虑前、中、后端各环节并具备二元、双向视角和涉及环境的集成生命周期思考，如此可将原有单向（仅向顾客）服务传递（Sakao and Shimomura，2007；Komoto and Tomiyama，2008，2009；Shimomura and Arai，2009；Sakao et al.，2009；Hara et al.，2009），转变为多环节的双向互动以及与环境的互动。

聚焦新设计视角产品服务系统及其开发设计相关价值差距的分析，集成现有产品服务系统开发设计研究中基于 RSP 的服务模型、服务形式规范化、扩展的服务蓝图和现有云制造相关产品/服务设计中的 S^2LG 以及事件驱动服务模型，图 8-2 为面向云制造并立足“满意化”的产品服务系统价值开发设计的相关模型。图 8-2 上半部分将 S^2LG 应用于产品服务系统供需价值差距分析以弥补云制造相关开发设计价值议题缺陷的关键，将 S^2LG 与二元、双向视角结合以便清晰分析服务逻辑，如“对输至该产品服务系统各外包/外购件的成本（亦即买价）期望值”这一约束集的元素/服务（即原子服务）是各外包/外购件的成本期望值。“某外包/外购件（备选）供应商对所供物非货币价值目标集”这一约束集的原子服务是对所供物的非货币价值目标集，因为只有完整的非货币价值目标集而非其 5W1H 各属性（即 What、When、Where、Who、Why、How），才能对应一个成本期望值或销售目标值。鉴于焦点（制造）企业中对某外包/外购件的成本期望值（即某个原子服务）能触发对应外包/外购件供应商中至少一个供应商对所供物的非货币价值目标集，故从焦点（制造）企业角度看，前一约束集对后一约束集的服务逻辑为“PostOR”。但从某外包/外购件（备选）供应商角度看，其对所供物的非货币价值目标集是由前一约束集中对应于该外包/外购件的成本期望值触发的，故在接收处，前一约束集对后一约束集的服务逻辑为“PreXClusive”。图 8-2 指明这里为双向往复决策，故还需要从反方向思考后一约束集对前一约束集的服务逻辑。鉴于某供应商对所供物的非货币价值目标集的变动能触发企业对相应外包/外购

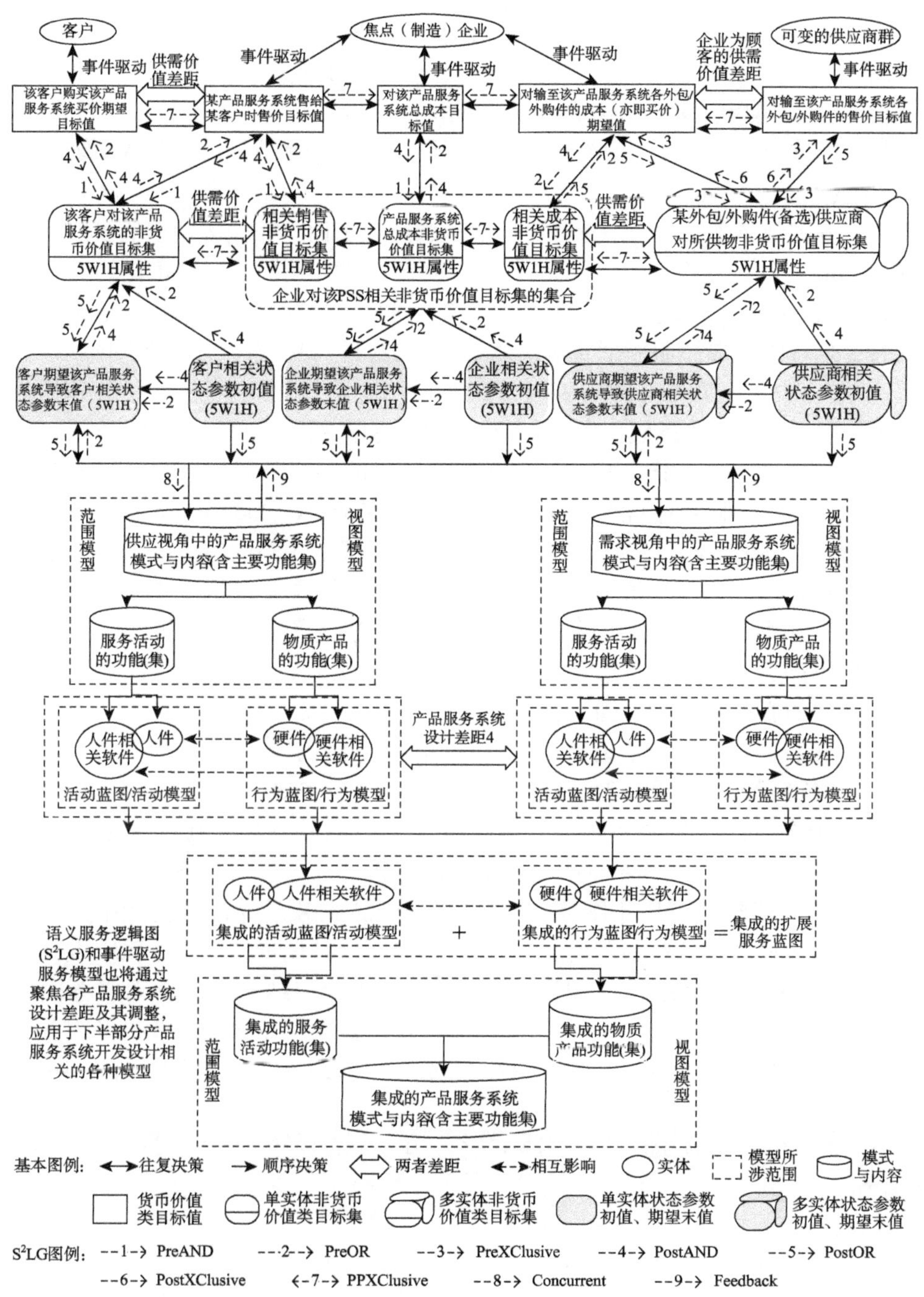

图 8-2　面向云制造并立足“满意化”的产品服务系统价值开发设计的相关模型

件的成本期望值，结合上述逻辑关系论述可以得出：从供应商角度看，后一约束集对前一约束集的服务逻辑应为“PostXClusive”；而从焦点企业角度看，后一约束集对前一约束集的服务逻辑应为“PreXClusive”。如此多个环节二元、双向视角的 S^2LG 建模才能更好地分析产品服务系统价值矛盾的对立与统一、折中与妥协。

与基于RSP的服务模型只聚焦接受者不同，面向云制造的产品服务系统建模同时考虑焦点企业和供应商。基于时间特性的要求（Komoto and Tomiyama，2009），各主观实体相关状态参数都有初值和期望末值。相关的期望值多以满意化为准而非最大化/最优化为准，故本章开发设计模型实质是关注满意化的。开发设计时，任何产品服务系统服务都能由一组必要且充分的相关状态参数初值至期望末值的转变来描绘。参照服务形式规范化的“服务目标-品质标准-服务-服务环境”体系（Komoto and Tomiyama，2008，2009），基于主观实体价值目标集和状态参数初值与期望末值的服务模型是面向云制造产品服务系统价值设计的新发展。

为实现主观实体从状态参数初值至期望末值的转变，需构建产品服务系统模式与内容。遵循服务环境与目标互动要求（Komoto and Tomiyama，2008，2009；Geum and Park，2011），确定产品服务系统模式与内容前的开发进程都应该为往复决策（亦即供应商群“可变”根源）。根据企业产品服务系统开发设计原则，需求和供应视角产品服务系统模式与内容都应充分开发，即都需展开服务活动和物质产品的功能集及活动和行为的蓝图/模型设计。与现有视图模型、范围模型和扩展的服务蓝图等不同的是，图 8-2 中相关模型/工具都有供、需双向视角且还需将其在适当时进行必要集成。这种集成及相关定量评价与优化，需遵循企业产品服务系统开发设计原则并立足刘正刚等（2012）以及李晓和刘正刚（2013）中企业产品服务系统内共生、外共生及内外共生集成的定量研究。二元、双向视角 S^2LG 和事件驱动服务模型也将通过聚焦产品服务系统开发设计相关价值差距及调整，应用于图 8-2 下半部分产品服务系统开发设计相关各种模型。限于篇幅和表现的难易程度，图 8-2 下半部分只显示产品服务系统设计差距 4，省略了产品服务系统设计差距 1、2、3、5。参照结合事件驱动服务模型和 S^2LG 的服务组合方法（贺东京等，2011），集成面向云制造的企业产品服务系统与产品服务系统价值开发设计，可弥补云制造开发设计价值议题缺失的缺陷。

（四）面向云制造立足“满意化”的产品服务系统价值开发设计研究案例

图 8-3 为面向云制造并立足“满意化”的工业汽轮机产品服务系统价值开发设计案例。案例背景如下：某客户企业有大量低温余热放空，但购买低温余热发电成套装备缺少资金；某工业汽轮机企业在原销售工业汽轮机背景下最终转变为自己投资为客户企业提供整合解决方案产品服务系统，即外购锅炉和发电机等与

工业汽轮机组成整合解决方案产品服务系统，并由企业自身负责整个余热电站项目设计、投资、建设与运营；该总承包方案采用“建设-经营-移交”（build-operate-transfer，BOT）模式，由焦点制造企业先垫资并负责余热电站项目的工程建设（协议已确定项目建设结算总价），项目建设完成后，焦点制造企业获得电站投产后头几年经营权利，通过收取电费取得上述结算总价及经营收益；而客户企业可不花任何费用即在前期获得优惠电价并在后期无偿获得电站，详细产品服务系统价值博弈信息参见李晓和刘正刚（2013）。

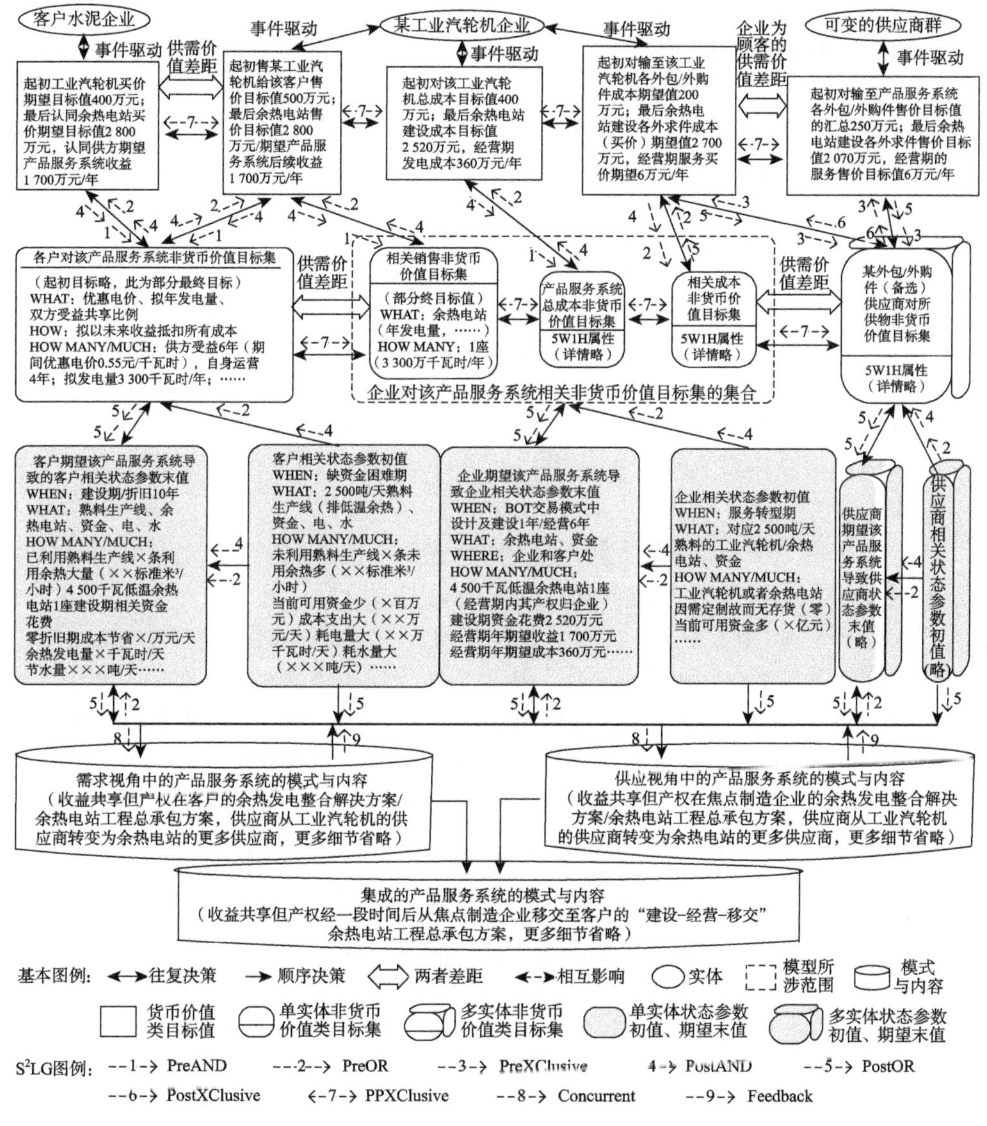

图 8-3 面向云制造并立足“满意化”的工业汽轮机产品服务系统价值开发设计案例

三、应用基于有限状态机的供、需间云匹配的企业产品服务系统/产品服务系统价值开发设计初步研究及其展望

利用有限状态机（finite state machine，FSM）进行供、需间的云匹配建模，可以深化上述面向云制造并立足“满意化”的企业产品服务系统/产品服务系统价值开发设计研究为实用云程序。FSM 是实时系统设计分析中的一种数学模型，它由有限的状态和相互之间的转移构成，在任何时候只能处于给定数目状态中的一个，当接收到一个输入事件时，状态机产生一个输出，同时也可能伴随着状态的转移；FSM 是一种重要的、易于建立的、应用比较广泛的、以描述控制特性为主的建模方法，可以应用于从系统分析到设计的所有阶段（贾燕等，2003）。FSM 不仅适合于订单分解–匹配过程的仿真和模型验证（贾燕等，2003）；而且适合于作为一种基于服务过程行为的 Web 服务发现方法，即在将服务过程行为描述用于服务匹配的基础上，应用FSM（此处确定性FSM）可避免潜在的Web服务组合不相容并有利于服务组合的自动化，而服务组合可定义为由各个小粒度的 Web 服务相互通信和协作来实现大粒度的组合服务（胡建强等，2007）。由此可见，FSM 非常适合应用于上述描述服务组合方法的事件驱动服务模型和 S^2LG，并极有潜力应用于产品服务系统层次价值开发设计组合成更大粒度企业产品服务系统层次设计价值开发设计的研究。

在图 8-2 描述的面向云制造并立足“满意化”的产品服务系统价值开发设计的相关模型中，无论消费者和企业，还是企业和供应商，其关系服从同样的关系模式（如消费者和供应者），所以从建模角度出发考虑，这两种关系可以被认为是两种一样的消费者–供应者的关系。基于这种假设，图 8-4 描述了一个基于FSM并结合评分的消费者–供应者云匹配系统；因为消费者和供应者的视图一致，这里只描述了消费者视图。在该系统中，不同的策略被应用在 FSM 中，并通过 FSM 的价值计算，形成了一个包含生态关系的匹配云，最终使得消费者的需求优化匹配到合适的供应者。

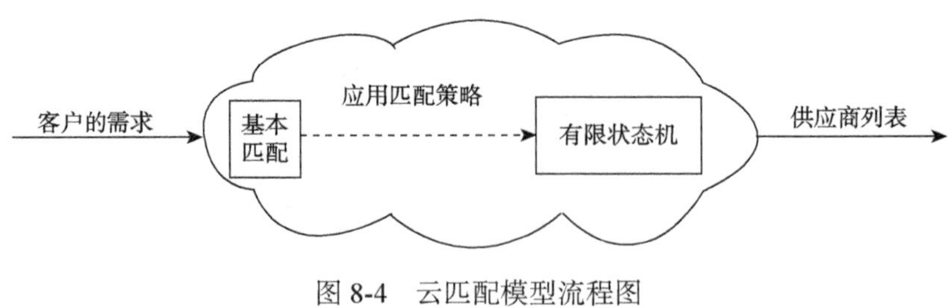

图 8-4　云匹配模型流程图

在该云匹配系统中有两个关键模块：评分系统和 FSM 云匹配过程。

（一）评分系统

当建立一个评分系统时，很多因素可以被考虑。但是从描述的简要性出发，当前描述的云匹配系统在评估价值时只考虑了五个维度：位置（越近的位置，价值距离越小），时间（制造延迟越少，价值距离越小），价格（如果期望价格高于供应者提供的价格，则该维度价值距离为 0，反之会产生价值距离），评价等级（每个供应者都有一个由消费者参与打分的评价等级），技术类型（该维度的价值距离由消费者期望技术类型和供应者提供的技术类型的相同或者不同产生）。而消费者和供应者之间的总价值距离 VD 由各个维度的价值距离加权相加得到，参见式（8-1）：

$$\begin{aligned} \mathrm{VD} = & w_{\text{location}} \times \mathrm{VD}_{\text{location}} + w_{\text{price}} \times \mathrm{VD}_{\text{price}} \\ & + w_{\text{time}} \times \mathrm{VD}_{\text{time}} + w_{\text{level}} \times \mathrm{VD}_{\text{level}} + w_{\text{type}} \times \mathrm{VD}_{\text{type}} \end{aligned} \tag{8-1}$$

其中，$w_{\text{location}} \times \mathrm{VD}_{\text{location}}$ 为加权位置价值距离；$w_{\text{price}} \times \mathrm{VD}_{\text{price}}$ 为价格价值距离；$w_{\text{time}} \times \mathrm{VD}_{\text{time}}$ 为时间价值距离；$w_{\text{level}} \times \mathrm{VD}_{\text{level}}$ 为加权评价等级价值距离；$w_{\text{type}} \times \mathrm{VD}_{\text{type}}$ 为加权技术类型价值距离。

权重关系参见式（8-2）：

$$5 = w_{\text{location}} + w_{\text{price}} + w_{\text{time}} + w_{\text{level}} + w_{\text{type}} \tag{8-2}$$

类似地，若维度增加到 N 个属性时，可得通用的价值距离计算公式，参见式（8-3）：

$$\mathrm{VD}(N) = \sum_{i=1}^{N} w_i \mathrm{VD}_i \quad N = \sum_{i=1}^{N} w_i \tag{8-3}$$

一般情况下，上述计算会先采用归一化策略。事实上，从消费者视图出发，该评分系统已经能通过对不同的供应者从大到小进行价值距离排序，从而寻找到最优匹配对象。然而，在实际情况中，这种将每个消费者当作独立个体的基本匹配方法，经常无法匹配到最优的供应者，需要再引入 FSM 云匹配过程。

（二）FSM 云匹配过程

FSM 云匹配过程发生在系统初始评分之后，是策略的实现（融入专家知识的策略方式去改进/调整评分系统结果）。图 8-5 描述了一个有向的 FSM，其中每个状态转移会检查前一个状态是否满足转移条件从而进行转移。一个消费者需求会从起始状态开始匹配（匹配过程是一个路径搜索过程），直到匹配到当前策略下的最优方案或达到一定阈值而进入终止状态。在该 FSM 中包含了 4 种条件和 9 种状态，FSM 遍历路径从而为消费者的需求匹配最优化的供应者。条件和状态的说明分别在表 8-1 和表 8-2 中阐述。

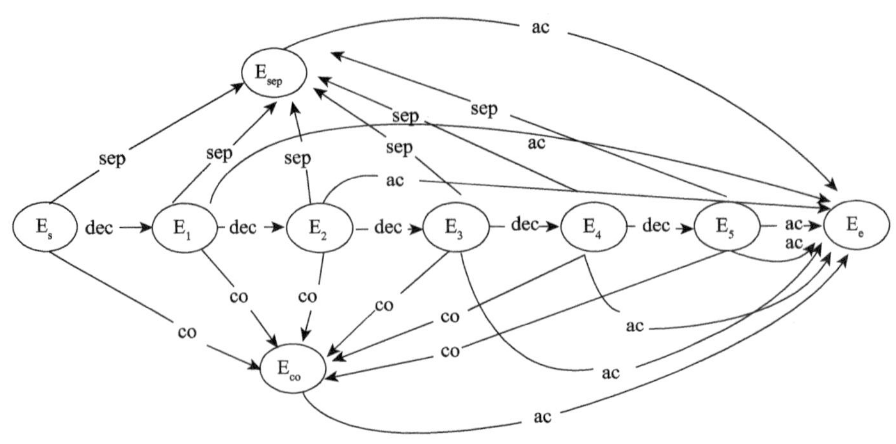

图 8-5　有向的 FSM 转移图

表 8-1　FSM 转移条件介绍

类型	描述
dec	无条件需要满足（权重调整）
co	消费者需求和上一个状态首选供应者之间的价格价值距离不等于 0
sep	消费者需求和上一个状态首选供应者之间的时间价值距离不等于 0
ac	无条件需要满足（向终止状态转移）

表 8-2　FSM 状态介绍

状态	描述
E_s	起始状态
E_{sep}	消费者需求拆单/分单状态：当一个消费者需求超出了供应者的供应量时，消费者需求需要被拆分到多个供应者。所以，在这个状态，匹配系统首先选取基础打分排序中前 k_{sep} 个供应者。然后匹配系统自由组合选出的这些供应者，通过比较组合后的价值距离得到一个最佳方案
E_{co}	消费者需求合单状态：当供应商的价格高于消费者需求的期望时，多个消费者需求可以被合并从而增大消费者需求量，最终得到大量消费的折扣。在这个状态中，匹配系统首先根据消费者-消费者位置价值距离匹配出 m 个与当前消费者位置最接近的消费者需求，合并成组合消费者需求并进行打分排序
E_1	权重调整状态 1：减少最不重要的维度权重，并进行评分系统重排序得到新的列表，减少比率为β
E_2	权重调整状态 2：减少第二不重要的维度权重，并进行评分系统重排序得到新的列表，减少比率为β
E_3	权重调整状态 3：减少第三不重要的维度权重，并进行评分系统重排序得到新的列表，减少比率为β
E_4	权重调整状态 4：减少第四不重要的维度权重，并进行评分系统重排序得到新的列表，减少比率为β
E_5	权重调整状态 5：减少最重要的维度权重，并进行评分系统重排序得到新的列表，减少比率为β
E_e	结束状态

1. 拆单策略

在拆单执行之后，k_{sep} 个供应者被自由组合并重新进行价值距离（计算消费者需求与多个供应者之间的价值距离，并做平均）打分。拆单组合价值距离计算公式参见式（8-4）：

$$\text{VD}_{\text{sep}} = \frac{\sum_{i=1}^{N_{\text{sep}}} \text{VD}_{\text{sep}_i}}{N_{\text{sep}}} \tag{8-4}$$

其中，VD_{sep_i} 为消费者子单和对应供应者之间的价值距离；N_{sep} 为拆分的数量。最终通过评分系统对不同的组合进行排序，输出一个新的供应者组合的列表。

2. 合单策略

合单策略与拆单策略原理相同，但是是一个相反的过程。首先，针对当前消费者需求，根据其与其他不同的消费者需求位置价值距离，对其他消费者需求进行排序（希望价值距离越小的，越靠前）。在排序之后，前 m 个不同的消费者需求被自由组合，并且消费者需求组合与供应者的价值距离由评分系统重新进行计算得到排序列表，该价值距离计算公式参见式（8-5）：

$$\text{VD}_{\text{comb}} = \frac{\sum_{i=1}^{N_{\text{comb}}} Q_{\text{comb}_i} \text{VD}_{\text{comb}_i}}{Q_{\text{sum}}} \tag{8-5}$$

其中，Q_{comb_i} 为单个消费者需求的需求量；$\text{VD}_{\text{comb}_i}$ 为单个消费者需求与供应者之间的价值距离；Q_{sum} 为 m 个消费者合单的需求量。

随后，需要合并计算合单后的需求量与排名前 k_{comb} 供应者的价值距离，参见式（8-6）。也就是说，对每个合单，式（8-6）汇总所有的 $\text{VD}_{\text{comb}_j}$。其中，$\text{VD}_{\text{comb}_j}$ 为合单数与供应者 j 之间的价值距离。最终，模型将找出合单对应的最小 $\text{VD}_{\text{combsum}}$，并输出相应的供应者列表。

$$\text{VD}_{\text{combsum}} = \sum_{j=1}^{k_{\text{comb}}} \text{VD}_{\text{comb}_j} \tag{8-6}$$

3. 维度重要性排序

针对不同的消费者，不同维度的重要性由历史成交来决定。首先，匹配系统得到当前消费者每个维度的历史平均价值距离，再根据这些历史平均价值距离对维度重要性进行逆向排序，即历史平均价值距离越高，证明消费者越少关心当前维度，当前维度越不重要。

4. 广度优先搜索

FSM 匹配的过程是一个广度优先搜索过程，在每一次状态转移/迭代中，当前消费者需求优先遍历所有最短路径。例如，在图 8-5 中，消费者需求从开始状态 E_s 开始，广度搜索最短的三条路径为 $E_s \rightarrow E_1 \rightarrow E_e$，$E_s \rightarrow E_{sep} \rightarrow E_e$，$E_s \rightarrow E_{co} \rightarrow E_e$。

5. 搜索停止条件：阈值

FSM 云匹配算法是一个路径搜索问题，以上段落介绍了状态转移过程及路径搜索方法。该匹配算法终止条件为某一路径下消费者（需求）-供应者价值距离达到阈值（以 th 表示）以下即为满足条件，停止搜索。

（三）FSM 云匹配案例

为简化案例讲解，此处将价值距离转换为百分比形式的距离（而非仅仅各维度上的价值距离），表达消费者需求或组合需求订单与供应者或供应者组合之间的价值距离。表 8-3 是案例初始参数。

表 8-3　FSM 案例参数

β	k_{comb}	k_{sep}	m	th
0.2	3	3	4	0.05

此例中有 3 个供应者和 7 张客户订单。现在选一个要求低价的订单开始做匹配。假设提出这张订单的消费者原始的权重顺序由高到低依次是：时间、位置、评价等级、技术类型、价格；但这次该消费者想以价格为最高等级权重。基本匹配的结果参见表 8-4，其中，如果百分比为负数，意味着在这个维度上，消费者期望的价值与供应者提供的价值相差甚远，故超出归一化范畴。

表 8-4　FSM 案例初始的基本匹配结果

排名	供应者	位置	时间	价格	评价等级	技术类型
1	供应者 3	100%	100%	0%	100%	50%
2	供应者 1	100%	100%	−100%	100%	100%
3	供应者 2	92.86%	100%	−100%	100%	100%

假设该消费者这次不满意这个结果，订单将进入 FSM。如前文所述，有三个从开始状态 E_s 开始的最短路径；此时 $E_s \rightarrow E_{sep} \rightarrow E_e$ 失效，因为拆单条件不足；故可以走剩余的两条路径。$E_s \rightarrow E_{co} \rightarrow E_e$ 路径的合单结果参见表 8-5，满意的组合单

包含了其他消费者的四张需求订单：订单 1、订单 2、订单 3 和订单 4。

表 8-5　FSM 案例初始的订单组合结果

排名	供应者	位置	时间	价格	评价等级	技术类型
1	供应者 3	98.71%	100%	91.80%	100%	95.90%
2	供应者 1	98.71%	100%	91.80%	100%	77.87%
3	供应者 2	94.15%	100%	91.80%	100%	77.87%

另外一条路径 $E_s \rightarrow E_1 \rightarrow E_e$ 减少了最不重要特征的权重（此处即原来的价格），相应的结果见表 8-6。

表 8-6　FSM 案例初始的权重消减相应结果

排名	供应者	位置	时间	价格	评价等级	技术类型
1	供应者 3	100%	100%	20%	100%	50%
2	供应者 1	100%	100%	−60%	100%	100%
3	供应者 2	92.86%	100%	−60%	100%	100%

此时，由于组合路径（$E_s \rightarrow E_{co} \rightarrow E_e$）已经达到了结束的阈值，迭代终止。如果没有达到阈值，FSM 将从状态 E_1 开始，去搜寻最短路径，这就是第二次迭代。

（四）更高级云匹配的展望

本节中的 FSM 虽然可以支撑注重供、需云匹配的企业产品服务系统/产品服务系统价值开发设计，但若要发展更高水平供、需云匹配的企业产品服务系统/产品服务系统价值开发设计研究，可以在大数据时代进一步应用更新颖、更高效的方法。这是因为 FSM 虽然强调状态之间的转化关系，但是忽略了各个节点自身的属性在整个系统的意义和地位。如果要使用大数据帮助优化整个搜索过程，可以引入如隐马尔可夫的含有隐变量的概率图模型；在这种情况下，节点自身的属性对整个搜索过程的影响就可以顺利地加入整个系统。这是因为通过大数据可以学习或统计这些隐变量的意义，如此可以使整个搜索过程更加精准。

当然，若要通过大数据来优化注重供、需间云匹配的企业产品服务系统/产品服务系统价值开发设计，如何做好企业产品服务系统层次的组合式平衡与协调是有待深化的研究，因为这需要具有更深刻科学原理的企业产品服务系统价值结构的优化与平衡，请参见下节分析和讨论与展望。

第三节　面向云制造的企业产品服务系统相关矛盾系统之结构的分形分析和耦合协调管理展望

前文面向云制造立足“满意化”的企业产品服务系统开发设计指明了需立足矛盾视角以“满意化”目标的价值开发来深化云制造。本节将立足概率论的熵视角分析方法，针对企业客观运作形成的大数据，将其转换为一时间序列数据并进行企业产品服务系统相关各层次的分形分析，进而初步证明企业具有复杂矛盾结构，并初步分析和展望可适用于云制造环境的企业产品服务系统的耦合协调管理。

分形系统由分形元通过一定的机制组建而成，要构建分形系统就必须先研究系统的构建机制。已有文献中把分形系统的组建机制大致分为以下几类：①功能驱动型的分形系统，将分形元的功能划分为五个模块，分别为观察、分析、决策、组织和发布，五个功能模块互相联系，通过信息平台完成分形元的输入输出（Ryu et al.，2003）；②关系驱动型的分形系统，此时分形元内不再是简单的功能模块，而是以供需关系为主线构建分形元（Shin et al.，2009）；③项目导向的分形系统，当面对跨部门合作的系统时，为了更好地明确权责关系，协调分形系统成员间的关系，有研究借助客户—服务（client-server）关系和委托执行（delegation-to-do）关系做构建。功能驱动型的分形系统的优势是内部结构模块化，结构明晰，但不足之处是无法明确地说明整个分形系统的形成过程；关系驱动型的分形系统弥补了功能型的不足，可以在分形元间利用供需关系的繁衍来构建整个分形系统；项目导向的分形系统可以更清楚地阐释分形元间的权责关系，当一个分形元无法利用自有资源完成某项目时就可以利用委托执行关系，寻找其他资源形成新的子项目，逐步构建分形系统。鉴于本书常用企业产品服务系统和产品服务系统双层次的供需矛盾视角的（货币）价值流管理模型，关系驱动型的分形系统适于作为最主要的分形组建机制，而项目导向的分形系统作为辅助的分形组建机制，尤其是在企业产品服务系统内共生研究中涉及各产品服务系统之间资源的调配之时。限于企业“产品/服务”订单级别数据多属高度保密资料，面向云制造的企业产品服务系统分形分析采用大数据分析网站 Kaggle 上脱密后公开的一家企业运营大数据，数据源名为 Forecasts for Product Demand-Make Accurate Forecasts for Thousands of Different Products；

链接地址为：https://www.kaggle.com/felixzhao/productdemandforecasting。该记录集包含原始订单记录超过一百万条，涉及四个仓库的 33 个产品类的上千种产品。

一、产品服务系统层次产品类运作的矛盾系统之结构的分形与多重分形分析

以下将对产品类 03 的数据进行分形与多重分形分析，以便确认企业一段时间的客观运作结果确实具备某种特定的矛盾结构，进而支撑前文的矛盾视角、结构相关的面向可持续发展的马克思主义经济科学原理。

对产品类 03 的数据首先进行预处理，依次进行：①找出被取消的订单并将正负一对订单完成冲销删除；②汇总当日订单数据；③仅保留当日订单数据；④补充没有获得订单的工作日的星期数（遵守西方习惯将周日设为一周第一天）；⑤依情况转换休息日（周日、周六或节假日）订单数量至邻近工作日，或者删除非工作日的订单数据（如果数据个数极少）；⑥以订单量“0”填充没有获得订单的工作日。至此数据预处理结束。本次产品类 03 的原始订单量数据 4 189 条，经预处理后得到每日订单数 1 295 条，时间跨度是 2012 年 1 月 9 日至 2016 年 12 月 23 日。对预处理之后的数据运用 Matlab 进行分形和多重分形分析，结果见图 8-6~图 8-9。由图 8-6 可知，产品类 03 的订单数据有一些突出的尖峰，但无明显的周期特征，相应 CCDF 曲线近似直线（y 轴为对数坐标），可以认为大致服从指数分布。注意：这种总体的指数分布与时间序列上的分形并不冲突。对于周期特征，可以借助功率谱分析，参见图 8-7。功率谱分析是研究时间序列周期性的方法，它通过将时域信号转化为频域信号，从而检验时间序列的周期情况。由图 8-7 功率谱分析结果可知，确无明显周期特征。由图 8-8 可知赫斯特指数约为 0.59，显著大于 0.5，故产品类 03 的日订单有明显的长程相关性，即在任何时间窗口里，如果产品类 03 的每日订单数有上升（下降）趋势，则其在接下来的那个时刻更有可能上升（下降）。由图 8-9 可知，虽然 $-\log_2 M_q(\varepsilon)$ 与 $-\log_2(\varepsilon)$ 关系图中直线拟合不是很好，并且 $\tau(q)$ 与 q 似乎呈线性关系，但 D_q 与 q 呈明显的非线性关系，故产品类 03 的日订单数据有多重分形结构；而由呈向左钩状的多重分形谱 $f(a)$ 曲线再次证明多重分形结构，且最大概率子集中的单元数目超过最小概率子集中的单元数目。该多重分形结果证实产品类 03 运作的矛盾系统具有非平衡的自相似结构，该结构背后蕴含的规律再结合长程相关性规律对相关产品类的运作管理有明显的指导意义；这显然反驳了罗宾斯认为规模/结构研究无规律且无

意义的观点。

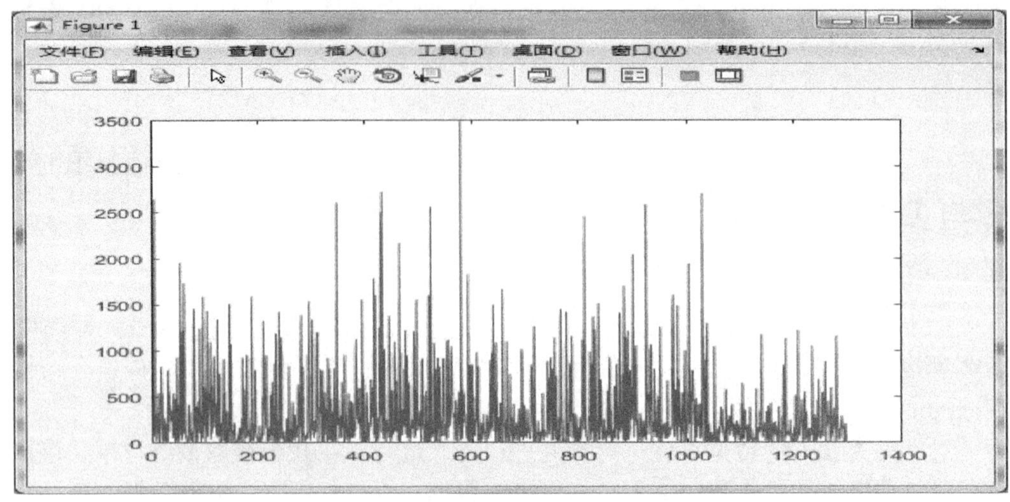

（a）日订单时间序列的原始数据

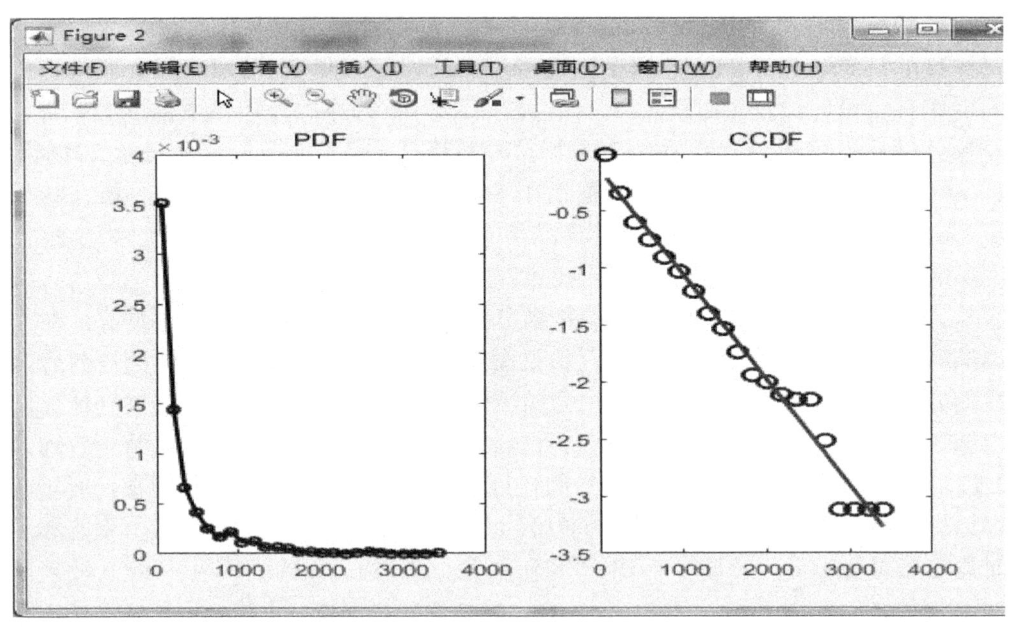

（b）日订单时间序列的 PDF 和 CCDF 结果

图 8-6　产品类 03 日订单时间序列的原始数据及其 PDF 和 CCDF 结果

CCDF 中 y 轴为对数坐标

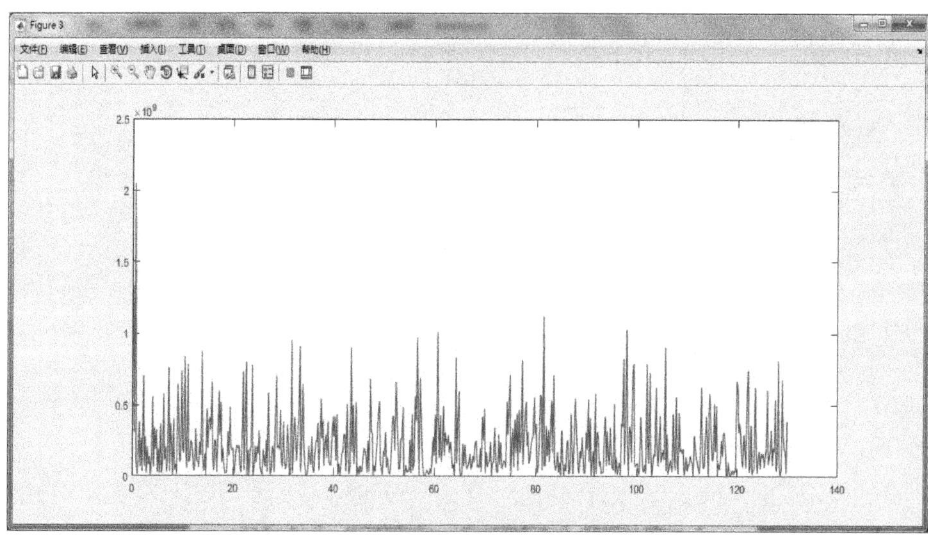

图 8-7　产品类 03 日订单时间序列数据的功率谱分析（无周期）

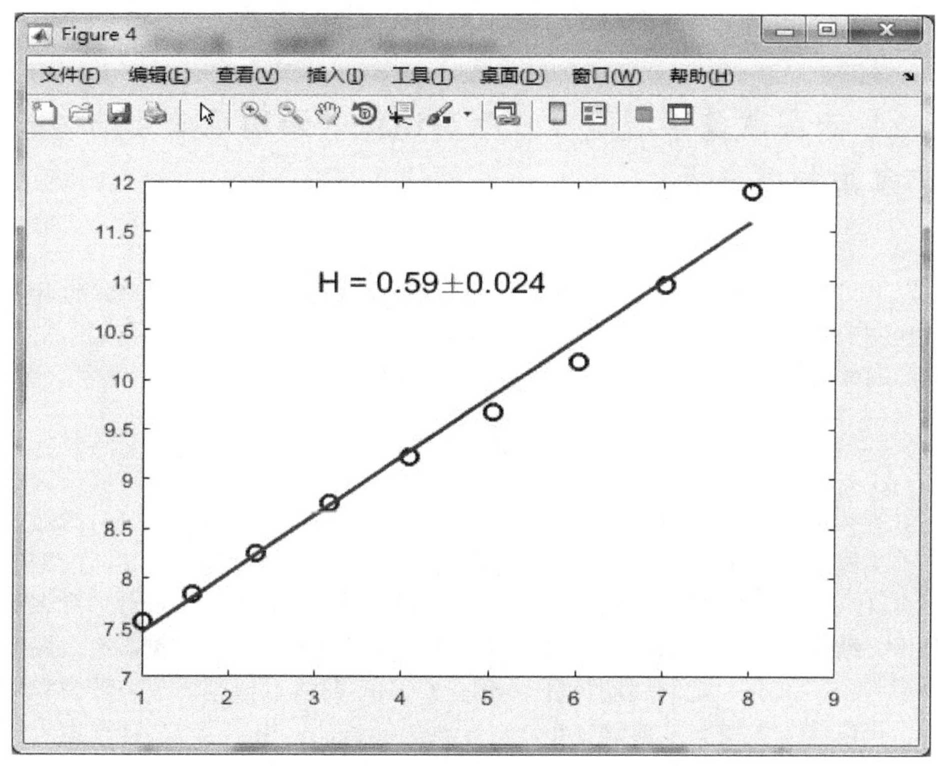

图 8-8　产品类 03 的赫斯特指数

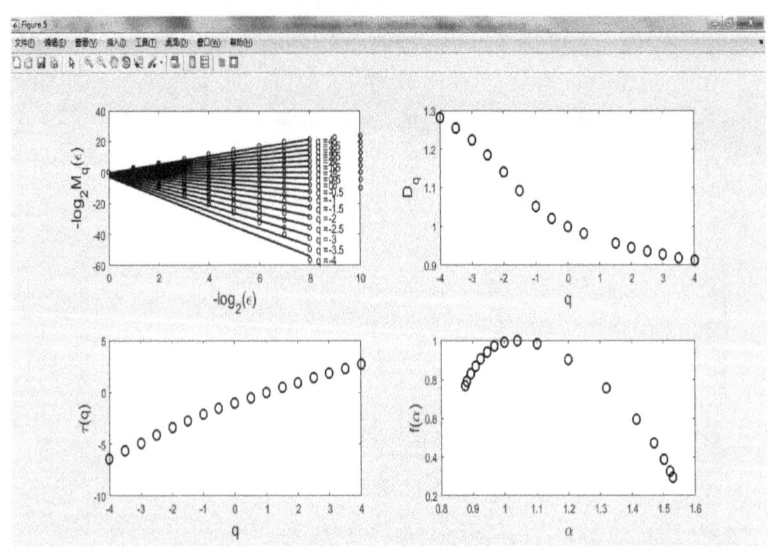

图 8-9　产品类 03 日订单时间序列数据的多重分形分析结果

左上子图中 q 按 0.5 递增且范围为［−4，4］

二、产品服务系统层次仓库类运作的矛盾系统之结构的分形与多重分形分析

以下将对产品服务系统层次的四个仓库数据进行分形与多重分形分析，以便确认仓库一段时间的客观运作结果确实具备某种矛盾结构，进而支撑规模/结构相关的面向可持续发展的马克思主义经济科学原理。

（一）仓库 S 运作的矛盾系统之结构的分形与多重分形研究

S 仓库原始订单有 8 万多（88 200）条记录，类似预处理后得到日订单数，去掉个别头尾数据（尤其不连续数据）后得到 1 324 条时间序列数据（时间跨度为 2011 年 12 月 5 日至 2016 年 12 月 30 日）。对该数据用 Matlab 进行分形和多重分形分析，结果见图 8-10~图 8-13。由图 8-10 可知：S 仓库日订单数据既有一簇尖峰的分形特征，又有一定的周期特征；相应 CCDF 曲线近似直线（y 轴为对数坐标），可以认为大致服从指数分布。对于其周期特征，由图 8-11 功率谱分析可知，时间序列的周期为 260 天，而 260 天刚好大约为一年的工作日数，因此 S 仓库的订单数据具有年周期特征。由图 8-12 可知赫斯特指数约为 0.678，显著大于 0.5，故 S 仓库的日订单具有明显的长程相关性，即在任何时间窗口里，如果 S 仓库每日订单数有上升（下降）趋势，则其在接下来的那个时刻更有可能上升（下降）。由图 8-13 可知，虽然 $-\log_2 M_q(\varepsilon)$ 与 $-\log_2(\varepsilon)$ 关系图中直线拟合不是很好，但 $\tau(q)$ 与 q 以及 D_q 与 q 都呈明显的非线性关系，故 S 仓库数据中存在着多重分形；而由呈向左钩状的多重分形谱 $f(a)$ 曲线可知，最大概率子集中的单元数目超过最小概率子集中的单元数目，再次证明了 S 仓库的日订单数据具有多重分形特征。该多重分形结果证实 S 仓库运作的矛盾系统有非平衡自相似结构，而叠加的周期性进一步体现该结构的重复出现，此复杂结构背后蕴含的规律再结合长程相关性规律对相关仓库的运作管理有明显指导意义，这显然反驳了罗宾斯认为规模/结构研究无规律且无意义的观点。

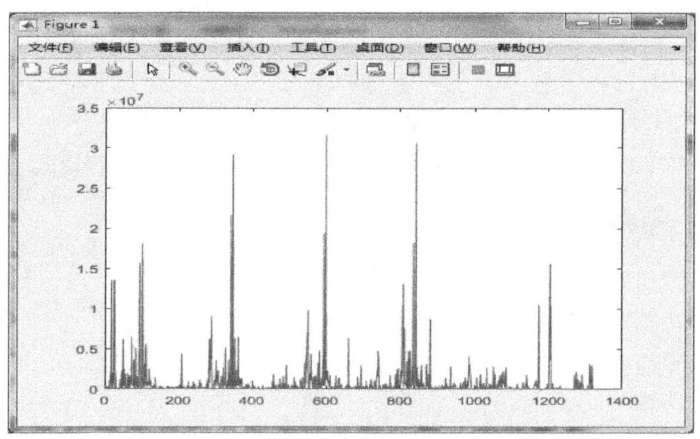

（a）日订单时间序列的原始数据

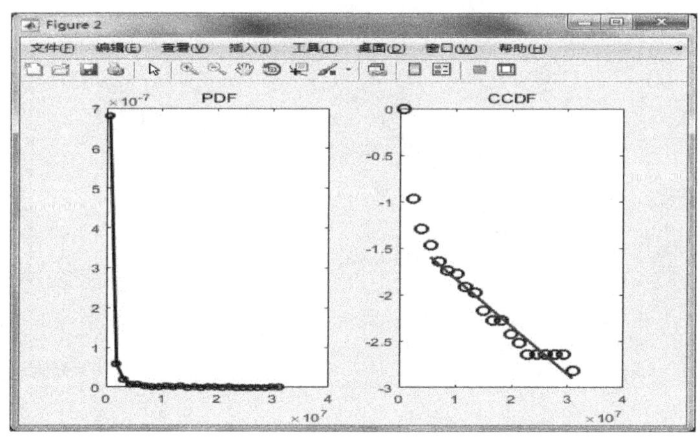

（b）日订单时间序列的 PDF 和 CCDF 结果

图 8-10　S 仓库日订单时间序列的原始数据及其 PDF 和 CCDF 结果

CCDF 中 y 轴为对数坐标

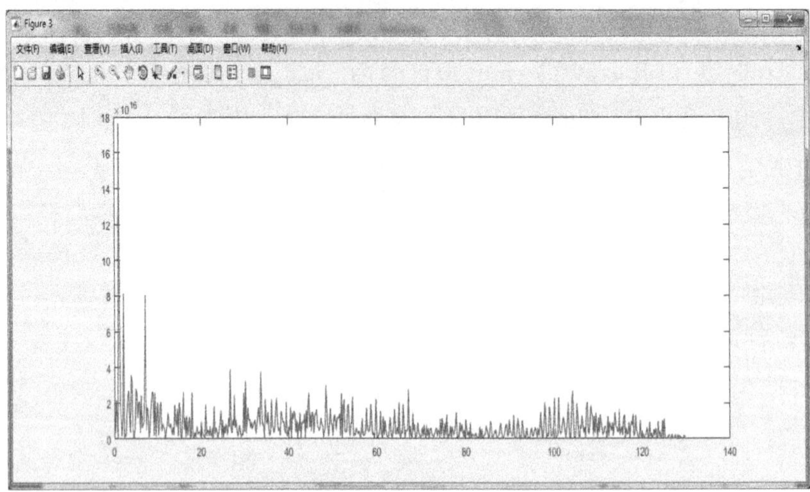

图 8-11　S 仓库时间序列数据的功率谱分析（周期 260 天）

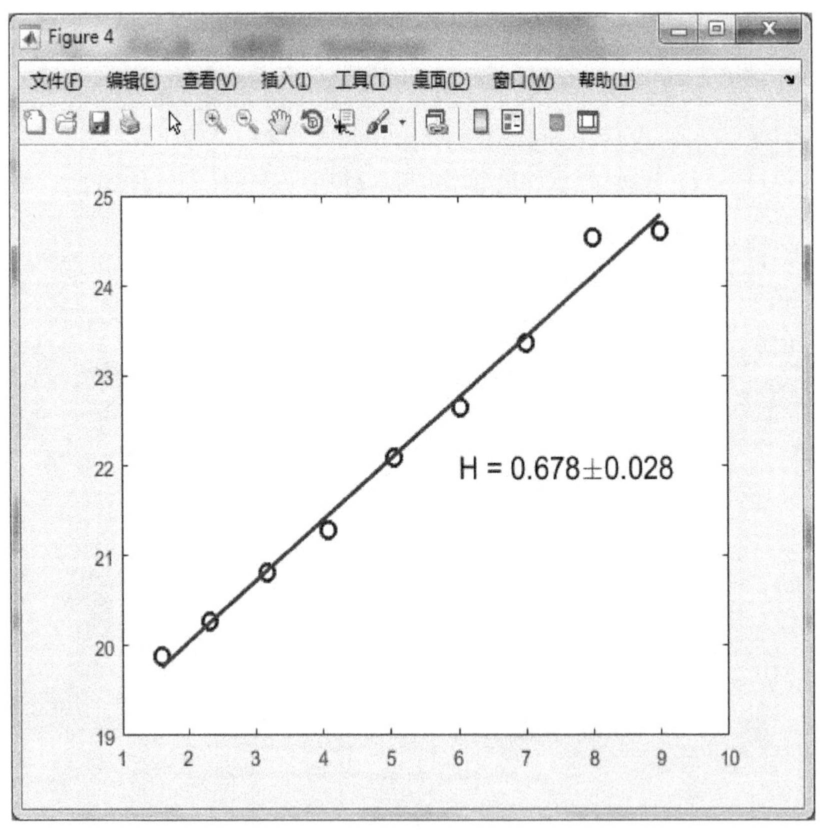

图 8-12　S 仓库数据的赫斯特指数

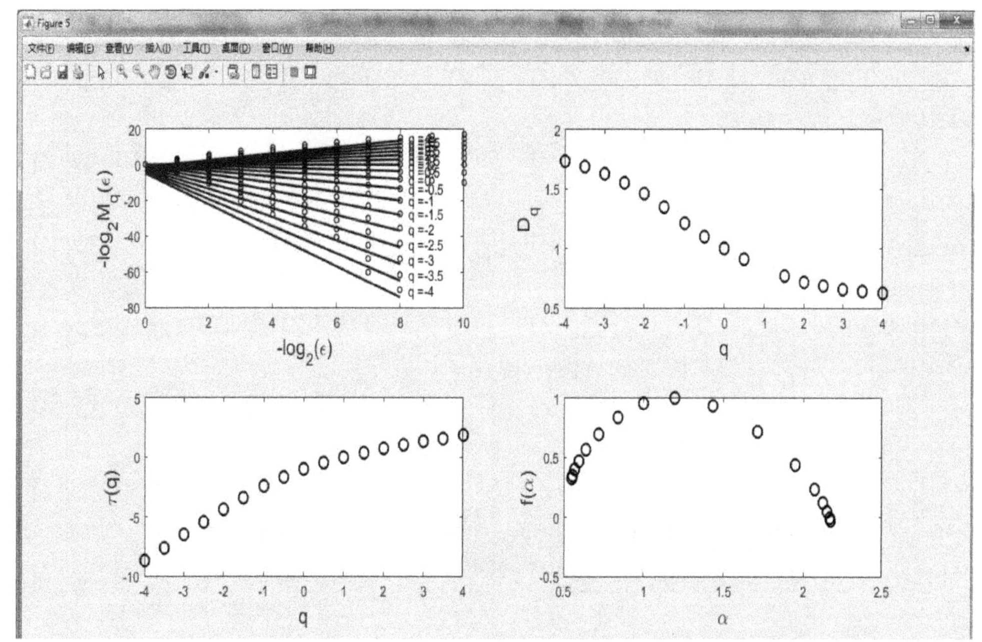

图 8-13　S 仓库日订单时间序列数据的多重分形分析结果
左上子图中 q 按 0.5 递增且范围为［−4，4］

（二）仓库 C 运作的矛盾系统之结构的分形与多重分形研究

C 仓库原始数据有 4 万多（42 354）条记录，类似预处理后得到日订单数，去掉个别头尾数据后得到 1 305 条数据（时间跨度为 2012 年 1 月 2 日至 2016 年 12 月 30 日）。对所选数据运用 Matlab 进行分形和多重分形分析，结果见图 8-14~图 8-17。由图 8-14 可知：C 仓库日订单数据没有一簇尖峰，也无明显的周期特征；相应 CCDF 曲线近似直线（y 轴为对数坐标），说明大致服从指数分布。对于无周期特征，由图 8-15 功率谱分析可再次证明。由图 8-16 可知赫斯特指数大约为 0.476，显著小于 0.5，故 C 仓库的日订单具有一定的逆长程相关性，这表明在任何时间窗口内，C 仓库的日订单数据一旦具有某种上升（下降）趋势时，接下来更可能下降（上升）。由图 8-17 可见，$\tau(q)$ 与 q 呈线性关系，以及 D_q 随着 q 的变化基本上没有变化，故 C 仓库日订单数据中存在单分形结构但不存在多重分形结构；多重分形谱 $f(a)$ 曲线进一步证实确无多重分形。该单分形结果证实 C 仓库运作的矛盾系统有自相似结构，此结构背后蕴含的规律再结合逆长程相关性规律对相关仓库的运作管理有明显指导意义，这显然反驳了罗宾斯认为规模/结构研究无规律且无意义的观点。

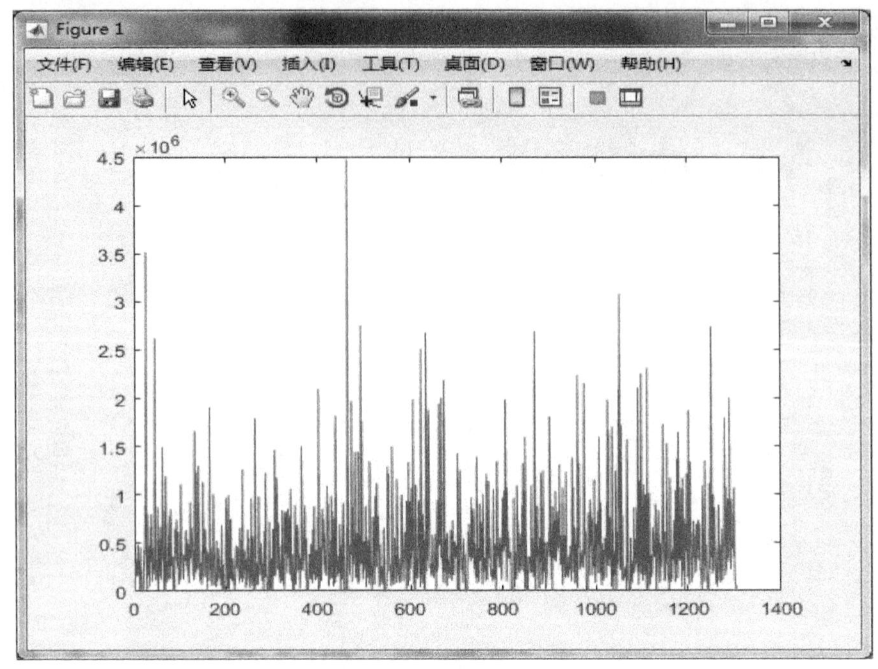

（a）日订单时间序列的原始数据

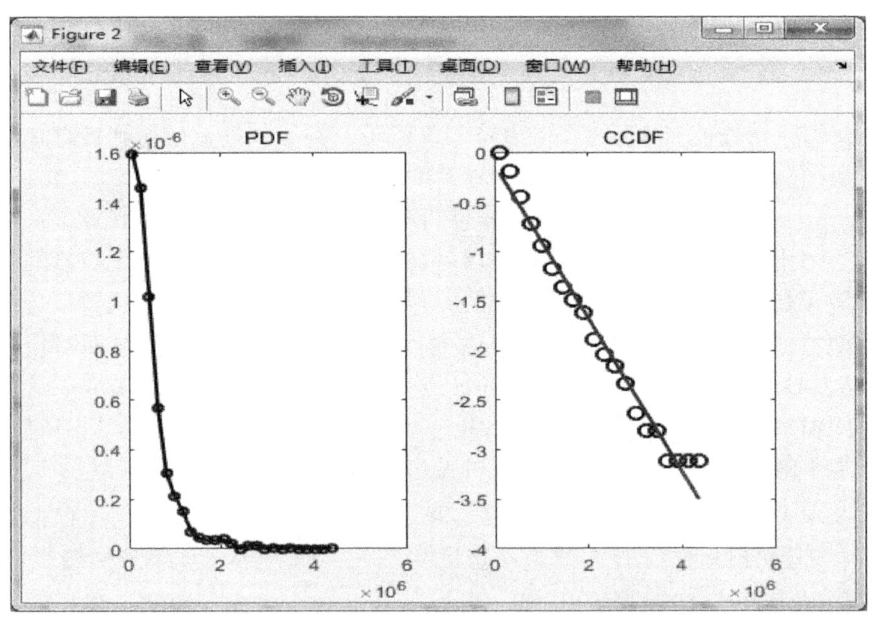

（b）日订单时间序列的 PDF 和 CCDF 结果

图 8-14　C 仓库时间序列的原始数据及其 PDF 和 CCDF 结果

CCDF 中 y 轴为对数坐标

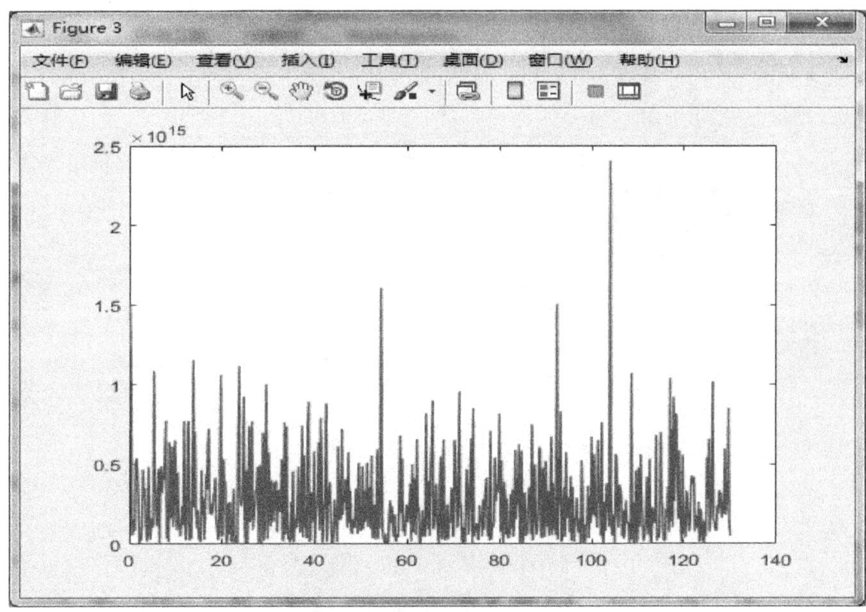

图 8-15　C 仓库时间序列数据的功率谱分析（无周期）

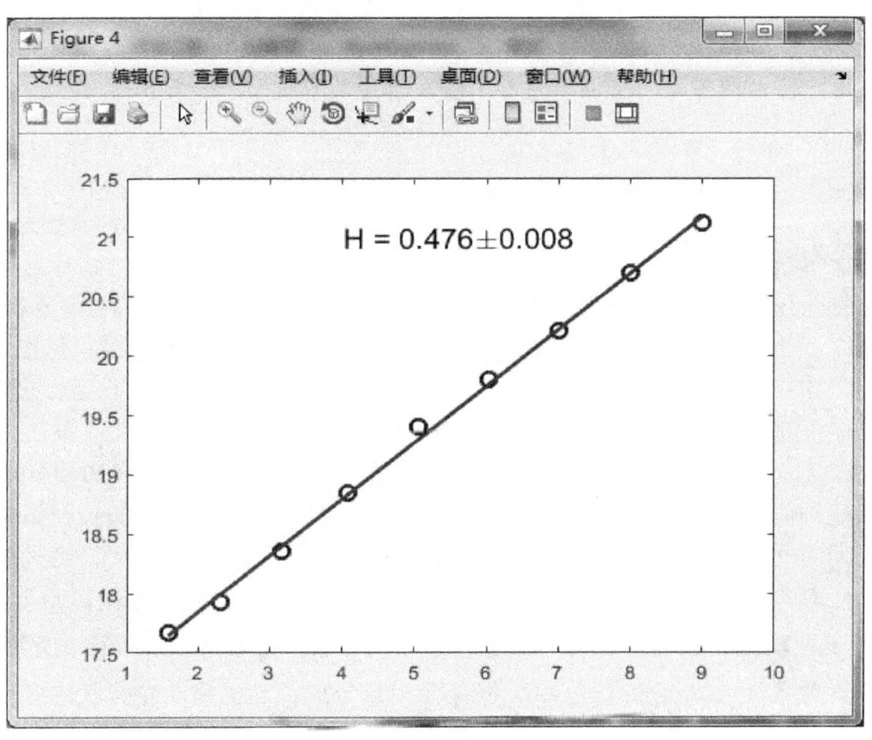

图 8-16　C 仓库数据的赫斯特指数

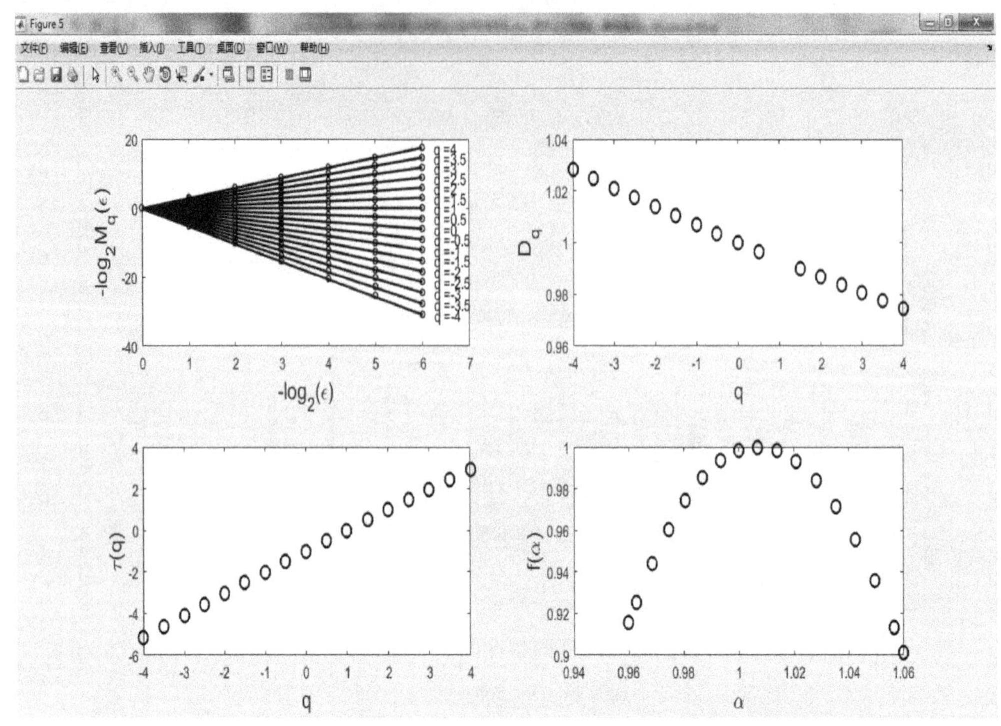

图 8-17　C 仓库日订单时间序列数据的多重分形分析结果

左上子图中 q 按 0.5 递增且范围为［−4，4］

（三）仓库 A 运作的矛盾系统之结构的分形与多重分形研究

A 仓库原始数据有 15 万多（153 574）条记录，类似预处理后得到日订单数，去掉个别头尾数据后得到 1 335 条数据（时间跨度为 2011 年 11 月 21 日至 2016 年 12 月 30 日）。对此数据运用 Matlab 进行分形和多重分形分析，结果见图 8-18~图 8-21。由图 8-18 可知，A 仓库的日订单数据具有一簇尖峰的特征但无明显的周期特征，相应 CCDF 曲线近似直线（y 轴为对数坐标），说明大致服从指数分布。对于无周期特征，由图 8-19 的功率谱分析可再次证明。由图 8-20 可知赫斯特指数取值约为 0.527，显著大于 0.5，故 A 仓库的日订单具有一定的长程相关性，即在任何时间窗口里，如果 A 仓库每日订单数有上升（下降）趋势，则其在接下来的那个时刻更有可能上升（下降）。由图 8-21 可知，$-\log_2 M_q(\varepsilon)$ 与 $-\log_2(\varepsilon)$ 关系图中直线拟合较好（已舍去尾段），$\tau(q)$ 与 q 以及 D_q 与 q 都呈一定或明显的非线性关系，故 A 仓库日订单数据存在多重分形；而由呈向左钩状的多重分形谱 $f(a)$ 曲线可知，最大概率子集中的单元数目超过最小概率子集中的单元数目。该多重分形结果证实仓库 A 运作的矛盾系统有非平衡自相似结构，其后蕴含的规律再结合长程相关性规律对相关仓库的运作管理有明显指导意义，这显然反驳了罗宾斯认为规模/结构研究无规律且无意义的观点。

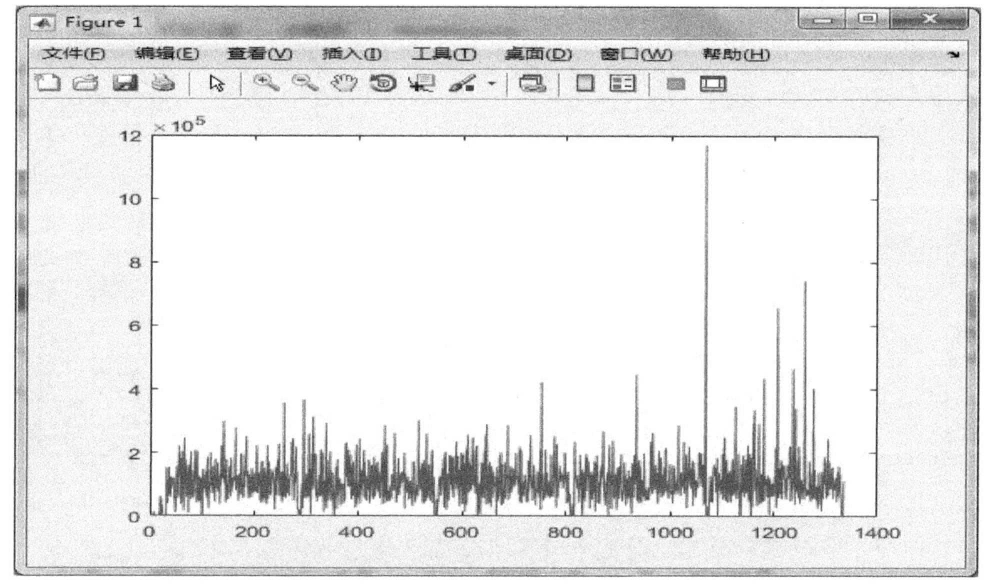

（a）日订单时间序列的原始数据

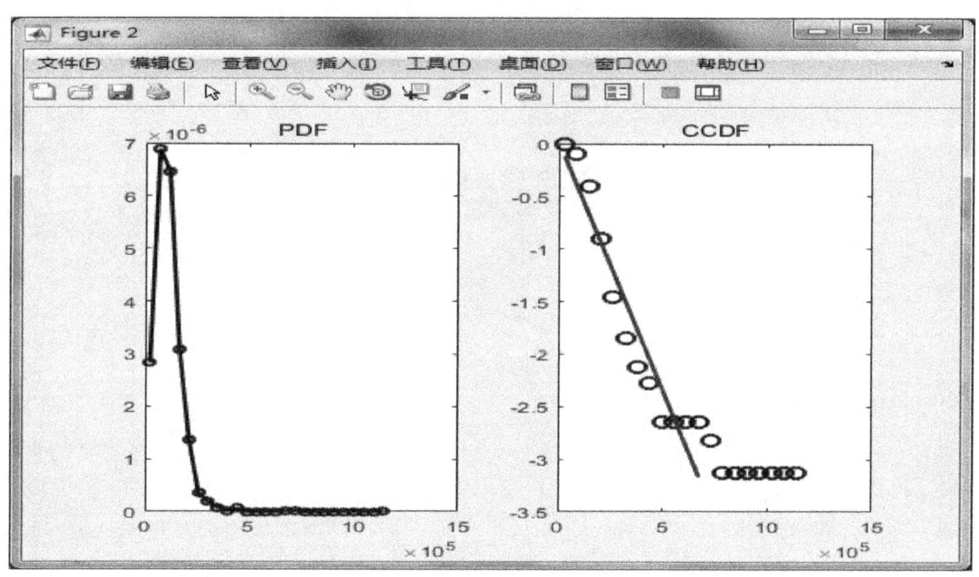

（b）日订单时间序列的 PDF 和 CCDF 结果

图 8-18　A 仓库日订单时间序列的原始数据及其 PDF 和 CCDF 结果

CCDF 中 y 轴为对数坐标

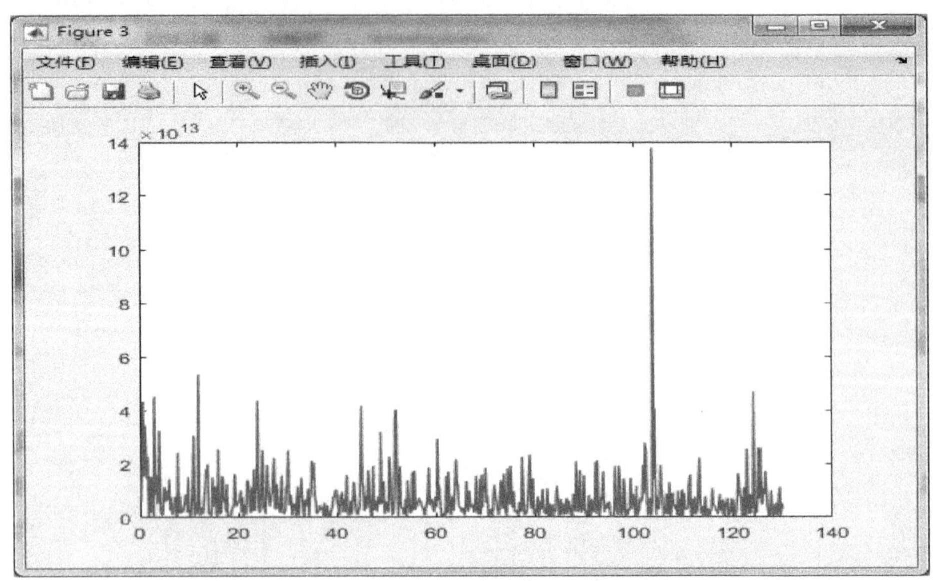

图 8-19　A 仓库时间序列数据的功率谱分析（无周期）

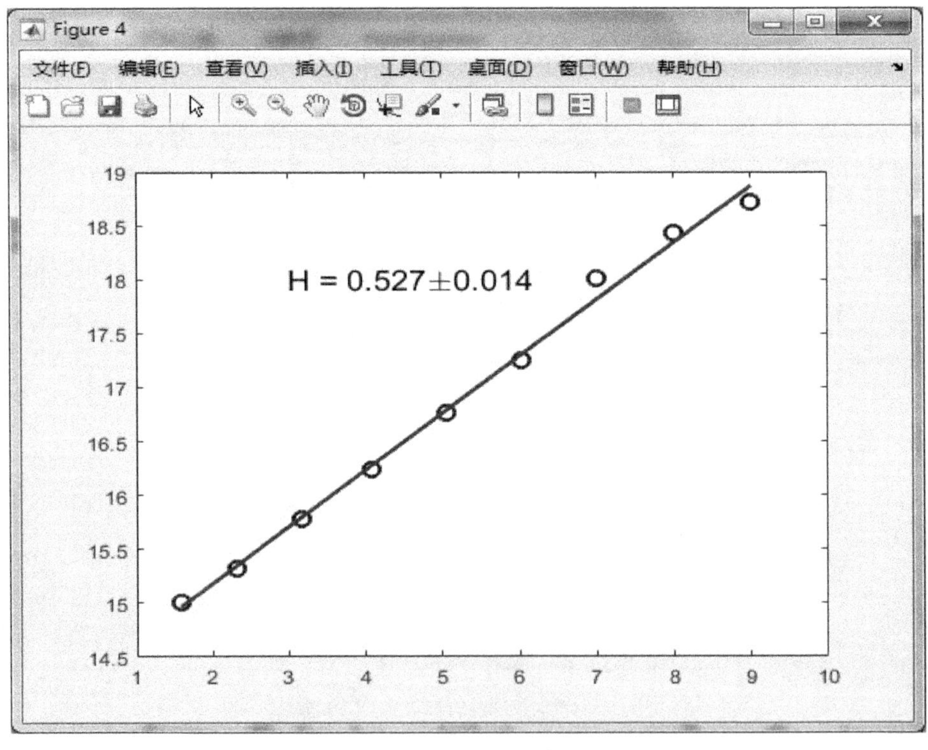

图 8-20　A 仓库数据的赫斯特指数

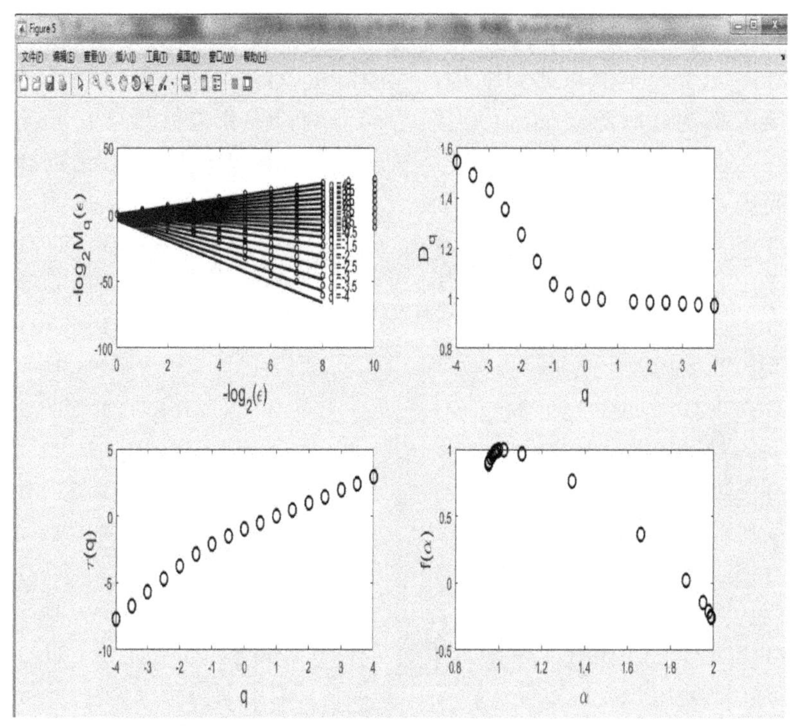

图 8-21　A 仓库日订单时间序列数据的多重分形分析结果

左上子图中 q 按 0.5 递增且范围为［−4，4］

（四）仓库 J 运作的矛盾系统之结构的分形与多重分形研究

J 仓库原始数据有 76 万多（764 447）条记录，类似预处理后得到日订单数，去掉个别头尾数据得到 1 302 条数据（时间跨度为 2012 年 1 月 5 日至 2016 年 12 月 30 日）。对此数据用 Matlab 进行分形和多重分形分析，结果见图 8-22~图 8-25。由图 8-22 可知，J 仓库日订单数据既具有多簇尖峰又有一定的周期特征；相应 CCDF 曲线近似直线（y 轴为对数坐标），可认为 J 仓库日订单数据大致服从指数分布。对于周期特征，由图 8-23 功率谱分析计算得到，时间序列的周期大约为 260 天（一年里工作日天数），因此 J 仓库日订单数据具有年周期特性。由图 8-24 可知赫斯特指数约为 0.909，显著大于 0.5，故 J 仓库日订单具有很强的长程相关性，即在任何时间窗口里，如果 J 仓库每日订单数有上升（下降）趋势，则其在接下来的那个时刻更有可能上升（下降）。由图 8-25 可知，$-\log_2 M_q(\varepsilon)$ 与 $-\log_2(\varepsilon)$ 关系图中直线拟合较好（已舍去尾段），$\tau(q)$ 与 q 以及 D_q 与 q 都呈明显的非线性关系，故 J 仓库日订单数据中存在多重分形；而由呈向左钩状的多重分形谱 $f(a)$ 曲线可知，最大概率子集中的单元数目超过最小概率子集中的单元数目，再次证明了J仓库日订单数据有多重分形特征。该多重分形结果证实J仓库运作的矛盾系统有非平衡自相似结构，而叠加的周期性进一步体现该结构的重复出现，此复杂结构背后蕴含的规律再结合很强的长程相关性规律对相关仓库的运作管理有明显指导意义，这显然反驳了罗宾斯经济科学认为规模/结构研究无规律且无意义的观点。

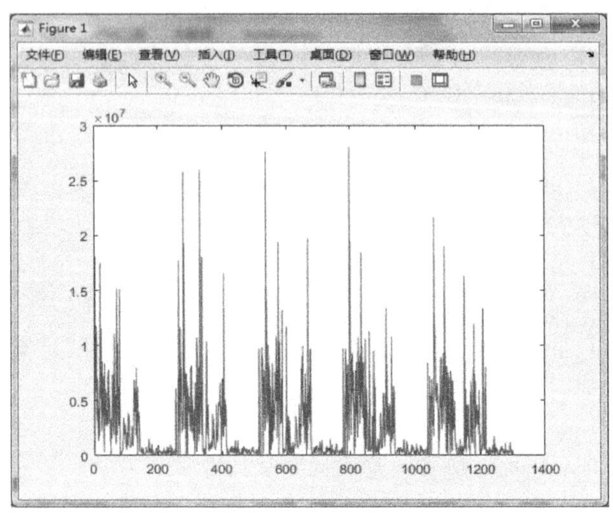

（a）日订单时间序列的原始数据

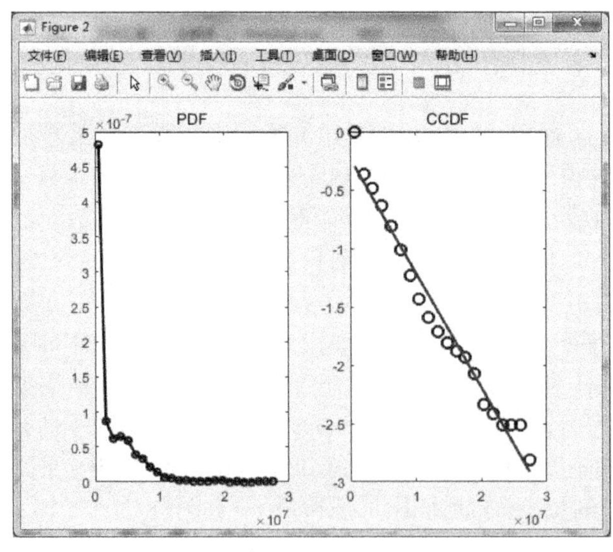

（b）日订单时间序列的 PDF 和 CCDF 结果

图 8-22　J 仓库日订单时间序列的原始数据及其 PDF 和 CCDF 结果

CCDF 中 y 轴为对数坐标

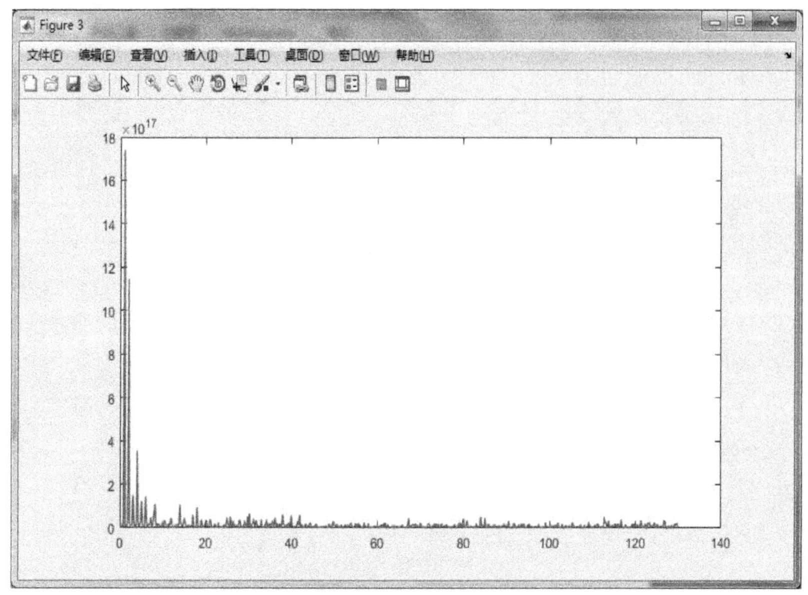

图 8-23　J 仓库日订单时间序列数据的功率谱分析（周期 260 天）

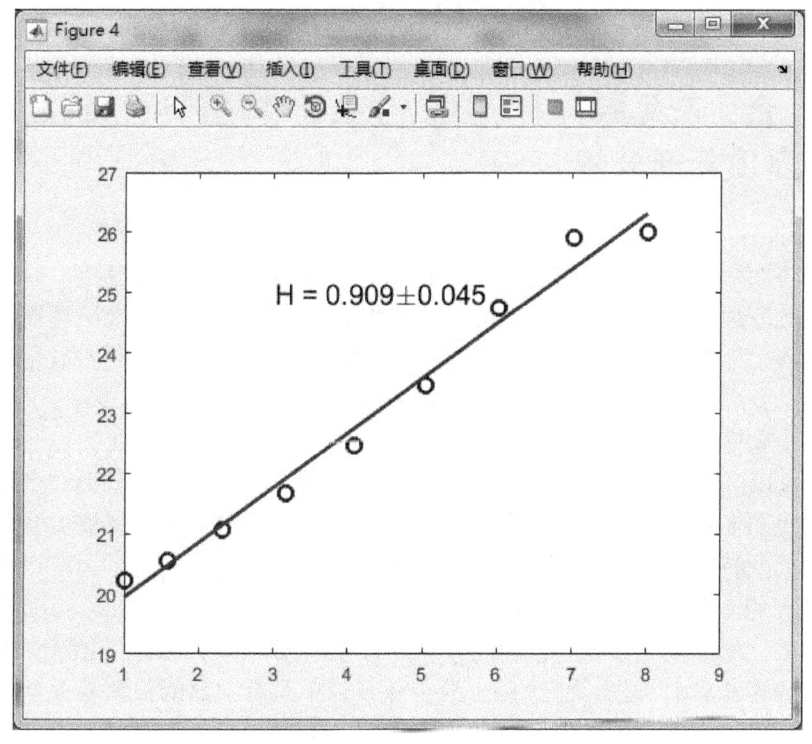

图 8-24　J 仓库数据的赫斯特指数

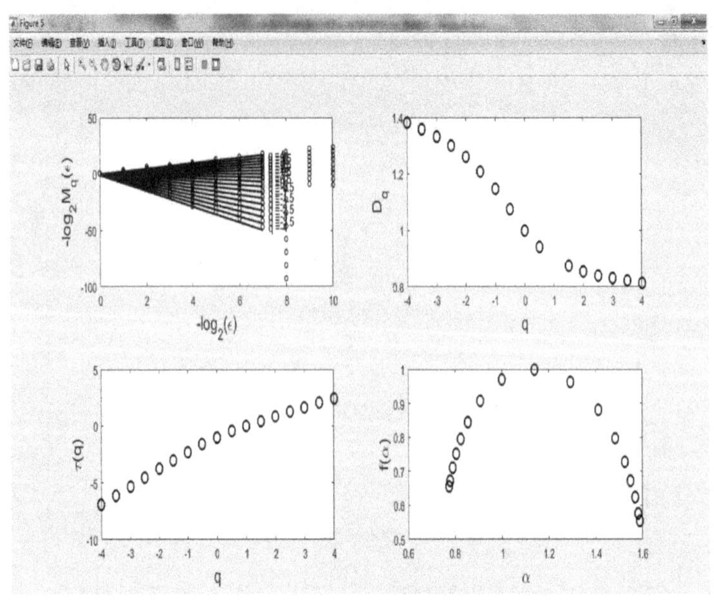

图 8-25　J 仓库日订单时间序列数据的多重分形分析结果
左上子图中 q 按 0.5 递增且范围为［−4，4］

三、企业产品服务系统层次企业运作的矛盾系统之结构的分形与多重分形分析

以下将四个仓库合集数据作为企业数据进行分形与多重分形分析，以便进一步考察不同仓库运作规模对企业整体结构的不同影响，进而支撑前文所述规模和结构相关的面向可持续发展的马克思主义经济科学原理。鉴于 J 仓库原始数据集占比超过一半并且整理后的时间跨度（2012 年 1 月 5 日至 2016 年 12 月 30 日）最小，故将其他三个仓库相应日订单数据汇总至 J 仓库的日订单数据，保留 2012 年 1 月 5 日至 2016 年 12 月 30 日的汇总企业数据。对此数据用 Matlab 进行分形和多重分形分析，结果见图 8-26~图 8-29。由图 8-26 可知，企业订单数据既有多簇尖峰的特征又有一定的周期特征；相应 CCDF 曲线近似直线（y 轴为对数坐标），可以认为汇总后的企业日订单数据大致服从指数分布。对周期特征，由图 8-27 功率谱分析可知，时间序列的周期为 260 天，因此企业的订单数据具有年周期。由图 8-28 可知赫斯特指数约为 0.898，显著大于 0.5，故企业日订单具有明显的长程相关性，即在任何时间窗口里，如果企业的每日订单数有上升（下降）趋势，则其在接下来的那个时刻更有可能上升（下降）。由图 8-29 可知，$-\log_2 M_q(\varepsilon)$ 与 $-\log_2(\varepsilon)$ 关系图中

直线拟合较好，$\tau(q)$ 与 q 虽然似乎呈现直线，但 D_q 随着 q 的变化有明显变化，故企业日订单数据中有多重分形；而由呈钟形的多重分形谱 $f(a)$ 曲线可知，最小概率子集中的单元数目与最大概率子集中的单元数目差不多，再次证明了企业的日订单数据具有多重分形特征。该多重分形结果证实企业运作矛盾系统有非平衡自相似结构，而叠加的周期性进一步体现该结构的重复出现，此复杂结构背后蕴含的规律再结合很强的长程相关性规律对相关企业的运作管理有明显指导意义，这在企业层次反驳了罗宾斯认为规模/结构研究无规律且无意义观点。

对比企业产品服务系统层次的分形分析和产品服务系统层次四个仓库的分形分析可以发现：企业产品服务系统层次的分形结果与仓库 J 的分形结果最接近。这正体现了J仓库原始数据集占比超过一半，并且J仓库汇总得出的每日订单总量常常是另外三个仓库每日订单总量的数十倍的规模性因素。因此，在当代企业整体经营中，规模占主导地位的产品服务系统类的特性，主要地决定了企业的特性。当然，产品服务系统层次有些相反的特性也可能中和在一起，如前文各产品服务系统中多重分形谱 $f(a)$ 曲线中的左钩形状与右钩形状合并在了一起，呈现出钟形的特征。又如，企业数据的赫斯特指数由占主导地位的J仓库的0.909降至0.898，因为 C 仓库的订单具有一定的逆长程相关性（赫斯特指数小于 0.5），而其他三个仓库的每日订单数据具有一定的长程相关性但相对较弱。因此，产品服务系统层次的规模因素在企业产品服务系统层次的分形结构中起着至关重要的作用。以上这种特定时间序列的多重分形结构和周期结构同样对相关整个企业仓库的运作管理有着明显的指导意义，这显然与罗宾斯认为规模/结构研究无规律且无意义的观点不一致。

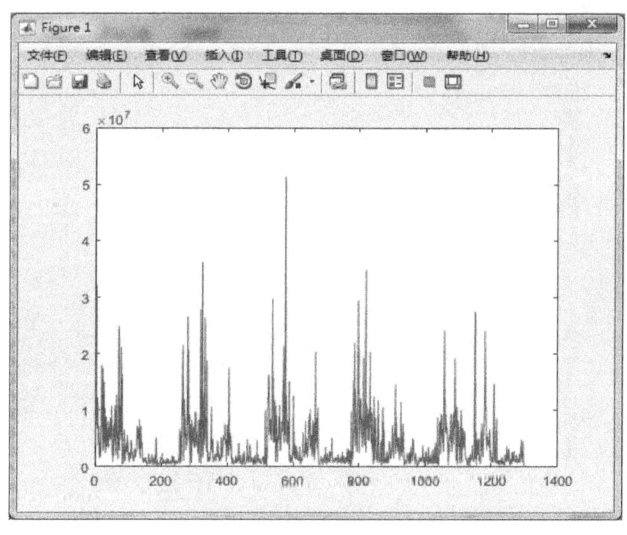

（a）日订单时间序列的原始数据

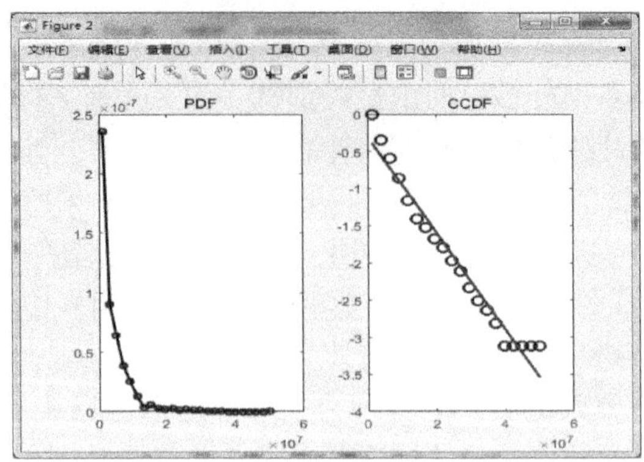

（b）日订单时间序列的 PDF 和 CCDF 结果

图 8-26　企业时间序列的原始数据及其 PDF 和 CCDF 结果

CCDF 中 y 轴为对数坐标

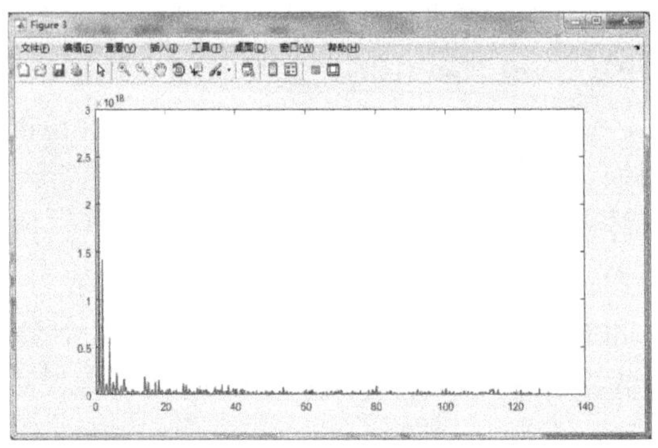

图 8-27　企业产品服务系统时间序列数据的功率谱分析（周期 260 天）

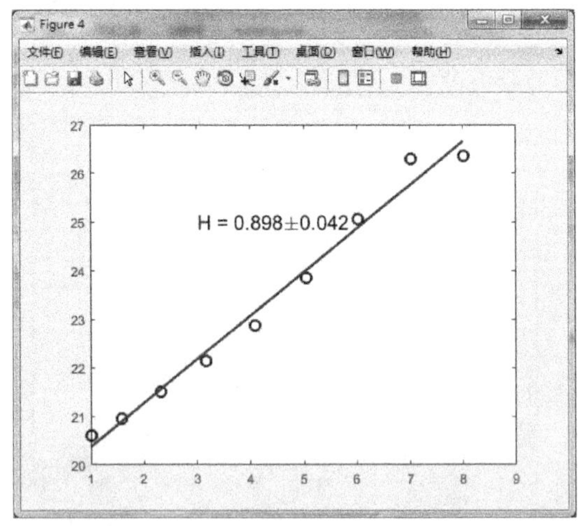

图 8-28　企业产品服务系统数据的赫斯特指数

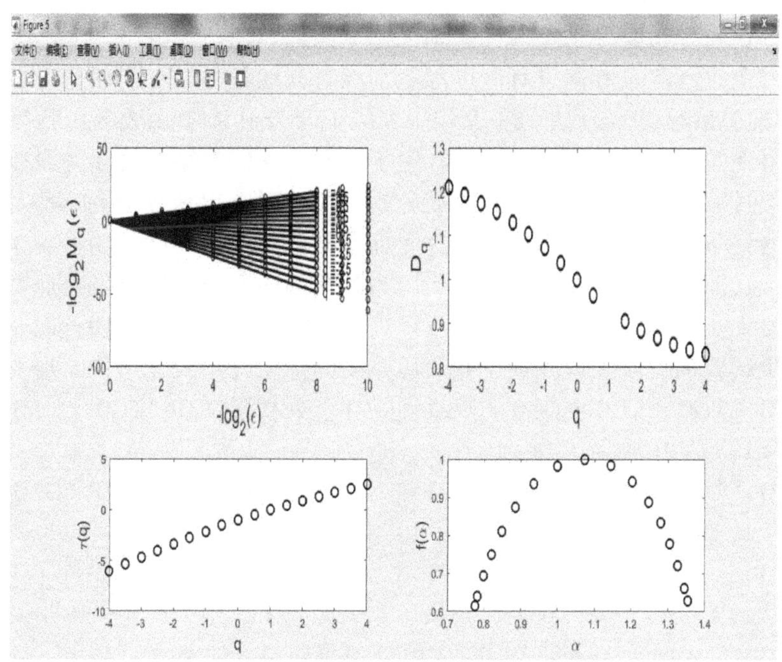

图 8-29　企业时间序列数据的多重分形分析结果

左上子图中 q 按 0.5 递增且范围为［−4，4］

四、企业产品服务系统运作系统矛盾结构的初步耦合分析及其展望

图 8-30 是对上述四个仓库的日订单数量的时间序列数据两两做的相关性分析（J、A、S 和 C 分别表示 J 仓库、A 仓库、S 仓库和 C 仓库），这里计算的相关性指标是互信息。不同于皮尔逊相关系数只能用来衡量线性相关性，互信息还可以衡量时间序列的非线性相关性。在计算两个时间序列的互信息时，由于是把每个月作为一个时间窗口来计算，因此得到 5 年共 60 个互信息值。由图 8-30 可知：总体而言，J 仓库和 C 仓库具有最高的互信息，S 仓库和 C 仓库以及 A 仓库和 C 仓库都具有较高的互信息；反之，A 仓库和 S 仓库具有最低的互信息，J 仓库和 A 仓库的互信息也很低；而 J 仓库和 S 仓库的互信息值居于中间。这些信息也可以参考表 8-7 的互信息的均值和标准差信息。本来，从分形和多重分析的分析结果来看，J 仓库和 S 仓库运作的矛盾系统都属于非平衡的自相似结构，似乎应该更相关。但实际结果是具有长程相关性的 J 仓库和具有逆长程相关性的 C 仓库的互信息更强，这可能是由于两者之间具有物流的交互，如两者之间有共同产品的库存竞争或调拨关系

等，即一种企业产品服务系统的内共生关系。然而，由于目前 Kaggle 上脱密后所公开的这家企业运营大数据只有订单信息，没有其他任何进一步的仓库之间相互物流流转/调拨关系等信息，故无法展开深入的耦合分析，如无法应用转移熵等进行深入的因果性的耦合关系分析。此外，鉴于这六条互信息结果之间并没有明显的统计差异（通过方差可见），如果有更充分的信息，可以单独分析在哪些月份哪两个仓库之间的订单数据的相关性较高。这些都离不开更充分、详细的客观运作数据信息。因此，在面向云制造的大数据时代，为深化面向可持续发展的企业产品服务系统价值流管理（尤其是企业产品服务系统内共生管理、外共生管理，以及内、外共生的耦合协调管理）以深入探寻企业矛盾系统的优化与满意化运作，需要依托更详细的客观运作数据，展开更深入的因果性的耦合分析研究。

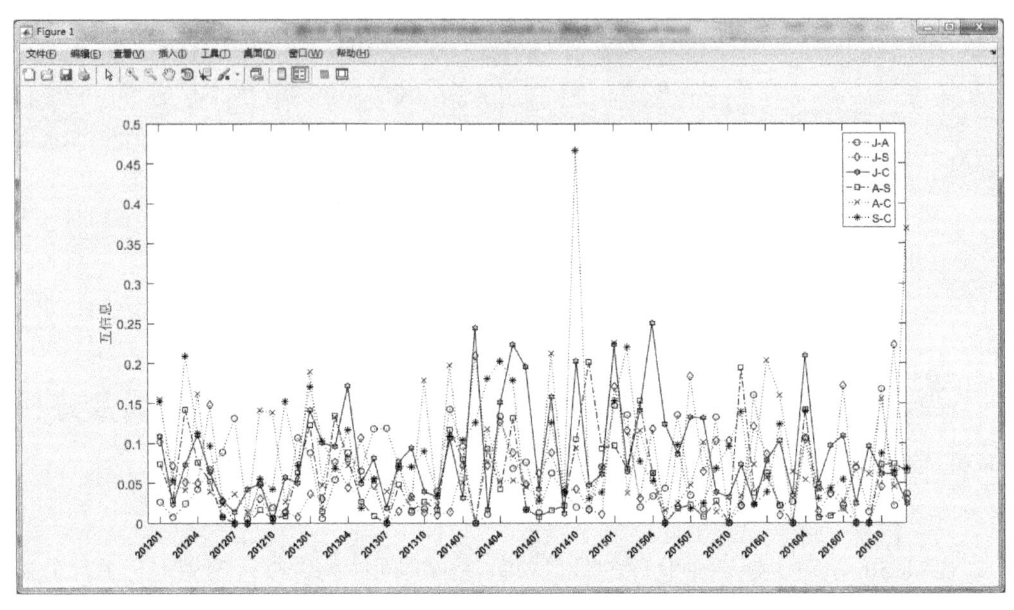

图 8-30　四个仓库日订单数量时间序列数据的互信息结果

表 8-7　四个仓库日订单数量时间序列数据的互信息数值结果表

两两仓库	J-A	J-S	J-C	A-S	A-C	S-C
每月互信息计算结果	0.026 49	0.101 469	0.108 536	0.073 823	0.155 009	0.151 855
	0.007 536	0.072 301	0.023 565	0.028 826	0.050 118	0.054 221
	0.024 746	0.050 945	0.073 41	0.142 25	0.041 89	0.209 739
	0.042 438	0.050 118	0.110 886	0.075 842	0.161 526	0.112 352
	0.066 72	0.147 59	0.063 788	0.052 679	0.039 347	0.096 43
	0.088 782	0.027 538	0.028 07	0.007 536	0.023 921	0.007 536

续表

两两仓库	J-A	J-S	J-C	A-S	A-C	S-C
每月互信息计算结果	0.131 041	0	0.013 815	0	0.036 904	0
	0.006 223	0	0.042 778	0	0.013 488	0
	0.048 404	0.030 577	0.049 52	0.016 285	0.140 735	0.055 642
	0.019 639	0.006 223	0.002 125	0.006 223	0.138 142	0.042 345
	0.014 026	0.014 026	0.057 124	0.009 106	0.026 38	0.151 679
	0.106 544	0.007 536	0.050 118	0.062 712	0.059 558	0.072 301
	0.087 95	0.036 072	0.141 151	0.122 105	0.189 661	0.170 257
	0.005 412	0.030 577	0.100 149	0.014 818	0.047 807	0.102 494
	0.054 511	0.075 704	0.095 608	0.134 507	0.131 937	0.068 493
	0.087 341	0.044 754	0.171 546	0.079 931	0.071 896	0.116 92
	0.065 522	0.106 974	0.049 238	0.026 904	0.053 94	0.018 596
	0.117 277	0.047 807	0.080 498	0.008 355	0.054 234	0.054 975
	0.118 571	0	0.019 108	0	0.039 347	0
	0.070 274	0.014 877	0.076 828	0.047 9	0.068 538	0.071 18
	0.014 215	0.032 89	0.093 602	0.015 493	0.031 442	0.070 458
	0.017 464	0.012 758	0.039 347	0.026 904	0.178 924	0.089 326
	0.039 654	0.010 044	0.032 431	0.015 493	0.022 523	0.034 01
	0.142 526	0.014 026	0.105 158	0.116 464	0.197 521	0.108 886
	0.095 828	0.071 626	0.031 886	0.080 099	0.050 292	0.103 451
	0	0.209 155	0.243 935	0	0	0.125 661
	0.010 339	0.072 301	0.016 494	0.093 062	0.117 45	0.180 265
	0.133 595	0.126 396	0.150 994	0.042 697	0.052 544	0.202 8
	0.067 853	0.087 938	0.223 486	0.131 041	0.053 278	0.178 609
	0.076 216	0.047 913	0.195 359	0.016 494	0.045 424	0.016 494
	0.012 758	0.062 544	0.042 778	0.008 294	0.032 285	0.027 718
	0.061 722	0.087 868	0.158 092	0.015 493	0.212 074	0.125 669
	0.038 217	0.038 217	0.012 121	0.021 621	0.038 217	0.038 217
	0.019 639	0.042 778	0.202 515	0.104 718	0.093 732	0.465 872
	0.017 204	0.017 204	0.047 407	0.201 294	0.030 577	0.030 577
	0.070 062	0.010 929	0.061 307	0.093 129	0.069 327	0.038 829
	0.146 681	0.170 644	0.222 759	0.096 781	0.225 434	0.153 36
	0.134 923	0.115 689	0.064 306	0.067 376	0.037 387	0.219 831

续表

两两仓库	J-A	J-S	J-C	A-S	A-C	S-C
每月互信息计算结果	0.019 228	0.030 621	0.140 888	0.152 557	0.115 249	0.076 79
	0.033 985	0.117 419	0.249 457	0.062 114	0.062 153	0.052 278
	0.043 28	0	0.123 337	0	0.015 46	0
	0.135 511	0.021 159	0.085 584	0.017 91	0.024 328	0.098 11
	0.034 599	0.183 091	0.131 988	0.022 44	0.047 484	0.017 464
	0.016 494	0.063 621	0.131 011	0.007 536	0.100 513	0.025 052
	0.131 763	0.103 075	0.038 217	0.027 16	0.014 026	0.067 665
	0	0.102 564	0.032 363	0	0	0.095 93
	0.021 274	0.021 274	0.072 688	0.193 952	0.034 01	0.139 542
	0.160 118	0.120 642	0.022 44	0.037 905	0.073 343	0.022 44
	0.062 041	0.085 969	0.078 331	0.058 125	0.203 283	0.038 131
	0.021 274	0.010 044	0.102 275	0.021 274	0.160 139	0.123 043
	0.026 904	0	0.034 599	0	0.063 924	0
	0.106 913	0.104 811	0.209 256	0.141 815	0.054 511	0.140 526
	0.043 739	0.014 758	0.049 723	0.007 147	0.042 112	0.030 621
	0.036 904	0.036 904	0.096 282	0.009 106	0.043 653	0.043 653
	0.021 274	0.171 637	0.108 919	0.017 222	0.027 429	0.054 415
	0.068 677	0	0.024 433	0	0.072 528	0
	0.014 026	0	0.095 376	0	0.061 279	0
	0.167 903	0.045 241	0.061 57	0.072 688	0.156 076	0.086 487
	0.021 621	0.222 759	0.061 279	0.073 67	0.045 834	0.065 168
	0.036 904	0.029 52	0.024 746	0.065 251	0.368 962	0.067 844
均值	0.058 546	0.059 685	0.087 943	0.050 735	0.080 318	0.083 537
标准差	0.046 801	0.055 999	0.063 404	0.051 875	0.069 492	0.077 206

参 考 文 献

阿里吉 G. 2009. 亚当·斯密在北京：21 世纪的谱系. 路爱国，黄平，许安结译. 北京：社会科学文献出版社.

艾克纳 A S. 1990. 经济学为什么还不是一门科学. 苏通，康以同，赖金昌，等译. 北京：北京大学出版社.

安德森 C. 2012. 长尾理论. 3 版. 乔江涛，石晓燕译. 北京：中信出版社.

奥德姆 E P，巴雷特 G W. 2009. 生态学基础. 5 版. 陆健健，王伟，王天慧，等译. 北京：高等教育出版社.

奥康纳 J. 2003. 自然的理由——生态学马克思主义研究. 唐正东，臧佩洪译. 南京：南京大学出版社.

巴尔 M. 2013. 中国软实力：谁在害怕中国. 石竹芳译. 北京：中信出版社.

巴克豪斯 R E. 2018. 经济学是科学吗？现代经济学的成效、历史与方法. 苏丽文译. 上海：格致出版社，上海人民出版社.

白玮，郝晋珉. 2005. 自然资源价值探讨. 生态经济，（10）：5-7，12.

包庆德. 2016. “环境悬崖与社会转型发展学术论坛”综述. 自然辩证法研究，（1）：127-128.

鲍玉斌，王琢，孙焕良，等. 2003. 一种基于分形维的快速属性选择算法. 东北大学学报，24（6）：527-530.

贝赞可 D，德雷诺夫 D，尚利 M，等. 2006. 战略经济学. 3 版. 詹正茂，冯海红，林民旺，等译. 北京：中国人民大学出版社.

本书编写组. 2017. 党的十九大报告学习辅导百问. 北京：党建读物出版社，学习出版社.

彼彻姆 T L. 1990. 哲学的伦理学：道德哲学引论. 雷克勤，郭夏娟，李兰芬，等译. 北京：中国社会科学出版社.

彼得斯 E E. 2002. 分形市场分析：将混沌理论应用到投资与经济理论上. 储海林，殷勤译. 北京：经济科学出版社.

波特 M. 2003. 绿色竞争力：解开僵局//波特 M. 竞争论. 高登第，李明轩译. 北京：中信出版社.

伯格斯特罗姆 J C，兰多尔 A. 2015. 资源经济学：自然资源与环境政策的经济分析. 3 版. 谢关平，朱方明译. 北京：中国人民大学出版社.
伯克特 P，坎贝尔 B，万冬冬. 2014. 资本与自然. 马克思主义与现实，（3）：82-87.
博茨曼 R，罗杰斯 R. 2015. 共享经济时代：互联网思维下的协同消费商业模式. 唐朝文译. 上海：上海交通大学出版社.
博伊兰 T A，奥戈尔曼 P F. 2002. 经济学方法论新论：超越经济学中的唯名论与唯实论. 夏业良译. 北京：经济科学出版社.
卜祥记，何亚娟. 2013. 经济哲学视域中的生态危机发生机制透析. 马克思主义与现实，（3）：171-175.
布罗西耶 H. 1997. 经济学作为一门具有实证性和规范性的科学//多迪默 A，卡尔特里耶 J. 经济学正在成为硬科学吗. 张增一译. 北京：经济科学出版社：49-70.
蔡彬清，陈国宏. 2012. 复杂网络视角下链式产业集群竞争优势分析——以柳市低压电器产业集群为例. 经济地理，32（10）：83-88.
蔡锐，张慧. 2014. 辽宁省装备制造业供应链治理结构与供应链绩效关系研究. 商业经济，（19）：48-50.
陈刚，付江月. 2018. 兼顾公平与效率的多目标应急物资分配问题研究. 管理学报，15（3）：459-466.
陈宏志. 2011. 信任、关系承诺与供应链组织耦合：概念性框架. 物流技术，（17）：175-177.
陈金明，汪平. 2006. 关于发展循环经济的思考. 自然辩证法研究，（11）：75-79.
陈劲，王焕祥. 2008. 演化经济学. 北京：清华大学出版社.
陈铿，韩伯棠. 2005. 混沌时间序列分析中的相空间重构技术综述. 计算机科学，（4）：67-70.
陈琳，李玉刚. 2015. 组织合法性中解耦问题研究综述. 科技进步与对策，（14）：156-160.
陈凌霄. 2016. 马克思自然观中的生态哲学思想. 自然辩证法研究，（10）：110-115.
陈荣秋，马士华. 2009. 生产运作管理. 北京：机械工业出版社.
陈禹，方美琪. 2015. 复杂性研究视角中的经济系统. 北京：商务印书馆.
陈悦，谷军，魏忠明. 2018. 论社会主义核心价值观之“敬业”观对马克思劳动观的丰富和发展. 学校党建与思想教育，（4）：8-10.
陈志祥，马士华，陈荣秋. 1999. 精细化供应链的研究. 计算机集成制造系统，5（5）：11-16.
程恩富，冯金华，马艳. 2011. 现代政治经济学新编. 上海：上海财经大学出版社.
程恩富，刘伟. 2012. 社会主义共同富裕的理论解读与实践剖析. 马克思主义研究，（6）：41-47.
程国平，刘勤. 2009. 供应链风险传导路径变化研究. 价值工程，（4）：1-3.
程宏燕. 2013. 历史唯物主义视域中的生态问题研究. 自然辩证法研究，（11）：123-128.
程倩春. 2016. 论发展生态辩证法何以可能——从戴维·哈维与约翰·贝拉米·福斯特的争论谈起. 自然辩证法研究，（10）：44-49.
程少川. 2018. 东西方价值哲学比较视域下的中华文化优势特质新探. 天津大学学报（社会科学

版），（2）：142-148.
程时伟，刘肖健. 2012. 云制造环境下活动驱动的工业设计电子服务系统. 计算机集成制造系统，18（7）：1510-1517.
崔荣会，侯闯，白云川，等. 2010. 云制造：摸不着？. 中国制造业信息化，（6）：14-17.
崔荣会，李艾艾. 2010. 云制造落地. 中国制造业信息化，（6）：18-21.
崔向阳，崇燕. 2014. 马克思的价值链分工思想与我国国家价值链的构建. 经济学家，（12）：5-13.
崔晓迪. 2009. 区域物流供需耦合系统的协同发展研究. 北京交通大学博士学位论文.
代文彬，慕静. 2013. 面向食品安全的食品供应链透明研究. 贵州社会科学，（4）：155-159.
戴利 H E. 2006. 超越增长：可持续发展的经济学. 诸大建，胡圣，等译. 上海：上海译文出版社.
戴利 H E，法利 J. 2013. 生态经济学：原理和应用. 2 版. 金志农，陈美球，蔡海生，等译. 北京：中国人民大学出版社.
戴勇. 2017. 食品安全社会共治模式研究：供应链可持续治理的视角. 社会科学，（6）：47-58.
戴正农. 2011. “满意化”和“适应性”：西蒙有限理性思想探析. 江苏社会科学，（6）：25-31.
邓小平. 1993. 邓小平文选（第 3 卷）. 北京：人民出版社.
狄瑞坤，蒋君侠. 2002. 集成精益生产和敏捷制造的混合供应链. 浙江大学学报（工学版），（3）：39-42.
蒂坦伯格 T，刘易斯 L. 2011. 环境与自然资源经济学. 8 版. 王晓霞，杨鹏，石磊，等译. 北京：中国人民大学出版社.
丁庆洋，朱建明. 2017. 区块链视角下的 B2C 电商平台产品信息追溯和防伪模型. 中国流通经济，（12）：41-49.
丁任重. 1986. 马克思的“稀少性”概念. 财贸研究，（1）：13-17.
杜红梅. 2010. 我国农产品绿色供应链耦合机制：制度经济学视角. 湖南农业大学博士学位论文.
杜志平，穆东. 2005. 基于功能耦合的供应链系统研究. 物流技术，（9）：115-118.
段茜，黄梦醒，万兵，等. 2014. 云计算环境下基于马尔可夫链动态模糊评价的供应链伙伴选择研究. 计算机应用研究，（8）：2403-2406.
多迪默 A，卡尔特里耶 J. 1997. 经济学正在成为硬科学吗. 张增一译. 北京：经济科学出版社.
额尔敦扎布，莎日娜. 2006. 自然资源价值辨析. 当代经济研究，（7）：27-30.
樊宝平. 2004. 资源稀缺性是一条普遍法则——兼与周肇光同志商榷. 经济问题，（7）：8-10.
范里安 H R. 2014. 微观经济学：现代观点. 9 版. 费方域，朱保华，等译. 上海：格致出版社，上海三联书店，上海人民出版社.
范丽红，陈圣飞. 2011. 基于供应链视角的企业财务风险传导效应研究. 会计之友，（33）：33-35.

范文慧，肖田元. 2011. 基于联邦模式的云制造集成体系架构. 计算机集成制造系统，（3）：469-476.
冯华，梁亮亮. 2016. 供应链治理机制对供应链能力的作用关系：供应链柔性的调节作用. 珞珈管理评论，（2）：124-142.
傅德本. 2010. 自然辩证法何以安身立命——读刘啸霆教授文章的几点认识. 自然辩证法研究，（4）：124-128.
傅元略. 2017. 跨企业协同治理研究. 财务研究，（5）：3-12.
高德拉特 E. 2006. 目标Ⅱ——绝不是靠运气. 周怜利译. 北京：电子工业出版社.
高德拉特 E，科克斯 J. 2006. 目标：简单而有效的常识管理. 齐若兰译. 北京：电子工业出版社.
高鹭，张宏业. 2007. 生态承载力的国内外研究进展. 中国人口·资源与环境，17（2）：19-26.
苟娟琼，李学伟，王家琦. 2009. 面向服务的供应链动态整合模型研究. 物流技术，（5）：107-110.
顾海良. 2016. 新发展理念与当代中国马克思主义“系统化的经济学说”的发展. 经济学家，（3）：5-7.
顾新建，祁国宁，唐任仲. 2010. 智慧制造企业——未来工厂的模式. 航空制造技术，（12）：26-28.
关永强，张东刚. 2014. 英国经济学的演变与经济史学的形成（1870—1940）. 中国社会科学，（4）：45-65.
哈肯 H. 2001. 协同学——大自然构成的奥秘. 凌复华译. 上海：上海译文出版社.
哈特 D. 2012. 重分形：理论及应用. 华南理工大学分形课题组译. 北京：科学出版社.
韩双. 2016. 考虑行为因素的报童订货决策的实验研究. 广东工业大学硕士学位论文.
韩小花，韩双，周维浪. 2016. 最大化-满意化决策风格对报童订货决策的影响. 统计与决策，（3）：47-51.
郝书池，姜燕宁. 2016. 供应链和谐机理研究. 商业经济研究，（7）：19-21.
何丽野. 2016. 交换理性批判及其意义. 哲学研究，（10）：3-8.
何全胜，郭泽德. 2017. 科学思维：关于经济学方法论的对话与碰撞. 北京：经济日报出版社.
河田信. 2008. 丰田管理方式：会计逻辑和生产逻辑相整合的管理方式. 牛占文，赵晟谊，胡光书译. 北京：中国铁道出版社.
贺东京，宋晓，王琪，等. 2011. 基于云服务的复杂产品协同设计方法. 计算机集成制造系统，17（3）：533-539.
黑尔 C M. 1999. 道德语言. 万俊人译. 北京：商务印书馆.
亨特 E K. 2007. 经济思想史：一种批判性的视角. 2 版. 颜鹏飞，等译. 上海：上海财经大学出版社.
洪银兴. 2000. 可持续发展经济学. 北京：商务印书馆.
洪银兴. 2014. 一个马克思社会分工制度理论研究成果. 经济学家，（2）：101-102.

胡福明. 1978-05-11. 实践是检验真理的唯一标准. 光明日报，A1 版.

胡建强，周斌，邹鹏. 2007. 一种基于服务过程行为的 Web 服务发现方法. 计算机工程与科学，29（9）：41-44.

胡明. 2016. 经济学实证方法与价值中立原则研究. 北京：经济管理出版社.

胡明，方敏. 2009. “价值判断之争”及启示. 江苏社会科学，（3）：44-50.

华章琳，柳敏. 2012. 生态学马克思主义视野下的中国生态环境问题治理研究. 生态经济，（9）：150-155.

黄昊，张丹丹. 2016. 科学事实与价值——以朱熹的科学研究为例. 贵州社会科学，（12）：35-40.

黄润生，黄洁. 2005. 混沌及其应用. 2 版. 武汉：武汉大学出版社.

黄铁苗. 2005. 一切节约归根到底是资源的节约——兼论马克思的劳动时间节约理论. 当代经济研究，（8）：7-10.

黄欣荣. 2012. 复杂性科学的方法论研究. 重庆：重庆大学出版社.

黄新生. 2009. 劳动价值理论在中国经济实践中发展——兼评刘诗白《现代财富论》的劳动价值新论. 经济学家，（8）：19-21.

霍耳顿 G J. 1999. 科学与反科学. 范岱年，陈养惠译. 南昌：江西教育出版社.

霍佳震，吴群，谌飞龙. 2007. 集群供应链网络的联结模式与共治框架. 中国工业经济，（10）：13-20.

霍肯 P. 2007. 商业生态学. 夏善晨，金继光，方堃译. 上海：上海译文出版社.

霍奇逊 G M. 1993. 现代制度主义经济学宣言. 向以斌，等译. 北京：北京大学出版社.

计国君. 2009. 闭环供应链回收渠道治理模式研究. 公司治理评论，（3）：76-98.

贾凯. 2011. 面向服务、高效低耗、基于网络的敏捷制造新模式——中国工程院院士李伯虎谈云制造. 中国制造业信息化，（2）：10-14.

贾燕，王润孝，朱焕亮，等. 2003. 基于有限状态机的供应链订单处理流程研究. 工业工程与管理，8（1）：62-65.

江平宇，朱琦琦. 2008. 产品服务系统及其研究进展. 制造业自动化，（12）：10-17.

姜磊，柏玲，吴玉鸣. 2017. 中国省域经济、资源与环境协调分析——兼论三系统耦合公式及其扩展形式. 自然资源学报，32（5）：788-799.

姜奇平. 2007a. 得“长尾”者得天下——长尾基本法则. 企业研究，（6）：26-38.

姜奇平. 2007b. 迪克西特与长尾理论. 互联网周刊，（21）：90-91.

姜奇平. 2015. 互联网+制造应有别于工业 4.0 与工业互联网. 互联网周刊，（13）：70-71.

姜奇平. 2016. 区块链与货币哲学的发展. 互联网周刊，（4）：70-71.

姜文芹. 2009. 供应链一体化 CRM 的市场优势与模式构建. 山东工商学院学报，（3）：1-5.

蒋军锋. 2009. 基于分形的技术创新网络结构遗传与变异模型：时间与层次统一视角的考察. 系统工程理论与实践，29（8）：91-101.

蒋学海. 2017. 基于博弈论的 P2P 网贷平台监管分析——兼论帕累托最优路径选择. 征信，35（12）：62-68.
金炯基. 2013. 马克思主义经济学的局限性和创新议程. 学术月刊，（8）：85-91.
凯恩斯 J M. 2009. 就业、利息和货币通论. 陆梦龙译. 北京：中国社会科学出版社.
凯恩斯 J N. 2017. 政治经济学的范围与方法. 党国英，刘惠译. 北京：商务印书馆.
康德 I. 2004. 纯粹理性批判. 李秋零译. 北京：中国人民大学出版社.
康芒 M，斯塔格尔 S. 2012. 生态经济学引论. 金志农，余发新，吴伟萍，等译. 北京：高等教育出版社.
科尔斯塔德 C D. 2016. 环境经济学. 2 版. 彭超，等译. 北京：中国人民大学出版社.
科斯 R. 2018-09-29. 新制度经济学的鼻祖科斯给中国的十大忠告，句句扎心. http://www.sohu.com/a/256934178_313480.
科特勒 P，卡斯林 J A. 2009. 混沌时代的管理和营销. 李健译. 北京：华夏出版社.
孔令锋. 2008. 可持续发展的政治经济学分析：基于市场与政府的视角. 上海：上海财经大学出版社.
库普曼斯 T C. 2010. 关于经济科学现状的三篇论文. 王中华，刘玉霞译. 北京：首都经济贸易大学出版社.
拉沃 M. 2009. 后凯恩斯主义经济学. 王鹏译. 济南：山东大学出版社.
兰伯特 D M. 2007. 供应链管理：流程、伙伴、业绩. 王平译. 北京：北京大学出版社.
蓝盛芳，陆宏芳，钦佩. 2002. 生态经济系统能值分析. 北京：化学工业出版社.
雷晓明. 2007. 论经济理论科学性的判定条件. 昆明：云南大学出版社.
冷志杰，谢如鹤. 2016. 基于粮食处理中心讨价还价博弈模型的原粮供应链治理模式. 中国流通经济，（5）：36-43.
黎继子，刘春玲. 2006. 集群式供应链：产业集群和供应链的耦合. 现代经济探讨，（5）：5-9.
黎继子，刘春玲，蔡根女. 2005. 全球价值链与中国地方产业集群的供应链式整合——以苏浙粤纺织服装产业集群为例. 中国工业经济，（2）：118-125.
黎继子，刘春玲，常亚平，等. 2006. 集群式供应链组织续衍与物流园区发展的耦合分析——以苏州 IT 产业集群为例. 中国软科学，（1）：108-116.
黎继子，周兴建，刘春玲，等. 2016. 众包供应链创新发展路径分析. 科技进步与对策，（6）：14-19.
李安楠，邓修权，赵秋红. 2017. 分形视角下的非常规突发事件应急协同组织. 系统工程理论与实践，37（4）：937-948.
李伯虎. 2011. 云制造——制造领域中的云计算. 中国制造业信息化，（10）：24-26.
李伯虎，张霖，任磊，等. 2011. 再论云制造. 计算机集成制造系统，（3）：449-457.
李伯虎，张霖，王时龙，等. 2010. 云制造——面向服务的网络化制造新模式. 计算机集成制造系统，16（1）：1-7，16.

李德顺. 2007. 价值论. 北京：中国人民大学出版社.
李德顺. 2013. "满足需要"有何错——答王玉樑同志. 马克思主义研究，（9）：134-142.
李嘉图 D. 2014. 经济学及赋税之原理. 2 版. 郭大力，王亚南译. 上海：上海三联书店.
李金昌. 1989. 试论自然资源的价值问题. 中国人口·资源与环境，1（1）：11-15.
李金华，黄光于. 2016. 供应链社会责任的整合治理模式与机制. 系统科学学报，（1）：65-69.
李莉. 2010. 集群式供应链风险形成机理与评估研究. 西南交通大学博士学位论文.
李莉，关宇航，顾春霞. 2012. 物联网平台下供应链企业间治理机制研究. 物流技术，（13）：313-317.
李玲，徐中民. 2008. 生态经济价值理论浅析. 开发研究，（6）：44-47.
李明，李军，李继军，等. 2003. 面向经营的产品开发设计研究. 现代制造工程，（3）：52-54.
李铭. 2012. 中小制造企业供应链危机扩散机理与仿真研究. 哈尔滨工程大学硕士学位论文.
李绍荣. 2002. 帕累托最优与一般均衡最优之差异. 经济科学，（2）：75-80.
李涛，廖和平，杨伟，等. 2015. 重庆市"土地、人口、产业"城镇化质量的时空分异及耦合协调性. 经济地理，（5）：65-71.
李维安，李勇建，石丹. 2016. 供应链治理理论研究：概念、内涵与规范性分析框架. 南开管理评论，（1）：4-15.
李伟. 2013. 基于 SOA 的电子商务集成设计研究. 电脑与信息技术，（6）：3-6.
李文华. 2008. 生态系统服务功能价值评估的理论、方法与应用. 北京：中国人民大学出版社.
李晓，刘正刚. 2013. 面向可持续发展的企业产品服务系统价值流管理. 北京：中国社会科学出版社.
李晓，刘正刚. 2014. 制造企业价值导向的云制造 ERP 研究. 中国科技论坛，（4）：93-98.
李晓，刘正刚. 2017. 基于区块链技术的供应链智能治理机制. 中国流通经济，（11）：34-44.
李晓，刘正刚，顾新建. 2011. 面向可持续发展的企业产品服务系统研究. 中国工业经济，（2）：110-119.
李义平. 1992. 价值规律与价格规律. 学术研究，（3）：8-14.
李胤奇，李柏洲. 2017. 企业知识治理与社会技术能力耦合机制及影响因素研究. 科技进步与对策，（6）：132-138.
李玉海. 2004. 经济学的本质——价值动力学. 北京：中国经济出版社.
李跃华，吕计跃. 2016. 马克思经济哲学交融研究之路的开创及其当代意义——《1844 年经济学哲学手稿》解析. 社会科学家，（7）：61-65.
李政大. 2016，生态文明研究现状、困境与展望. 西安交通大学学报（社会科学版），（6）：88-93.
李周. 2015. 生态经济学. 北京：中国社会科学出版社.
连远强. 2010. 产业集群与供应链联盟的耦合发展研究. 科技与管理，（1）：1-4.
连远强. 2015. 产业链耦合视角下创新联盟的共生演化问题研究. 科学管理研究，（5）：29-33.

连远强. 2016. 供给侧跨界耦合视角下产业创新发展研究. 科技进步与对策，（20）：63-68.
连远强，刘俊伏. 2017. 成员异质性、网络耦合性与产业创新网络绩效. 宏观经济研究，（9）：128-136.
林岗，盘为龙. 2007. 使用价值社会属性的辨析——兼对“抽象使用价值论”述评. 教学与研究，（10）：33-38.
林毅夫. 2012. 新结构经济学：反思经济发展与政策的理论框架. 北京：北京大学出版社.
凌伟. 2007. 供应链管理的和谐机制研究. 天津大学硕士学位论文.
刘灿，李萍，吴垠. 2011. 马克思主义经济学发展创新的时代任务和基本路径. 经济学家，（5）：11-19.
刘盾，袁伦渠，林玳玳. 2013. 资本主义经济和经济学的双重危机与重构：历史唯物主义的视角. 经济学家，（7）：5-16.
刘国光. 2013. 社会主义市场经济理论问题. 北京：中国社会科学出版社.
刘会，宋华，冯云霞. 2015. 产品模块化与供应链整合的适配性关系研究. 科学学与科学技术管理，（9）：93-104.
刘江鹏. 2015. 企业成长的双元模型：平台增长及其内在机理. 中国工业经济，（6）：148-160.
刘俊，史嫄. 2012. 基于风险视角的供应链系统生命周期研究. 物流技术，（5）：103-106.
刘勤，程国平. 2009. 基于传导机制的供应链风险管理. 物流工程与管理，（1）：47-49.
刘少兵. 2009. 和谐项目管理理论与实证研究. 中南大学博士学位论文.
刘诗白. 2005. 现代财富论. 北京：生活・读书・新知三联书店.
刘式达，刘式适. 2014. 物理学中的分形. 北京：北京大学出版社.
刘思华. 2014. 生态马克思主义经济学原理（修订版）. 北京：人民出版社.
刘伟. 2015. 论科学的经济学. 北京：中国社会科学出版社.
刘伟. 2016. 在马克思主义与中国实践结合中发展中国特色社会主义政治经济学. 经济研究，（5）：4-13.
刘小怡. 1999. 关于构建理论经济学的若干问题. 华中师范大学学报（人文社会科学版），（3）：23-29.
刘孝廷. 2008-10-20. 30 年来中国自然辩证法研究的发展. 学习时报，第 7 版.
刘啸霆. 2009. 纠正不应有的错位——“自然辩证法”语义在当代汉语学术中的境遇及出路. 自然辩证法研究，（10）：31-34.
刘燕楚. 2011. 集聚型供应链网络的鲁棒性研究. 浙江工商大学硕士学位论文.
刘颖，翟开云. 2016. 基于 Spring MVC 框架的鲜活农产品供应链交易平台构建. 物流技术，（10）：133-137.
刘正刚，田军. 2013. ERP 制造系统原理. 北京：机械工业出版社.
刘正刚，李晓，陈畴镛. 2012. 企业产品服务系统外共生交易机制研究——传统按量支付交易模式和管理费机制定量对比分析. 生态经济，（11）：102-111.

刘正刚，李晓，田军. 2017. 融合生态经济学的马克思主义经济科学初议. 生态经济，（2）：162-167.

刘宗华. 2018. 混沌动力学基础及其在大脑功能方面的应用. 北京：科学出版社.

柳欣，王璐. 2012. 货币与资本主义：挑战西方主流经济学——柳欣教授访谈. 学术月刊，（10）：155-160.

龙图景，孙政顺，李春文，等. 2004. 一种新的网络业务流的多重分形小波模型. 计算机学报，27（8）：1074-1082.

卢嘉瑞. 2013. 马克思的高级使用价值理论与循环经济. 马克思主义研究，（4）：47-53.

卢志刚，张聪利. 2015. 自贸区跨境供应链竞争力研究. 上海管理科学，（6）：1-6.

鲁宾斯坦 A. 2005. 有限理性建模. 倪晓宁译. 北京：中国人民大学出版社.

陆岷峰，吴建平. 2017. 关于中小商业银行发展金融科技的战略研究——基于城商行群体的样本分析. 湖南财政经济学院学报，（6）：13-21.

路应金，唐小我，张勇. 2006. 供应链中牛鞭效应的分形特征研究. 系统工程学报，（5）：463-469.

罗宾斯 L. 2000. 经济科学的性质和意义. 朱泱译. 北京：商务印书馆.

吕金虎，陆君安，陈士华. 2002. 混沌时间序列分析及其应用. 武汉：武汉大学出版社.

马传栋. 2015. 可持续发展经济学. 2 版. 北京：中国社会科学出版社.

马克思 K H. 1975. 资本论：第 3 卷. 中共中央马克思恩格斯列宁斯大林著作编译局译. 北京：人民出版社.

马克思 K H. 2004. 资本论：第 1 卷. 2 版. 中共中央马克思恩格斯列宁斯大林著作编译局译.北京：人民出版社.

马克思 K H. 2014. 1844 年经济学哲学手稿. 中共中央马克思恩格斯列宁斯大林著作编译局译. 北京：人民出版社.

马克思 K H，恩格斯 F. 1974a. 马克思恩格斯全集：第 39 卷. 中共中央马克思恩格斯列宁斯大林著作编译局译. 北京：人民出版社.

马克思 K H，恩格斯 F. 1974b. 马克思恩格斯全集：第 26 卷，第 3 册. 中共中央马克思恩格斯列宁斯大林著作编译局译. 北京：人民出版社.

马克思 K H，恩格斯 F. 2001. 马克思恩格斯全集：第 25 卷. 2 版. 中共中央马克思恩格斯列宁斯大林著作编译局译. 北京：人民出版社.

马克思 K H，恩格斯 F. 2009. 马克思恩格斯文集：第 5 卷. 中共中央马克思恩格斯列宁斯大林著作编译局译. 北京：人民出版社.

马克思主义政治经济学概论编写组. 2011. 马克思主义政治经济学概论. 北京：人民出版社.

马文保，蔡静. 2012. 从《提纲》看马克思的哲学变革——一种理解马克思哲学观的新视角. 西安交通大学学报（社会科学版），（5）：69-72.

马艳，王宝珠，李韵，等. 2015. 虚拟价值的理论与宏观模型及其应用. 政治经济学评论，

（6）：46-76.

马拥军. 2016. 跨国资本统治下的世界竞争新格局. 天津社会科学，（2）：4-10，18.

马昀，卫兴华. 2013. 用唯物史观科学把握生产力的历史作用. 中国社会科学，（11）：46-64.

曼德尔布罗特 B B. 1998. 大自然的分形几何学. 陈守吉，凌复华译. 上海：上海远东出版社.

曼德尔布罗特 B B，赫德森 R L. 2017. 市场的（错误）行为：风险、破产与收益的分形观点. 张新，张增伟译. 北京：中国人民大学出版社.

曼昆 N G. 2015. 经济学原理：微观经济学分册. 7 版. 梁小民，梁砾译. 北京：北京大学出版社.

芒纳星河 M. 2008. 使发展更可持续：可持续经济学框架与应用. 邹文博，谢旭轩，余嘉玲，等译. 北京：中国社会科学出版社.

毛北行，常娟. 2014. 2 个非线性耦合复杂动态网络的广义同步. 郑州轻工业学院学报（自然科学版），（5）：103-105.

毛敏，何雅丽. 2015. 快时尚服装供应链解耦点定位模型研究. 物流技术，34（13）：210-212.

梅多斯 D，兰德斯 J，梅多斯 D. 2013. 增长的极限. 李涛，王智勇译. 北京：机械工业出版社.

孟祥旭，刘士军，武蕾，等. 2011. 云制造模式与支撑技术. 山东大学学报（工学版），（5）：13-20.

米塞斯 L V. 2015. 经济科学的最终基础：一篇关于方法的论文. 朱泱译. 北京：商务印书馆.

密尔 J S. 2009. 精神科学的逻辑. 李涤非译. 杭州：浙江大学出版社.

穆贾雅 W. 2016. 商业区块链：开启加密经济新时代. 林华，叶军，段月娇，等译. 北京：中信出版集团.

穆勒 J. 2005. 政治经济学原理及其在社会哲学上的若干应用（上卷）. 赵荣潜，桑炳彦，朱泱译. 北京：商务印书馆.

纳拉亚南 A，贝努 J，菲尔顿 E，等. 2016. 区块链：技术驱动金融. 林华，王勇，帅初，等译. 北京：中信出版集团.

倪丽萍，倪志伟，吴昊，等. 2009. 基于分形维数和蚁群算法的属性选择方法. 模式识别与人工智能，（2）：293-298.

倪沈冰，陈俊芳，张莉娜. 2003. 分形理论在供应链管理中的应用. 华中科技大学学报（自然科学版），（11）：113-116.

倪沈冰，陈俊芳，诸葛良. 2004. 制造业供应链流程模块化理论及其实证研究. 中国机械工程，（4）：33-37.

倪云华，虞仲轶. 2015. 共享经济大趋势. 北京：机械工业出版社.

倪志伟，王超，胡汤磊，等. 2015. 面向数据流的多粒度时变分形维数计算. 软件学报，26（10）：2614-2630.

牛水叶，李勇建. 2017. 生产者延伸责任制（EPR）运营实践的供应链治理与评估方法研究——“EPR 成熟度模型”的构建与多案例的实践应用. 珞珈管理评论，（1）：188-213.

牛文元. 1994. 持续发展导论. 北京：科学出版社.

牛文元，等. 2016. 可持续发展管理学. 北京：科学出版社.

潘剑英，王重鸣. 2014. 生态系统隐喻在组织研究中的应用与展望. 自然辩证法研究，（3）：65-69.

潘文安，杨娟. 2012. 集群供应链网络组织治理模式与治理机制研究. 商业研究，（7）：117-124.

庞美，冯华. 2016. 基于信息可视度的供应链治理机制与供应链柔性相互作用研究. 珞珈管理评论，（1）：151-166.

庞晓光，陈庆永. 2016. 价值向科学的回归——论二十世纪中后期科学与价值的关系. 自然辩证法研究，（9）：92-96.

佩罗曼 M，郑飞，赵宛竹. 2007. 马克思、自然及其对中国可能的启示. 马克思主义与现实，（6）：34-45.

彭绍仲，李海舰，曾繁华. 2005. 全球商品链的内部化优势与价格均衡机制. 中国工业经济，（9）：50-59.

普特南 H. 2006. 事实与价值二分法的崩溃. 应奇译. 北京：东方出版社.

钱俊生，彭定友. 2002. 生态价值观的哲学意蕴. 自然辩证法研究，（10）：13-15.

钱书法. 2013. 分工演进、组织创新与经济进步：马克思社会分工制度理论研究. 北京：经济科学出版社.

钱书法，周绍东. 2010. 产品内分工陷阱：马克思分工理论与产品建构理论的解释及其比较. 经济学家，（10）：39-45.

乔治 M L，威尔逊 S A. 2006. 突破增长极限：沃尔玛、丰田等顶级企业如何驾驭商业复杂性. 郑磊，张巍译. 北京：当代中国出版社.

冉佳森，谢康，肖静华. 2015. 信息技术如何实现契约治理与关系治理的平衡——基于D公司供应链治理案例. 管理学报，（3）：458-468.

任敏，唐仁强. 2018. 基于地方治理三重逻辑视野下的我国农村基本公共服务供应链创新整合研究. 中国集体经济，（2）：2-5.

任群罗. 2009. 循环经济的生态经济学基础. 北京：石油工业出版社.

任迎伟，胡国平. 2008. 产业链稳定机制研究——基于共生理论中并联耦合的视角. 经济社会体制比较，（2）：180-184.

荣兆梓. 2000. 经济学的稀缺性与马克思的丰裕社会理论. 教学与研究，（4）：21-25.

萨缪尔森 PA，诺德豪斯 WD. 2008. 经济学. 18版. 萧琛译. 北京：人民邮电出版社.

申光龙，林明政，葛法权. 2015. 基于QR与ECR的互益性非营利组织供应链治理研究. 物流技术，（6）：23-26.

沈月，赵海月. 2014. 马克思物质变换理论及其对循环型社会构建的启示. 生态经济，（5）：29-33.

盛世豪，包浩斌，郑剑锋. 2010. 产业集群与供应链耦合理论研究述评. 西部论坛，（6）：46-50.
石丹，李勇建. 2014. 基于契约和关系治理的供应链质量控制机制设计. 运筹与管理，（2）：15-23.
石磊，赵宇霞. 2012. 马克思主义自然观的生态学内涵——生态马克思主义视域下的解读. 科学技术哲学研究，（2）：97-101.
斯拉法 P. 1963. 用商品生产商品——经济理论批判绪论. 巫宝三译. 北京：商务印书馆.
斯拉法 P. 2013a. 大卫·李嘉图全集. 第 1 卷：政治经济学及赋税原理. 郭大力，王亚南译. 北京：商务印书馆.
斯拉法 P. 2013b. 大卫·李嘉图全集. 第 8 卷：通信集. 寿进文译. 北京：商务印书馆.
斯密 A. 2014. 国富论：全译本. 郭大力，王亚南译. 北京：商务印书馆.
斯万 M. 2016. 区块链：新经济蓝图及导读. 韩锋，等译. 北京：新星出版社.
宋高歌，黄培清，帅萍. 2005. 基于产品服务化的循环经济发展模式研究. 中国工业经济，（5）：13-20.
宋华. 2016. 基于产业生态的供应链金融的创新趋势. 中国流通经济，（12）：85-91.
宋闻欣. 2009. 信息产业集群式供应链的研究——以硅谷为例. 黑龙江对外经贸，（4）：118-119.
孙广生，王雁. 2007. 循环经济的微观组织模式：基于供应链的分析. 东北大学学报（社会科学版），（1）：30-34.
孙剑平. 2002. 经济学：从浪漫到科学——可持续发展议题的经济学沉思. 北京：经济科学出版社.
孙鹏. 2009. 集群式供应链视角下的区域品牌持续成长策略研究. 湖南商学院学报，（4）：57-59.
孙清照. 2016. “自然哲学与生态文明学术研讨会”综述. 自然辩证法研究，（7）：126-128.
孙文芳，叶怀珍，屈喜龙. 2009. 供应链网络系统分形整合的熵评价模型. 统计与决策，（8）：53-55.
孙霞，吴自勤，黄畇. 2003. 分形原理及其应用. 合肥：中国科学技术大学出版社.
孙向东. 2005. 利润满意化——我国企业的现实选择. 河南工业大学学报（社会科学版），（2）：22-23.
孙新宇. 2016. 供应链战略选择与实施分析. 中国管理科学，（S1）：571-576.
孙新宇，孙林岩，汪应洛，等. 2005. 产生不同供应链模式的经济解释. 预测，（1）：59-63.
孙正聿. 2011. 马克思主义基础理论研究. 北京：北京师范大学出版社.
塔普斯科特 D，塔普斯科特 A. 2016. 区块链革命：比特币底层技术如何改变货币、商业和世界. 凯尔，孙铭，周沁园译. 北京：中信出版集团.
覃志红. 2012. 马克思总体生产思想研究. 北京：人民出版社.

唐方成，马骏，席酉民. 2004. 和谐管理的耦合机制及其复杂性的涌现. 系统工程理论与实践，（11）：68-75.

唐秋鸿. 2008. 构建低耦合度供应链成本计算模型. 大众科技，（5）：46-47.

陶飞，张霖，郭华，等. 2011. 云制造特征及云服务组合关键问题研究. 计算机集成制造系统，（3）：477-486.

陶应时，蒋美仕，袁模芳. 2016. 现代生物技术耦合生态价值研究. 自然辩证法研究，（8）：113-118.

汪传雷，万一荻，秦琴，等. 2017. 基于区块链的供应链物流信息生态圈模型. 情报理论与实践，（7）：115-121.

汪丁丁. 1998. 经济学理性主义的基础. 社会学研究，（2）：3-13.

汪毅霖. 2016. 经济学能够成为硬科学吗？——方法论视角的研究. 北京：经济管理出版社.

王朝科. 2013. 自然力与社会再生产的辩证关系：基于马克思再生产理论的视角. 海派经济学，（3）：78-91.

王凤，林杰. 2009. 大规模定制下多 CODP 的定位模型及算法. 计算机工程与应用，（13）：4-7.

王福成. 2016. 绿色发展理念与马克思主义关于人和自然关系的原理. 经济学家，（7）：103-104.

王观. 2018-02-26. 三问区块链. 人民日报，第 17 版.

王海滨，邱化蛟，程序，等. 2008. 实现生态服务价值的新视角（一）——生态服务的资本属性与生态资本概念. 生态经济，（6）：44-48.

王海光，李雯，李屹. 2009. 集群内组织间共生治理模式及演进研究. 中央财经大学学报，（4）：68-72.

王海燕，卢山. 2006. 非线性时间序列分析及其应用. 北京：科学出版社.

王加璇，王清照，宋乃辉. 2002. 热经济学研究的使命与任务. 热能动力工程，（2）：111-114.

王加璇，张恒良. 1995. 动力工程热经济学. 北京：水利电力出版社.

王健. 2004. 新凯恩斯主义经济学. 北京：经济日报出版社.

王立宏. 2010. 满意化决策与心智分析的经济学意义. 黑龙江社会科学，（6）：57-60.

王璐. 2005. 货币经济与总量关系——马克思经济学和凯恩斯经济学的异曲同工. 江苏社会科学，（6）：82-91.

王敏. 2017. AI 回溯："金融+科技"重构保险服务逻辑链. 当代金融家，（12）：53-55.

王若宇，冯颜利. 2011. 从经济理性到生态理性：生态文明建设的理念创新. 自然辩证法研究，（7）：123-128.

王树国，姚洪兴. 2012. 拓扑结构时变的多时滞耦合供应链复杂网络的牵制控制. 江苏大学学报（自然科学版），（2）：239-243.

王思隽. 2002.经济科学探索的现代解读：经济价值论建构的历程、方法和取向. 上海：上海书店出版社.
王伟光. 2012. 走共同富裕之路是发展中国特色社会主义的战略选择. 红旗文稿，（1）：4-7.
王雯，傅卫平，张昌续. 2010. 供应链环境下核心企业系统的混合动态建模与仿真. 系统仿真学报，（4）：1027-1032.
王晓文，田新，李凯. 2009. 供应链治理结构的影响因素分析——基于集中式外卖模式的案例研究. 软科学，（7）：46-50，56.
王昕，黄海军. 2011. 多用户弹性需求网络的双准则系统最优交通分配. 系统工程理论与实践，31（Z1）：94-102.
王兴元，孟娟. 2015. 分形几何学及应用（上册）. 北京：科学出版社.
王洋，聂建华. 2011. 自然资源价值论新解. 中国集体经济，（30）：93-95.
王影，张纯. 2017. 供应链治理模式及其演化. 中国流通经济，（2）：64-72.
王永瑜. 2009. 资源租金核算理论与方法研究. 统计研究，26（5）：47-53.
王雨辰. 2005. 文化、自然与生态政治哲学概论——评詹姆斯·奥康纳的生态学马克思主义理论. 国外社会科学，（6）：2-9.
王雨辰. 2009. 略论我国生态文明理论研究范式的转换. 哲学研究，（12）：11-16.
王雨辰. 2015. 有机马克思主义的生态文明观评析. 马克思主义研究，（12）：80-90.
王玉冬，武川，徐玉莲. 2017. 高新技术企业 R&D 联盟伙伴匹配性分形评价研究. 科技进步与对策，（5）：112-120.
王玉樑. 2004. 论当代价值哲学发展的困境及其原因. 哲学研究，（10）：33-36.
王玉樑. 2006. 21 世纪价值哲学：从自发到自觉. 北京：人民出版社.
王玉樑. 2012a. 评价值哲学中的满足需要论. 马克思主义研究，（7）：65-74.
王玉樑. 2012b. 论理论哲学和实践哲学. 清华大学学报（哲学社会科学版），（4）：107-113.
王玉樑. 2015. 论价值哲学研究中的偏向. 马克思主义研究，（4）：135-144.
王玉英. 2013. 优化与决策. 西安：西安交通大学出版社.
王治河，杨韬. 2015. 有机马克思主义的生态取向. 自然辩证法研究，（2）：117-122.
威廉姆森 O E. 2001. 治理机制. 石烁译. 北京：中国社会科学出版社.
韦斯特 G. 2018. 规模. 张培译. 北京：中信出版社.
维塞尔 F V. 1982. 自然价值. 陈国庆译. 北京：商务印书馆.
卫兴华. 2013. 论社会主义共同富裕. 经济纵横，（1）：1-7.
卫兴华. 2014. 走进马克思经济学殿堂. 北京：中国财政经济出版社.
魏宇. 2012. 基于多分形理论的动态 VaR 预测模型研究. 中国管理科学，20（5）：7-15.
温莲香. 2013. 论马克思生产力理论中的自然力向度. 当代经济研究，（2）：11-16.
文嫣，张生丛. 2009. 价值链各环节市场结构对利润分布的影响——以晶体硅太阳能电池产业价值链为例. 中国工业经济，（5）：150-160.
沃麦克 J P，琼斯 D T. 2006. 精益解决方案：公司与顾客共创价值与财富. 张文杰，陈红，王坚阳，等译. 北京：机械工业出版社.

沃麦克 J P，琼斯 D T. 2008. 精益思想（原书修订版）. 沈希瑾，张文杰，李京生译. 北京：机械工业出版社.

沃麦克 J P，琼斯 D T，鲁斯 D. 2008. 丰田精益生产方式（修订版）. 沈希瑾，李京生，周亿俭，等译. 北京：中信出版社.

邬焜. 2015. 复杂信息系统理论崛起中体现的哲学与科学的内在统一性. 西安交通大学学报（社会科学版），（2）：69-74.

邬焜. 2016. 唯物主义和辩证法的基本观点——基于复杂性和信息思维的新考察. 西安交通大学学报（社会科学版），（3）：9-13.

邬天启. 2014. 生态文明的一般价值论基础. 自然辩证法研究，（7）：114-119.

吴海龙. 2017. 马克思自然极限思想及其当代意蕴. 东岳论丛，（8）：53-58.

吴虎胜，张凤鸣，徐显亮，等. 2013. 多变量时间序列的无监督属性选择算法. 模式识别与人工智能，26（10）：916-923.

吴平. 2003. 供应链治理结构研究. 工业技术经济，（2）：84-88.

吴启武. 2012. 基于分形理论的物联网分层业务模型与性能分析. 北京邮电大学学报，35（4）：38-41，50.

吴莎. 2014. 基于改进的符号转移熵的生理电信号耦合网络研究. 南京邮电大学硕士学位论文.

吴易风，白暴力，王健，等. 2012. 马克思经济学数学模型研究. 北京：中国人民大学出版社.

西蒙 H A. 2004. 管理行为. 4 版. 詹正茂译. 北京：机械工业出版社.

郗戈. 2017.《资本论》中经济学与哲学关系问题的思想史考察. 哲学研究，（3）：30-36.

席酉民. 2005. 管理之道：混沌中的秩序：席酉民管理学随笔无花果集. 北京：朝华出版社.

席酉民，刘鹏，孔芳，等. 2013. 和谐管理理论：起源、启示与前景. 管理工程学报，（2）：1-8.

席酉民，肖宏文，王洪涛. 2005. 和谐管理理论的提出及其原理的新发展. 管理学报，（1）：23-32.

席酉民，曾宪聚，唐方成. 2006. 复杂问题求解：和谐管理的大脑耦合模式. 管理科学学报，（3）：88-96.

席酉民，张晓军. 2010. 从不确定性看管理研究逻辑及和谐管理理论的启示. 管理学报，（1）：1-6.

肖静华，谢康. 2010. 组合与单一治理对供应链信息系统价值创造的影响. 管理科学，（4）：86-94.

肖显静. 2012. 从工业文明到生态文明：非自然性科学、环境破坏与自然回归. 自然辩证法研究，（12）：51-54.

萧蕴诗，汪镭. 2001. 基于分形思想的复杂系统建模实例研究. 控制与决策，16（1）：100-103.

谢中起，郑劲梅. 2010. 从哲学到经济学：马克思生态思维的视角转换. 自然辩证法研究，

（6）：77-81.
熊颖清，夏绪辉，王蕾，等. 2016. 钢铁工业逆向供应链服务模块化方法. 武汉科技大学学报，（1）：41-47.
休谟 D. 1980. 人性论（下册）. 关文运译. 北京：商务印书馆.
徐晋，张祥建. 2006. 平台经济学初探. 中国工业经济，（5）：40-47.
许保利. 1998. 价值理论的评介与思考. 财经问题研究，（1）：17-22.
许涤新. 1987. 生态经济学. 杭州：浙江人民出版社.
许光伟，张威. 2007. 国内学者的马克思企业理论研究：一个述评. 经济学家，（1）：74-81.
许锐，冯春，张怡. 2011. 精敏混合供应链解耦策略研究综述. 软科学，（4）：129-134.
许正. 2015. 成为工业互联网企业——GE 的转型启示. 清华管理评论，（7~8）：69-73.
严立冬，陈光炬，刘加林，等. 2010，生态资本构成要素解析——基于生态经济学文献的综述. 中南财经政法大学学报，（5）：3-9，142.
严立冬，刘加林，陈光炬. 2011. 生态资本运营价值问题研究. 中国人口・资源与环境，21（1）：141-147.
严茂超. 2001. 生态经济学新论：理论、方法与应用. 北京：中国致公出版社.
晏智杰. 2004. 自然资源价值刍议. 北京大学学报（哲学社会科学版），41（6）：70-77.
杨海成. 2010. 云制造是一种制造服务. 中国制造业信息化，（3）：22-23.
杨浩雄，刘仲英. 2005. 供应链中企业物流信息耦合度测量方法. 管理科学，（1）：40-44.
杨开忠，杨咏，陈洁. 2000. 生态足迹分析理论与方法. 地球科学进展，15（6）：630-636.
杨宽，王尔媚. 2016. 时变需求下易逝品供应链解耦点动态定位模型的构建. 统计与决策，（16）：43-46.
杨琴，陈云. 2012. 基于泊松过程的供应链复杂网络模型. 系统工程，（9）：57-62.
杨琴，姚娟. 2013. 基于 TDE 模型的供应链有向含权网络. 系统管理学报，（5）：640-646.
杨文进. 2005. 可持续发展经济学教程. 北京：中国环境科学出版社.
杨小凯. 2003. 经济学：新兴古典与新古典框架. 北京：社会科学文献出版社.
杨小凯，张永生. 2000. 新兴古典经济学和超边际分析. 北京：中国人民大学出版社.
杨星，梁敬丽. 2017. 国际碳排放权市场分形与混沌行为特征分析与检验——以欧盟碳排放交易体系为例. 系统工程理论与实践，37（6）：1420-1431.
杨渝玲. 2011. 情境分析：经济学的科学逻辑. 北京：中国社会科学出版社.
杨运星. 2011. 生态经济、循环经济、绿色经济与低碳经济之辨析. 前沿，（8）：94-97.
姚伟坤，周梅华，孟剑，等. 2007. 基于均衡供给的煤炭供应链特征研究. 中国矿业大学学报（社会科学版），（3）：41-45.
伊景冰. 1998. 略论价值主客体的定性问题. 西安交通大学学报（社会科学版），（1）：67-68.
易明. 2011. 基于和谐管理理论的铁路工程供应链管理研究. 铁道工程学报，（6）：107-112.
尹超，张云，钟婷. 2012. 面向新产品开发的云制造服务资源组合优选模型. 计算机集成制造系统，18（7）：1368-1378.

尹胜，尹超，刘飞，等. 2011. 云制造环境下外协加工资源集成服务模式及语义描述. 计算机集成制造系统，17（3）：525-532.

于祖尧. 2013. 我的土生土长的社会主义市场经济论——我是怎样探索社会主义市场经济理论的. 毛泽东邓小平理论研究，（2）：86-89.

余永定. 2013. 发展经济学的重构——评林毅夫《新结构经济学》. 经济学（季刊），（3）：1075-1078.

袁科峰，张晓霞. 2015. 集群式供应链战略联盟系统耦合协调度研究. 牡丹江师范学院学报（哲学社会科学版），（2）：20-22.

袁文平. 2005. 社会主义经济理论的重大创新——刘诗白教授专著《现代财富论》读后. 经济学家，（5）：117-120.

袁霞. 2014. 论马克思生态经济思想及其当代意蕴. 生态经济，（3）：189-191.

袁勇，王飞跃. 2016. 区块链技术发展现状与展望. 自动化学报，（4）：481-494.

苑莹，王梦迪，樊晓倩，等. 2016. 市场间相依性检验、非对称性及传导方向研究. 系统工程理论与实践，36（11）：2778-2790.

泽丝曼尔 V A，比特纳 M J，格兰姆勒 D D. 2008. 服务营销. 4 版. 张金成，白长虹译. 北京：机械工业出版社.

曾娟，马千军. 2006. 对供应链管理与产业集群耦合问题的探讨. 武汉科技学院学报，（12）：65-68.

曾鸣. 2018-02-27. 区块链真正的挑战，从共识到信用的巨大跨越. http://tech.sina.com.cn/csj/2018-02-27/doc-ifyrvspi2348112.shtml.

张不同，陈廷斌. 2003. 知识供应链的智能集成技术与方法研究. 管理科学，（6）：51-56.

张存刚，田彦平. 2013. 稀缺性本质问题探讨. 兰州商学院学报，（2）：69-73.

张德昭. 2008. 生态经济学的范式——生态、经济与德性之思. 自然辩证法研究，（5）：99-102.

张帆. 2004. 价值问题是哲学基本问题的重要方面. 西安交通大学学报（社会科学版），（4）：76-80.

张凤林，等. 2013. 后凯恩斯经济学新进展追踪评析. 北京：商务印书馆.

张会敏. 2006. 集成化供应链中企业信息耦合度测量模型研究. 哈尔滨工业大学硕士学位论文.

张济忠. 2011. 分形. 2 版. 北京：清华大学出版社.

张建军，赵启兰. 2017. 物流能力与区域经济发展研究评述——基于两者的互动视角. 技术经济与管理研究，（2）：115-118.

张建云. 2016. 马克思“价值”范畴的深层解读. 马克思主义研究，（9）：43-51.

张健. 2016. 关于 Granger 因果分析的方法学研究. 浙江大学博士学位论文.

张静. 2007. 可持续发展经济理论与实践. 北京：经济科学出版社.

张俊山. 2009. 对经济学中“资源稀缺性”假设的思考——兼论资源配置问题与政治经济学研究对象的关系. 甘肃社会科学，（2）：40-46.

张丽，严建援. 2010. 供应链的权力、契约、信任网络及其特征——基于社会网络分析. 物流技术，（20）：108-111，114.

张连峰. 2016. 商务网络信息生态链价值协同创造研究. 吉林大学博士学位论文.

张霖，罗永亮，陶飞，等. 2010. 制造云构建关键技术研究. 计算机集成制造系统，（11）：2510-2520.

张霖，罗永亮，范文慧，等. 2011. 云制造及相关先进制造模式分析. 计算机集成制造系统，（3）：458-468.

张启文，徐琪. 2009. 基于 SOA 和 ESB 的供应链快速响应系统集成研究. 计算机应用，（9）：2523-2526.

张秀芬，包庆德. 2016. 马克思《资本论》生态思想及其论辩之争. 自然辩证法研究，（5）：112-117.

张学龙，王军进. 2017. 链路预测下能源供应链网络合作演化机制研究. 智能系统学报，（2）：221-228.

张彦英，樊笑英. 2011. 论生态文明时代的资源环境价值. 自然辩证法研究，（8）：61-64.

张一文，齐佳音，方滨兴，等. 2012. 非常规突发事件及其社会影响分析——基于引致因素耦合协调度模型. 运筹与管理，（2）：202-211.

张以彬，陈俊芳. 2008a. 基于客户订单解耦点的大规模定制. 组合机床与自动化加工技术，（3）：92-95.

张以彬，陈俊芳. 2008b. 创新产品供应链中解耦点的战略定位及其优化. 上海交通大学学报，（11）：1832-1835.

张谊浩. 2007. 生态经济学的方法论. 经济学家，（5）：11-17.

张毅，马冉. 2017. 面向供应链的 ENGO 跨部门影响战略与驱动机制. 中国行政管理，（6）：36-42.

张永缜. 2009. 共生：一个作为事实和价值相统一的哲学理念. 西安交通大学学报（社会科学版），（4）：60-64.

张云飞. 2014. 唯物史观视野中的生态文明. 北京：中国人民大学出版社.

张云涛，温浩宇. 2008. 应用 Web Services 降低供应链信息系统总拥有成本. 现代情报，（7）：53-55.

张真. 2006. 熵概念及其对经济学问题的认识. 自然辩证法研究，（8）：67-71.

张志敏，何爱平，赵菡. 2014. 生态文明建设中的利益悖论及其破解：基于政治经济学的视角. 经济学家，（7）：66-72.

赵刚. 2016. 区块链：价值互联网的基石. 北京：电子工业出版社.

赵广华. 2014. 破解跨境电子商务物流难的新思路：第四方物流. 中国经贸导刊，（26）：

16-20.

赵桂慎. 2008. 生态经济学. 北京：化学工业出版社.

赵慧娟，曹震，王秋雨. 2015. 旅游服务供应链与旅游产业虚拟集群的耦合分析. 当代经济，（23）：38-39.

赵平. 2001. 论经济学研究对象的分歧. 经济学家，（2）：110-114.

赵秀堃，李勇建，石丹. 2015. 基于 EPR 的供应链治理机制博弈分析. 系统工程学报，（2）：231-239.

赵振. 2015. "互联网+"跨界经营：创造性破坏视角. 中国工业经济，（10）：146-160.

郑飞. 2016. 闭环供应链协调无模型控制方法及应用研究. 物流科技，（8）：129-134.

郑宏飞. 2004. 㶲：一种新的方法论. 北京：北京理工大学出版社.

郑辽吉，马廷玉. 2015. 多功能农业创新网络构建与分析. 农业现代化研究，（4）：643-650.

郑小京. 2012. Agent 行为与系统拓扑结构共演化复杂系统的解析. 武汉大学博士学位论文.

钟茂初. 2006. 可持续发展经济学. 北京：经济科学出版社.

周冯琦，陈宁. 2016. 生态经济学理论前沿. 上海：上海社会科学院出版社.

周建频，杜文. 2005. 制造业分形供应链的适应与协调. 控制与决策，（4）：459-462.

周建频，杜文. 2006. 动态供应链重构的分形模式研究. 北京工业大学学报，32（10）：925-930.

周建频，张勤. 2009. 基于 Agent 的分形供应链自适应协同计算. 控制与决策，24（11）：1677-1681，1687.

周立群，李智华. 2016. 区块链在供应链金融的应用. 信息系统工程，（7）：49-51.

周敏坚，段伟常. 2006. 公平理论在供应链治理中的应用. 物流技术，（7）：196-198，205.

周文，朱富强. 2010. 论当代马克思主义经济学及其发展. 经济学家，（12）：12-19.

周鲜成，贺彩虹. 2014. 可持续供应链企业社会责任协同推进机制研究. 财经理论与实践，（2）：128-131.

周鑫，包兴. 2007. 基于 LS-SVM 的产品需求预测. 商场现代化，（20）：35-36.

朱其忠，卞艺杰. 2009. 基于多重分形的企业聚集与区域经济发展研究. 财经研究，35（11）：103-112.

诸大建. 2013. 超越增长：可持续发展经济学如何不同于新古典经济学. 学术月刊，（10）：79-89.

诸大建，陈海云，许洁，等. 2015. 可持续发展与治理研究：可持续性科学的理论与方法. 上海：同济大学出版社.

庄新田，张鼎，苑莹，等. 2015. 中国股市复杂网络中的分形特征. 系统工程理论与实践，35（2）：273-282.

邹薇，庄子银. 1996. 分工、交易与经济增长. 中国社会科学，（3）：4-14.

左志平，黎继子. 2012. 生态工业园与集群式供应链耦合机理分析. 中国科技论坛，（5）：

137-141，156.

Aitken J，Harrison A. 2013. Supply governance structures for reverse logistics systems. International Journal of Operations & Production Management，33（6）：745-764.

Alvarez G，Pilbeam C，Wilding R. 2010. Nestle Nespresso AAA sustainable quality program：an investigation into the governance dynamics in a multi-stakeholder supply chain network. Supply Chain Management-An International Journal，15（2）：165-182.

Aurich J C，Fuchs C，Wagenknecht C. 2006. Life cycle oriented design of technical product-service systems. Journal of Cleaner Production，14（17）：1480-1494.

Ayres R. 1978. Resources，Environment，and Economics：Applications of the Materials/Energy Balance Principle. New York：Wiley-Interscience.

Ayres R U. 2000. Commentary on the utility of the ecological footprint concept. Ecological Economics，32（3）：347-349.

Baines T S，Lightfoot H W，Evans S，et al. 2007. State-of-the-art in product-service systems. Proceedings of the Institution of Mechanical Engineers Part B-Journal of Engineering Manufacture，221（10）：1543-1552.

Belk R. 2014. You are what you can access：sharing and collaborative consumption online. Journal of Business Research，67（8）：1595-1600.

Blaug M. 1992. The Methodology of Economics. Cambridge：Cambridge University Press.

Bush S R，Oosterveer P，Bailey M，et al. 2015. Sustainability governance of chains and networks：a review and future outlook. Journal of Cleaner Production，（107）：8-19.

Caillaud B，Jullien B. 2003. Chicken & egg：competition among intermediation service providers. Rand Journal of Economics，34（2）：309-328.

Canavesio M M，Martinez E. 2007. Enterprise modeling of a project-oriented fractal company for SMEs networking. Computers in Industry，58（8~9）：794-813.

Candeal J C，de Miguel J R，Induráin E，et al. 2001. Utility and entropy. Economic Theory，17（1）：233-238.

Chen B，Chen G Q. 2007. Modified ecological footprint accounting and analysis based on embodied exergy—a case study of the chinese society 1981-2001. Ecological Economics，61（2~3）：355-376.

Choi T Y，Dooley K J，Rungtusanatham M. 2001. Supply networks and complex adaptive systems：control versus emergence. Journal of Operations Management，19（3）：351-366.

Choi T Y，Wu Z. 2010. Triads in supply networks：theorizing buyer-supplier-supplier relationships. Journal of Supply Chain Management，45（1）：8-25.

Chong A Y L，Ooi K B，Sohal A. 2009. The relationship between supply chain factors and adoption of e-Collaboration tools：an empirical examination. International Journal of Production

Economics，122（1）：150-160.

Christensen P P. 1989. Historical roots for ecological economics — biophysical versus allocative approaches. Ecological Economics，1（1）：17-36.

Cleveland C J. 1987. Biophysical economics：historical perspective and current research trends. Ecological Modelling，38（1~2）：47-73.

Cleveland C J，Ruth M. 1997. When，where，and by how much do biophysical limits constrain the economic process？A survey of Nicholas Georgescu-Roegen's contribution to ecological economics. Ecological Economics，22（3）：203-223.

Corbett C J，DeCroix G A. 2001. Shared-savings contracts for indirect materials in supply chains：channel profits and environmental impacts. Management Science，47（7）：881-893.

Costanza R. 1980. Embodied energy and economic valuation. Science，210（4475）：1219-1224.

Costanza R，d'Arge R，de Groot R，et al. 1997. The value of the world's ecosystem services and natural capital. Nature，387（6630）：253-260.

Costanza R，d'Arge R，de Groot R，et al. 1998. The value of ecosystem services：putting the issues in perspective. Ecological Economics，25（1）：67-72.

Cui X，Wang Y. 2008. Analysis and modeling of regional MF coupling system-research based on CAS theory. Proceedings of 2008 IEEE International Conference on Service Operations and Logistics and Informatics，New York：1192-1197.

Deshmukh A V，Talavage J J，Barash M M. 1998. Complexity in manufacturing systems，part 1：analysis of static complexity. IIE Transactions，30（7）：645-655.

Devaraj S，Krajewski L，Wei J C. 2007. Impact of eBusiness technologies on operational performance：the role of production information integration in the supply chain. Journal of Operations Management，25（6）：1199-1216.

Dickten H，Lehnertz K. 2014. Identifying delayed directional couplings with symbolic transfer entropy. Physical Review E，90（6）：062706.

Dincer I. 2002. The role of exergy in energy policy making. Energy Policy，30（2）：137-149.

Dolci P C，Gastaud M A C，Grant G G. 2015. Exploring information technology and supply chain governance：case studies in two Brazilian supply chains. Journal of Global Information Management，23（3）：72-91.

Fayard D，Lee L S，Leitch R A，et al. 2012. Effect of internal cost management，information systems integration，and absorptive capacity on inter-organizational cost management in supply chains. Accounting Organizations and Society，37（3）：168-187.

Ferguson R J，Paulin M，Bergeron J. 2005. Contractual governance，relational governance，and the performance of interfirm service exchanges：the influence of boundary-spanner closeness. Journal of the Academy of Marketing Science，33（2）：217-234.

Fiala N. 2008. Measuring sustainability：why the ecological footprint is bad economics and bad environmental science. Ecological Economics，67（4）：519-525.

Flynn B B，Huo B，Zhao X. 2010. The impact of supply chain integration on performance：a contingency and configuration approach. Journal of Operations Management，28（1）：58-71.

Foster J. 1997. The analytical foundations of evolutionary economics：from biological analogy to economic self-organization. Structural Change and Economic Dynamics，8：427-451.

Freidberg S. 2013. Calculating sustainability in supply chain capitalism. Economy and Society，42（4）：571-596.

Frizelle G，Woodcock E. 1995. Measuring complexity as an aid to developing operational strategy. International Journal of Operations & Production Management，15（5）：26-39.

Funtowicz S，Ravetz J R. 1994. Emergent complex systems. Futures，26（6）：568-582.

Geng X L，Chu X N，Xue D Y，et al. 2011. A systematic decision-making approach for the optimal product-service system planning. Expert Systems with Applications，38（9）：11849-11858.

Georgescu-Roegen N. 1971. The Entropy Law and The Economic Process. Cambridge：Harvard University Press.

Gereffi G，Humphrey J，Sturgeon T. 2005. The governance of global value chains. Review of International Political Economy，12（1）：78-104.

Geum Y J，Park Y T. 2011. Designing the sustainable product-service integration：a product-service blueprint approach. Journal of Cleaner Production，19（14）：1601-1614.

Ghosh A，Fedorowicz J. 2008. The role of trust in supply chain governance. Business Process Management Journal，14（4）：453-470.

Glucina M D，Mayumi K. 2010. Connecting thermodynamics and economics well-lit roads and burned bridges//Limburg K，Costanza R. Ecological Economics Reviews：Annals of the New York Academy of Sciences，1185. Malden：Wiley-Blackwell：11-29.

Godar J，Suavet C，Gardner T A，et al. 2016. Balancing detail and scale in assessing transparency to improve the governance of agricultural commodity supply chains. Environmental Research Letters，11（3）：035015.

Grandori A，Soda G. 1995. Interfirm networks - antecedents，mechanisms and forms. Organization Studies，16（2）：183-214.

Hara T，Arai T，Shimomura Y. 2009. A CAD system for service innovation：integrated representation of function，service activity，and product behaviour. Journal of Engineering Design，20（4）：367-388.

Hau J L，Bakshi B R. 2004. Promise and problems of emergy analysis. Ecological Modelling，178（1~2）：215-225.

Heinrichs H. 2013. Sharing economy：a potential new pathway to sustainability. GAIA-Ecological

Perspectives for Science and Society，22（4）：228-231.

Hernandez-Espallardo M，Rodriguez-Orejuela A，Sanchez-Perez M. 2010. Inter-organizational governance，learning and performance in supply chains. Supply Chain Management-An International Journal，15（2）：101-114.

Heyes A. 2000. A proposal for the greening of the textbook macro："IS-LM-EE". Ecological Economics，32（1）：1-7.

Hotar V. 2013. Fractal geometry for industrial data evaluation. Computers and Mathematics with Applications，66（2）：113-121.

Huckle S，Bhattacharya R，White M，et al. 2016. Internet of things，blockchain and shared economy applications//Shakshuki E. Procedia Computer Science，98. Amsterdam：Elsevier Science BV：461-466.

Jaehne D M，Li M，Riedel R，et al. 2009. Configuring and operating global production networks. International Journal of Production Research，47（8）：2013-2030.

Jap S D，Anderson E. 2003. Safeguarding interorganizational performance and continuity under ex post opportunism. Management Science，49（12）：1684-1701.

Jones C，Hesterly W S，Borgatti S P. 1997. A general theory of network governance：exchange conditions and social mechanisms. The Academy of Management Review，22（4）：911-945.

Judson D H. 1989. The convergence of Neo-Ricardian and embodied energy theories of value and price. Ecological Economics，1（3）：261-281.

Kemp S，Grace R C. 2010. When can information from ordinal scale variables be integrated?. Psychological Methods，15（4）：398-412.

Kim J，Lee S. 2010. Dynamics of coordination mechanism in supply chain：exploratory study on a flat-glass company case. The Journal of Korea Research Society for Customs，11（3）：417-432.

Komoto H，Tomiyama T. 2008. Integration of a service CAD and a life cycle simulator. CIRP Annals-Manufacturing Technology，5（7）：9-12.

Komoto H，Tomiyama T. 2009. Systematic generation of PSS concepts using a service CAD tool//Sakao T，Lindahl M. Introduction to Product/Service-System Design. London：Springer：71-91.

Kooijman S A L M. 1993. Dynamic Energy Budgets in Biological System. Cambridge：Cambridge University Press.

Kooijman S A L M. 2000. Dynamic Energy and Mass Budgets in Biological System. Cambridge：Cambridge University Press.

Korpela K，Hallikas J，Dahlberg T. 2017-01-04. Digital supply chain transformation toward blockchain integration. https://scholarspace.manoa.hawaii.edu/handle/10125/41666.

Lawn P A. 2003. On Heyes' IS-LM-EE proposal to establish an environmental macroeconomics. Environment and Development Economics, 8（1）：31-56.

Li J, Xiong N, Park J H, et al. 2012. Intelligent model design of cluster supply chain with horizontal cooperation. Journal of Intelligent Manufacturing, 23（4）：917-931.

Li X, Gu X J, Liu Z G. 2009. A strategic performance measurement system for firms across supply and demand chains on the analogy of ecological succession. Ecological Economics, 68（12）：2918-2929.

Li Y, Zhao X, Shi D, et al. 2014. Governance of sustainable supply chains in the fast fashion industry. European Management Journal, 32（5）：823-836.

Manzini E, Vezzoli C. 2003. A strategic design approach to develop sustainable product service systems：examples taken from the "environmentally friendly innovation" Italian prize. Journal of Cleaner Production, 11（8）：851-857.

Maxwell D, Vorst V D R. 2003. Developing sustainable products and services. Journal of Cleaner Production, 11（8）：883-895.

Mccarthy-Byrne T M, Mentzer J T. 2011. Integrating supply chain infrastructure and process to create joint value. International Journal of Physical Distribution & Logistics Management, 41（2）：135-161.

Meyer J W, Rowan B. 1977. Institutionalized organizations：formal structure as myth and ceremony. American Journal of Sociology, 83（2）：340-363.

Mont O K. 2002. Clarifying the concept of product-service system. Journal of Cleaner Production, 10（3）：237-245.

Mont O, Dalhammar C, Jacobsson N. 2006. A new business model for baby prams based on leasing and product remanufacturing. Journal of Cleaner Production, 14（17）：1509-1518.

Montroll E W, Shlesinger M F. 1983. Maximum entropy formalism, fractals, scaling phenomena, and 1/f noise：a tale of tails. Journal of Statistical Physics, 32（2）：209-230.

Morana R, Seuring S A. 2011. Three level framework for closed-loop supply chain management-linking society, chain and actor level. Sustainability, 3（4）：678-691.

Morelli N. 2003. Product-service systems, a perspective shift for designers：a case study：the design of a telecentre. Design Studies, 24（1）：73-99.

Nagurney A, Ke K, Cruz J, et al. 2002. Dynamics of supply chains：a multilevel（logistical-informational-financial）network perspective. Environment and Planning B：Planning and Design, 29：795-818.

Nakamato S. 2008-10-31. Bitcoin：a peer-to-peer electronic cash system. http://nakamotoinstitute.org/bitcoin/.

Oh S, Ryu K, Moon I, et al. 2010. Collaborative fractal-based supply chain management based on a trust model for the automotive industry. Flexible Services and Manufacturing Journal, 22（4）: 183-213.

Orenstein P. 2016. How does supply network evolution and its topological structure impact supply chain performance? //Frenkel I, Lisnianski A. Proceeding of The 2nd International Symposium on Stochastic Models in Reliability Engineering, Life Science, and Operations Management. New York: IEEE: 562-569.

Papana A, Kyrtsou C, Kugiumtzis D, et al. 2016. Detecting causality in non-stationary time series using partial symbolic transfer entropy: evidence in financial data. Computational Economics, 47（3）: 341-365.

Parker G G, van Alstyne M W. 2005. Two-sided network effects: a theory of information product design. Management Science, 51（10）: 1494-1504.

Pasinetti L L. 2005. The Cambridge School of Keynesian economics. Cambridge Journal of Economics, 29（6）: 837-848.

Pathak S D, Day J M, Nair A, et al. 2007. Complexity and adaptivity in supply networks: building supply network theory using a complex adaptive systems perspective. Decision Sciences, 38（4）: 547-580.

Patnayakuni R, Rai A, Seth N. 2006. Relational antecedents of information flow integration for supply chain coordination. Journal of Management Information Systems, 23（1）: 13-49.

Patterson M. 1998. Commensuration and theories of value in ecological economics. Ecological Economics, 25（1）: 105-125.

Peng T A, Lin N, Martinez V, et al. 2010. Managing triads in a military avionics service maintenance network in Taiwan. International Journal of Operations & Production Management, 30（4）: 398-422.

Pilbeam C, Alvarez G, Wilson H. 2012. The governance of supply networks: a systematic literature review. Supply Chain Management-An International Journal, 17（4）: 358-376.

Pincus S. 1995. Approximate entropy（Ap En）as a complexity measure. Chaos, 5（1）: 110-117.

Provan K G, Fish A, Sydow J. 2007. Interorganizational networks at the network level: a review of the empirical literature on whole networks. Journal of Management, 33（3）: 479-516.

Putnan H. 2002. The Collapse of the Fact/Value Dichotomy and other Essays. Cambridge: Harvard University Press.

Qu L, Chen Y, Yang M. 2009. The coordination and integration of agile supply chain based on service-oriented technology//Luo Q, Zhu M. Proceeding of The 3rd International Symposium on Intelligent Information Technology Application. Los Alamitos: IEEE Computer Society: 331-354.

Raine A, Foster J, Potts J. 2006. The new entropy law and the economic process. Ecological

Complexity，3（4）：354-360.

Raynaud E，Sauvee L，Valceschini E. 2005. Alignment between quality enforcement devices and governance structures in the agro-food vertical chains. Journal of Management and Governance，9：47-77.

Richey J R G，Roath A S，Whipple J M，et al. 2011. Exploring a governance theory of supply chain management：barriers and facilitators to integration. Journal of Business Logistics，31（1）：237-256.

Richman J S，Moorman J R. 2000. Physiological time-series analysis using approximate entropy and sample entropy. American Journal of Physiology. Heart and Circulatory Physiology，278（6）：H2039-H2049.

Rochet J，Tirole J. 2003. Platform competition in two-sided markets. Journal of the European Economic Association，1（4）：990-1028.

Rochet J，Tirole J. 2006. Two-sided markets：a progress report. Rand Journal of Economics，37（3）：645-667.

Runge J，Heitzig J，Marwan N，et al. 2012. Quantifying causal coupling strength：a lag-specific measure for multivariate time series related to transfer entropy. Physical Review E，86（6）：1-15.

Ryu K，Son Y，Jung M. 2003. Modeling and specifications of dynamic agents in fractal manufacturing systems. Computers in Industry，52（2）：161-182.

Sakao T，Shimomura Y. 2007. Service engineering：a novel engineering discipline for producers to increase value combining service and product. Journal of Cleaner Production，15（6）：590-604.

Sakao T，Shimomura Y，Sundin E，et al. 2009. Modeling design objects in CAD system for Service/Product Engineering. Computer-Aided Design，41（3）：197-213.

Salvador F. 2007. Toward a product system modularity construct：literature review and reconceptualization. IEEE Transactions on Engineering Management，54（2）：219-240.

Schweitzer F，Fagiolo G，Sornette D，et al. 2009. Economic networks：the new challenges. Science，325（5939）：422-425.

Sciubba E，Ulgiati S. 2005. Emergy and exergy analyses：complementary methods or irreducible ideological options？. Energy，30（10）：1953-1988.

Shimomura Y，Arai T. 2009. Service engineering—methods and tools for effective PSS development// Sakao T，Lindahl M. Introduction to Product/Service-System Design. London：Springer：113-135.

Shin M，Mun J，Jung M. 2009. Self-evolution framework of manufacturing systems based on fractal organization. Computers & Industrial Engineering，56（3）：1029-1039.

Singh A，Saini B S，Singh D. 2015. Multiscale joint symbolic transfer entropy for quantification of causal interactions between heart rate and blood pressure variability under postural stress. Fluctuation and Noise Letters，14（3）：1550031.

Skipworth H，Godsell J，Wong C Y，et al. 2015. Supply chain alignment for improved business performance：an empirical study. Supply Chain Management-An International Journal，20（5）：511-533.

Smith E，Foley D K. 2008. Classical thermodynamics and economic general equilibrium theory. Journal of Economic Dynamics & Control，32（1）：7-65.

Soundararajan V，Brown J A. 2016. Voluntary governance mechanisms in global supply chains：beyond CSR to a stakeholder utility perspective. Journal of Business Ethics，134（1）：83-102.

Sousa T，Domingos T. 2006. Is neoclassical microeconomics formally valid? An approach based on an analogy with equilibrium thermodynamics. Ecological Economics，58（1）：160-169.

Stahel A W. 2005. Value from a complex dynamic system's perspective. Ecological Economics，54（4）：370-381.

Staniek M，Lehnertz K. 2008. Symbolic transfer entropy. Physical Review Letters，100（15）：158101.

Stoughton M，Votta T. 2003. Implementing service-based chemical procurement：lessons and results. Journal of Cleaner Production，11（8）：839-849.

Subramani M. 2004. How do suppliers benefit from information technology use in supply chain relationships? . MIS Quarterly，28（1）：45-73.

Sydow J，Windeler A. 1998. Organizing and evaluating interfirm networks：a structurationist perspective on network processes and effectiveness. Organization Science，9（3）：265-284.

Tirpak T M，Daniel S M，Lalonde J D，et al. 1992. A note on a fractal architecture for modeling and controlling flexible manufacturing systems. IEEE Transactions on Systems，Man and Cybernetics，22（3）：564-567.

Toman M. 1998. Why not to calculate the value of the world's ecosystem services and natural capital. Ecological Economics，25（1）：57-60.

Tukker A，Tischner U. 2006a. New Business for Old Europe：Product-service Development，Competitiveness and Sustainability. Sheffield：Greenleaf Publishing Limited.

Tukker A，Tischner U. 2006b. Product-services as a research field：past，present and future. Reflections from a decade of research. Journal of Cleaner Production，14（17）：1552-1556.

van den Bergh J C J M，Verbruggen H. 1999. Spatial sustainability，trade and indicators：an evaluation of the "Ecological Footprint". Ecological Economics，29（1）：61-72.

van der Meer-Kooistra J，Scapens R W. 2008. The governance of lateral relations between and within organisations. Management Accounting Research，19（4SI）：365-384.

van Veen-Dirks P M G，Verdaasdonk P J A. 2009. The dynamic relation between management control and governance structure in a supply chain context. Supply Chain Management-An International Journal，14（6）：466-478.

Varoutsa E，Scapens R W. 2015. The governance of inter-organisational relationships during different supply chain maturity phases. Industrial Marketing Management，46：68-82.

Vermeulen W J V，Metselaar J A. 2015. Improving sustainability in global supply chains with private certification standards：testing an approach for assessing their performance and impact potential. International Journal of Business and Globalisation，14（2）：226-250.

Verwaala E，Hesselmansa M. 2004. Drivers of supply network governance：an explorative study of the dutch chemical industry. European Management Journal，22（4）：442-451.

Vurro C，Russo A，Perrini F. 2009. Shaping sustainable value chains：network determinants of supply chain governance models. Journal of Business Ethics，90（SI）：607-621.

Wagner S M，Mizgier K J，Arnez P. 2014. Disruptions in tightly coupled supply chain networks：the case of the US offshore oil industry. Production Planning & Control，25（6）：494-508.

Wang J，Jiang C，Qian J. 2013. Improving robustness of coupled networks against cascading failures. International Journal of Modern Physics C，24（11）：1350076.

Warnecke H J. 1993. The Fractal Company. Berlin：Springer.

Wathne K H，Heide J B. 2004. Relationship governance in a supply chain network. Journal of Marketing，68（1）：73-89.

Wegner G，Pascual U. 2011. Cost-benefit analysis in the context of ecosystem services for human well-being：a multidisciplinary critique. Global Environmental Change-Human and Policy Dimensions，21（2）：492-504.

Williams A. 2007. Product service systems in the automobile industry：contribution to system innovation? Journal of Cleaner Production，15（11~12）：1093-1103.

Witt U. 1997. Self-organization and economics—what is new? . Structural Change and Economic Dynamics，8（4）：489-507.

Wu S，Li J，Zhang M，et al. 2013. Coupling analysis of electrocardiogram and electroencephalogram based on improved symbolic transfer entropy. ACTA Physica Sinica，62（23）：238701.

Wu Z，Ellram L M，Schuchard R. 2014. Understanding the role of governament and buyers in supplier energy efficiency initiatives. Journal of Supply Chain Management，50（2）：84-105.

Yang D，Jiao J R，Ji Y，et al. 2015. Joint optimization for coordinated configuration of product families and supply chains by a leader-follower Stackelberg game. European Journal of Operational Research，246（1）：263-280.

Zhang D Z，Anosike A I，Lim M K，et al. 2006. An agent-based approach for e-manufacturing and supply chain integration. Computers & Industrial Engeneering，51（2）：343-360.

Zhang X，Aramyan L H. 2009. A conceptual framework for supply chain governance an application to agri-food chains in China. China Agricultural Economic Review，1（2）：136-154.

Zhao S，Song K，Gui F，et al. 2013. The emergy ecological footprint for small fish farm in China. Ecological Indicators，29（3）：62-67.